沖縄健児隊の最後

大田昌秀編

藤原書店

(上) 龍潭より沖縄師範学校の校舎を望む。
(那覇市歴史博物館)

(中) 沖縄師範学校の校門。
(那覇市歴史博物館)

(下) 沖縄師範学校の校舎。
(「沖縄県学校写真帖」那覇市歴史博物館)

（上）沖縄師範学校の軍事教練。
（那覇市歴史博物館）

（中）沖縄師範学校の寄宿舎と食堂。
（那覇市歴史博物館）

（下）最後の沖縄師範学校校長・野田貞雄。
（那覇市歴史博物館）

米軍上陸

（上）1945 年 4 月 2 日の首里城。　（沖縄県公文書館）

（下）米軍上陸直後の首里城。最初の攻撃による損壊の跡が見られる。

（上）米軍による沖縄の上陸。4月4日　比謝川河口付近
（沖縄県平和祈念資料館）

（下）沖縄本島に上陸中のアメリカ軍。4月13日

首里攻防戦

首里近郊の泥だらけの戦場。雨水がたまった砲弾痕の光景は、日本軍要塞攻略に向けての米軍の砲撃のすさまじさを物語る。

（上）亀甲墓は格好の避難場所となり、米軍の攻撃の的となった。
4月1日　（那覇市歴史博物館）

（下）首里攻防戦で戦死した守備軍兵士たち。

（上）砲撃で破壊された首里城。

（下）崩れた首里城城壁と砲火に焼き尽くされた赤木の林。この地下に守備軍司令部が置かれていた。左から４番目の巨木は現在も残されている。５月 29 日

（上）戦時中「トンボ」と恐れられた米軍偵察機。眼下には10・10空襲と那覇市街戦で焼失した那覇が見える。波之上宮の第一鳥居から右へ、上之蔵通りと久米大通りの間に、焼け残った上之山国民学校と天妃国民学校。右に新天地のコンクリート建物が残っている。（那覇市歴史博物館）

（下）見るも無惨に破壊された県立第一中学校の校舎。5月

（上）首里城前にある芝生で覆われた閲兵式場は、艦砲射撃や大砲の攻撃によって破壊された。5月
（下）完全に廃墟と化した首里城周辺。左手に龍潭池。右手中央あたりに沖縄師範学校校舎があった。6月8日

（上）首里城地下にあった守備軍司令部壕の内部。壁に沿って並べられた棚寝台。病院としても使われた。7月6日

（下）瓦礫の街に残った首里教会の残骸。

南部掃討戦

（上）本島南部の戦場の上空に米軍の照明弾が打ちあげられ、地上は真昼のように。

（下）500 ポンドの爆弾を二発投下する TBM 機。6 月

（上）守備軍が潜む壕に手提げ爆弾を投げ込む米軍の爆破作業班。
6月12日

（下）本島南部の守備軍陣地に向けて155ミリ榴弾砲を射ち込む米軍。
6月13日

サトウキビ畑に発煙手榴弾を投げ込み、逃げこんだ守備軍兵士を容赦なく駆り出す米兵。6月13日

（上）火炎砲戦車が守備軍陣地を焼き払う。狙撃兵が逃げ出す日本兵をねらう。6 月 15 日

（下）守備軍の洞窟陣地に火炎放射攻撃を行う米兵。6 月 15 日

(上) 海岸の守備軍兵士の死体。

(下) 草で覆い隠された溝の中に隠れていた家族。収容所へ連れて行かれ、治療を受け、食糧を支給された。6月20日

（上）本島南部の戦場。守備軍の攻撃で擱座した戦車を支援する米軍の戦車群。6 月 21 日
（下）海岸の洞窟に潜む守備軍兵士を火炎放射で掃討する米軍。6 月 25 日

捕虜になった住民・鉄血勤皇隊員

（上）捕虜となり米軍政要員の尋問を受ける鉄血勤皇隊員。5月末

（下）壕の反対側に穴を掘りすすめて脱出を図るも捉えられてしまった鉄血勤皇隊員。6月9日

掃討戦で摩文仁付近の岩穴から引きずり出される負傷した鉄血勤皇隊員。6月中旬

(上) 捕虜となり、厳重なボディーチェックを受ける鉄血勤皇隊員。

(下) 米軍の軍医に傷ついた腕の手当てをしてもらう鉄血勤皇隊員。

捕虜になり、米軍政要員の尋問を受ける鉄血勤皇隊員。左は18歳、右は20歳。6月17日

（上）捕虜となった防衛隊。左から 75 歳、16 歳、15 歳。沖縄戦における防衛召集の実態である。6 月 20 日

（下）捕虜収容所での防衛隊の少年。彼と 306 人の地元民が第 6 海兵師団との戦闘で捕虜になった。6 月 20 日

戦場で保護された赤ん坊。306 人の地元民とともに第 6 海兵師団によって 1 日拘束されていた。6 月 20 日

牛島満・長勇の自決

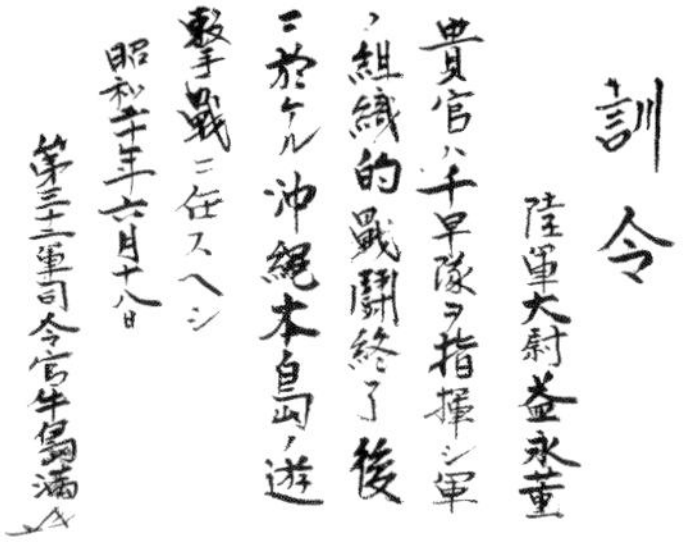

訓令

陸軍大尉益永董

貴官ハ千早隊ヲ指揮シ軍ノ組織的戦闘終了後ニ於ケル沖縄本島ノ遊撃戦ニ任スヘシ

昭和二十年六月十八日

第三十二軍司令官牛島満

（上右）沖縄防衛第 32 軍司令官・牛島満。（上左）同参謀長・長勇。

（中）6 月 18 日に牛島満司令官から千早隊隊長益永董陸軍大尉に送られた「訓令」。

（下）米軍がたてた守備軍の牛島満司令官と長勇参謀長の墓。6 月 28 日

捕虜になった住民・鉄血勤皇隊員（2）

（上）海兵隊員と衛生兵の介助を受ける前線から送られてきた住民。6月
（下）怪我の手当てを受ける少女。

（上）最終検査を終えて難民収容所へ送られる住民。6 月

（下）二重の有刺鉄線に囲まれた屋嘉捕虜収容所の全景。6 月 27 日

（上）ハワイ行きの船に向かう守備軍捕虜の列。6 月 27 日

（下）守備軍の組織的抵抗が終結して部隊が解散になったあと本島北部へ突破する途中に捕えられた鉄血勤皇隊員たち。7 月

捕虜になった鉄血勤皇隊員。14 歳。1945 年 7 月

慰霊の碑

（上）健児之塔。戦後間もなく摩文仁一帯の遺骨収集にあたった真和志村村長・金城和信さんが鉄血勤皇師範隊が入っていた自然壕を探し当て、1946 年 3 月に壕の上に立てたもの。

（下）沖縄師範健児之塔。1950 年 6 月に沖縄師範健児之塔遺族会の手で建立。右奥が平和の像。

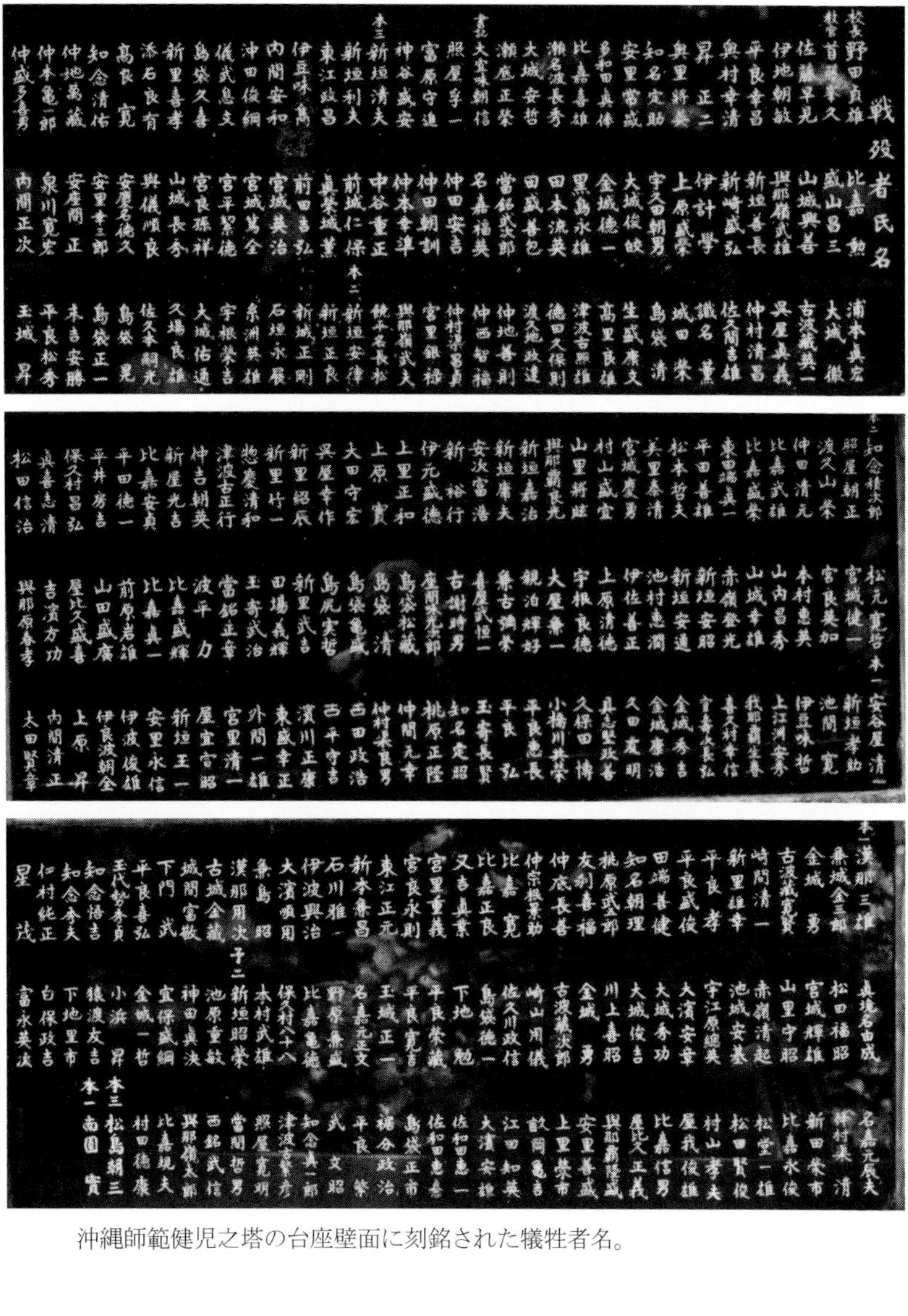

沖縄師範健児之塔の台座壁面に刻銘された犠牲者名。

本書の編著者である大田昌秀らが制作・建立した平和の像。彫刻家・野田惟恵の作で、右側が「友情」、中央が「師弟愛」、左側が「永遠の平和」を象徴するという。

平和の像の裏手にある自然洞窟。

はじめに

日本の敗戦後七〇年の節目の年も過ぎ、私たち沖縄住民は、改めてさる沖縄戦の実相を検証し直すとともにこれを後世に適切に伝えねばならないと考えています。

沖縄戦の実相といえば、すぐに思いだすのは、沖縄住民の犠牲の大きさと沖縄の十代の若人たちの犠牲の大きさであります。戦時下の沖縄には、十二の男子中等学校と十の女学校がありました。そのすべての学校の十代の生徒たちが、沖縄守備軍と県当局及び学校当局との緊密な連携の下で、戦場に駆り出され、過半数が犠牲になったことです。すなわち男子生徒たちは、一、七八七人以上が軍に動員され、九二一人以上が戦死。女子生徒は七三五人中、二九六人が犠牲になっています。

十代の若人たちを戦場に出すには、先ず国会で法案を策定し、それに基づいて出すのですが、沖縄の十代の男女生徒たちは、その法的根拠もないまま超法規的に戦場に駆り出されたのです。

ちなみに沖縄守備軍司令部首脳が自決した、昭和二十（一九四五）年六月二十二日の翌二十三日に日本本土では、初めて「義勇兵役法」が公布施行され、男性は十五歳から六十歳、女性は十七歳から四十歳までを戦闘員として戦場に出すことが可能になったのです。

日本の敗戦後七〇年の節目を過ぎ、私たちは今一度沖縄戦とは何だったのか、について真剣に検証するとともに、二度と再び同じ間違いをしないことを心底から誓って、沖縄の十代の生徒たちがいかに戦場で戦ったかを、『沖縄健児隊の最後』というタイトルで刊行することにしました。戦争を知らない若い世代が、先輩たちの苦悩、悲惨な最後を十分に理解して、世界平和の創出にそれぞれの立場で努力されることを心から祈念して、本書刊行の言葉にさせて頂きます。

二〇一六年五月

沖縄国際平和研究所理事長　大田昌秀

沖縄健児隊の最後　目次

はじめに……………………………………大田昌秀　1

序章　沖縄戦と沖縄師範鉄血勤皇隊…………………………大田昌秀　14

鉄血勤皇隊の編成　15
沖縄軍司令部の直属隊として　17
米攻略軍の兵力　19
第三二軍の憂慮すべき状況　23
長参謀長の警告　26
首里の「天の岩戸戦闘司令所」　29
首里城一帯への集中攻撃　33
守備軍総反攻の日　35
首里を放棄して南部へ撤退　39
最後の拠点「摩文仁」　41
小禄地区の海軍の戦い　43
沖縄守備軍の最期　47
新たな「地下工作」の任務　49
千早隊の解散　54

第一章　師範隊本部

野田貞雄校長を想う
沖縄師範学校野田貞雄校長先生のこと（大田昌秀）……秦　四津生（教師）59
野戦築城隊第三中隊の首里撤退……宮城幸吉（教師）86
私は生きていた……濱元寛得（教師）92

第二章　千早隊

自分はどうして戦争から生き延びることができたのか……大田昌秀（本科二年）105
留魂壕　105
宿命の日　110
沖縄守備軍の洞窟司令部　112
ひめゆり学徒隊員　116
情報宣伝に飛び回る　118
米軍捕虜逃亡を追う学徒隊　124
涙を呑んで　130

泥濘一路——摩文仁への道　136
緑の丘・摩文仁　142
地下工作の任務を付与される　147
伝令行　165
死の脱出　172
破局を迎えて　191
露けき身　199
摩文仁海岸での彷徨　204
血路を開いて　213
血であがなったもの　223
終戦の詔勅　234
第三二軍情報部千早隊の一員として……山田英夫（本科二年）　245
情報宣伝活動と敵地への潜入……仲眞良盛（本科三年）　266

第三章　斬込隊（菊水隊）

鉄血勤皇師範隊菊水隊として……知念 清（本科三年）　305
留魂壕内での新聞発行……屋比久益貞（本科三年）　313

最初の出陣……仲地朝明（本科三年）316

第四章　野戦築城隊

私の戦塵体験記……長嶺正徳（本科三年）325
野戦築城隊という名の生徒隊……山城昌研（予科三年）332
野戦築城隊第三中隊の行動……玉城朝正（本科一年）346
勤皇隊として死線を潜る……高宮城順弘（本科一年）355
死の伝令は生きていた……佐久川一郎（本科一年）358

第五章　特別編成中隊（特編隊）

最後の手榴弾……島袋良信（本科一年）367
運命の星に翻弄されて……安村昌享（本科二年）379
恩師と学友の面影抄……安里　繁（本科二年）396

散りゆく学友たち……………川崎正剛（本科一年） 413
南の巌の果まで……………渡久山朝章（本科一年） 418

第六章　現地入隊

現役兵となって……………嶺井　巌（本科一年） 439

沖縄戦関連年表（一九四一・一二―一九四五・九） 444
あとがき（大田昌秀） 450
初出一覧 452

装丁　作間順子
画　丸木位里
　　丸木　俊

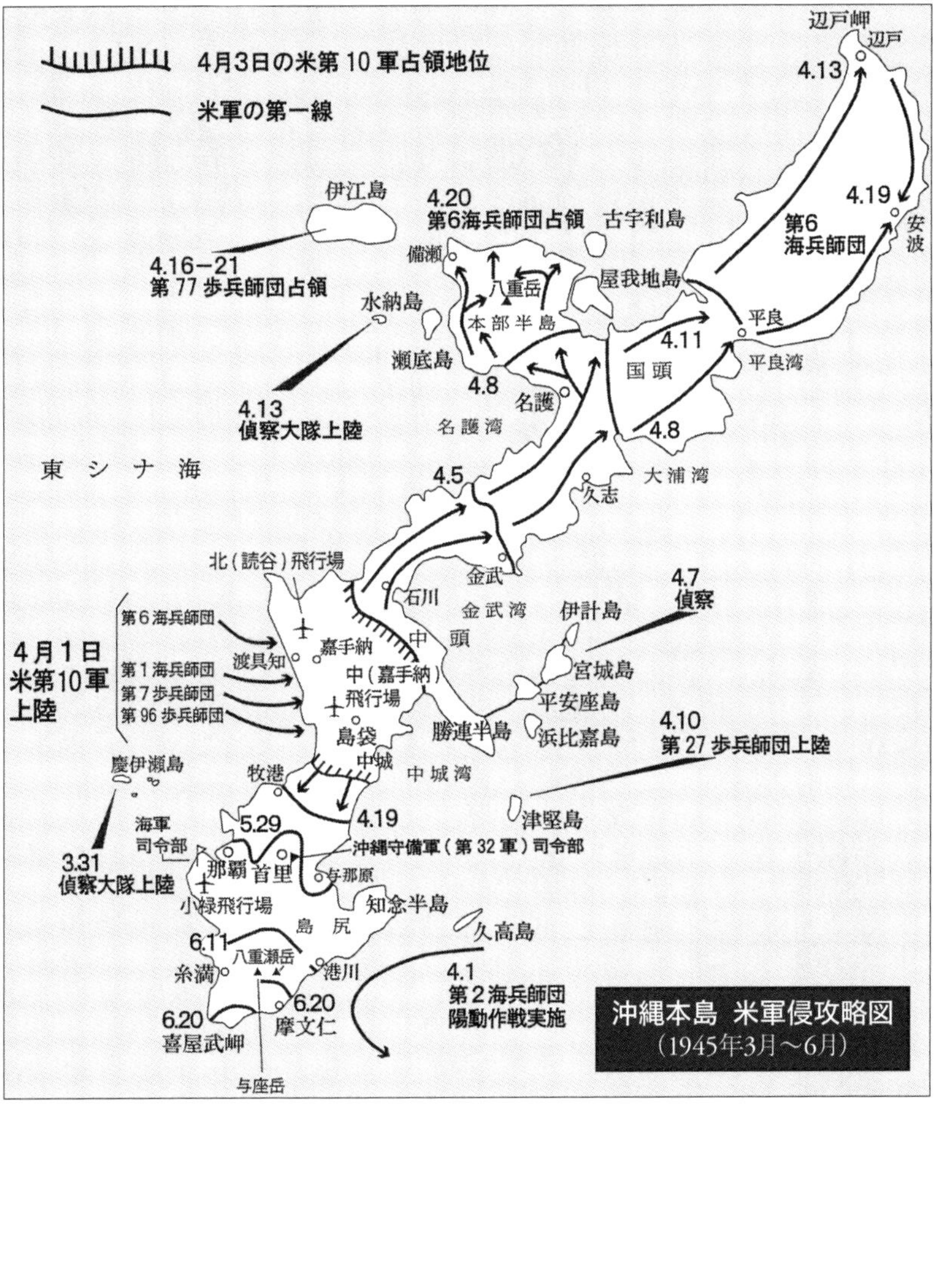

沖縄本島 米軍侵攻略図
（1945年3月～6月）

沖縄本島 南部地図
（6月11〜20日 米軍侵攻）

沖縄健児隊の最後

沖縄師範学校の軍事教練

序章

沖縄戦と沖縄師範鉄血勤皇隊

大田昌秀

沖縄師範学校の制服を着た大田昌秀（右）。

沖縄師範学校の生徒たち。虎頭寮にて。
一番左が大田昌秀。

鉄血勤皇隊の編成

一九四五（昭和二十）年三月三十一日、沖縄師範学校男子部の教官と生徒は、沖縄守備軍司令部の命令によって全員、留魂壕の前面広場に集合させられた。そのとき、私は、同校の本科一年の課程を終えたばかりだった。

沖縄師範学校は、二年前に専門学校に昇格し、それまでの五年制が、予科三年と本科三年の六年制に変わって、私は、四月から本科二年生になるはずであった。

一方、従来、男女別々にあった沖縄県師範学校は、一体となり、沖縄師範学校男子部、沖縄師範学校女子部と改称され、それぞれの校長は部長と呼ばれるようになり、両部長の上に新たに一人の校長が配置された。

留魂壕というのは、師範隊の独自の壕であった。それは、旧首里王城の物見台あたりの地下をヨの字型に掘り抜いてつくられ、同じく首里城地下に構築された南西諸島（沖縄）守備軍司令部の壕からは、二、三〇〇メートルの距離にあった。

留魂壕は、軍陣地構築の合い間を利用して、私たちが、自らの手で、昼夜の別なく先生も生徒も一体となり、協力し合ってつくり上げたものである。安政の大獄で獄死した吉田松陰が、死を前にして「身はたとひ武蔵の野辺に朽ちぬとも留め置かまし大和魂」と書き留めた『留魂録』にちなんで、「留魂壕」と命名されたのであった。

命名したのは、沖縄師範学校男子部の中村正行部長であったが、皮肉にも彼は常日ごろ、「師魂は士魂に通ずる。生徒諸君は郷土を死守せよ」と、手きびしく生徒たちを訓戒していたにもかかわらず、沖縄が危険だと見るや、文部省への「出張」にかこつけて、真っ先に難を逃れて郷里の鹿児島に逃げてしまった。

そのため、部長は、吉田松陰の不屈の教学の魂を留めずに恥を残した、と戦場に駆り出された教え子たちは語り合ったものである。

すべての教官と学生が、残らず留魂壕前に集合したときには、一日中激しく吹き荒れていた敵の砲爆撃もようやく遠のき、赤木の樹林からのぞく鉛色の空には、茜がさし、暮色があたり一帯を包みはじめていた。

と、ほどなくして私たちの前に姿を現わしたのは、第三二軍（球一〇一五八部隊）野戦築城隊の隊長、駒場縑少佐であった。

彼は、腰に吊った軍刀を片手で押さえながら隊列の前方中央部へつかつかと歩みよると、直立不動の姿勢をとり、よく透る声で言いわたした。

「みんなよく聞け。沖縄師範学校の職員・生徒は、本日ただいまより第三二軍司令官の命令により、全員、鉄血勤皇隊として軍に徴された。いまや敵のわが沖縄への上陸は、必至である。諸子は、全力をあげて軍に協力し、一日も早く醜敵を撃滅して、『気を付け！』畏れ多くも天皇陛下の宸襟を安んじ奉るよう、この場で決意を固めねばならぬ。

諸子の郷土を防衛する責任は、諸君一人びとりの双肩にかかっている。諸子は、すべてをなげうって皇土防衛の任に殉ずる覚悟をきめなければならない。なお、各自の任務その他、細かいことについては、隊編成がすんだ後、各指揮官をとおして指示する。おわり！」

井口一正配属将校の「頭中ッ」の号令を聞いた瞬間、私は、恐怖とも興奮ともつかぬ戦慄が体を突き抜けるのを感じた。

こうして沖縄守備軍司令部から派遣された一将校の簡潔な命令によって、沖縄師範学校男子部の教官二十数人と三八六人の生徒たちの運命は、決まってしまったのである。

すでにそれより先、三月一日には、徴兵年齢の引き下げにともなって、七五名の学友たちが現地入隊をしていた。したがって、沖縄師範学校男子部の生徒総数四八二名のうち、病気休学やその他の理由で、戦闘に参加できなかった二一名をのぞき、四六一名の生徒すべてが、鉄血勤皇師範隊として直ちに出陣するに至った。

じつは、それより数日前（三月二十六日）に、米軍は、すでに沖縄の西方海上に散在する慶良間諸島に上陸し、沖縄本島上陸の機会を狙っていたからである。

沖縄軍司令部の直属隊として

そうした戦況の急迫から沖縄守備軍は、師範学校だけでなく、県下のすべての男女中等学校にも片っ端から動員命令を下していた。その結果、県立第一中学校から三六八名、第二中学から一四三名、第三中学から三六三名、同じく八重山中学から二〇名が戦闘に参加したほか、県立工業学校から九七名、県立水産学校から四九名、同じく農林学校から一七三名、さらに那覇私立商業学校から一一七名、市立開南中学校から七一名の計一七八七名の男子生徒が動員された（宮古中学からも動員されたが、人数その他詳細は不明)。

沖縄守備軍司令部は、男子中等学校生に加え、「ひめゆり部隊」の名で知られる沖縄師範学校女子部の生徒と県立第一高女の生徒あわせて三四〇名を動員したほか、県立第二高女から六七名、同第三高女から一〇名、首里高女から八三名、私立積徳高女から六七名、同じく昭和高女から四四名、宮古高女から四八名、県立八重山高女から六〇名、八重山農学校から一六名の合計七三五名をも動員した。そして、女子生徒たちに即席の救急法や看護方法を教えると、各学校ごとに沖縄陸軍病院や第六二師団、第二四師団所属の野戦病院にそれぞれ配置した。

これとは別に沖縄守備軍司令部は、日一日と緊迫の度合いを増した戦局に対処するため、一般住民からも、すでに四万名近くの人びとを現地入隊させていたが、さらに戦力を増強する必要に迫られ、十六歳から四十五歳までの男子、約二万五〇〇〇人(学徒隊も含む)を召集、防衛隊として各地の部隊の指揮下においた。

さらに戦況が悪化するにつれて、四十六歳以上の高齢者までも徴用するに至った。それというのも、大本営が、あとで見るように、米軍の上陸直前に南西諸島守備軍の中でも最精鋭を謳われた第九師団(武部隊)を、敵が上陸もしない台湾に配転するというヘマをやらかしたからである。

しかも、その補充部隊として姫路の第八四師団を派遣すると約束したにもかかわらず、日本本土の防衛が手薄になるのを恐れて、一兵も送らず、せっかく練り上げてきた沖縄の防衛戦略に大きな穴をあけてしまった。つまり、地元から動員された非戦闘員たちが、その穴埋めに使われたわけである。

さて、私たち鉄血勤皇師範隊員らは、駒場少佐から守備軍司令部の動員命令を受けると、さっそく、数個の隊を編成し、軍から支給された半袖、半袴の軍服に着替えた。

こうして鉄血勤皇師範隊は、沖縄守備軍司令部の直属隊として、沖縄戦の最初から最後まで、同司令部と戦闘をともにする羽目になった。

戦場では、師範隊の野田貞雄校長を顧問にして、配属将校の井口一正中尉が大隊長に任ぜられたほか、生徒主幹の平田善吉先生や他の教官は、それぞれの隊の中隊長か小隊長として隊員の指揮をとった。

ちなみに鉄血勤皇師範隊の編成は、球一〇一五八部隊所属の本部付に一六名、同じく野戦築城隊に二四三名、球一六一六部隊所属の斬込隊に五七名、そして千早隊に二二名、同じく特編隊に四八名がそれぞれ配備された。

斬込隊は、菊水隊とも呼ばれ、最上級の本科二、三年生の中からとくに柔道、剣道、銃剣道の猛者たちをえりすぐって組織された。

米攻略軍の兵力

一夜明けた翌四月一日、前夜の睡眠不足で寝とぼけた私は、壕外に出てはるかに展望される海上を見て、アッと息をのんだ。那覇の沖合から嘉手納の沖合にかけての海面を、大小さまざまの敵艦船が海の色も見えないほど、黒々と埋めつくしているではないか。

私たちは、かつて一度もこれほど多くの艦船を見たことはなかった。数量は後でわかったことだが、まさしくそこには、一千数百隻もの艦隊がひしめいていたのである。

米国陸軍省編『日米最後の戦闘』によれば、米軍にとって沖縄攻略作戦は、彼らが太平洋戦線での激しい戦闘体験を通して学びとった数々の戦略・戦術のいわば集大成であった。沖縄戦は、米上陸軍主力部隊司令官サイモン・B・バックナー中将が、沖縄戦に参加する前、アラスカの軍司令官をつとめていたことから「アイスバーグ作戦」と呼ばれていた。それは、米軍が、それまでの三カ年以上にわたる戦争で動員した兵員や武器、弾薬、軍艦、飛行機など太平洋地域における全軍事力を総結集して挑んだ一大決戦であった。

沖縄侵攻軍の主軸は、米第五艦隊司令長官レイモンド・A・スプルーアンス提督の指揮する陸海合同の中部太平洋機動部隊であった。この機動部隊は、スプルーアンス提督麾下の第五〇機動部隊（特別部隊）と太平洋艦隊司令長官リッチモンド・K・ターナー海軍中将が指揮する第五一機動部隊から成り立っていた。

陸・海・海兵隊からなる第五一機動部隊は、直接に沖縄本島と周辺の島々を攻略する任務をもち、それを航空母艦をはじめ臼砲艦隊、掃海艇、魚雷艇によって編成された第五二機動部隊と、戦艦、軽巡洋艦、重巡洋艦、駆逐艦からなる第五四機動部隊が支援した。一方、第五三機動部隊は、沖縄本島北部の攻撃を担当し、また第五五機動部隊は南部攻略の責任を担っていた。

沖縄上陸部隊の主力は、米第一〇陸軍であった。この部隊は、サイモン・B・バックナー中将の指揮下にあり、一九四四（昭和十九）年六月に米本土で編成され、ハワイのオアフ島に本部を置いていた。この部隊の中心は、レイテ島を攻略した第二四軍団とグアム島やペリリュー島を占拠して一躍名を馳せた、水陸両用部隊の第三水陸両用軍団であった。

第二四軍団司令官は、ガダルカナルやブーゲンビルなどの作戦でさんざん日本軍を悩ませたジョン・R・ホッジ少将。一方、第三水陸両用軍団の指揮官は、グアム戦線で勇名を謳われたロイ・S・ガイガー少将であった。

米侵攻軍が沖縄攻略のために動員した兵力は、延べにして五四万八〇〇〇名、当時の沖縄の総人口は四五万名程度だったので、それを上まわる一大兵力であった。これにたいし、沖縄守備軍の兵力は、地元から動員した学徒隊や防衛隊を含めても約一一万名――およそ五分の一程度でしかなく、しかも兵器、弾薬、軍需物資では、十分の一程度であった。

あまつさえ、南西諸島およびその近海の制空権も制海権も、開戦当初から完全に米軍の手中に握られていた。したがって、沖縄戦は、当初からまるで勝ち目のない、文字どおりの無謀な戦闘であった。

この点、大本営も米軍上陸以前から、ひとたび米軍が上陸したら、沖縄守備軍は「玉砕」するしかないといった見方をしていた。

沖縄守備軍は、台湾に駐留する第一〇方面軍（司令官安藤利吉大将）の指揮下にあったが、同軍の諫山春樹参謀長は、東京の大本営からの帰途、沖縄に立ち寄ったが、そのさい、第三二軍の長勇参謀長と八原博通作戦参謀にたいしこう語ったという。

「米軍が、南西諸島や台湾に来攻したばあい、中央にはこれを救済する手段はない。結局、われわれは、本土決戦のための捨て石部隊なのだ。尽くすべきを尽くして玉砕するのほかはない」

だが、戦前から戦時中にかけて、いな沖縄戦がはじまるぎりぎりの時点まで、極端な軍国主義と皇民化教育によって、骨の髄まで軍国少年に仕立てあげられていた私たちは、そうした破局的事態にあるなどとはまるで知る由もなかった。

それだけに、日ごろ、教師や配属将校などから教えられたとおり、怒濤のように押し寄せて来る敵の大軍に、はかない不毛の戦いを挑まずにはおれなかったのである。

沖縄本島は、九州と台湾の間に弓状をなして連なる無人島も含め、およそ一六〇の島々のうち、最大の島である。

とは言え、同本島は、南北の長さが九六キロ余、東西の幅は、広いところで二〇キロ、狭いところではわずかに三・二キロで、面積が一二一二平方キロの狭小な島でしかない。

ここにはおよそ四五万名ほどの住民が住んでいて、なすスべもなく戦争に巻き込まれたが、米軍の侵攻に先立ち、約八万名の高齢者や婦女子が県外に疎開させられた。しかし、私たちのような十代から二、三十代の若者たちは、いっさい疎開は許されなかった。

米軍は、上陸したその日の午前中に、北（読谷《よみたん》）・中（嘉手納《かでな》）の両飛行場を占領したうえ、夕方までには嘉手納飛行場を不時着用に使用できる態勢をととのえるに至った。

昭和二十年四月一日に沖縄本島の西海岸、読谷と嘉手納、北谷海岸から上陸した米軍は、二日目には、本島中部の仲泊《なかどまり》と石川を結ぶもっとも狭小な部分を横断して東海岸に進出し、沖縄本島を南北に二分した。その結果、米兵の中には早くも、

「沖縄は、一片のケーキのように、アメリカ兵の口の中に放りこまれようとしている」

と豪語する者さえいた。

しかし大本営は、北・中飛行場が、簡単に敵の手中に落ちたことにショックを受け、現地守備軍が「自己生存主義」に陥っているのではないかと危惧した。そのあげく、

「敵に出血を強要し、飛行場地域を再確保せよ」

と指示し、叱咤するしまつであった。台湾駐留の第八飛行師団長・山本健児中将は、四月三日に沖縄守備軍をして積極的な反撃に転ぜしめるよう第一〇方面軍安藤司令官に意見書を送ったほどである。

第三二軍の憂慮すべき状況

だが、沖縄防衛の責務をになう第三二軍が、緒戦で消極的な戦術をとらざるをえなかったのも、もとはといえば、大本営の側にその責任があると、現地軍の方では考えていた。

もともと大本営は、米軍がフィリピン方面に攻めてきたばあいには、海軍と空軍でこれを迎え撃ち、陸軍は、敵がルソン島へ上陸するのでなければ、これらの島嶼作戦には参加しない方針であった。

しかし大本営が、先の台湾沖航空戦の戦果を過大に評価して作戦を変更してしまったのである。大本営は、米機動部隊の主柱ともいえる空母勢力が激減したものと思いこんで、陸軍にたいしても出撃を命じた。それが、日本軍の致命的損耗を招く結果となったのである。

すなわち、あらゆる局面を慎重に考慮した上でどうしてもやむをえないという立場から、沖縄兵

団の台湾への移動を決定したのでなく、たんに「手っ取り早い」方法として沖縄からの引き抜きが行なわれたわけである。

ちなみに八原作戦参謀は、すぐに大本営からの命令にたいして、つぎのような軍司令官の意見書を起案すると、それを長勇参謀長に見せてその決裁を求めた。

一、沖縄本島も宮古島も共に確保する方針であるなら、守備軍から一兵団を抽出してはならない。

二、守備軍から一兵団を台湾に転用し、さらに他の一兵団を沖縄に補充する意向があるなら、むしろその兵団を直接、台湾に転用した方がよい。

三、沖縄守備軍から一兵団を引き抜くなら、宮古か沖縄かの何れか一方を放棄する必要がある。

長参謀長は、さらに、大局的に見て比島方面の戦況が楽観を許さないというのであれば、将来における南西諸島の価値から考えて、第三二軍の主力は、「真ニ重要ト判断セラルル方面ニ転用スルヲ可トスベシ」という見解をこれに書き加えた。比島方面で決戦するというなら、われわれも挙げてそれに参加したいという、皮肉とも本音ともつかぬ気持を表明したのである。

しかし当初の命令が、引っ込められたのでもなければ、変更されたわけでもなかった。大本営は、同年の十一月十一日、第三二軍にたいして、中迫撃第五、第六大隊の比島方面への転用準備を指示したのみでなく、三日後には両大隊をフィリピンの第一四方面軍に編入した旨を発表し、両大隊は、やむなく同月二十一日に那覇を出発した。

これによって沖縄守備軍は、敵の橋頭堡を攻略するうえで、もっとも頼りにしていた砲兵隊をもぎとられてしまった。

ついで十一月十七日、大本営の命令に押されて沖縄守備軍は、ついに最精鋭部隊の第九師団を台湾に転出させることも承諾せざるをえなかった。第九師団は、地元住民から「武」部隊として親しまれていたが、第三二軍にとって、この第九師団の転出は、それによってたんに防衛態勢に穴があくだけでなく、将兵の士気が低下するに至ったという意味でも大きな傷手となった。

沖縄守備軍は、米軍の沖縄本島上陸は必至と考え、それを迎撃するために陣地構築をしたり、将兵の戦闘訓練を積み重ねるなどしてようやく防備態勢を整えたばかりであったからだ。それにもかかわらず、大本営の命令とあっては拒否もできずに、第九師団を一九四四年十月下旬から翌四五年一月にかけて台湾へ転出せしめるしかなかった。

ところが、まさにそれと相前後して、米太平洋艦隊司令長官チェスター・W・ニミッツ提督は、フィリピンに海軍基地さえ設けることができれば、あえて台湾を経て中国南岸に侵攻する必要はないと判断した。それよりむしろ沖縄や小笠原を経て、じかに日本本土を叩く方が有利だと考えたのである。

つまり、米軍の判断は、沖縄さえ占拠できれば、そこに海軍の前進基地を置くことができるうえ、空軍基地の確保も容易だから、そこから日本本土の心臓部の東京や阪神の工業地帯を潰滅させうるという考えであった。

沖縄の占める軍事的地位の重要性については、大本営も同様の認識をもっていた。それにもかかわらず大本営は、台湾をよりいちだんと重視する考えを捨て切れなかったのである。

こうして沖縄が憂慮すべき深刻な事態に陥りつつあったことは、たんに米軍が、作戦を変更したからではなく、台湾へ強制的に転出させられた第九師団の穴埋めが実現しなかったことが、より大きな打撃であった。

当初、大本営は、第九師団のあとがまに姫路の第八四師団を派遣することを計画し、内奏もすませ、その旨を第三二軍に電報で約束までしていた。沖縄では、この知らせに軍・官・民すべてが狂喜せんばかりに喜んだのである。

しかし、みんながホッとしたのも束の間、大本営は、「本土防衛を強化すること」を理由にして、第八四師団の沖縄派遣の約束をいとも簡単に反故にしてしまった。

長参謀長の警告

その結果、沖縄守備軍司令部は、作戦参謀の八原大佐を中心に急遽、作戦を変更して兵員の再配備をしなければならなかった。こうして八原参謀は、あらましつぎの四つの作戦案をつくりあげた。

(第一案) 従来の案をほぼ踏襲して全兵力を敵の上陸地点に集中、橋頭堡で一きょに上陸部隊の撃滅をはかる。

(第二案) 守備軍の主力を北(読谷)と中(嘉手納)両飛行場地域に配備し、読谷・嘉手納湾岸から上陸すると予想される敵の前進を阻むと同時に敵が飛行場を使用するのをあくまで阻止する。

(第三案) 守備軍主力を宜野湾東西の線以南の島尻郡に配備し、その沿岸に上陸する米軍を橋頭堡でせん滅する。嘉手納海岸に上陸して南下する米軍に対しては、首里の北方陣地で持久出血作戦を行なう。

（第四案）沖縄守備軍主力は、沖縄本島北部の国頭地区に転進し、その一部で以て敵が伊江島飛行場と北・中飛行場を使用するのを妨害する。状況によっては、北部の山岳地帯を拠点にして長期持久作戦をとる。

八原作戦参謀自身は、これら四案のうち、第四案が望ましいと思ったようだが、彼はあえて自らの主張を述べることはせずに、それぞれ第一案から第四案までの利害得失を付記したうえで、牛島軍司令官と長参謀長に第三案の採用を要望した。

最も頼みとする第九師団を引き抜かれ、すでに戦闘の結果についてはは諦め切ってしまっていたのか、長参謀長も牛島司令官も、あっさりと八原作戦参謀が要望した第三案を裁可したのである。

こうして新しい作戦計画は、それまでの徹底的な「決戦主義」とは異なり、米軍の本土侵攻を遅らせるため、できるだけ長期間、米軍を沖縄に釘付けにする必要から「戦略の持久」を基本にしていた。

ところが大本営は、現地守備軍が、第三案を採用したのが気に入らなかった。大本営も第一〇方面軍も、沖縄守備軍が北・中飛行場を放棄して敵手に委ねることは、本土がじかに危機に陥ることを十分に知っていたからである。

と言うのは、そのころ、日本本土の防衛態勢は、まだ六〇パーセント程度しか整備されていなかった。そのため、大本営は、沖縄守備軍にたいし再三、再四、両飛行場の確保を要求していた。だが、もはや現地守備軍は、これに応じる意思も、また戦力もなかった。それどころか沖縄戦では、そもその当初から大本営と現地軍との意見が対立したまま、戦闘に突入してしまったのである。

このような状況下で米軍は、一九四五年一月早々から、沖縄全域に激しい空襲をかけてきた。沖縄住民は、もはや逃れようもない運命に自らの生存を託すしか方法はなかった。

沖縄は、平和時においてさえ衣食住をはじめ、生活必需品の八〇パーセント以上を県外からの移入に頼っていただけに、戦時下とあって、しかも敵軍の上陸は必至という深刻な事態を前にしては、あらゆる物がないないづくしで、ひとたび敵が上陸したら、衣食住に困ることは、誰の目にも明らかであった。

しかるに戦時下での住民対策について、地元新聞記者から質問された長参謀長は、

「ただひたすらに軍の指導を理屈なしに、素直に受け入れ、全県民が兵隊となることこれなり。一人十殺の闘魂をもって敵を撃砕するのみ」

と豪語するだけであった。

彼はまた沖縄がすでに決戦場の一端になっていることをとくに強調し、戦場に「不要な人間」がいては困るから、老幼婦女子は、軍の作戦の邪魔にならぬところへ移り、働く能力のある者は、「戦兵」として義勇軍に参加せよ、と付け加えるのみであった。

しかも同参謀長は、戦時下の県民のなすべき最重要任務は、まず何よりも食糧の確保にあると言い、敵が上陸すれば、輸送も不可能なので県民の生命は食糧難によって脅かされると指摘、

「そのときになって、一般県民が餓死するから食糧をくれ、と言ったって、軍は、これに応ずるわけにはいかぬ。軍は、戦争に勝つ重大任務の遂行こそ、その使命であり、県民の生活を救うがた

めに、負けることは許されない」と公言するしまつだった。こうして敵軍の沖縄本島上陸前に警告は、発せられていたのである。しかし、地元住民、とりわけ老人や婦女子は、沖縄守備軍は、その名のとおり、沖縄を守り住民の生命、財産を守ってくれるものと一人合点し、守備軍さえいれば、身の安全は保障され、戦争にも勝てるものと、ひたすらに信じ込んでいたのである。

それだからこそ、持てるすべてを軍に提供して最大限の協力を惜しまなかったわけである。戦争の何たるかをまるで知らない一般住民にとっては、それ以外に考えることはできず、ましてや「軍は軍を守るためにある」といった戦場の論理がまかり通るなどとは、想像さえしなかったのである。それだけに沖縄守備軍にたいする期待は絶大であった。

首里の「天の岩戸戦闘司令所」

きびしい戦況下では時間の観念もあいまいとなるが、二月も中旬になると、緊迫した事態は、刻一刻悪化しつつあることが、何となく肌身に感じられるようになってきた。それに反発するかのように『沖縄新報』は、

「驕米、わが南西諸島を狙う。ニミッツ（敵の最高司令官）いよいよ行動を開始、敵潰滅の神機来る。全県民よ、特攻精神を発揮せよ！」とか、

「沖縄県民は、今こそ沖縄において大東亜戦争の完勝を結果づけるべく軍・官・民が一体となって、体あたりの突撃を決行せよ」などと書きたてた。おそらくそうでも言わなければ、不安に堪え難かっ

たにちがいない。

やがて守備軍司令部の将兵の口調も、重苦しくなり、事態の並々ならぬことをうかがわせた。長参謀長は、戦場における住民の任務は、食糧の確保や弾丸運びなどいろいろあるが、

「直接、戦闘任務につき、敵兵を殺すことがもっとも大事である。県民は、ナタでも鍬でも竹槍でも、身近にある武器をとって、夜間の斬り込みは言うにおよばず、ゲリラ隊を組織して遊撃戦も展開しなければならぬ。とくに住民は、軍隊の進路を右往左往して戦闘の邪魔をするなぞということは、絶対につつしまねばならぬ」と公言する有様だった。

むろん食糧の確保は、放っておける問題ではなかった。したがって、島田叡知事は、同四五年一月の着任直後から、県民の食糧を確保する困難な仕事にとりかかった。守備軍司令部は、軍の食糧を民需にまわすことは不可能だということをとくに強調し、県民は、少なくとも半カ年分の食糧を自らの手で確保しなければならない、と繰り返し指示するようになった。

そのような実情から、島田知事はさっそく、台湾へ飛び、安藤総督や成田総務長官らに掛け合って三〇〇〇石の食糧を購入する話をまとめて帰った。

かと思うと、同知事は、戦時体制下の農村の疲弊をつぶさに視察し、農民が食糧増産を強制されているのに加えて、陣地構築など日夜、軍の使役に動員され酷使されるだけで、なんらの慰安もない生活ぶりを見て驚き、さっそく、「村芝居」の復活などを指示したりした。

こうして着任当初から住民の安全対策に追われた島田知事は、多くの県民とさいごまで運命を共にし、ついに二度と故郷へ帰ることはできなかった。

沖縄守備軍司令部は、琉球王国歴代の王の居城であった首里城の地下にあった。それは、第二野戦築城隊の駒場縑隊長の陣頭指揮で、部下将兵とともに私たち師範隊や防衛隊員が、何カ月もかかって構築した巨大な地下要塞であった。

地下三〇メートルのところを、高さ約二メートル、幅二・五メートルの主坑道が、延べ二キロにもおよぶ長大なもので、出口が五カ所あるうち、第一坑道入口が沖縄師範学校男子部に隣接する円鑑池に面し、第二、第三坑道は首里第二国民学校校庭に入口があった。

第四、第五、第六坑道は、首里城の地下を東海岸側の金城《きんじょう》町まで突き抜けていた。第一坑道の入口には、長参謀長が大書した「天の岩戸戦闘司令所」の標識が掛けられてあった。

主坑道の左右には、支坑道がいくつも手足を伸ばした形で掘られ、壕のいちばん奥まった西北の方に牛島司令官室、長参謀長室、高級副官室が隣り合わせであり、それらを挟んで左右には衛兵室と警備室などがあった。

長参謀長室の真向かいには、情報参謀室と警備隊本部があったほか、幕僚部、情報部、作戦参謀室、通信班、電報班、参謀溜り、軍医部、患者収容室、管理部、炊事室など、それぞれ機能別にいくつもの小さな部屋が左右に連なっていた。ほかに展望楼に通じる垂直坑道もあった。

米軍は沖縄本島への上陸後、一週間ほどは、日本軍からほとんど抵抗らしい抵抗も受けずにすんだが、那覇の北方に来てようやく日本軍の厚い抵抗の壁に阻まれるようになってきた。ＡＰ通信の一特派員は、その模様をつぎのように報じている。

「那覇の北方には、沖縄島を東西に走る堅固な防御陣地があり、日本軍は頑強に抵抗している。そのためホッジ少将の指揮する第二四軍団は、日夜、日本軍の重砲火に悩まされ、一日二〇〇メートルしか進めない。

東海岸では、与那原《よなばる》の飛行場に向かって進撃しているが、一日かかってやっと三五〇メートル、西海岸の部隊は辛うじて一五〇メートル進んだだけである。日本軍は、その主力をこの防禦陣地に集結し、徹底的に戦い抜く決意のようである。

四月八日の朝、わが軍は、戦車五台を先頭に地雷原を突破前進して敵の主要陣地に突入した。しかし、日本軍は焼夷弾で応戦したあげく、銃剣を振りかざして反撃してきた。その結果、わが軍は戦車三台を失い、せっかく奪った陣地も放棄しなければならなかった」

日本軍は、陸上での徹底抗戦と相呼応して、「神風特攻隊」による空からの反撃も熾烈さをきわめた。四月十一日、特攻機は、敵の巨大な航空母艦エンタープライズやエセックスに突入して大損害を与え、翌十二日にも二〇〇機近い特攻機が敵機動部隊に体当たり攻撃をかけるに至った。

神風特攻隊の対応策に気を奪われたせいもあってか、首里方面にたいする敵の砲撃がいくぶん弱まったので、わが軍にとって活動しやすい状況となった。そのうえに特攻隊による戦果が相ついだので、私たち千早隊員は、情報宣伝に追いまくられ、先生や学友たちのいる留魂壕にとどまる時間は、ほとんどない状態となった。

留魂壕内は、湿度が一〇〇パーセントをこえ、通風の悪さからくる熱気と人いきれとで、息苦しさは限界に達しつつあった。敵が上陸して間もないころは、用便も壕外の便所を利用できたが、いつしかそれも厳重に禁止され、すべて壕内ですまさざるをえなかった。その結果、一歩壕内に入ると、たちまち鼻孔に異臭が突き刺さり堪えがたくなるのだが、もはや壕内の師範隊員たちは、それにも無感覚になっているやに思われた。

留魂壕の前には、樹齢の古い赤木の大木がいくつも生い茂って空も見とおせないほどであったが、今ではそれもすっかり裸にされた結果、西岸の東シナ海上を遊弋する敵艦船からは、丸見えの実情となった。

師範隊の炊事場があった壕前面の広場には、たびかさなる砲爆撃で巨大な穴がいくつも掘り起こされ、雨水が溜まって池のようになっているしまつだ。その上には砲撃でなぎ倒された大木が縦横に折り重なり、師範隊員たちの行動の阻害要因となった。

首里城一帯への集中攻撃

四月十九日、米軍は、首里城一帯の戦線にたいし、沖縄作戦における最大規模の、そして、もっとも激しい空襲をかけた。その日、百雷が一時に落下したかのような轟然たる炸裂音が相つぎ、地下壕での生活に疲れ切った生徒たちを、早朝の眠りから叩き起こした。

首里の裏手、太平洋岸に面する与那原の町は、第一陣の七六機の空襲を受けて、夜も明け切らぬうちから早くも火の海に包まれた。敵機は、飛鳥のような素早さで急降下して、急旋回をくりかえし、町の北端から南端まで、いっせいにナパーム弾を浴びせて止むことがなかった。

それは、まるで地上の生き物を一つ残らず焼き殺さずには置かぬ勢いであった。第一陣が飛び去ったと思う間もなく、一〇八機からなる第二陣が襲いかかり、こんどは隣集落の大里と西原にかけて総なめにしたのである。

敵機は息つぐ間も与えず、一三九機からなる敵主力部隊が、じかに本陣の首里を急襲した。ロケット弾やナパーム弾で猛攻を加えたうえ、横転、急降下したかと思うと、タタタタタッとすさまじい機関銃音をたてて機銃掃射を浴びせていった。人影がいようがいまいが、まるで見境もなかった。

一方、陸上の米第二四軍団と砲兵大隊の三二四門の砲口がいっせいに火を吐き、海上の艦船もこれに呼応して砲撃の目標を首里市に集中した。

首里市には、王城があり数百年来の歴史を保つ由緒ある町である。それが、文字どおりの焼野原と化すのに、いくらも時間はかからなかった。旧王国時代の玉城の名残りをいまに伝える美しい石垣も、樹齢数百年の赤木の巨木も、石畳の坂道も、国宝建造物も、赤瓦の屋根も、守礼門も円覚寺も一つ残らず市民の目の前で粉々になって消し飛んで焦土と化した。

首里城一帯には、古琉球の文化を象徴する国宝指定の建造物が二三件もあり、城内だけに限っても九件もあった。それらの一つひとつが沖縄の黄金時代をいまに伝えるかけがえのない建造物であったが、米軍の上陸以来、一四インチ艦砲によって、こっぱみじんに潰滅されてしまったのである。

私たち鉄血勤皇師範隊の生徒たちは、軍事訓練と壕掘り作業に多忙なあまり、文化遺産についての知識も十分に習得する機会も与えられないまま焼失せしめられ、もはや後世にその価値を継承することもできなくなった。

それと言うのも一つには、中央政府や県治当局者が、軍事目的に役立つときにのみ沖縄固有のすぐれた文化に着目し、それ以外の場合には、権力による上からの「方言撲滅」政策が示唆するとおり、沖縄固有の文化遺産に固執することは、国民的統一を乱す邪道な行為として排撃されていたからである。その結果、師範隊の多感な若人たちが、古来の歴史的文物に開眼することも容易でなかったのである。

守備軍総反攻の日

四月十三日、千早隊員が狂喜する大ニュースが入った。米軍の総指揮官のルーズベルト大統領が死去したというのである。これで一挙に米軍の士気は低下するに違いない、と思われたからだ。

折から沖縄戦線では、首里の西北方、前田高地で日本軍はさいごの力をふりしぼって敵の進攻を阻んでいた。片時でも迎撃の手を抜けば、敵が一きょに守備軍司令部に殺到することは、明白である。それだけに師範隊員の誰もが最も切実に希求したのは、単なる言葉でなく飛行機であり、砲弾であり、何よりも食糧であった。しかし大本営からはこうした軍需物資上の支援は一切得られなかった。

四月二十九日は天長節で、特攻隊の来攻はもとより、とりわけ沖縄守備軍の総反撃が期待された日であった。しかしそれも期待外れに終わった。敵は、当日が何たるかに関わらず首里防衛線のさいごの砦の前田高地、浦添、牧港《まきみなと》の線に主力の第九六師団を配して一気に前線を突破する機会をうかがっていた。それに対し、第二四師団所属の日本軍は、同日の午前五時十五分、手榴弾などをもって敵の主陣地に白兵戦を挑む挙に出た。前田・浦添・牧港の丘陵地帯では彼我入り乱れて激突したあげく、至るところで肉弾戦が激しく展開された。

その結果、日本軍は米第三八一連隊の戦闘能力の六〇パーセントを失わしめるかつてない大打撃を与えた。しかし日本軍の損害も甚大で不利な戦局を挽回するには至らなかった。

第一線の日本軍兵士たちが、さいごの望みを託していた航空決戦もこの日も見られず、四月二十一日から南九州の航空基地は、連日、五〇機から一〇〇機におよぶ敵機B29爆撃機の猛爆撃を受けてマヒ状態に陥っていたからである。

当日、首里の守備軍司令部では、長参謀長が自室に作戦参謀の八原博通以下後方参謀の木村正治、航空参謀の神直道、情報参謀の薬丸兼教、通信参謀の三宅忠雄、作戦補佐の長野英夫参謀ら、配下の幕僚たちを集め、四月七日についで二度目の作戦会議を開いた。各戦線における戦況をめぐって、参謀の判断を聴取した後、「今後の戦局全般について」も論議が交わされた。その過程で八原作戦参謀は、つぎのように述べている。

「米軍の戦力は消耗したとはいえ、いぜんとしてわが軍にたいし圧倒的に優勢です。劣弱な戦力で絶対優勢な米軍にたいし攻勢に出れば、失敗は必至です。南上原あたりの高地をわが軍が確保している時期ならともかく、いまでは地理的にも不利なうえに高地帯に攻撃をかけるのは、無謀と言わざるをえません。

そもそも軍は、いかにもがいても全滅は必至だという軍の置かれた運命を冷静に認識し、あくまで戦略持久に徹し、作戦を継続すべきです。攻勢をとって失敗すれば、戦略持久はできなくなり、本土決戦のための時を稼ぐことも不可能になります」

これに対し長参謀長に促されて神参謀は、八原作戦参謀の提起した個々の論点については反論をさけ、いまや攻勢がぜひとも必要であり、またその可能性も大きいことを強調して、長参謀長の攻勢案を支持する意見を開陳した。

すると初めの間は黙っていた他の参謀たちが攻勢案に回った結果、「死中に活を求める」といった長参謀長の主張どおりに「総反撃を断行」することに決した。そのあげく長参謀長以下の全幕僚は、隣の軍司令官室に整列して会議でまとまった結論を報告した。そして牛島司令官の裁可を得たうえで攻撃開始期日を五月四日にする旨決定するに至った。

当日、沖縄守備軍司令部は、首里や那覇、南風原一帯の住民にたいし、南下して島尻地区に撤退せよ、と命じた。いまにして思えば、この命令が「島尻」地区への撤退でなく、知念地区であったなら、おそらく数万人の住民が無駄死にすることもなかったに違いないと思わざるをえない。

ともあれ、五月四日に沖縄守備軍司令部がこの一戦に賭けた総反撃が開始されることになり、その作戦の骨子は、米軍の後方陣地に逆上陸して敵陣を攪乱する一方、攻撃開始前夜に米軍陣地内に多数の斬込隊員を送り込む手筈であった。そのため東部戦線では明け方の暗さを利用するだけでなく大量の煙幕を張って小銃部隊を潜入させ、敵味方入り乱れての白兵戦を展開する計画であった。その上、昼間でも敵の砲爆撃を阻止すべく近接戦闘に出ると同時にわが砲兵部隊が敵の主陣地に徹底的な集中砲火を浴びせることになっていた。

かかる作戦計画に基づき、攻撃の火ぶたは三日夜半に切られた。それより先、牛島守備軍司令官は、傘下部隊の各将官たちを守備軍司令部に招集して恩賜の酒を酌み交わして必勝を誓い合った。そして同司令官はこう訓示している。

「皇国ノ安危懸リテ此一戦ニ在リ、全員特攻忠則尽命ノ大義ニ徹シ醜敵撃滅ニ驀スベシ。」

これを受け日本軍は予定の作戦どおりに本島西海岸の大山方面へ逆上陸を目指して七〇〇名の将兵が煙幕を張り回らしながら舟艇に分乗して那覇から出撃した。一方、東海岸の与那原からは、中《なか》城《ぐすく》村津覇《つは》付近への逆上陸を目指して、約五〇〇名の兵員が六キロ近い海上を突破して行った。

しかるにその結果は、無残の一語に尽きるしかなかった。西海岸への上陸を目指す部隊は方向を見失って敵防御陣の真っただ中にはまり込み、陸上と海上から集中砲火の挟撃に会って潰滅的な打撃を受けた。また東海岸への上陸を目指して与那原から出撃した部隊も目的地の三キロ手前付近で、敵艦船の照明弾に捕捉され、いたずらに集中砲火の餌食となって全滅してしまった。

翌五月四日には「菊水五号」作戦による特攻攻撃が陸上部隊の進撃に呼応して実施された。こうして約七〇機の特攻機をふくむ一六八機の陸海軍機が北・中飛行場を襲撃したほか、各地の物資集積所を爆破したりもした。

しかし、それだけの反撃では、深刻化しつつあった戦局を打開するには至らなかった。あまつさえ特攻機はその大半が撃墜されてしまった。

首里戦線一帯の日本軍陣地では、四〇〇門におよぶ砲門が初めて壕外に出され、いっせいに砲口を開いて砲撃を開始した。砲兵隊の周辺にはくまなく煙幕が張りめぐらされていたけど、圧倒的優勢にある敵の火力は、この煙幕地域めざして砲火を滅多撃ちに集中した。

こうして総反撃に出てから二日目、沖縄守備軍司令官牛島満中将は、早くも失敗したことを認め、麾下将兵にたいし、攻撃を中止してもとの布陣態勢に戻って戦力の持久をはかるよう電報で要請するしまつであった。そのあげく、守備軍司令部では、総反撃失敗による将兵の士気の低下はおおうべくもなかった。

首里を放棄して南部へ撤退

四月の沖縄では戦場とは思えぬ好天がつづいていた。米軍は上陸に先立ち、沖縄の気象状況について綿密に調べ上げていたが、長期の予報以上の好天気が制海・制空権をもつ米軍を有利にする結果となった。

それが、五月も三週目あたりから沖縄の梅雨特有の〝干葡萄ほどもある雨粒〟が、叩きつけるように降り出した。連日のしのつく雨で米軍は、大幅に行動の自由を束縛され、首里城東北の運玉森《うんたまむい》あたりに集結した戦車群は、泥海にのめり込み、装甲車も重砲もともにその機能を奪われる有様であった。

米軍は、運玉森の南側、首里から与那原に通じる道路沿いの高台地でわが守備軍の頑強な抵抗に会い、釘付けにされたまま動きがとれなくなっていた。そのため首里を一気に攻略できると見ていた米軍の見通しは消え去り、米軍将兵の間には、果して首里を攻略できるかについて懐疑的な人びとも出たほどである。

こうして首里一帯での約二カ月におよぶ戦闘で米軍は、一万二〇〇〇名におよぶ将兵を犠牲にした。これは太平洋戦争中での最大の損害と言われている。とは言え、米軍はこの間におよそ六万名余の日本兵の命を奪ったにもかかわらず首里を陥れる確信はもてなかった。

米軍が沖縄本島に上陸する前、第三二軍の長参謀長は、沖縄の軍民に「一人十殺」を呼びかけていたが、実際の米日両軍の損害では、まったく逆の結果となっていた。

そのため沖縄守備軍の命運も、いまや風前の灯火にもひとしく、つとに五月十九日には牛島司令官が、兵員、武器、航空兵力の総力を挙げての支援を、大本営に強く要請したほどであった。

それにもかかわらず大本営は、沖縄現地のこの切実な要望にはまるで答えようともしなかった。沖縄戦における敗北は、当初から予想されていたので、本土決戦に備える意味からも、大本営は、玉砕が決まったも同然の沖縄へ大事な兵員を差し向ける意志はまるでなかったのである。

そのような背景もあって、米軍は五月二十一日に、難攻不落とみなされていた首里の最後の拠点、運玉森の丘陵を占拠して与那原街道を南へ通じる道を遮断するに至った。すると、危機を感じた守備軍司令部は、さいごはいかなる戦闘態勢をとるべきかについて協議を重ねた。残存兵力五万名で首里に立てこもってあくまで戦い続けるか、それとも知念半島へ転進するか、もしくは南部の喜屋《きゃ》武《ん》半島に後退して持久戦に出るか——という三案に議論は集中した。

そのあげく首里を撤退して喜屋武岬方面へ転進することに守備軍の結論が出たとき、島田叡知事は、もし軍が喜屋武半島に撤退すれば、島尻地区に南下した三十万名余の住民がじかに戦禍に巻きこまれる恐れがあるとして、守備軍司令部にたいし、首里に踏みとどまることを熱心に要望した。それにも拘わらず戦闘を第一義とする守備軍が自らの命運が尽きる、いわば存亡の岐路に立って非戦闘員のことを配慮するゆとりもなく、五月二十二日に牛島司令官は、南部へ撤退することを裁可した。

むろん守備軍司令部が首里を撤退することは極秘にされていたが、首里城の地下司令部では、五月二十日頃から急に慌ただしい空気が感得できるようになっていた。

最後の拠点「摩文仁」

首里を出てから四日目の五月三十一日、千早隊二一人は無事に目的地の摩文仁《まぶに》へ到着することができた。車なら三十分そこそこの距離しかないけれど、丸々四日間もかかったのである。

戸数わずか二、三〇戸の摩文仁集落も大半は空襲で焼失していたが、焼け残った赤瓦の屋根が初夏の新緑にひときわ照り映え、衰弱しきった心身も生き返る思いがしたものである。

守備軍司令部が置かれた目的地の「摩文仁丘」は、摩文仁集落の西側に海岸線と平行して南北に横たわっていて丘の高さは二十数メートルもあろうか、丘はくまなく新緑に包まれて藍色の海を背景にして一幅の見事な絵をなしている。

摩文仁岳の海寄りの裏手の方は、九〇メートル余の断崖絶壁をなしていて海岸との間には、大小さまざまな形の自然洞窟がいくつも連なり、そのほとんどが数メートルの厚さの岩盤で包みこまれていて天然の要塞をなしている。そのため、近郊の村々から避難してきた老人や婦女子が、恰好の隠れ家に利用していた。これらの民家の人びとは、それぞれの壕内に食料や水を貯えていたほか、鍋や食器なども運び入れていた。

どの家族も働き手の夫や男の子を守備軍に根こそぎ動員されていたので、残された老人や婦女子たちにとってこれらの自然壕は、一家が生き延びてゆくためのかけがえのない安全な住家にもひとしかった。しかるに、それもごく一時的なものでしかありえなかった。

首里にあった守備軍司令部が、ここ摩文仁丘に後退したのにともない軍作戦の邪魔になるとして、友軍兵士に壕から追い出されたのである。いかなる理由があろうと軍命にはさからえず老人たちは一寸した物を持って杖を頼りに悄然と宛もなく壕を出て行くのであった。一方、女親たちは、背中に幼児をゆわえつけ、右手に手荷物を下げ、左手でべつの子どもの手を引っぱって壕を後にした。そのような悲惨な姿を目撃するたびに私たち千早隊員は、情けなくて居ても立ってもおれない想いを感じずにはおれなかった。

あまつさえ戦場と化した南部市町村の人的・物的損害は、文字どおり「壊滅的」であった。ちなみに『沖縄県史』の戦争記録をまとめた宮城聡氏によれば、摩文仁集落に隣接する米須《こめす》集落では、戦争時の戸数が約二七〇戸、人口が一五〇〇余名であったのが、戦争で一家全滅したのが全戸数の四七パーセント、一二〇戸にも及んでいる。しかも生存者が一人だけという戸数まで含めると、六〇パーセントから七〇パーセントにも達し、一五〇〇余名の住民のうち、生き残ったのはわずか一一〇人だけとのことである。

しかもこうした事例は、けっして例外的なケースでもなく、当時の真壁《まかべ》村真栄平《まえひら》集落のばあいも、戦時中の全戸数は一八七戸、人口は約九〇〇名だったのが、一家全滅五八戸、一人だけ生存しているのが二三戸、両親を失い子どもたちだけが残されたのが二一戸、父親を失った家庭が五一戸、家族の誰かを失った家庭が一二戸。家族全員とも無事なのは、わずかに三一戸という実情である。また、九〇〇名の人口のうち戦乱の中から生命を全うしえたのは、三四九名でしかないのだ。しかも、戦後に戦傷が原因で死亡した者も少なくなかったのである。

小禄地区の海軍の戦い

昭和二十年五月二十九日午前十時十五分、ついに米第五海兵連隊第一大隊は、長い間日本軍のシンボルとして狙ってきた首里城を占拠するに至った。古都首里にたいする米軍の攻撃は、他のいかなる戦場におけるより猛烈をきわめ、沖縄の市町村の中でも首里市ほど破壊しつくされた町はほとんど例がないほどだ。

米艦船や砲兵隊が首里に撃ちこんだ砲弾は、およそ二〇万発。ほかに何千発もの臼砲が浴びせられたうえ、空襲によって投下された爆弾は、一〇〇〇ポンドにも及んでいる。しかも首里には高爆発性爆弾がくまなく投下されたため、道路も屋敷跡も木端微塵にされてしまった。

第八十九高地と称された摩文仁丘の中腹には、百数十メートルも奥行のある自然洞窟が水平に開け、垂直坑道や天然の開口部から丘の頂上に出られるようになっていて、ここが、首里撤退後の沖縄守備軍司令部の本拠となった。

首里の地下司令部壕に較べると、壕内ははるかに狭く司令部機構を丸ごと収容できずに情報部や管理部の壕などは、別個に壕外にあった。

守備軍司令部首脳の摩文仁撤退につづいて、守備軍主力も六月五日までに摩文仁への撤退を完了した。するとこれを追うかのように米軍もすぐに南部への進撃を開始する有様だった。

米第一〇軍司令官サイモン・B・バックナー中将は、日本軍に息つく暇も与えずに攻撃を強化するため麾下軍団の前線を南西に移し、日本軍さいごの拠点、八重瀬《やえせ》岳と与座《よざ》岳の丘陵地帯の攻略に取りかかった。そして六月四日を期して配下の第三水陸両用軍団と第二四軍団に与座・大里・米須の線で協同作戦に出よ、と命じた。

一方、同じ日に米第六海兵師団が小禄《おろく》半島から侵攻を開始した。小禄半島は、長さが約五キロ、幅三キロでそこには戦前、日本軍が築いた最大の那覇飛行場があった。この飛行場も、北・中飛行場と同じく、私たち県下の男女中等学校生や民間の人びとが勤労動員を受け、何カ月もの辛苦の末、ようやく完成したものである。

小禄半島には、大田実海軍少将が率いる沖縄方面根拠地隊の兵員約一万名が防衛に当たっていた。そのうち正規の海軍軍人は、三分の一にも足らず、大部分は現地で召集を受けた防衛隊員で占められていた。

しかも沖縄方面根拠地隊は、設営隊、航空隊、海上挺身隊から成り、陸地戦闘の訓練を受けたのは、三〇〇名程度でしかなかった。それも彼らが実戦を体験するのは沖縄戦が最初で、それも日本軍が大損害をこうむった五月四日の総反撃のときだけであった。

小禄半島一帯での戦局の悪化にともない、大田司令官は、牛島守備軍司令官の要求に応じて迫撃砲隊や一〇〇組の斬込隊員をふくむおよそ二五〇〇名の戦闘要員を陸軍の支援にふり向けた。そのため小禄半島に残っていたのは、戦争経験の乏しい俄兵士たちがほとんどであった。

沖縄守備軍司令部は、小禄の沖縄方面根拠地隊を六月二日以降に本島南部へ撤退させることを計画していた。しかし連絡が不十分で両者の間に撤退計画について誤解が生じ、沖縄方面根拠地隊は運搬困難な重火器や大砲などを敵手に渡さないため自ら爆破したうえで、五月二十六日に南部へ移動してしまった。

これを知った沖縄守備軍司令部は、大いに驚き、その処置に苦慮したあげく、撤退が完了した日の翌五月二十八日に小禄への復帰を命じた。それを受けて、大田司令官以下の約二〇〇〇名の将兵は、二十九日にふたたび小禄に舞い戻らざるをえなかった。すると米第六海兵師団が種々の火力を総動員して熾烈な攻撃をかけてきた。

大田司令官は次のような電報を関係方面に送った。

「第三二軍ハ六月二日〇九四〇各部隊喜屋武半島南部ヘノ兵力集中行動ノ目的ヲ達成セリ　此ノ間海軍部隊ハ小禄地区ヲ拠点トシテ陸軍部隊輸送ノ支援ニ任ゼリ　第三十二軍ハ六月二日以後小禄地区ニ残存セル海軍兵力ノ主力ヲ喜屋武半島ニ合流セシメントスル最初ノ方針ニ従イ当方亦着々準備中ナリシ処　二日夕刻ヨリ敵ノ進行急ニシテ眞玉橋、嘉数（眞玉橋南）根差部（？）ニ於テ予備隊（槍部隊）ノ大部ヲ戦斗ニ参加セシムルノ情況トナリ更ニ四日早朝小禄地区海正面ヨリ敵上陸開始ノ為激戦ヲ展開スルニ至リシ為遂ニ陸軍部隊ニ合同不可能ノ状態ニ至レリ右事情ニヨリ海軍部隊ハ最後ノ一兵ニ至ル迄小禄地区ヲ死守セントス　本職ハ三日司令部ヲ小禄第九五一空戦闘指揮所ニ移転作戦指導中」

そのような事情から大田少将は、早くも玉砕を覚悟して六月六日の夜、海軍次官宛に次のような電文を打電したのである。

「戦況切迫セリ小官ノ報告（通報）ハ本電ヲ以テ此処ニ一先ツ終信符ヲ打ツベキ時機ニ到達シタルモノト判断ス御了承アリ度」

その上で次の辞世を送った。

身はたとへ　沖縄の辺に　朽つるとも
守り遂ぐべし　大和島根は

その後米軍は、六月十日から十一日にかけて沖縄方面根拠地隊司令部のある豊見城《とみぐすく》西側の第七十四高地に猛烈きわまる砲爆撃を集中した。そこで大田司令官は、十一日夜に牛島守備軍司令官あてにこう打電するに至った。

「敵戦車群は、わが司令部洞窟を攻撃中なり。根拠地隊は今十一日二三三〇玉砕す。従前の厚誼を謝し貴殿の健闘を祈る。」

こうして沖縄方面根拠地隊司令官大田実少将は、二日後の十三日午前零時ごろ他の幕僚と共に自刃して果てた。

五月は例年になく豪雨つづきであった沖縄の雨期も、六月五日から晴れ上がり、それを契機に米軍の攻撃も、いよいよさいごの段階に入った。

沖縄守備軍の中でも最強をうたわれていた第二四師団（師団長、雨宮巽中将）の将兵約八〇〇〇名は、八重瀬岳から糸満に連なる西翼の防衛に任じ、藤岡中将の率いる第六二師団は、残存兵力わずか二～三〇〇〇名をもって真壁付近に布陣したが、一方東翼では、武器・兵員ともに貧弱きわまる第四四独立混成旅団が強力な米第七師団と相対峙していた。

米軍は、六月九日から、艦砲、機関銃、大砲、ロケット砲、爆弾、戦車砲、火炎放射器などありとあらゆる火器を残らず動員して、全戦線に一段と猛烈な攻撃を加えてきた。

沖縄守備軍の最期

そして、六月十二日の夕方、米第三八一連隊の第一大隊は、ついに八重瀬岳と与座岳の頂上に足場を確保した。その結果、友軍の第四四混成旅団は、ほとんど潰滅状態に陥り沖縄守備軍の東翼の守備は崩壊してしまった。

この日、米軍司令官、サイモン・B・バックナー中将は、「沖縄戦は、峠を越した。あとは最後の追い込み戦だけだ」と語っている。

案の定、米軍は全戦線にわたって、翌十六日から日本軍の抵抗が急激に衰えたことを実感するようになった。そのあげく、日本軍さいごの防御陣地の与座岳をその日のうちに占領した。

六月十八日午後六時二十分、沖縄守備軍司令官牛島満中将は、参謀次長と第一〇方面軍あてに決別を告げる電報を打った。同時に牛島司令官は、部下将兵にたいしてもつぎのような命令を発している。

「今や刀折れ矢尽き軍の運命旦夕に迫る。既に部隊間の通信連絡杜絶せんとし軍司令官の指揮は至難となれり。爾今各部隊は各局地における生存者中の上級者これを指揮し最後まで敢闘し悠久の大義に生くべし。」

米軍戦記によると、米第一〇軍司令官バックナー中将は、つとに六月十日の朝、牛島中将にたいし日本軍の集団降伏を勧告していたのである。

ちなみに米軍は、上陸前の三月下旬から六月二十日頃までに、八〇〇万枚以上の宣伝ビラを各地に散布している。六月十七日には、米第七師団は、全軍が一時間、砲撃を中止して、通訳兵が、ラウドスピーカーを使って日本語で降伏勧告を呼びかけたりもしていた。

そのような背景から米軍の心理作戦の効果が、徐々に現われるようになってきた。沖縄戦がはじまってから二カ月余の間に米軍が捕虜にした日本兵は、一日平均四名足らずであったが、六月十二日から十八日にかけてはそれが五〇名にふえ、六月十九日には三四三名が一どきに降伏するケースもあった。

相次いで六月二十日に、米軍が摩文仁岳を占拠したさいには、太平洋戦争でかつて例のない九七七名もの多数の日本兵が投降するまでになった。こうして、二〇〇名余の将校をふくめ、七四〇一名もの日本兵が米第一〇軍に降伏したのである。

一方、六月十八日に降伏を勧告したバックナー中将は、勝利を目前にして戦死に追い込まれた。沖縄島の南西方、糸満郊外の前戦観測所で海兵隊の進撃状況を視察しているさいであった。またその翌日には歴戦の勇将の誉高い米第九六師団の副師団長クロウデュス・M・イーズリー准将もさいごを遂げた。

バックナー中将が戦死した同じ日に日本軍の第四四独立混成旅団長鈴木繁二少将は、斬り込み攻撃に出て戦死。六月二十二日には、第二四師団の雨宮巽師団長と第六二師団の藤岡武雄師団長が自刃したほか、牛島満守備軍司令官と長勇参謀長も自決している。こうして沖縄守備軍の組織的抵抗は幕を閉じるに至った。

新たな「地下工作」の任務

摩文仁での千早隊員の本拠は、軍司令部壕のある摩文仁丘から北方へ約三〇〇メートルほどの地点にあった。それは、亀甲墓《かめこうばか》と隣り合わせの自然洞窟で、「情報部の壕」と呼ばれていたが、将校たちは軍司令部壕に起居して、そこには千早隊員と二、三の下士官がいるだけであった。

摩文仁へ移ってからしばらくは、千早隊員の主な任務は、食糧を確保することに尽きた。それが六月十七日夕刻になると千早隊員は、全員、情報部壕前面の松林に集合を命じられた。四囲の状況から推して、戦局が容易ならぬ事態にあることは誰の目にも明らかであった。

そこへ軍司令部から出向いてきた千早隊の益永董隊長から隊員らは「地下工作」の実施を命じられた。地下工作というのは、千早隊員がそれぞれ一人もしくは二人が組になって被占領下の住民の間に潜伏し、折をみて敵の占領政策を攪乱するほか、非戦闘員の言動を監視して、利敵行為を阻止して戦意高揚を図ることであった。敵を背後から脅かして究極の勝利を期せ、というのである。益永隊長は、こう念を押した。

「行動するときは、いっさい短慮をつつしみ、冷静大胆に振舞え。敵と遭遇しても死に急ぐことなく、あくまで敵の背後の被占領地に出ろ」

私は同郷の富村盛輝君と具志頭《ぐしちゃん》集落への出動を指示された。隊員らは出発に先立ち、ハガキの半分大の特別パスが配られた。それには、守備軍司令部配下部隊の隊長宛に非常線の通過や食糧その他の便益をはかってもらいたい主旨のことが薬丸兼教情報参謀の署名入りで書かれていた。

ちなみに米陸軍省編『日米最後の戦闘』は、私たち千早隊の行動についてつぎのように記述している。

> 「六月十八日、牛島中将は第三二軍最後の文書による命令書を出し、〝鉄血勤皇隊をひきいて部隊の終了後はゲリラ戦にでよ。〟と一将校をその指揮官に任命しました。同時に沖縄北部でもわずかながらゲリラ隊がまだ戦っていることになっているので、牛島司令官はそこに血路を

見出すべく北部に向って進めと、残存部隊に命令を出した。兵は二人あるいは五人ずつ組んで、民間人の着物に着がえ、なるべく交戦はしないように移動せよという主旨の命令だった。日本軍のこの動きは、六月十八日から十九日にかけての晩に発覚、前面と後方でたちまち米軍の機関銃が猛烈に火を吹いた。夕暮れと夜明けには、照明弾が宙に浮かび、機関銃は一晩中鳴りひびいた。第七師団などは一晩に五〇二人もの兵隊を殺した」

同記録によると、日本軍の損害は、六月はじめから月半ばまでは、一日平均一〇〇〇名だったのが、十九日には二〇〇〇名にはね上がり、その翌日には、三〇〇〇名、二十一日には四〇〇〇名以上に達したとのことである。

沖縄上陸作戦にさいし、米軍は、地元住民の処遇にひどく頭をなやませたようである。

ちなみに戦乱に巻き込まれた民間人の処遇については、バックナー中将指揮下の第一〇軍の軍政部が責任を負っていた。軍政要員は、二〇〇名ちかくの通訳を動員して前線と後方で軍政活動に従事する班や、避難民を管理する専従班を設けて、宣撫工作に当たることになっていた。

戦局も大詰めに近づき、沖縄守備軍が目立って不利な状況となるにつれて、第一〇軍が監視・管理する非戦闘員の数は日ましにふえていった。米軍の公式記録によると、四月一日の上陸から六月はじめごろまでに一四万四三三一名が軍政部の管理下に置かれていた。それが摩文仁丘一帯の最後の戦闘が終結した段階になると、その数はさらに増大しておよそ一九万六〇〇〇名を数えるに至った。

こうして増大する一方の民間人の処遇は、米軍にとって次第に頭痛の種となってきた。とりわけ米軍が、沖縄守備軍さいごの防衛線へ突入を図った六月下旬には八万名もの非戦闘員が本島南部の岩陰やキビ畑などから這い出してきたが、その多くは女性と子どもや高齢者たちであった。しかもその半数近くは負傷者で、両手足に欠けるところのない者はごくわずかしかいなかったからである。それゆえ負傷者の処置対応に手こずったからである。

そのうえ、地元民間人は、砲爆撃に追いつめられて進退きわまると夜・昼の見境いもなく、また友軍陣地であろうと米軍陣地であろうと見きわめるゆとりもなく入り込む有様であった。

後でわかったことだが、沖縄守備軍首脳は、早くから米軍占領下のこれら地元住民を対象に本格的な地下工作活動を行なう手筈をととのえていたようである。すなわちそれは、首里が危機に瀕した五月中旬頃から計画されていたという。

その骨子は、地下工作の本部を沖縄北部の多野岳《たの》に置き、本部の最高責任者には薬丸兼教参謀が任じ、本部主任兼国頭《くにがみ》地区隊長には木村正治参謀が当たることになっていたとのことである。ちなみに同計画によれば、沖縄守備軍がそれぞれの陣地を撤退するにさいし中頭《なかがみ》、島尻両郡の住民地域に特別な訓練を受けた諜報部員を配備する予定であった。

島尻、中頭、国頭の三地区には爆破、射殺、情報の三分野の支部が置かれ、各地区の横の連絡や命令の下達は、女性の密偵によってなされる計画であった。そして各地区の責任者は、それぞれの地域に散置された密偵の情報に基いて物的破壊、あるいは人的射殺の判断をなすことにし、私たち千早隊員は、それらの諜報部員の下級幹部になるはずであった。そのため、捕虜になったばあいでも三カ月以内に脱出しなければならないとされていた。

ちなみに私たち千早隊員は、米軍の被占領地域では、学校教員をしながら住民の間に潜伏して政府の役人や各字の区長や村長などで親米的な人びとの氏名をもれなく本部に報告する責任を負わされていた。同時に千早隊員の重要な任務は、米軍と住民との離反、とりわけ親米的な地元のリーダーと一般住民との不和をかき立てて占領行政を混乱させることであった。

そのため、日頃から地元住民にたいしては、野菜その他の食料品を供給するなどして、その歓心を得るよう努める手筈になっていた。

しかし、守備軍首脳が考えだした地下工作戦術は、完全に失敗した。この計画は、米軍が占領地域の住民をそれぞれの出身市町村に帰すにちがいないという想定を前提にしていたけど、それが当て外れに終わったからである。

すなわち米軍は、いくつかの特定地域を指定して収容所を作りその周囲に金網を張りめぐらせ、そこへ住民を一人残らず収容して厳重な監視下に置いたからである。しかも勝手に収容所の外へ出る者は、容赦なく射殺したので、住民はまるで捕虜同然であったからだ。あまつさえそのような状態が一カ年余もつづいたうえ、住民収容所間の往来さえも許可されなかったからである。

くわえて、地下工作の最高責任者に予定されていた守備軍参謀たちは、地下工作隊の本部が置かれることになっていた多野岳を目指して敵中突破をはかる途中で、一人残らず敵弾の餌食になってしまったからだ。

ともあれ地下工作戦術を白昼夢に終わらせた最大の原因は、摩文仁丘が敵手に落ちて二カ月足らずのうちに、日本自体が無条件降伏をしたことである。それによって地下工作をなす必要がまったくなくなったのである。

千早隊の解散

富村君と私は、激しい砲撃の下をかいくぐって、「地下工作」の担当地域に指定された具志頭集落に近づいてはみたものの、そこには住民がまったくいないことが分かった。そのため、ひとまず摩文仁の軍司令部壕に帰って改めて益永隊長から指示を受けることにした。

摩文仁丘のあたりは、一両日のうちに様相が丸ごと変わり果て、丘は平地と化し、一点の緑も留めないほど破砕されて白い岩肌がごつごつ剥きだしていた。二人は辛うじて軍司令部壕の入口を探しあて、参謀室近くで益永大尉を見つけ、状況報告に及んだとたん、凄い見幕でどやされた。

「貴様たちは、敵の背後に出ろといったのが分からんのか。任務を忘れて戻って来るやつがいるか」と。

まるで負け戦さの責任がこちらにあるかのような怒りぶりであった。

私たちは、返す言葉もなく、すごすごと情報部の壕へ戻るしかなかった。情報部へ戻った私たちがろくに腰を下ろす間もなく私は、益永隊長から同僚の宮城光雄君と伊敷《いしき》の壕まで伝令に行ってこいと命じられた。伊敷といえば、摩文仁の東北方約三キロから四キロの地点にあり距離の上ではそれほど遠くもないけど途中の危険さは、それまでの休験からも十分に予想できた。

宮城君と私は、砲撃がいくぶん衰えを見せる真夜中まで暫く待ってから壕を出た。摩文仁の北方の米須集落までくると、沖縄守備軍の断末魔の様相が手にとるように分かった。もはや、戦線は敵味方双方が兵器を交える戦闘というより沖縄本島最南端の一角に追いつめられた日本軍兵士たちが、いかにして敵の一方的な攻撃から逃げおおせるか、必死にもがいているだけであった。

私たちが任務を終えて摩文仁丘へ戻ると、付近一帯には、道路といわず畑といわず死人が折り重なって倒れていて、もはや戦闘もさいごの段階を迎えていることがはっきり感得された。指揮系統を失った友軍兵士たちが、武器さえ持たないまま右往左往し、その中にまじって地元住民が必死に脱出路を探しあぐねているだけである。

守備軍司令部の情報部の壕へ戻ると、私は、益永隊長に報告するため、摩文仁丘の司令部壕を訪れた。しかし目印にしていた岩や丘の起伏が原型を留めぬほど変形しているため壕の入口を見つけきれなかった。そのため壕の入口を見つけるため右往左往しているとき、目の前の岩の割れ目から出てきた一兵士に壕入口を教えてもらって、壕内へ入って行くと、負傷者や骸骨のようにやせ衰えた将兵が身動きできぬほど坑道を埋めつくし、嘔吐を催す膿臭が充満していた。

壕内の混乱のなかを軍司令官室の近くでようやく益永隊長を探しあてたら、驚いたことに隊長は軍服をぬいで民間人の黒っぽい着物に着替えているではないか。益永隊長は、ろくに私の報告にも耳も貸さずに固い口調で言い放つのであった。

「お前たち千早隊員は、本日を期して一応解散せよ。そして敵中を突破して国頭に集結し、時期がくるまで待機し、召集がある時には直ちに出頭せよ。万一敵につかまってもけっして死んではいかん。いつも敵の背後に出ることを忘れるな。いいか。よし、帰ってみんなにそう伝えろ」

言い終わると、益永大尉は、壕の奥へ消えて行った。

〈解散！〉

私は、グワンと一撃くらわされた気がして体が硬直した。そして茫然と立ちつくしていると、民間人の黒い着物を来た薬丸参謀、三宅参謀、木村参謀、益永大尉らが次々と姿を現わした。短い着物の袖口から長く白い手足がはみ出し、いかにもチグハグな格好である。そのような姿を見たとき私は、まさしく戦争に負けたことを実感せずにはおれなかった。

これらの参謀たちの一部は、米軍の本土攻撃を遅延せしめるべく敵中を突破して国頭の多野岳に集結してゲリラ戦を戦うとのことであった。一方、長野参謀らは日本本土に帰還して大本営に沖縄戦について報告する手筈となっていてその日のうちに壕を出て行った。

そのさい、私たち千早隊員の同僚の仲真良盛、比嘉盛輝、伊豆味雋君らは、薬丸情報参謀一行の道案内として同行した。六月十九日の夜半のことである。それを私は唖然としながら見送っていた。戦争は敗けたなあとの悲痛な思いを抱きつつ……。

沖縄戦の終結後に判明した死傷者は、米軍の死者一万四千名余、日本軍の死者九万名余、それにくらべ沖縄住民の死者総数一五万名余を数えている。ちなみに太平洋戦争中の日本本土における非戦闘員の死者総数は、二九万九四八五名で人口割に見ると、いかにも対照的である。

これからも沖縄戦が地元住民にいかに致命的な犠牲を負わせたかは、おのずと判明するのではないだろうか。

第一章

師範隊本部

野田貞雄校長をはじめ、平田善吉先生ほか数人の教官と生徒で編成された。本部所属の隊員は師範隊の指揮や軍司令部との連絡調整に当たった。戦闘が激化すると、隊員の食糧確保が難しくなり、自活隊を編成して、激しい砲撃のもとで、危険を冒して炊事用の水を運んだり野菜などの食糧調達のほか師範隊全員の食事の炊き出しに当たったりした。

○生徒隊長…比嘉秀之（本科三年）
○隊員…一六人
○戦死者…一三人

野田貞雄校長を想う

秦　四津生（教師）

沖縄師範学校野田貞雄校長先生のこと

先生は、明治二十五年一月十二日、熊本県上益城郡高木村に生を受けられ、大正八年、東京高師文科を卒業された。同十年、さらに同校専攻科を卒《お》えると京都府立第一高女に赴任され、昭和六年四月には岡山県立味野高女校長に就任された後、同県西大寺高女校長、岡山県視学官、同県学務課長、茨城女子師範学校長を歴任された。昭和十八年、全国師範学校の専門学校昇格に伴い、沖縄師範学校（旧沖縄県男子師範学校及び女子師範学校の合併された新制度校）校長として、嵐をはらむ沖縄へ赴任された。

昭和十九年十月十日、米機の空襲によって那覇市は一日にして瓦礫の山と化した。その後、市内の老幼婦女子は国頭《くにがみ》の山岳地帯や日本本土に疎開するよう強制的に指示され、島全体が敵上陸に脅えるようになると、官吏や学校職員のうちには公用に名を借りてひそかに家財をたたんで日本本土へ出て行くものが日を追って多くなっていった。

このような状況下の昭和十九年十二月下旬、野田貞雄校長は、文部省との連絡のために上京された。沖縄の戦場化を怖れた先生の知友や上京の際に同行した学校書記らは、帰任を暫らく延ばされるよう先生に懇請したが、先生はこれを却けて昭和二十年一月中旬、嵐の前夜の沖縄へ飛行機で帰校された。

すでに軍当局は、危局に備えて徴兵適齢の引き下げを行ない、三月一日、在学中の七五名の生徒が現地入隊したほか残余の全校生徒も三月三十一日に守備軍司令部によって鉄血勤皇隊として軍に徴された。その翌四月一日には、三月二十六日の慶良間《けらま》諸島への上陸に引き続き米軍の沖縄本島への上陸が開始された。校長は第三二軍司令部より高等官待遇の陸軍嘱託に任ぜられ、敵上陸と共に軍司令官の厚意によって安全な守備軍司令部内の参謀部の壕に起居されるよう幾度も招請されたが、最後まで生徒と行動を共にするとの固い決意の下に、折角の勧誘を辞退され、師範隊の陣地、留魂壕で生徒と起居を共になさった。

先生の明朗でユーモラスな御性格は、陰欝な壕内の生徒の気持をほぐす光であり、豪放磊落な御態度は、生徒の不安を取り除く妙薬であった。学生時代の想い出を語られて呵々大笑されるので生徒たちは戦場を忘れ、裸になってしらみ取りっこをする有様であった。このように日夜生徒と苦楽を分たれる校長先生の言動は、軍に徴されて以来親兄弟と逢うことも許されぬ生徒たちにとっては、慈父に接する思いであった。

生徒が傷つき死亡するたびに先生は吾が子を失われたように悲嘆に暮れ、遺骨を身の近くに安置して、朝夕端坐して合掌されるのであった。日一日と遺骨が多くなるにつれて先生の温顔もやつれが目立ち、頭髪も白さを加えたように思われた。

昭和二十年六月十八日、校長先生は、牛島軍司令官により「鉄血勤皇隊師範隊は、第一線の斬り込み突破を敢行し国頭地方へ脱出して皇軍の再挙を図れ」との命令を受けられた。

これによって学校の組織的編成は一応解かれたのであるが、斬込隊や特編隊など任務遂行のため各地に分散していた隊員たちは、この解散も知らない情況下に置かれていた。先生は戦場で最悪の事態に逢着すると、校長として生徒をこのようなどたん場まで引き連れてきたことを御自分の罪でもあるかのように生徒に対して詫びられるのであった。そのあげく六月十九日午後一時半、附近の職員生徒を集めて、これまでの労をいたわり、これからの行動について万般の注意を与えられると共に一段と声を励まされて、この上は無駄死することなく冷静に事態に対処して、勇気を奮って生を

野田貞雄校長

全うするようにとお諭しになったのである。

　生死の岐路に立ち、身の処置に行き悩んでいた生徒達も先生の最後の優しい力強いお言葉に打たれて、内心に生への許しと光明を感じ、改めて最後の力を振い起したのであった。こうして当然のように死を決意していた多くの若い命が未然に救われたのである。

　いろいろと最後の任務を終えられた先生は、六月二十日午前〇時半、配属将校井口一正中尉、本科三年生の古波蔵《こはぐら》英一君（後に予科二伊武文昭と比嘉弘と高江洲義永の三君がこれに加わる）と共に敵中突破を目指して摩文《まぶ》仁《に》の壕を出られた。その時先生は、二個の手榴弾をしっかりと腰に結び付け、背後にいる部下職員生徒の無事を祈りながら振り返り振り返り砲撃の下をくぐって壕を出て行かれた。

　然るに翌六月二十一日夜、不運にも摩文仁と具志《ぐし》頭《ちゃん》との中間、ギーザバンタ海岸で熾烈な砲撃を受けて、古波蔵・武両君と共にあえない最期を遂げられたとのことである（生存者高江洲・比嘉両君の証言による）。

――嘉数先生の記録より

　この書を編するに当たって、私たちは満腔の悲しみを以て先生の死をいたむと共に、いつまでも慈愛に充ちた先生のお人柄を敬慕し、心から先生の御冥福をお祈りして、謹んでこの小冊を先生の霊に捧げる次第であります。

大田昌秀

妻子と別れて

サイパンが玉砕して間もない頃だ。突然、沖縄の夜空に数機の米機が襲来した。闇を裂くように空襲のサイレンが鳴り響いた。丁度、宿直であった私は、龍《りゅう》潭《たん》寮内を「待避!」「待避!」と叫び廻った。やっとの事で全生徒を待避させた私は、ホッとして舎監室に駆け戻ったものの、ふと下宿家の妻子のことが気づかわれた。まだ土地の様子にも馴れず、地元の人とも余り深いおつき合いにまで至っていない妻の身が気づかわれて来て仕様がなかった。いつか、私の足は蓮池寮近くの我家の方へ走っていた。門の近くまで来た時、

「おばさんはどこですか。」

「奥さん、此処《ここ》よ。」

そう言う声が手に取るように聞こえた。声のする方に向かって、私は闇の中をさぐるようにしながら、小高い丘の森のそばまでやって来た。

うちの壕はこの辺であった筈だと思いながら、

「おい。」

と声をかけてみた。するとずっと向こうの方で、

「ああびっくりした。あなたでしょう――ああ助かった、早く来てこの荷物を持って、早く、早く。」

まぎれもない妻の声だ。

妻はいく分震えていた。私は非常食を入れた袋の荷物をもぎ取るようにして、妻の手を引き、登り始めた。余り高い丘でもなかったのに、汗をかきながら木の幹にぶら下がるようにして登った。

「もうすぐだ。元気だせ。」

と励ました。妻の背中におんぶされていた長男は、泣き声一つも立てなかった。人声をたよって、やっとのこと壕まで辿り着いた。

「奥さん。ここよ。」

六十歳を過ぎた下宿屋のおばさんは、私に代って妻の手を取り、妻を坐らせてくれた。

「もう大丈夫だ。おばさんお願いします。」

妻は黙っていたがまだ震えているようだった。安心した私は再び暗闇の道を学校へと急いだ。

その翌日から公務を持つ身分として、妻子が居ては充分な働きができないと考えるようになった。今郷里

へ帰しても海上は敵の潜水艦の出没が激しく、鹿児島への上陸も不安でならなかった。沖縄への軍用船が魚雷にやられ、幾多の将兵が海の藻屑《もくず》となった直後のことではあったし、不安は一層深まっていった。

佐藤先生、久保田先生、黒田先生達とも相談したが、結局最後の客船で郷里大分へ帰すことに決定した。その前夜妻と二人して荷造りや片づけを始めたのだが、その中途で、

「やっぱり止めましょう。どうせ死ぬなら、家族一緒に比処で死にたい……。」

妻は不安げに、そう言いながら荷造りを止めてしまった。

「だが……。」

と私は言いつまってしまったが、

「いくら考えても同じだよ。僕は公の仕事のある身だ。思う存分の働きをしなくてはならないのだ。やっぱり帰ることだね、そうするんだね。」

と言葉を続けた。そうは言ったものの、内心では何れを選ぶかに、実は、決しかねている自分であった。

「仕方がないさ、運を天に任せて帰るんだね。」

とうとう私は、妻に帰ることを押しつけてしまった。荷造りも終わった。側には長男がすやすやと眠っていた。床にはついたものの、二人共勿論《もちろん》眠れる筈はなかった。時計が一時を報じた。

「すべてをあきらめて神へお任せしよう。」

そう考えて、私はソッと寝床を脱け出し戸外へ出た。真裸になって井戸端へ駆け、水を頭からかぶった。妻もいつの間にか私の背後で着物を脱いでいた。

二人は水をかぶっては、ひたすらに海上の安全を祈った。

「子供のためにも、この祈りを忘れてはいけないよ。もし万が一僕がこの地で死んでも……神へお任せするこの祈りだけは守り続けるんだね。」

水を浴びて何かすがすがしい気持になって私はこう言った。

重苦しい一夜は過ぎて、妻子と別れの朝となった。

「もう港までは行かないよ。どこまで行っても同じことだ。船に乗る時には気をつけるのだよ。万一のことがあったら落ちついてブイをつけるんだよ。」

私は、バスの窓から手を振っている妻や子の姿が見

えなくなるまで、立ちつくした。

野田校長の帰校

妻や子供を郷里へ帰してから間もなく、野田貞雄校長先生が内地の出張から帰校された。

「秦《しん》君、淋しいだろう。」

「国のためだ。みんなこうして出征されたのだ。戦争にでも勝てば、イの一番に栄転する一人だね。」

などといつも微笑《ほほえ》ましげに言われた。その度毎に、元気を出して張り切る私共であった。

「今夜は、僕の所で話そう。女子部の波平が、うんと御馳走をこさえて待っているぞ。」

と言われた。

私は淋しくなれば、佐藤先生と連れ立って校長宅に伺って御馳走になった。そして熊本訛りのあるユーモアじみた口調で話されるなごやかな雰囲気に、夜の更けるのを忘れたことも度々であった。何だか帰り辛い思いを抱いて、東の窓がしらみかけた頃帰ったことも、二度や三度ではなかった。

実に温容玉《おんようたま》の如く、而《しか》も肚《はら》の太い校長だった。校長室の机の上には、いつでもむずかしい新刊書籍が開かれていた。研究心旺盛な、部下思いの人であった。校長先生も、家族を東京に残しておられたのであったが、公務本位に考えられて行動しておられた。時折家族や故郷の話になると、

「お上へ捧げた身だもの、ねえ君、やれることをやってのけるだけだよ。」

「僕はもう年を取ったし、子供は大きくなったし、少しも淋しくはないよ。だがやっぱり凡人だもの、時折は子供の夢を見ることもあるねえ。」

「僕に比べると、君達はまだ若いんだから無理はない。淋しいのはごもっともだ。しかし秦君も佐藤君も、今少しの辛抱だな。三月末には、一緒に故郷へ帰って来るんだね。

暇《いとま》をやるぞ。ゆっくりお母さん、じゃあなかった奥さんのオッパイでも呑んで、うんと甘えて来るんだな。」

などといつも慰め励ましてくれた。

「有難いねえ。三月末には二人で帰って来るか。」

と佐藤先生と語っては、喜んでいた。

校長先生は、歩くことだけは非常に苦手であったけれども、夜間の壕掘作業などによく慰問に廻って来られた。

「此処まで何里だい。」

「へえ二里もあるんだって？　よくもまあこんなに歩けたもんだ。」

「どうも老体と迄はいかないのに、歩くのは億劫《おっくう》でいやだよ。」

「帰ったら風呂にでも入って、この足を一揉み揉んでもらわなくっちゃあ、あっはっは、あっはっはっ……。」

「やあ、ご苦労。皆よく精が出るねえ。おや急に進捗したね。兵隊さんが顔負けして泣き付かれると大変なことになるぞ。」

「おお、此処もすぐ完成だね。怪我をしないようにやってくれよ。」

いつもこうして生徒の身の上を案じられて、作業場を巡視され、激励された。

（今もなお私の眼底からは、巻き慣れないゲートルの上から、足を撫でさすっておられた校長先生の姿が消えない）

自活隊の活動

私は自活隊長としての任を帯びた。本科三年の仲村渠《なかんだかり》昌貞君以下一二名が、部下となった。

首里城の丘に艦砲が飛んで来る時分には、野菜の収集も日毎に困難となっていった。学校の農場まで二キロメートル近くはあった。しかし砲爆撃下を必死に飛び廻って野菜をあつめた。

ビュウーン、砲弾の破片が異様な音を立てて唸った。

「先生　危ない！」

と、昌貞君が動作のにぶい私を、民家のタコ壺壕《つぼごう》に引きずり込んでくれた。

生徒達は弾着点に気を配りながら話している。

「農場の芋はもうなくなったぞ。」

「じゃあ、隣の畠のものでも、かっぱらうんだな。」

「早く取って帰らにゃ夕飯に間に合わんぞ。」

「あ、豚がいる！」

少ない玄米飯に、野菜汁が常食となってしまっていた。私共は弾をよけつつ、辛うじて野菜を集めて歩いた。四月下旬頃には、首里一帯は遂に激戦地と化して、寸分の油断も許さなくなってしまった。

こうなると、私達自活隊はやむをえず任務を変更して電気室の作業に転じた。

私達は、未明に起き出ると、玄米飯に塩をふりかけ、気を揉みながら急いで飯を食い壕外に飛び出した。作業場まで二キロメートル半はゆうにあった。岩壁に沿って走ったり、林の中に機影を避けたりして進んだ。敵の艦艇が一目で見下ろせる平地の丘を乗り越えるのが大変であった。早駆け匍匐《ほふく》前進を続け、作業場へ駆け込んでからも、ハアハアと切れる息苦しさ。発電機に油を注ぎ、モーターの掃除をし、電線張りやドラム缶の搬入に汗を流した。あまりに砲爆撃が激しい時は、帰営することもできず、電気室の壕内でつるはしを振い、壕の拡張工事を手伝った。

四月二十三日には、予科二年西銘《にしめ》君が艦砲の破片で胸部の半分をえぐり取られ、血まみれになって倒れた。即死である。草や木まで血潮が飛び散って、一面が血《ち》生臭《なまぐさ》かった。ひっきりなしに飛んで来る砲弾のあい間を狙って、毛布で死体を包むようにして戸板に乗せて松の影までやっとのことで運んだ。と、敵機が低空に舞い下って来て機銃掃射を浴びせかけてきた。私達は死体を投げ下して待避したが、その間にも一人一人が、交替で穴を掘り始めた。辛うじて掘り終わると私は、亡骸《なきがら》の洋服のポケットを探った。中から財布が出た。それを唯一の遺品として自分のポケットに収めると、血まみれになった手もそのままに黙然と合掌した。見守る生徒達の眼にも、大きな涙が光っていた。埋めた穴の上には土を盛り上げ、石ころや木片を拾って来て墓標とした。

その翌朝の食事の時、友だちの古堅《ふるげん》君は、

「ああそうだった。」

と独り言を言うと、茶碗に一杯しかない少ない自分の飯一握り取って、汚れた新聞紙に包んでポケットに入れていた。食べ終えると、私達はひた走りに走って作業場へ向かった。ようやく西銘君の墓のそばまでやって来ると、昨日の出来事が悲しくよみがえって来た。古堅君は、新聞紙から取り出した一握りの玄米飯を供えた。いつの間に手折ったのか、佐久川君は野花を手向けていた。古波蔵君は煙草に火をつけてそっと置いていた。

つづいて、四月二十六日の夜間作業中のこと。壕外でパッと明るくなるともの凄い大音響がした。一人の兵隊が私たちのいる壕へ飛び込んでくるなり、

「やられたらしいぞ。師範生が！」

と叫んだ。すぐに点呼《てんこ》を始めると、どうしても一人足りない。佐久川君ではないかと感じた私は、早速生徒一名と連れ立って飛び出していた。真暗闇であった。

「多分この辺だ。」

「マッチをすって見ようか。」

「敵艦に発見されます。」

「仕方ない、やるぞ。」

私は、パッとマッチを擦《す》った。ボーっと明るくなったその足下に、半眼を見開き、首を折られ、口からふき出した血が頬一面をドス黒く染めた恐ろしい顔があった。

「ああー」。悲鳴と共に生徒は一目散に壕へ飛び帰った。

生徒は真青な顔をして、

「先生、佐久川君です。佐久川君です。」

と叫んだまま坐り込んでしまった。

すぐに本部へ報告の伝令を飛ばすと同時に、他の生徒四、五人をうながして、佐久川君の死体の場所へ立ち戻り、筵《むしろ》を被せてそうっと道の片端へ運んだ。艦砲は激しいし、真暗闇なので翌朝明るくなってから処置することにした。

首藤《しゅとう》先生や濱元先生が、爆撃のため生埋めとなったのもこの頃である。首藤先生は右腕が土中から出ていたので、そのまま引き上げられたが、眼をやられて失明していた（幸いに一週間後には僅かながら視力がきくようになって摩文仁に行かれた）。

濱元先生は三十分後に掘り出されたが全身火傷で人事不省だった。応急手当の後、師範隊の壕に搬送されたが、火傷《やけど》の皮膚が腐敗して蛆《うじ》が這い廻り、下に寝ている私の顔に膿汁が流れ落ちることもあった（摩文仁へ担送途中でようやく意識を回復した）。

五月四日、全戦線に対して総攻撃の命が下り、続いて首里陣地の死守が命ぜられたが、もはや戦闘部隊としての機能を失い、指揮系統は寸断され、日本軍は潰

滅への悲運に落ち込んでしまった。連日敵機は空に満ち、ただ数少ない友軍の特攻機のみが、夜半の二時三時頃、赤い標識灯をきらめかせて海面すれすれに敵艦船に突入して行った。私達は城壁に身を潜め息をのんで、ただ合掌してその姿を伏し拝んだ。

ややあって遥か彼方の海上に上る火柱らしきものを見届けると、一同は「やったぞ、やったぞ」と叫んで拳を握って立ち上った。

しかしそれも一週間とは続かなかった。幾万の友軍将兵は「友軍機よ来れ！」と恨みを呑みながら、バタバタと斃れていった。

その頃、七〇名より成るわが師範菊水隊（球一六一六部隊付）も、この最悪の戦況に応じて、毎日斬込要領等の指導を受けていたが、五月二十五日、首里撤退の命令と共に、行動を開始し、夫々の指定地に潜入、そして隊員の殆どが肉迫攻撃をくり返す中で死んでいった。

一途に必勝への道を求めて

五月二日頃だった。私が壕内作業に出ると、生徒が、「先生、あそこを……。」と指さす。その指先を見ると、その方向の一室に、経理部の将兵が二、三名坐って、何か食べていた。外では相も変わらず艦砲弾、迫撃砲弾が轟然《ごうぜん》たる音をたてて激しく撃ち込まれていた。

「あのローソクを見ろよ、三本もともして。」

「明るすぎらあ。」

「勿体なくないかなあ。」

「まったくだ。ぜいたくすぎるよ。」

一本のローソクだって無駄にしたことのない師範隊の壕生活に堪えてきた生徒達である。そんな会話が出るのも無理はない。

「おい、今度は缶詰だぞ。」

「あ、パイナップルだ。」

「肉もあけてる。」

「すごいぞ、銀飯だ。」

生徒達は羨望と憤りとをこめたまなざしで眺めながら、一々口に出して言う。

「くよくよするな。仕方がないじゃないか。」

私はこう言っては見たものの、やっぱり好い感情はしなかった。生徒達は茶色がかった玄米飯もほんのチョッピリ、それに塩をふりかけては、やっとその日の飢えを凌ぎながら、ただひたすらに祖国の栄光と必勝を信じて幼い生命を投げ出している。

働きは兵隊とまったく同じだが、待遇は兵隊と同じではない。何とかもっといたわってやる方法はないものかと思うのだが、どうなるものでもない。ただいじらしさに胸を焼かれる思いをするだけだ。

壕の右側には寝台があって、軍の慰問隊の女が毛布を二枚も三枚も重ねて、すやすや寝ていた。いびきをかいている女もいた。烈しい弾の音も耳には入らないかの如くに……。

それにひきかえ、生徒達はゴツゴツした岩肌の上に毛布一枚にくるまって、くさい糞のにおいとむせ返る炊事の煙に苦しみながら、足さえ伸ばす余裕もないほどに重なり合って、寝ているとも起きているともつかない長い夜を明かさねばならぬのだ。激戦と死闘に明け暮れする生活の中での、些細な悲しみや感情のいらだちではあったが、今に忘れられない悪夢のような一《ひと》齣《こま》であった。

あるとき、陣地構築の疲労に耐え切れなくなった私と古我知《こがち》君が、憩い場所を探し求めたが、何処《どこ》も彼処《かしこ》も将兵がたむろして寝ていて腰を下ろせるような所もなかった。

仕方なくよろよろと歩いて暗い所にやっと余地を見つけてどっかと腰をおろした。尻の方が冷たくむずむずして来た。一面泥水の溢れている所だったからだと気がついた。時折照明弾が打ち上げられ、近くで炸裂する砲弾の火花と共にパッと明るくなる度に、古我知君のやつれた顔が見えた。壕の出入口に近いところに坐っている事が判断された。三、四名の生徒達もいつの間にか近くによって腰をおろしていた。

「何だ、こんなところに坐り込んで、邪魔になる。さあ出た、出た。」

「立て！　外へ出ろ。」

靴音荒く壕の奥から出て来た一人の兵隊がこう怒鳴

ると、生徒を蹴っ飛ばしたらしい音が耳に入った。

私はすばやく立ち上ると怒鳴った。

「僕等は師範隊だ。他に休む場所がないんだ。」

兵は教師の声だと解ったのか、黙って引っ返して奥へ行ってしまった。

「先生、残念です。あんまりです。」

古我知君がそう言って立ち上った。

「あんな奴はいばるだけが能だ。外へ出りゃ首を縮めてしまうくせに。」

生徒達はぶつぶつ言いながら立ち上った。古我知君は、

「この壕だって……みんな僕等が掘った壕です、残念です。」

と歯がみした。

「勝てばいいんだろう。勝つまでの辛抱だぞ。」

と私は力強く言った。

その時、

「交替だぞ。」

と声がかかり、私達は再び作業へ向かった。

留魂壕の野田校長

上陸の半年前から、球一〇一五八部隊野戦築城隊に師範学校の全生徒は動員され、昼夜兼行で沖縄守備軍の主要陣地の構築に従事していたが、その余力を以て、師範隊独自の壕が掘り続けられた。四〇〇余名の職員生徒を収用するに足る大きな壕が三カ月を費して完成した。厚さ一〇余メートルの、珊瑚礁の大岩塊の下を縫って掘削し、全長一四〇〜五〇メートルに及んだ。吉田松陰の「留魂録」にちなんで、「留魂壕」と命名された。

敵上陸の報と共に、野田貞雄校長は陸軍属託を命ぜられ、第三二軍参謀部勤務を命ぜられた。しかし野田校長は、

「牛島中将は自分のところが安全だから来るようにと再三言ってくれたが、しかし僕にはいつも生徒がついていてくれた方が気楽でよいのだ。僕は、最後まで生徒と共に此処で頑張るよ。」

と言って、牛島司令官の勧めに応じられなかった。そ

して不自由を忍んで、留魂壕の一室に生徒達と共に起居しておられたが、常に変わらぬ明朗そのものの先生の態度は全職員生徒達にとってただ一つの明るい心の灯火であった。車座に取り巻く生徒達を相手に若い頃の武勇談《ぶゆうだん》に打ち興じてみんなの気を引き立たせたり、また一本のローソクのかすかな明りのもとで、上半身裸になってシャツを拡げて虱《しらみ》取りをされたりした。

「ホーラ、大戦艦が這《は》っているぞ。見てろ！　見事轟沈《ごうちん》だ。」

「掃海艇がうじゃうじゃしているぞ、片っぱしから潰《つぶ》してやる。」

「一、二、三、四……三五隻撃沈だ。」

「本日の大戦果発表。戦艦九隻轟沈、巡洋艦一六隻撃沈、駆逐艦一六隻撃破、掃海艇三五隻沈没。」

生徒達がどっと笑った。

「大本営野田参謀の発表ですか、はは……。」

先生方も笑った。

「戦争に勝ったら、先ず第一番に文部省へ行って、わが鉄血勤皇師範隊の手柄《てがら》話をするんだな……。」

と、先生はいつも生徒たちを励ましておられた。

五月二十日頃であった。文部大臣からの激励電報が届いた。野田校長はその電文を高らかに読み上げて言われた。

「文部大臣も、諸君の働きには大いに感謝し非常に期待しておられる。しっかりやろう。お互いに斃れるまでやるんだね。」

しかし日毎に、首里周辺の状況は悪くなっていった。ある日、薄明りのローソクの下で野田校長と話をしている時であった。

「おや、誰かやられたらしいぞ。」

と校長は立ち上った。生徒たちも一斉に立ち上った。

「誰かが担ぎこまれてくるようだよ。」

瞬間、生徒の二、三名がパラパラと走り出ようとしたところへ、どやどやと、四、五名の生徒が、すでに爆死したらしい学友を抱えて入って来た。

「校長先生！　江田君です！」

「第一国民学校垂坑道作業中にやられました。」

その混乱の中へ一人の生徒が慌ただしく駆けこんで来るなり叫んだ。

「報告します。艦砲が首里城一帯を攻撃し始めました。

危険ですから誰も外に出ないようにして下さい、報告終わりッ。」

　彼はほんものの兵隊のようにキチンと敬礼すると、またさっさと走り出て行った。

「やっぱりそうだったか。」

　野田校長は溜息と共にさすがに沈痛な顔をされて坐り込んでしまわれた。やがて黙ってポケットから豆ノートを取り出して何か細々と書き込んでおられる。多分、江田君戦死の情況を記入されたのであろう。

　爆風で壕内に叩き落とされた江田知英君は、引きあげた時にはすでにこと切れていたという。

　ローソクや線香があげられた。今まで思い思いの雑談に騒がしかった壕内が、急に静まり返ると、頭上の岩に落下する艦砲弾の異様な音が、耳というよりも心に響き、同時に空気の振動がブルブルブルンと鼓膜を揺さぶり無気味であった。

　校長先生は、遺骸の前に端坐して線香を立てて長いこと黙祷を捧げておられたが、その両眼からは涙が溢れていた。ややあって、

「これで七人目か。」

と呟やかれた。

　伝令と共に江田君の姉さんが駆けつけて来られた。顔にかけられた白いガーゼをそーっと取り除けて「知ちゃん」と静かに呼んで、頬をすりつけるようにしていたが、クックッという鳴咽の声が喉のところで殺されていた。やがてガーゼをまた静かに掛けたが、そのまま両手で顔を覆い、肩だけが激しく震えていた。

「戦場だ、取り乱すまい」という必死の努力が見えて却って痛ましかった。学友達のすすり泣く声が急にはげしくなった。

　斃《たお》れて行く生徒達が、日を追って増えて来た。その度毎に悲痛な色が校長先生の面に現われた。

「死生一如の境地がやっと分かったよ、死なんて今まで考えたことのない自分であったが。」

などとしんみりと語っておられた。

　しかし校長先生が悄気《しょげ》ると皆が悄気る。それを意識されてか、校長先生は努めて元気に快活に振舞われた。ある時、こんな話をされた。

「米兵が食糧に飢えてね、畑で甘藷《いも》を取ろうとした。それを地方民の老人が見つけてね、壕内から『誰だ！』

と怒鳴ったんだよ。すると米兵はびっくりして両手をあげてくるりと一廻転したそうだ。どうだ、彼等は兵器が無かったらこんなに弱いんだからなあ、ははは……。」

皆は面白がって笑った（勿論、これは校長先生の作り話だった）。

このように、野田校長先生は生徒達にとっては、慈父の如き存在であった。壕内では常に生徒達が取り巻いて傍を離れなかった。校長の命令とあれば、生徒達は争い勇んで任務に就き、最後迄やり遂げた。先生の頭髪を慣れない手つきで刈ってあげたり、髭《ひげ》を剃《そ》ってあげたりするのはいつも生徒達であった。戦場から帰った生徒達は、壕内に入るや先ず校長先生の前へ走り寄り、戦況や手柄話を報告するのであった。それをにっこりとして聞いて下さったり、時には拍手して喜んで下さったりする校長先生であった。

摩文仁への後退

友軍は、奮戦に奮戦を重ねて、首里の防戦に努めた。けれども、五月二十四、五日には敵は安里《あさと》・与那原《よなはら》・平良《たいら》の線へ急進撃を開始した。五月二十六日、夕暮から戦闘部隊の一部を以て首里の防衛戦に当たらせ、残りの部隊は本島最南端の喜屋武《きやん》・摩文仁《まぶに》・真壁《まかべ》方面に向かって後退するよう命じられた。同時に「鉄血勤皇師範隊も南部の安全な地域へ後退せよ」との命令が下った。

野田校長を中心に出撃した者以外の百数十名の師範隊は粛然として壕外に並んだ。そして留魂壕に最後の別れを告げて出発した。

一同は米と乾パンと水筒を持っているだけであった。「さらば留魂壕よ」と振り返りつつ、弾雨の中を行進した。集中砲撃の的になっていた首里城をやっとのことで逃れ、繁多川《はんたがわ》の墓地の近くまで来たとき、足を負傷して杖をついていた知名先生が、「やっぱり僕は駄目だ。歩けないから留魂壕へ戻る」と言って坐りこんでしまった。すると生徒たちが先生を後から押し、前から手を引っ張って連れて行こうとしたが、先生は首を横に振って、杖をつきながら砲撃の中を逆戻りして行った（後日先生とは摩文仁の方で落ち合ったが、何でも余りにも砲撃が激しくて、留魂壕へは戻れずに、再び皆の後をつけて来られたとのことであった)。

丁度、梅雨時の雨が降りしきり、泥濘《でいねい》は膝を没した。歩くその悪路をひたむきに歩き続けるしかなかった。歩くことの不得手な野田校長は疲労その極に達しておられたようだが、それでも頑張り通されたばかりか、弱り果てた生徒たちを励まして止まないのであった。

汗と泥と血にまみれ、流れ出る血潮を拭く暇もなく、半失明の首藤先生の手を引き、傷ついた友を肩に担い、意識不明の濱元先生を担いで、師範隊は南へ南へと進んで行った。

明け方にようやく津嘉山《つかざん》の壕に辿り着いた。壕内は洪水となっていた。しかし此処より外には、待避する壕はなかった。師範隊はずるずると壕内に入った。腰の辺りまで水につかった。濱元先生は高い台を作ってその上にねかした。これだけはと最後まで持ち続けて来た乾パンも、グチャグチャになって食べられなくなった。残り少ない堅いパンを分け合って飢を凌いだ。

榴散弾で斃れたのだろうか、壕の近くに一家五人らしい死骸が転っていた。頭・胴・手足が切れ切れになって、あちこちに吹っ飛んでいた。裸になったままの死骸やはらわたがふき出た死骸なども見えた。

多和田先生は、その死骸の一つ一つを点検しているようだった。多分この辺りを通ったであろう先生の御家族のことが気になったに違いない。

終日水につかったまま茫然として立っている生徒達の手は白く腫《は》れたようになっていた。色青ざめた顔には土や泥や血がついたままで、疲れて眠たそうな眼を無理やりに見開いているようだった。日が暮れ、暗くなるのが実にもどかしく感じられた。

その夜も八時過ぎになって出発した。津嘉山の部落を出たばかりの頃だった。戦車の音に一同列をなしたままでうつ伏せになった。生唾をのんで沈黙、三十分後にやっと立ち上がることができた。

終夜の行軍を経てやっと四晩五日かかって五月三十日の未明に、ようやく摩文仁部落へ到着した。眼下の海上には多数の敵艦艇も見えていた。路傍に小休止していると、牛島軍司令官が参謀ら六名の幕僚を従えて通りかかった。司命官はつかつかと私達の方へ近づき

「校長先生は御健在かな。」

とたずねられた。それから生徒達の顔を見廻して、

「しっかり頼むよ。」

と力強い声で言われた。生徒達は一斉に立ち上って敬礼し、

「大丈夫です。」

と元気に答えた。

六月二日、沖縄師範男子部の教官は全員野田校長のもとに馳せ参じ、行軍中の状況を報告して、ささやかな会食を共にした。負傷が気遣われていた首藤先生も知名先生も軍の直属配下にあった佐藤先生も集まった。これがさいごの会食となった。やがて再び各部隊毎に分散、安全な場所に待避して次の命令を待つことになった。

山羊小屋と佐藤先生

近くの部落で山羊小屋を探し当てた自活隊は、さしあたり此処を今夜のねぐらとした。校長先生のおられた本部から五〇〇〜六〇〇メートルほど離れた所だった。

「さあ、食糧探しだ。」

めいめい体中に縄を巻きつけ、その縄に近くで手に入れた草木を挟み込んで擬装した。まるで大きな草束のようだった。擬装がすむと生徒たちは、一目散に芋畑に駆け込んだ。敵機が頭上に舞い下りて来ると、じっと身動きもせずに横になっていた。こうして彼らは次の敵機が来るまで必死になって周辺の畑から芋を掘り歩いた。民間人が掘り尽くしたと見えて収穫は少なかった。それでも思い思いに小さな芋をポケットに突込むと、引き続き民間の壕へ入っては箱とか瓶などを探し廻るのであった。だが、何一つ食べられる物はなかった。

鍋を探しに行ったのは古堅君と古波蔵君と大城君であった。三人は敵機に発見されて機銃掃射を浴び、土橋の下にもぐり込んでやっと難を逃れた。彼らは至近弾をくらって顔中土まみれになりながらも四キロメートルも離れた米須《こめす》部落まで行ってやっと鍋を持ち帰った。

枯木や木切れなどを掻き集めて薪《たきぎ》にした。石を運んで竈《かまど》をつくり、木の葉っぱで火がもれぬように周りを

囲んだ。その上に筵《むしろ》を掛けて、掘って来た芋を煮始めた頃は真暗くなり、艦砲の弾着が前方の米須部落に移って行った。

やがて一同は車座になって、わずかずつ芋が配給された。山羊小屋の悪臭が鼻を突くが、皆泰然としていた。

「師範隊か。」

と裏の林の中から人の声がした。

「そうです。」

生徒達は元気よく答えた。

「あ、佐藤先生だ。」

誰かがその声から判断してそう言ったとき、当の佐藤先生がヌッと入って来た。

「おお自活隊だな。一寸休ませてくれ。」

言いも終わらず先生はどっかと腰をおろした。佐藤先生とは久しぶりの邂逅だ。

「さあ、佐藤先生へも配給だ。」

私がそう言うと、再び少ない芋が集められて、また分配し直した。九名は黙って食べた。

「もう駄目かも知れない。来る時が来たね。」

「うん、死ぬなら木端微塵《こっぱみじん》にやられて死にたいな。」

「まったくだ。負傷して苦しみたくないね。」

「津波古君は右腕をやられ、それが腐って毒気が廻り、鋸《のこぎり》でごしごし切り取られたが、見ていてこっちが貧血を起しそうになったよ。あんなことになっちゃまったくやりきれないからね。」

「あの時はさすがの津波古も痛かったと見えて、額に大きな冷汗の玉がポロポロ流れていたぞ。」

私と佐藤先生はいつの間にか仰向けに寝ころんでこんなことを話し合っていた。生徒も皆仰向けに寝て、何を考えているのか黙っていた。艦砲がとぎれとぎれに響き、炸裂する音が遠く聞こえた。

「負けだ、最後だ。」

「郷里《くに》ではどうしているかなあ。」

「坊やは大きくなったろうなあ。」

「爪も髪の毛も切って送ったが……。」

何故か心が沈んで、話は自然にそんな話題に移って行った。私達二人の悲観的言葉が、生徒達の稚い心情を傷つけたのだろう、秦先生と佐藤先生は反戦論者だという噂が生徒達の間にあったということをあとで聞いた。

ややあって佐藤先生はむっくりと起き上り、腫れ太った足の包帯をといて、巻き直し始めた。アダン葉から漏れて来る月光に照らされて、先生の顔は蒼白だった。

佐藤先生は現地召集となり陸軍伍長として球一六一六部隊軍参謀部情報宣伝部に配属されていた。長参謀長や薬丸参謀の配下にあって、その造詣深い語学力を買われて無電傍受による敵軍の情報を通訳するのが主な仕事であった。

「秦君、君は生徒と一緒で、しあわせだね。」

佐藤先生はしみじみと言った。

「俺にはたよるものがないよ。俺の周囲は皆将校で、お偉方ばかりだ。陸軍伍長なんて、明けても暮れても敬礼ばかりしているのさ、おれは一人ぼっちだよ。」

更に何か言おうとしたようだったが、何故かそのまま黙ってしまった。

佐藤先生と私とは、枕を並べ、寄り添って寝た。間もなく夜が明けはじめた。

「さあ壕へ帰ろう、皆が探しているかも知れない。」

佐藤先生は起き上ると杖を取った。

「じゃあ、さようなら、みんな頑張れよ。」

跛《びっこ》を引き引き佐藤先生は出て行った。私も、立って送った。同学年の主任であり、同年輩でもあり、気心知れた二人であった。佐藤先生はステッキを振り、私は帽子を振った。これが彼との最後の別れとなった。

(後日聞いたところによると、佐藤君の居た壕の入口に石油の入ったドラム缶が機上から投下され、一面に油の流出したところへ焼夷弾を投下されて、さしもの繁茂した大森林も炎々たる焔に包まれ、先生はじめ十数名の将兵はすべて焼死したという。)

最後の戦場に危機迫る

六月十日頃から、友軍最後の抵抗拠点である摩文仁岳に敵の総攻撃が集中し、刀折れ矢尽きた味方はこれに反撃を加えることもなく、いつしか同郷で県立一中の学生も皆犠牲になってしまった。

私達自活隊一同は、漸く四面山に囲まれた岩礁内に一坪ほどの洞窟を探して、ここに潜んでいた。雨のように水滴がしたたれていたが、もって来た一枚の毛布を敷いて、ここを最後の死場所と決心した。前方の断崖の下には、ポタリポタリと落ちる水滴を水筒に溜めようとして、兵が列をなして立っていた。トンボ（敵の観測機）が頭上を飛び去ったと思うと、忽ち砲弾が飛んで来て、六、七名の兵士が目の前でバタバタと斃れた。

もう食べるものはなんにもなく、私達は砂糖きびばかり噛んでいた。壕の下にはきびがらばかりがうず高く積っていた。病気で休学していた筈の本科二年の玉《たま》寄武吉《よせたけよし》君が、途中逃げ場を失ってまぎれ込んで来て、そのまま私達の隊の一員に加わった。玉寄君は、喜んで私の側から離れようともしなかった。日頃は無口で鈍重で、横柄な武吉君であったが、よく年少の生徒達の面倒を見て、あれやこれやと指揮してくれた。

彼は、「食糧探しだ」と言っては、真先に暗闇を衝《つ》いて飛び出した。古堅君、大城君、仲村渠《なかんだかり》君（予科二年）らが彼に続いた。数キロメートルも離れた敵の陣営の焼跡に這い寄ったり、友軍の糧秣が貯蔵された真壁あたりまでも駆けて行って明け方帰って来たりした。敵の包囲をくぐり抜けての行動だから筆舌に尽くし難い苦労があった筈だ。「危ないから今夜は止せよ」と言っても、「なに、大丈夫です」と言って彼は出掛けて行った。そして、木切れや土や砂のまじった米をポケット一杯に入れて帰ってくるのであった。

昼間さえ薄暗い洞窟の中で土と砂ばかりの中から、米粒を一つ一つ拾い出すのが日課のような毎日が続いた。それでも一日がかりでやっと二、三合が用意され、お粥《かゆ》にして一〇名の者がやっと飢を凌いだ。いつしか、それすらできなくなって、ツワブキや芋蔓《いもづる》を噛ったり、落ちていた米粒を拾いあさってそのまま噛った。

「うーん……うーん……。」

「痛い……。」

「水を……頼む、おーい水を……。」

下の方の岩間から、夜半の、爆裂音の絶え間絶え間に唸る声が聞こえて来た。特編中隊へ転じた仲村渠昌貞君の声のようだった。この激しい砲撃のさなか、しかも一寸先も見えない暗黒の断崖とあってでは行ってみることもできない。

いらいらしながら夜明けを待って降りて行ってみた。

果たせるかな昌貞君だった。腹部を撃ちぬかれた彼はすでに絶命していた。特編隊員として死地に投入され、重傷を負った彼が、咋日まで行動を共にした自活隊が恋しくてここへ戻って来たのであろうか。しかし私達は暗然として草を折り手向けて、そのまま洞窟へ戻るよりほか仕方がなかった。

精根尽き果ててただ呆然と沈黙のうちに時を過す日が続いた。しかも砲撃は間断なく頭上に荒れ狂っていた。

私はこの虚脱感を払いのけるようにして、生徒達と共に歌を唄った。みんな仰向けに寝たまま唄った。暗い洞窟の壁を見つめて唄った。歌声はその岩壁にぶつかり、洞窟内に反響した。

特攻隊「若桜」の替歌だった。

さらば元気でいておくれ

歌だけが私達の感情を揺さぶった。まるで生きている証拠みたいに……。誰も彼もが涙を流していた。これも生きている証拠みたいに……。

野田貞雄校長との永遠の決別

校長先生のおられた本部の壕は、入口を艦砲の砲撃でつぶされてしまった。自活隊の壕が安全だと聞いたからといって、井口中尉に付添われた先生が小さい風呂敷包を持って、ひょっこり私達の洞窟へやって来られた。六月十八日の暮れ方だった。

私達は飛び上るような嬉しい思いで先生をお迎えした。早速柴《しば》や草の葉が集められ、その上に毛布を敷いて先生の席をお作りした。その頃はすでに八時を廻っていた。そのとき、

「伝令！」と言って、本部伝令古波蔵英一君が飛び込んで来た。

彼は息をはずませながら続けた。

「軍司令官閣下は、師範隊敵中を突破して国頭地方へ集結して皇軍の再挙を図れとの命令をだされました。」

野田校長先生は端坐してそれを聴いておられた。沈黙が続いた。ややあって姿勢を正された野田先生は、

次のような命令を伝令に託して出された。

「師範隊は、今から三々五々に分れて国頭へ突破する。敵の包囲陣を脱出するのだから細心の注意と慎重な行動を以て当たれ。靴をすてよ。銃剣には布を巻きつけよ。地方人になれるものは軍服と着替えよ。」

その他諸般の注意を伝令に託された。時に午後十時半である。

清い月光がアダン葉から洩れ、壕内に差していた。

「さあ皆最後だ。これを煮て食べよう。」

校長先生は、風呂敷包を前へ投げ出された。米が四、五合入っていたろう。

「最後の晩餐会だ。しっかり腹ごしらえをして、元気で国頭へ突破するんだね。」

いつに変わらぬ力のこもった先生の声であった。私は早速生徒達に命じて夕食の仕度をさせた。

「なあ秦君。君達や佐藤君は年も若いんだ。それに乳呑子《ちのみご》もいる。本土へ帰しておけば良かった……。」

私は思わず熱いものを感じたがすかさず言った。

「校長先生、とっくに覚悟はできています。」

飯が炊けた。

「さあ飯が炊けました。一緒にいただきましょう。」

と私は立ち上がると、岩下におりて行った。

飯盒《はんごう》の蓋に湯気の立つ白い御飯がもられた。勿論おかずなどある筈もなかった。生徒はいつの間に拵《こしら》えたのか二つの握り飯を新聞紙にくるみ、風呂敷に包んで、

「校長先生持って行って下さい」と先生の腰帯に下げてあげていた。これも玉寄武吉君のはからいであった。

「やあすまない、有難う。」

「じゃあみんな円くなって……。」

「いただきまあす。」

久しぶりに聞く生徒達のはしゃいだ声だった。三カ月振りの白米の御飯だった。九日ぶりに有りついた米の御飯だ。物悲しいような、それでいて何か楽しい食事であった。食事を終えて間もなく、私達は三、四名ずつ三組に分散した。

野田校長には井口中尉が付き添い、古波蔵英一君らがお伴した。

「じゃあ出かけるよ、お世話になったね。みんなもしっかりやるんだよ。」

こう言い残されて、校長先生一行は壕外に出られた。

岩礁にとりすがりつつ匍匐前進する一行の黒い影が月明りの下に次第に遠ざかり、岩蔭から現れたかと思うとまた岩にかくれた。そのたびに小さくなっていった。

「校長先生　危ない！　こちらです。」

そんな声も遠くの方から聞こえて来た。やがて一行の姿は闇に呑まれてしまった。これが校長先生との永遠の別れとなってしまったのである……。

玉寄武吉、大城《おおしろ》秀功《しゅうこう》、古堅実吉《さねよし》の三人と私とが一組になって国頭突破への行動を始めた。海岸線へ出て来たが海岸一帯は艦砲の集中砲火を浴びて凄惨な状況であった。目も口も開いていられないような激しい砲撃に、たまりかねて目に入った洞窟へ飛び込んだ。

「お前達は地方民だな、入ってはいかん。ここは一杯だ、出て行け。」

「ぶった切るぞ。」

刀を振り上げた将校もいた。

「鉄血勤皇師範隊です、お願いします。」

と叫んで頼んでもどこの洞窟へも入れてはくれず押し出された。

砲弾の間隙を窺いながら私達は歩き続けた。玉寄君が急に立ち止って「しーっ」とみんなを手で制した。誰か来るらしい。玉寄君は低い力強い声で、

「山。」

と叫んだ。

間髪を容れず、

「川。」

と相手が答えたので私達はホッとした。途端に、

「秦先生！」

と呼びかける声が後方で聞こえた。引返してみると大城政徳君であった。

「先生、敵中突破は無理です。」

と、彼は言う。しかし、今更どうなるものでもない。

「死なば諸共《もろとも》だ。さ、元気を出して行こう。」

私は大城君の手を固く握り、引っ張るようにして進んだ。いつの間にか海の中を歩いていた。突き出た岩礁の一角に身を隠して海上を見た。沖合には一三隻の黒い艦影が見え、ぱっぱっと火を吐いていた。

海岸一帯には何処まで続いているのか、人影がつながり繋がってザブザブと水の中を歩いていた。四人は

珊瑚礁の窪みに落ちては泳ぎ、泳いではまた立って海中を進んだ。

「やかましいぞ。」

「子供を泣かすな。」

「ぐずぐずすると叩っ切るぞ。」

「敵艦に発見されたらどうするんだ。」

そんな喚き声がまわりに聞こえていた。

やっと具志頭《ぐしちゃん》の砂浜が彼方に見える岩礁の一角まで泳ぎついた時、パンパンパンと自動小銃の連発音が聞こえた。私達は急いで岩礁の蔭にかくれ、頭だけを海面に出していた。力が抜けきったせいか、頭が波といっしょにゆらゆらと揺れた。

後方の波打際では敗残兵が転げながら、後退するのが見えた。私達もそれに倣《なら》って、転げるように洞窟まで後退した。その洞窟には敗残兵が五、六名いるだけであった。ビショ濡れの身体を投げ出して震える身体を横たえてまんじりともせずに一夜を明かした。六月二十三日のことである。

自動小銃の音がしののめの空気を震動させた。居合わせていた敗残兵達は、山手の抜け口に向かって身構えをした。私達は彼らの後方へ立ち、手榴弾を持って身構えた。緊張がしばらく続いたが、何事も起らずに時が過ぎた。

私はふとポケットに手を突っ込んだら、戦死した西銘君の財布と一片の小さい鰹節がその底にあった。西銘君の遺品である財布を開けてみたら、お母さんの写真と濡れた一〇円紙幣が入っていた。「戦争が終わったらお母さんの許へ届けてあげよう」と思いながら大切にまたポケットへ押し込んだ。鰹節は四人に分けてその小さなかけらをしゃぶった。四日間何も食べていない。飢えと寒さでからだは溶けるようにだるかった。

「先生どうしますか。」

「海も危険です。」

「……。」

私はどうしていいか分からなかった。

「しばらくここで状況を見よう。」

玉寄君が言った。

放心状態の数時間が過ぎて行った。

明けて二十四日の朝方となった。四人は力も気力も尽き果てて死んだように動かなかった。

「おや、おかしいぞ、変だぞ。」

大城君の声がして四人は耳をすました。

「日本の兵隊よ、湊川《みなとがわ》へ行け。」

「海岸線に沿って行けばすぐ湊川だ。」

「兵隊よ、地方民を指導して湊川へ行け。」

「沖縄の人達よ、早く湊川へ行け、食糧もある、煙草もある。早く早く。」

そう叫んでいる声がはっきり聞こえた。四人は度胆《どぎも》をぬかれて茫然とした。まるでスピーカーが洞窟の上に備えつけられているかのようにハッキリと、しかも流暢な標準語で呼び掛けている。勿論敵の放送であることはすぐに分かった。

「先生、突破しましょう。」

と古堅君が立ち上った。

何処へ出ても危険だと判断した私は、手榴弾を出して「死のう」と言った。

「まだ早いです。」

古堅君が真顔になって私の手から手榴弾をもぎ取って、

「先生、突破して国頭へ行きましょう。ぼくの母が待っています。きっと喜んでくれます。国頭へ着けばきっと先生をくり舟で本土へ帰還させます。僕も一緒に行きます。与論《よろん》島を経て奄美大島へ渡ればもうしめたものです。先生、敵中突破しましょう。元気を出して突破しましょう。」

と言い、私の手を引っ張って引っ立てようとした。

私は、もはやこれまでと意気消沈していたが、古堅君の子供が駄々をこねるようなせがみにいつの間にか立ち上ってみんなについて歩き始めた。

私達は山手の抜け口から出て摩文仁岳の丘の上に登り始めた。海上には五隻の軍艦が見えたが砲撃はいつともなく止んでいた。直下の海面には舟艇が岸から一〇〇メートルと離れていないところをゆっくりと航行していて、その甲板上には水泳着を着た民間人と子供たちが三、四名遊んでいるのが見えた。一人の兵隊が抜手を切って舟艇に向かって泳いで行くのが見えた。おかしいなと思って見ていた。

「さあ一気に突破するぞ。」

と、玉寄君が先頭に立って駆け登った。

すると一行の後を追うかのようにパンパンと自動小

銃が鳴り出した。四人はパッと身を伏せるとそのまま洞窟内に転げ込んだ。しかし、じっとしては居られない。あせる心をおさえて夕霧がかすみかけた頃、再び洞窟を飛び出した。敵の放送も途絶えて自動小銃の音のみが夕霧をつんざいていた。時折艦砲の打ち込まれる音が耳に響いた。

敵の宣伝に欺かれて

死体が至る所に転っていた。その死体に躓《つまづ》きながら私達は北へ北へと足を早めた。摩文仁丘の断崖をすぎて山峡の一本道に出た。

玉寄君がまたも先頭に立って歩き出したが、「おかしいな」と言って逆戻りして来た。今度は大城君が先に立って進んだ。

皆もこれに続いた。いつも四人の中央に私を囲んで歩くように生徒達は心を配ってくれていた。ものの四、五〇メートルほども北へ歩いたら、友軍らしい兵士がこちらを向いて立っていた。近づくと、

「君達は兵隊だね。」

と彼は尋ねた。

「いいえ、鉄血勤皇師範隊の者です。この道を行って大丈夫ですか、敵は居ませんか。」

今度は私達が尋ねた。

「この先は平地になっています。僕もやっと敵陣の銃撃から遁《のが》れて此処まで来たところなんだ。一緒に突破しよう。今近くまで敵状を視察してきたが、敵の幕舎も何もなかったよ。」

と言う。私達はホッとした。

「連れて行って下さい、一緒に突破しましょう。」

私は彼の肩を叩いて言った。友軍兵は先に立って進んだ。色の黒いさえない顔をしていたが、肩章は着けてなく手拭を腰に下げていた。恐らく召集兵に違いないと思いながら後につづいて北へ北へとついて行った。すると奇妙な音がして彼は立ち止った。そして岩間から顔を出して敵状を見ているようだったが、すぐに飛び下りて皆を手招きした。四人も続いて一気に飛び下りた。一面アダン葉が繁って敵らしいものは見受けられなかった。〈どうやら第一線は突破できたらしい。ここは敵の陣地の背後らしいな〉と思いながら、繁っ

たアダン葉を押し分けて道へ出た瞬間、

「ピーピーピー。」

口笛が聞こえると、同時に何人かの人声がした。ふと見上げて私は吃驚《びっくり》仰天した。米兵だった。今通って来た山の頂に米兵が十数名立ち並び、それぞれ手に持った小銃を私共四人に向け、口元に指を当てピーピー口笛を鳴らしているではないか。

逃げる機会も、手榴弾を取り出す機転も奪われて、四人は無意識のうちに両手を挙げていた。先頭に立って案内してくれた友軍兵士は、急に振り向くと、中央にいる私の方へずかずかと歩み寄ると、私のポケットに手を突っ込み腰の辺りを触り始めた。彼はとっさに私の腕時計も手榴弾ももぎ取った上、西銘君の形見の財布までも取り上げてしまった。

〈あッ、だまされたのだ〉と気がつくと、グッと彼を睨みつけた。時を移さず米兵が二人走り寄って来た。一人が私の前に立ち、顎を動かしてついて来いと合図した。一人は銃を突きつけていた。生徒三人も私の後につづいた。死体の累々と転がっている血生臭い墓地へ連れ込まれた。

〈ここが死場所か、銃殺するなら早くしてくれ〉と念じた。それにしても、だまされたのだ、だまされたのだと思うと悔しくって泣けて泣けてしょうがなかった。屈辱の念が痛いほど心を噛んだ。素手だった我が身が悔しくてならなかった。

「先生、仕方がありません。機会を見ましょう。」

見上げる古堅君の眼にも悔し涙が流れていた。

急に目の前がくらくらっと暗くなり、胸苦しさを覚えたと思った途端私はバッタリと倒れてしまった。

野戦築城隊第三中隊の首里撤退

宮城幸吉（教師）

守備配置の概要

昭和二十年三月三十一日、師範学校職員生徒全員が第三二軍に召集されて、生徒は全員二等兵になり、職員は軍籍にある者はその階級で、軍籍のない者は嘱託となった。私は嘱託として生徒と行動を共にすることになった。

我が中隊は、鉄血勤皇師範隊野戦築城隊第三中隊で、軍の工兵隊第三中隊の指揮下に入り、工兵隊と共に陣地構築作業に従事することになった。沖縄守備軍の戦闘部隊は中部に石部隊、南部には山部隊の二個師団が配備されていた。昭和十九年の始めごろには武部隊が満州から移駐して来て南部に配備されたが、同年末には台湾へ移動して行った。また、国頭には独立混成四四旅団が配備されていたが、これは建設や輸送を任務とする部隊であった。

武部隊の台湾移駐については、精鋭部隊を沖縄から引き抜くことは、沖縄を見捨てるつもりかと憤激の声もかなりあった。しかし、もし武部隊がそのまま沖縄に残って奮戦し、沖縄戦終結があと三、四カ月でも遅れていたら県民の犠牲はもっと酷いものになっていたかも知れないと思うと武部隊の移駐は同部隊にとっても沖縄県民にとっても幸いしたものと考えた方がよいと思う。

昭和十九年の夏から秋にかけて、首里城の東側から赤田にかけての地下に約二七〇メートルの長い壕が掘られた。この壕は首里城を中心にして、西側の軍司令部の壕と交差するように構築され、赤田の交番所辺りに坑口を開けていた。また、崎山町側にも万松院側にも側坑が掘られていた。この壕は武部隊の戦闘指揮所として我々師範の生徒と工兵隊とで掘ったもので、米軍上陸後は石部隊の病院壕として使われたようである。

軍司令部壕を構築した工兵は、関西方面からの召集兵であった。彼らは本当に知らなかったのか、あるいは故意にそう思っていたのか、沖縄を日本の国内とは思っていないのが大部分であり、「何で我々が沖縄くんだりまで来て守備せねばならんのか。島は島で守ればいい」などと言う者もいた。

首里撤退

昭和二十年の五月中旬に入るころには、中部の守備に当たっていた石部隊はほとんど壊滅し、首里防衛には南部の山部隊が投入されたが、これも米軍の前には何ら防壁とはなりきれなかった。五月二十五日ごろには、米軍は運玉森を完全に占領して弁ガ嶽や首里の西森に、西は安里《あさと》から国場《こくば》、真玉橋《まだん》あたりまで侵入していた。

五月二十日頃ではなかったかと思う。私は非番で、留魂壕で夜勤に備えて休息中であった。壕外で作業していた部隊の近くに砲弾が落下し多数の死傷者が出た。濱元寛徳中隊長も凄まじい熱風を浴びて火傷を負い、意識不明の重態となって軍衛生部に担ぎ込まれた。

知らせを受けて私は司令部壕へ駆け付けた。第五坑道の通路わきの仮ベッドに寝かされている濱元先生は、全身大火傷を負い、かなりの重症であった。胸に手を当ててみると心臓は動いているし、息は細々ながら続いているので、命は助かるかも知れないと思ったが意識はまったくなかった。

五月二十七日、軍司令部が摩文仁に撤退し、我々師範隊も同時に撤退することになった。その日、第五坑道の中で東風平《こちんだ》出身の上等兵といろいろと話をしていた。天長節にもらった恩賜のタバコが一個ポケットにあったので彼にあげた。すると彼は炊事部から鰹節を麻袋に包んで持って来て、「南部へ行くと食料に困るから、これを持って行きなさい」と包みごと渡してくれた。開いてみると大きなのが一〇本もあったので、一本だけ取り、残りは隊員に分けてやった。

南部撤退の前に濱元隊長に代わって附属小学校訓導の大城安哲君が中隊長に任命された。撤退に当たって、負傷者と病人をどうするかということが問題となった。濱元先生は担架で、二人の病人はモッコで運ぶことにして、壊れた民家の戸板を持って来て担架を作った。

準備のために出発は夜中過ぎになった。雨は止んでいたが、それまでの豪雨で至るところ泥の海となっていた。第五坑道を出て壕の前にある学校の水田の中を渡るのであるが、この水田は深くて膝上まではまってしまい、深い泥田の中で担架を担ぐ四人が足並みを揃えて進むのは容易なことではなかった。水田を渡り切るのにたっぷり二時間近くかかった。

水田を過ぎて平坦な処へ出たので、担架を下ろして一休みした。そのとき、隊員の中から、「この先どんな困難が待ち受けているか知れない。この状況では夜が明けないうちに東風平まで行くのは到底できない。夜が明けて野ざらしになれば全員戦死の外はない。一人でも生き残る者を多くするには、残念ながら負傷者や病人はこのまま置いて行く外はない」と、誰からともなく言い出され、そのように決まりそうになったが、小隊長の前田吉弘君が、「濱元先生を置き去りにして行くことは絶対できない。僕一人ででも担いで行くから、皆は先に行け」ときつい顔で言ったので、皆はその気迫に押されて担架を担ぎ上げて再び歩き出した。

夜の明けないうちに、どうしても国場街道を通り抜けなければ到底無事では通過できない。金城川を渡り、繁多川《はんた》のシチナンビラも駆け足で登った。識名《しきな》台地には友軍の重砲陣地があるのでますますゆっくりはできない。

識名園の横を抜けて真地《まじ》まで来ると、先に行った者が引き返して来て、下の与那原街道は既に敵に占領されて三メートル置きに散開していると言う。ここで行軍を止め、斥候を出して街道の様子を探らせたところ、散開しているのは敵ではなく友軍であることが分かり安堵した。

一日橋では、川底の橋桁が埋まるほどに死体が積もっていた。国場街道に出ると我々の前方で砲弾が炸裂している。立ち止まることはできないので、そのまま突き進んで行くと、今度は後方で炸裂している。ほんとうに運命というものは不思議なものである。

しばらくして、小高い峠を越して一息入れようと休むことにした。土手の上に座っている人影が見えたので、私もそこで休もうと思い土手に登った。側に行ってびっくりした。ちゃんと座ってはいるが、首から上が吹き飛ばされていた。私は皆の方へ駆け下りて、「さあ、早く行こう」と促して先に進むことにした。

そこからはもう走るのではなく急ぎ足程度で進んだ。友寄《ともよせ》のカーブを過ぎたころ後から二人の兵士が追い付いて来て、「お前ら、あの峠で休んだか」と言うので、そうだと答えると、「お前ら、よっぽど運がよかった。あそこで休んでいた者は全員吹っ飛んでしまったよ」と言う。またまた不思議な運命に身が震える思いがした。

隊員は半分の人数で担架やモッコを担ぎ、残りの人数で彼らの荷物も担いでいるので、交替してもほとんど同じ重さで苦しいのは同じであった。そのうち担架の横棒が折れてしまい、乗っている濱元先生が両側から締め付けられ、「痛いよう、痛いよう」と泣き声を出しているので、担いでいる者は気の毒がってどうしようかと言ったが、止まってぐずぐずしていては夜が明けてしまうので濱元先生には気の毒だが、「痛いくらいで死ぬことはないから、そのまま先へ急ぐんだ」とそのまま突き進むことにした。

東風平近くまで来ると夜が明けた。右往左往した末に大きな壕を見付けて、摩文仁へ行く途中だと言うと快く中に入れてくれた。戦車隊の壕で兵士も民間人も混じって入っていたが、通路は水浸しで膝まで浸かり、立ったままで日中を過ごし日が暮れるのを待って出発した。

高嶺に入った頃から敵のグラマン〔アメリカの航空メーカー。敵国戦闘機の代名詞——編集部〕も来ないし、砲撃の音もずっと遠くにしか聞こえない。嘉手志《かでし》ガーでは五、六人のおばさんたちが大きな笑い声で話しながら洗濯をしていた。沖縄にもまだこんなにのんびりした所があるんだなと複雑な気持がした。

首里を出るとき隊員の手榴弾を五個ほど預かって、ズボンのバンドにくくりつけて持っていたが、これもなかなか重くて腰が痛く歩くのも苦労だった。

高嶺の役場で一泊することになり、庭にゴザを敷いて手榴弾は枕元に並べて置いて寝た。翌朝目が覚めてみると、枕元の手榴弾が全部なくなっていた。私は、手榴弾を持っているとかえって危険だと思い、捨てたいのだが捨てきれないでいた。何とかなくなってくれればと密かに思っていたので、朝になってそれがなくなっているのを見て内心嬉しかった。しかし、そんな素振りは見せずに「手榴弾が盗まれた」と叫んだ。そこには我々の外にどこかの青年団らしいのも二十数人泊まっていた。どちらの隊員がやったかは分からなかったし、確かめようなどとも思わなかった。

その日の昼間、高嶺の製糖工場を左手に見ながら摩文仁に向けて出発した。真壁、米須を通って摩文仁へと進んだ。大度《おおど》の部落はずれのカーブを曲がったところで、東の方からいやな爆音が聞こえてきたので、「それっ、隠れろ」と叫んで溝の中や草むらの中に隠れた。ダダダダダダッとグラマンが機銃掃射をして飛び去ったかと思うと、また別の方からダダダダダダッと掃射して来る。

これだけの人数が同時に進むことは危ないのでしばらく身を潜めていようと道路下の小屋を見付けて飛び込んだ。そこは牛小屋で牛糞を混ぜた堆肥が積まれていたので、その中に穴を掘って腹ばいになっていた。

摩文仁で

日暮れになって小屋を出てやっと摩文仁岳の麓に着いた。一休みした後、西の方の松林の中を通って尾根を越えて南側の谷間に着いた。ここが我々野築三中隊の最後の拠点となった。

高い石灰岩の断崖に大きなサンゴ石灰岩が斜めにかぶさっている所を見付けてその下に入った。その後、中隊は与座・仲座の戦線へ出動したが私は発熱していたのでこの出動には参加しなかった。

終わりに

首里から摩文仁への逃避行で、病人や重い荷物を担ぎ、しかも駆け足で走らなければならなかった隊員たちはちの苦労は、文字どおり筆舌に尽くせない酷いものであった。

その苦行の後に摩文仁にたどり着いて、一息ついたかと思う間もなく、武器らしい武器を持たないこの中隊に軍とともに与座・仲座戦線の第一線への出動が命じられた。この戦闘で軍の方では松宮中隊長以下全員戦死し、我が師範隊第三中隊でも、山城長秀君、宮平絜徳君の尊い犠牲者を出した。

大城安哲中隊長以下隊員が摩文仁の岩穴に帰って来たとき、近くにいた兵士らが、「第一線に出ていながら全員おめおめと帰って来るなんて、何という意気地なしだ」と言ったとのことで、大城安哲君は非常に悔しがって涙を流していた。そう言う兵士らも前線の戦闘から逃げて来た者たちである。しかし、彼らにそれを言うと直ちに殺されてしまう。彼らは沖縄を日本の国土とは思っていないから、沖縄は沖縄出身者で守るべきだと思っている。

私が直接聞いたのでも「沖縄の防衛隊が役立たないから負け戦になったんだ」と言う者もいた。兵士らが住民を岩穴から追い出して、自分たちが入ったりしているのを見ているので、私が「兵隊の方がずうずうしいんだよ」と言うと彼は銃剣を引き抜いて私を突き刺そうとした。しかし、他の兵士が止めたので私は助かった。

大城中隊長はそのことで絶えず自分を責めていたが、勤皇隊解散後も、必ず第一線を突破するんだと言って、最後はとうとうそのとおりに強行して行き、幾人かの生徒も彼について行って全滅してしまった。

首里から病人や荷物を担ぎ、筆舌に尽くせぬ苦痛の中を乗り越えてきた隊員たちであったが、あの「濱元先生を捨てては行けない」と言った前田君はじめ殆どが摩文仁で戦死してしまったのは、何とも言葉では表せない痛恨の極みである。

担がれて摩文仁まで運ばれた濱元先生は、解散後壕の中で米兵に見つかり捕虜として屋嘉《やか》に送られ、さらにハワイへ送られる途中で、約二カ月ぶりに意識を回復したとのことである。

私は生きていた

濱元寛得（教師）

「ここは何所かね？」

私が長い眠りから醒めたのは、摩文仁の海岸近くの岩蔭であった。どうしてここまで運ばれてきたのかわからない。私が意識づいたと聞いて大城安哲先生が訪ねてくれたのは、それから間もなくである。

「濱元先生、もう大丈夫です。しっかり元気を出して下さい。」

彼は、私の手を握りしめて励ましてくれた。彼は第三野戦築城中隊の中隊長代理をしているとのことだった。それから第三中隊所属の與那嶺辰雄、宮城幸吉、安里《あさと》盛市の三先生もやって来てくれた。生徒達も次々と集まって来た。

その日から生徒達が毎日朝夕二回ずつ、味噌汁一杯と親指の二倍ほどの芋（薩摩芋）二、三個、四〇センチぐらいの砂糖きび二、三本宛配給してくれた。その食事のおいしかったこと、特に砂糖黍はそのまま血液になるような気がした。その頃は日々が静かだった。

私が運ばれたところは、一方は岩石の切り立った自然の壁であり、南の方角と思われる前方は自然の雑木林で、その下方には、アダンが密生していて居心地がよい。そして空からは隠蔽されている。今までの真暗な壕の中の生活しか記憶にない私には、こうして真昼の太陽を静かに見るなんて、なんだか嘘のように思えてならない。

「比嘉君（予科生）、僕、御不浄に行きたいんだが。」

私は人並の生理作用にもどり、二人の生徒の肩を借りて、一四、五メートル離れた所まで歩いて行った。用を済ました時の気持のよかったこと、体はぐっと軽くなり元気も百倍した。だんだん日がたつにつれて意識もはっきり回復し、朝夕二回の生徒達との対面では物足りない淋しさを感じてきた。朝食を持って来てくれた宮城君に言ってみた。

「宮城君、君等はどこにいるのかね。僕は一人で淋しくなった。君等のいる所へつれていってくれないか。」

「先生、行きましょう。私達第三中隊は海岸近くの岩蔭におります。ここから四、五〇メートルの所です。」

宮城君は可愛い眼を輝やかせて答えた。

私は宮城君の肩を借りて歩いた。ごつごつした石の路、岩と岩との間の狭い路、やっとのことで、第三中隊のいる場所へ来た。ところが、居るべき筈の大城先生を始め多くの生徒達が見えない。ただ三名の予科生が留守番をしていた。

「どうしたの？　皆いないね。」

「はい、四、五日前、軍命により第一線へ出撃に出ました。」

この少年達は、いつしか身につけた軍隊口調で、元気よく答えた。

「野戦築城隊の生徒隊までも、第一線に出さなければならないようになったのか？」

私は驚いてたずねた。私が意識不明のままに経過した幾日かの間に、そんなにわが軍は窮迫したのか、何か不安な感じがしてならない。

ところがそれから二日後、大城先生はじめ生徒達がみな元気で帰って来た。ああ、みな元気で帰って来た、無事でよかった。「軍がここを死守するから師範隊は後方へさがれ」との命により帰って来たとのことである。わが第三中隊は、始めは総員八一名の中六十何名かが生き残っていたのである。しかしあちこちの岩蔭に分散しているので、そんなに多くいたようには思えない。

私の寝床は、大きな岩石が腹ばいになったその下の空間を利用した自然壕で、高さは僅かに四、五〇センチぐらい、足先から入ってからだ全体やっと隠せるぐらいの甚だ窮屈な場所であったが、しかし最も安全な場所であった。

「濱元君！　濱元君！」

目を開くと、私達の野田貞雄校長先生が立っておられた。

「あっ校長先生！」

私は思わず首をあげた。

「ああ、君、そのままそのまま。どうかね、気分は？」

「はあ、もう大丈夫です、お蔭様で元気になりました。どうも御心配おかけしてすみません。」

「濱元君の御家族は今どちらかね？」

「大分県に疎開させております。」

「そうか、皆無事だろうね。」

「はあ、うちのものは二月十一日の、最後から三番目の疎開船でしたので、まだ何の便りも受けておりません。」

「そうか、でも大分におれば大丈夫だ。中村男子部長が世話してくれるだろうから。」

校長先生はこんな風にいろいろと励まして下さったが、最後に、

「濱元君、われわれは兵隊と違って、無理をして死ぬことはないぞ。よしんば捕虜になったとしても……。」


と言われたので私はびっくりして校長先生の顔を仰ぎ見たのである。その頃、「捕虜になってもよい」などという言葉はむしろ恐ろしい言葉であった。たとえ心の中でそう思っていても、人前でそれを言い切れる人はいなかった。しかし先生は何の動ずる所もなく、それを言われた。私はむしろどぎまぎして答えた。

「はあ、校長先生も是非生きて下さい。」

「うん、自分も決して死なないつもりだ。そして自分のやるべき仕事も沢山できたようだ。」

校長先生は笑っておられた。その時、一緒に見舞って下さったのは、配属将校の井口一正中尉と秦四津生先生の二人だった。その翌日知ったことだが、その夜、校長先生は井口中尉がお伴して、古波倉《こはぐら》英一君（本科三年生）の道案内で壕を出られたとのこと、これが最後のお別れだったのである。

第一線の戦闘部隊に参加して帰って来たわが第三中隊は、皆少しの疲れも見せず、ほがらかに戦況を語り合っていた。

「大城先生は勇敢だったぞ。何の遮蔽物もない所をよくも走ったもんだ。」

「僕はただ無我夢中で大城先生の後を追って来たよ。」

「あの場合、ぐずぐずしていたらたしかにやられたね。」

彼らはそのように大城先生の奮闘振りを話題にし合っていた。

六月二十日の午後三時頃、不意にばたばたと附近にいた人びとが駆けこんで来た。と同時に、ダッダダッと物凄い轟音と地響きで艦砲が打ち込まれた。瞬間にして砲弾は岩石に炸裂し、破片は強烈な勢いで周囲に飛び散った。

「おーい、助けてくれ。誰か来てくれ！　血を止めてくれ！」

逃げおくれて負傷したらしい生徒の悲痛な叫び声が聞こえてきた。しかし誰も助けに行く様子がない。勿論、自分はいつしか毛虫みたいに丸く小さくなって岩穴に転がっていた。岩穴の入口は兵隊や一般地方民で一ぱいになり、身動きもできなかった。この砲撃で、わが隊では、與那嶺辰雄先生が下腿部をひどくやられていた。予科生が一人、右手の甲に打撲傷。大城先生は砲弾の炸裂音で耳が聞こえなくなってしまった。私の枕元に飛びこんできた兵隊は、どこをやられたのか即死をとげていた。

「濱元先生は運がいいですね。先生が前にいた処で、多くの戦死者が出ていますよ。」

生徒のひとりにそんなことを告げられたときには、どきっとした。

かくて、艦砲がこの辺にも打ち込まれるようになったので、兵隊も一般民も北部の国頭へ移動しようと試みる者が多くなり、毎日何名かずつ出て行くようだった。しかし誰もそれらの人びとの成功を信じてはいなかった。

「板か丸太棒を浮きにして、先ず沖へ出るんだ、それから北に向かって泳ぐんだ。」

「敵も四苦八苦だ、第一線さえ突破すれば大丈夫だ。」

「海岸づたいがいいよ、湊川方面へ行こう。」

「いや、糸満方面が安全だ。」

そんな議論が重ねられて誰も彼もがあせり出した。中には気が狂ったのか、高い岩上によじ登り、敵の方に向いて、

「日本男子の最期を見よ！」

と大声で叫び、手榴弾で自決した軍人もいた。負傷して友に迷惑をかけることを苦にして手榴弾で自殺した者もいた。

今や摩文仁附近は混乱そのもので、自決か、突破か、斬込みかで騒然としていた。

その日の夕刻、大城隊長は私の枕元に来て言われた。

「濱元先生、いよいよ最後の日が参りました。敵は今明日中にここを馬乗りにする様子です。もうここにはおれません。さいわい私達は元気ですから、生き残った第三中隊で最後の御奉公をいたします。斬込みを敢行します。だが先生はとても行けません。どうせ最後は靖国神社へ参ります、靖国神社でまたお目にかかりましょう。」

この言葉を聞いても、動けない私はどうすることができよう。私は無念だった。ただ大城先生の手を固く握って、

「しっかりやって下さい、僕なんかにかまわずに……。」

と言うだけが精一杯だった。そして別れたのが最後だったのである。そのとき私の側に右手を負傷した予科二年生がいたが、彼は、

「大城先生！　私も連れていって下さい。足は大丈夫ですから。」

と言ってもう立ち上り、さっさと準備をはじめた。止めるべきか励ますべきかと私が迷っているうちに、彼は出て行ってしまった。そして彼ら一同は遂に還らなかった。

翌朝眼を覚ました時には、もう誰もいなかった。私の枕元で死んでいる兵隊のからだにはもう蝿が一ぱいにたかっている。「さあ、これから自分はどうすればよいのか？」と一人で思案しているところへ、水汲みに来た他の中隊の生徒が来て、私を見つけてくれた。

「濱元先生、お一人ですか。」

「そうだ、昨晩みんな出かけてしまったよ。」

「私達の所へ参りませんか。」

「うん、そうさせてくれ。」

私は手を引かれるままに二〇メートルほど離れた岩間の自然壕へ移った。そこには予科生の西平弘君外二名がいた。西平君は片足を負傷し、化膿して大きくふくれあがっていた。

「君等も負傷したんだね。」

「はい、そうです。」

「君等の仲間はどうした？」

「皆、国頭へ突破すると言って出て行きました。」

「……。」

私は黙って三人の少年の顔を見つめた。私自身の淋しさよりも、この少年達の心情の方が心に痛かった。

「先生、食糧も後これだけしかありません。」

ひとりがわずかばかりの米をさし出した。

「ああ、いいんだよ、僕は動くことがないから、腹も減らないようだ。」

「なければないでどうにかなるもんですねえ、先生。」

生徒達は案外無邪気に達観している。

その同じ壕内に、顔見知りの野戦築城隊の軍人が三人いた。彼等もここを何とかして突破しようと策をねっていた。先ず筏《いかだ》を作り、これによって島づたいに鹿児島へ渡ると言っていたが、翌朝起きた時には、もう三人の姿は見えなかった。

六月二十三日午前十時頃。

「ここは危ないぞ！　敵はガソリンで焼き払うらしい。早く海岸へ出なさい。」

と、軍人が知らせてくれた。

私達はすぐに立ち上った。そしてそれぞれに木の棒を探して来て、これを杖に歩き出した。ここかしこに散らばっている戦死者の屍には顔、手、足、総てに真黒く蝿がたかっていた。波打際には、ゴムまりのようにふくれ上った屍《しかばね》が、波にもまれていた。そして、生きている兵隊や一般住民や生徒たちは海岸で右往左往していた。その中を杖にすがった四人が歩いて行った。

六月二十六日、正午頃だった。私達は海岸から湊川方面へ出ようと試み、ある岩角をまがって五、六歩進んだところ、突然、岩蔭から出て来た二人の米兵に銃を突きつけられ、どうすることもできず、思わず知らず両の手を挙げてしまった。米兵は洋服の上からあちこちとさぐり、私のポケットから懐中時計を引張り出した。彼は他の兵と何か話し合っていたが、やがて私のポケットの中へ煙草を一箱入れた。取り替えたつもりらしい。馬鹿にしてやがる！　と思ったが、どうにもならない。

この時計は、與那嶺先生が足の負傷をおして脱出さ

れるとき私のところへ来て、

「この時計はエルジンだが、海の中へ入れるのは惜しいから、先生に差し上げる。」

と言って置いて行かれたものだ。

それからわれわれは捕虜としてやがて与座の部落まで移動させられた。そこで軍人と一般防衛隊と老幼婦女子の三つに分けられた。私は一般防衛隊の組に入った。職業を問われたとき、私は教員とは言わず、大工だと言って誤魔化した。

その日の夕方、トラックで那覇、嘉手納《かでな》を過ぎ屋嘉《やか》の収容所に移された。トラックに乗せられた時は、既に日は暮れて真暗だった。しかしだんだん行くうちに道々には街灯が煌々と輝いていた。道路もよく修理され、動揺も少なかった。屋嘉に着いたのは午後十一時頃だった。電灯が煌々と輝いている金網の中には、既に何千人という日本人がいた。生徒達も多勢いた。これはまったく嬉しいことだった。生徒達の話で、西岡女子部長、井口教官、秦教諭も来ていると聞かされ安堵した。しかしこれから如何に我々が処置されるだろうかということが不安になった。

その夜は砂地に蓆《むしろ》をしいて寝かされた。翌朝はまたトラックに乗せられ、何処かはっきりしない海岸に移された。やがて午後になってから大きな船に乗せられた。もうその時は半分あきらめていた。どこか太平洋の真ん中あたりで掃き捨てられるのだと思っていた。それは支那戦線帰りの軍人から「支那の捕虜を始末するのに、面倒くさいから揚子江の真ん中につれ出して、掃き捨てた」と聞かされていたからかもしれない。

しかし間もなくデッキで、石鹸を一箇ずつ与えられ、水浴をさせられた。次に白のパンツとシャツが与えられた。私達が今まで着ていた汚れ切った服は、何の惜し気もなく海中に投げ捨てられた。そして私は弱体者として船の中央――動揺の少ない所に移された。その船室には一人宛《あて》のハンモックがあり、洗面具と食器が夫々与えられた。食事は朝夕の二回、それに毎日米人の看護兵が三名来て、負傷者、病人の手当をしてくれた。私も頭、両腕等の傷を毎日手当してもらった。

船中生活は十日ぐらい続いたであろうか、その間、一日一回、MP監視のもとに約一時間ぐらい、デッキを散歩させてくれたが、不安の中にも安堵の気持が少しずつ動いて来た。煙草も二本ずつ配給されたが、私は吸わないので好きな人びとにやって喜ばれた。湯殿の使用は午後三時頃から自由だった。これも楽しみの一つだった。しかし、さて何処へ送られて、何をさせられるのであろう？　生きて再び故国の土地を踏むことは先ずないであろう。そんな不安はやはりつきまとっていた。

そんなふうにして漸く上陸した処はハワイであった。港からホノルル街路を過ぎ、山手の捕虜収容所に送られ、そこで約一カ月ほど暮した。私達、沖縄隊は、四カ所に分けられて、被服、日用品の支給を受け、いろいろな予防注射や指紋をとられたりして身元調べを受けた。

それから私の仕事として与えられたのは、食堂係で、食事毎に食堂の入口で人員を調べることだった。一中隊、二中隊、三中隊と順に入れていたのであるが、その中に、わが沖縄師範の生徒が必ず三、四名はいた。ところがどうしたことか、この生徒達は私を見ても、一向に挨拶をしようとしない。私は忙しいから自分から言葉をかけずにすましていた。そんなことでお互いに捕虜になったことを恥じているためかしらとも思ってみた。しかし何となく、そんなことで二、三日不愉快な日々を送っていたが、四日目頃から笑顔で挨拶するようになってきた。それはこんなことだった。それが判ってみると却ってこっちの方が恐縮した。

「食堂にいる人は濱元先生によく似ているね。」

「そうだね、しかし濱元先生なら首里でとっくに戦死した筈だ。」

「ところがよく聞くと、どうもほんものの濱元先生らしい。」

「不思議だね、あんなに負傷なさった先生が生きているとは、まったく不思議だ。」

彼らはそんなことから次第に私を本物だと判ってきたというのであった。

ハワイは気候に恵まれた住みよい所で、一カ年通して日中はランニングシャツ一枚ですまされ、夜は毛布二枚もあれば十分暮せる所であるようだった。

山の収容所も一カ月位で終わり、やがてホノルル市内の海岸近くの収容所に移された。ここでは全員、仕事を与えられて皆活発に働いた。私もまったく元気を回復したので収容所内のＰＸ（酒保）係にあてられた。皆が昼間仕事に出かけている間はひまで、夕食が終わると忙しくなる。中隊毎に煙草、石鹸、歯磨等の日用品を売るのである。私達沖縄隊の隣に、約三〇名ぐらいの日本軍将校のグループと、ＭＰと称する軍人約三〇名ぐらいのグループがいたが、これらの人びとは、三度の食事、映画、ＰＸの利用もわが沖縄隊と一緒だった。われわれのＰＸ利用日は毎週水曜日の午後一時頃だった。

そういうところからお互いに親しみも増し、野球や庭球の試合などをして遊んだ。また将校からときどき憲法や政治の話を聞いたりした。日曜日は予定を立てて中隊対抗の野球大会もした。また時には大々的に陸上競技会も催した。開会にあたっては、常に宮城《きゅうじょう》遥《よう》拝《はい》についで、戦没将兵らの冥福を祈る黙祷をささげた。

ハワイまで送られた師範生は、本科三年生一八名、二年生一九名、一年生一三名、予科三年生一〇名、二年生一〇名、合計七〇名。そのうち本科二年生の吉濱方功君が病気で死亡したのは残念だった。

昭和二十一年十一月五日、一カ年と四カ月のハワイでの捕虜生活を終えた。われわれは懐しの郷土、沖縄の地を踏んだのである。久場崎に上陸して、いま更に変わりはてた郷土を見たときにはいい知れぬ感懐にとらわれた。着いた翌日、知念村にある沖縄民政府へ行き、山城篤男文教部長に面接して、ハワイの状況を報告した。

その帰途、中頭地区の文教学校（戦後の教員養成学校）へ元沖縄師範学校の先生方を訪ねて行った。生き残った懐しい先生方の誰々の顔が現われるだろうかと思い、ふるえる手で職員室の扉を開けた。

「あ、平田先生！」

「おお、濱元君！」

つかつかとかけつけて来た平田先生は、入口に立っている私の顔をつかまえて額をさすりながら、

「君がハワイに居ると風の便りに聞いたが、しかし誰も本気にはしていなかった。ひどい負傷で軍医が見捨てていたんだからな……。」

彼は穴のあくほど私の顔を見つめ、そしてしきりに私の額をなで廻す。初めは避けるように後ずさりしていた私も何だか胸がつまって来て、いつしかなすがま

まになっていた。

「とにかく、ここへかけなさい。ハワイの話でも聞こうではないか。」

嘉数徳松先生の声にさそわれて、テーブルをかこんだ教育の與那嶺先生、音楽の兼村寛俊先生、女子部の岸本幸安先生、元農林学校の親泊《おやどまり》朝雄《あさお》先生（私と同期生）等、六、七名の先生方にかこまれてつきない戦争当時の話に耽った。そして誰も彼もが野田校長先生の戦死を残念がった。

伊知朝敏、首藤《しゅとう》峰久、佐藤早見、昇正二、奥村幸清、奥里将央、知名定助、平良正昌、安里常盛、多和田真俸、大城安哲等多くの先生方や多くの可愛い生徒達を失ったことも、次々と話に出て、今更のように悪夢のような何カ月かを回想したのである。

第二章　千早隊

軍司令部の情報部直属の宣伝隊で、軍司令部情報部の益永大尉を隊長として、本科二、三年の生徒で編成された。軍司令部の情報や友軍の戦果などを各部隊に提供するとともに、民間の壕を回って情報宣伝活動と戦意高揚に努めた。

とくに、住民に対しては、軍に協力して必勝の信念を貫き、敵の謀略宣伝に惑わされることのないようにすると共に、利敵行為に走らないよう監視し指導する任務も与えられた。

また、軍司令部の摩文仁への撤退に当たっては、その先遣隊として守備軍司令部の機密書類などの搬送に当たった。

○生徒隊長…伊豆味《いずみ》 雋《せん》（本科三年）

○隊員…二二人

○戦死者…九人

自分はどうして戦争から生き延びることができたのか

大田昌秀（本科二年）

留魂壕

昭和二十年三月二十二日の夕刻。

「君達は今まで、いろんな意味で清い立派な学生生活を送ってきた。諸君も知っているとおり、時局はきわめて多難である。人間は情勢の変化についていけない弱い存在。ともすれば、危険な状況に対応できずに自分を失ってしまいがちだ。君達は、たとえいかなる事態に直面しても、あくまで自らを持して、純潔な生き方を続けて欲しい。心身共に純潔のまま御国《おくに》のため天皇のために御奉公できるのはこの上なく幸せであり、尊いことだ。」

この晩催されたクラス会の席上、級主任の佐藤早見教官は、以上のように話されました。

この頃、嵐をはらんだ重苦しい空気が、平和な首里の街を包み込んでいました。何百年もの平和な島沖縄を象徴するかのような典雅な首里古城の麓、鬱蒼と繁茂する樹齢も古いハンタン山の赤木の森を前面に、その森蔭に隣接する龍潭池畔に、わが沖縄師範学校男子部はありました。木々に覆われ昼なお暗いハンタン山の赤木の樹には、古色もゆかしい円覚寺や弁財天堂、孔子廟など三三もの国宝建築物が散在して未来の教師を夢みる若い学徒たちを育んでいたのです。荘厳なこの森の中は師範生たちが軍事教練の疲れを休める憩いの場所でした。

ここでは南国の熱い陽射しも、繁茂する樹々の葉にさえぎられて斑になって辛うじて地上に達していました。小鳥の囀る声は季節を分かたず絶えたことがなく、私たちは連日の軍陣地構築作業の疲れを癒すため、寸暇をさいてはこの森の中を逍遥したものです。大樹に凭れて目をとじている者、はだしで落葉の上を歩き回っている者、黒土の上に仰向けに寝転んでいる者、あるいは腰に両手を当てて思い切り号令調整をしている者など、いつ見ても生徒たちが思い思いの恰好で楽しんでいました。

春になると真紅のデイゴが深緑の中でひときわ照り映えました。この真紅のデイゴを見るたびに、私たちの胸はわけもなく燃え立ったのでした。

私は、佐藤教官から「純潔」という言葉を聞いた時、すぐにこの花を想い浮かべました。何かしら燃え上がるような情熱を胸に秘めて、純潔という語感を反芻していると、いつしか恍惚たる思いで一種の陶酔に浸るのでした。日頃から口にしていた「人生十八」とか「人生は二十歳に充たず終わる」といった感傷が、私たちの心を捉え始めていたのです。誰いうともなく、自分達の人生は二十未満で終わるという、いわば宿命的な感慨が知らず知らずの中に心を領しつつありました。

その頃は、戦況の悪化に伴い、生徒たちは、ペンをつるはしに代え地下壕掘りの生活に明け暮れていました。昼となく夜となく、土曜もなく日曜も休まず、ひたすら地下洞窟陣地の構築に余念がありませんでした。昼・夜・夜中と一日三交代で軍に労力を提供するかたわら、非番の者は、鉄血勤皇師範隊自らの壕掘りもしなければなりませんでした。

首里城の観会門をくぐって進むと、一五二三年に琉球王府の慶賀使が中国から持ち帰ったという有名な龍樋がありました。その傍を通って、孔子廟の右手の石畳の坂道をのぼりつめると、突きあたりに平地が開け赤木の大木が密生していました。その広場の右手、ちょうど首里城の物見台の下辺りに約一間四方の自然洞窟がありました。壕は、それを中にはさんで両側から掘り出して、奥の方でヨの字形に繋ぐという計画でした。

岩石のように固い茶褐色の土層を掘り貫く作業は容易ではありませんでした。掘鑿に使える道具類は、軍陣地構築用に向けられていたので、ろくなものはなかったのです。にもかかわらず師範隊員の気魄は旺盛で、作業の往来には軍歌や寮歌を絶叫して志気をふるい起こす有様でした。

壕掘り作業の現場では、眼前に層をなす岩壁を敵兵と見做して、気力と精力を振りしぼって、ひたすらに十字鍬を打ち下ろすのでした。その一振り一振りにも必勝の精神が火花を散らすかに思われたほどです。こうして連日連夜の壕掘りで私たちの掌の皮はひどく剥け、流れる血潮は鍬の柄を彩どりました。そのあげく疲労が積もり、体調をこわす者が続出しました。

こうして職員と生徒たちの必死の努力が実を結んで、昭和二十年三月も下旬頃には、ついに奥行十数メートル、横幅が約一六メートルのヨの字形に掘り貫かれた壕が、入口を本島西海岸に向けて完成しました。縦穴の両側には二、三の袋穴もこしらえました。その一つを校長専用に当て、寄宿舎から畳を持ち出して来て敷いて上げました。

壕が完成するとこの壕の名称が、ひろく生徒たちから募られました。「龍潭壕」、「臥龍窟」などと生徒たちは歴史にちなむなどして思い思いの名称を持ち寄りました。しかるにいつの間にか留魂壕と名付けられました。名付け親は、沖縄への敵軍上陸を前にして本土へ難を脱れた中村正行男子部長でした。吉田松陰の「留魂録」にちなんで命名したとのことでした。ですが、中村部長は、日頃の大言壮語を忘れたかのように、いざとなったら本土に逃げ帰ったのです。そのため生徒たちは、部長のことを「沖縄に魂を留めず恥を残した」と揶揄したものでした。

クラス会があった翌三月二十三日から敵の艦載機による猛烈な空襲が開始され、首里の街も激しい空爆の的になりました。相次いで三月二十六日に敵はついに慶良間《けらま》列島の阿嘉島《あかしま》に上陸を開始しました。同列島は、県都那覇市とは目と鼻の近距離です。そのため沖縄上陸も時間の問題だという切迫した空気が一挙に暗雲となって人びとの上にのしかかりました。

それにつけても私たちは、毎日毎日間断なく繰り返される敵グラマン機の攻撃を〈こんな筈がない〉と奇異に感じずにはおれませんでした。と言うのは他でもなく、私たちが学業を抛って、それこそ徹夜作業で完成した北・中・小禄《おろく》等の飛行場に待機しているであろう日本軍機の活躍を信頼し、期待していたからです。――敵機が我物顔に郷土の上空を跳梁する――そのような事態は、およそ私たちには夢にも思ったことがなかったので、理解に苦しんだのです。そのような私たちを尻目に、不気味な爆音を立てて敵機の空襲は止むことがありませんでした。

かくして三月三十一日、敵軍の一部は首里城から一目で見下ろせる那覇港外の神山島へ長距離砲を揚陸してドカンドカンと物凄い轟音を立てて砲撃を開始しました。それに伴い何百年も続いた平和郷の首里は、敵の巨砲の咆哮に晒され、首里城下の静寂なハンタン山に砲撃が集中し始めました。

この日、昭和二十年三月三十一日に沖縄師範学校全校職員生徒は、近くに布陣する守備軍司令部首脳の命令により留魂壕前面の広場に集合させられました。鉛色の空が樹木の間からかすかに洩れ、ようやく暮色が色濃く立ち込める中、さしも執拗な敵の砲爆撃も鳴りをひそめました。静かすぎる程の静寂の中にあって、何事だろうと私たちは極度の緊張感に身も心も引き締りました。何か異変がありそうだとわけ知らぬ思いが身内をつらぬき、心臓の鼓動が聞こえるかに思われました。まさかこの日が、米軍の沖縄本島上陸の前夜とは、夢にも知る由はなかったのです。

やがて軍靴の音を立てながら第三二軍司令部から派遣された野戦築城隊隊長の駒場縑少佐が全校職員生徒の前に立ちました。駒場少佐は低い力強い声で軍司令官の命令を伝えるべく口を開きました。すると誰もが一語も聞きのがすまいと、固唾をのんでその口元を見つめました。

「沖縄師範学校の職員生徒は、全員第三二軍司令官の命令により、本日より鉄血勤皇隊として沖縄守備軍に徴された。今や敵の沖縄上陸は必至である。諸君は全力を挙げて軍に協力し、一日も早く醜敵を撃滅して陛下の宸襟《しんきん》を安んじ奉るよう固く決意せねばならぬ。なお諸君の郷土の防衛は、諸君自らの手にかかっていることを自覚し、全てを抛ってその任に殉ずる覚悟をきめるべきである。なお軍事的任務や編成については、配属将校から指示せしめる。了り。」

言葉が終わると同時に、井口一正配属将校の、「頭中」の号令で一瞬全員の眼が同少佐に集中しました。何だか生徒たちは急に軍人に早変わりしたかのようです。こうして、第三二軍司令官の命令を受けた一将校の簡潔な言葉によって、私たち沖縄師範学校男子部の全校職員生徒は一丸となって軍に動員され、鉄血勤皇師範隊という名の下に戦場に出陣することになったのです。

鉄血勤皇師範隊は、斬込隊、千早隊、野戦築城隊、本部等に隊編成を終えると、地元から召集された防衛隊用の軍服と似た、半袖、半袴、戦闘帽が各人に一着ずつ支給されました。

わが愛する郷土で苛烈な戦闘が繰り広げられるのであれば、私たち学生は軍の命令を待つまでもなく、学校や社会で教えられたとおり、自らの身命を抛って防衛に当たる決意に迷いはない。私たちは、直ちに着馴れた制服を脱いで防衛隊服に着替えました。すると、たちまち階級章なしの奇妙な恰好の兵隊が誕生しました。一年生から最上級の本科三年生まで平等に二等兵、いや無等兵というわけです。誰の服にも階級を示す星が一つもついていないからです。

しかしある意味ではその方がよかった。大方の本科生たちは、立派な軍服の飛行予備学生や、特別甲種幹部候補生になるのを夢見て一次試験に受かった者も少なからずいたからです。だが、戦況の急変で将校になる夢も破れて、半袖、半袴の防衛隊服を着る身となっては、星のないのがせめてもの慰めでもありました。

半袴は子供の寝衣のように両側に紐がついていて、それを腰にまわして締めるようになっていました。着替えが済むと、戦闘帽をちょこんと頭に乗せてみました。なんだかそぐわない。照れくさい気がして手にとって、ためつすがめつ眺めずにはおれませんでした。学友たちも皆照れくさそうにズングリと飛び出ているはだかの腕や脛を気にするのでした。もっとも下級生たちは割と何も気にせぬかのように愉快気に「新垣二等兵、よく似合うぞ」などとお互いにからかい合ってはしゃいでいました。それは翌日からの怖ろしい運命を知らぬ若者たちの無邪気なたわむれにも等しく、神ならぬ身では翌日の敵上陸など知る由もなく一瞬の和やかな風景にすぎませんでした。こうして十四、五歳から十九歳までの教師の卵たちは、一律に軍服を着せられて戦場に送り込まれることになったのです。

隊の編成がすむと壕内の配置もそれぞれの隊別にな

りました。壕内の生徒たちは、いつもとは違って興奮に包まれ、夜ふけまで学生生活を名残り惜しむかのように語り合っていました。家族のことを不安気に話題にする者もいました。こうしてその夜は、殆どの者が防衛隊服のまま立膝でまんじりともせずに明かしたのです。中には学生服に未練が残るのか、半袖の防衛隊服の上から制服を着ているのも何人かいました。

宿命の日

昭和二十年四月一日。

運命はこともなげにやってきます。いつもと同じように夜の帳《とばり》に包まれていた東の空がカーテンを引くように明け、そして宿命の朝の光は、静かに眠っている沖縄の島々の上に普《あまね》く輝きわたりました。

「米軍だ！」

「敵が上陸したぞ。」

学友たちのわめき立てる声に、私は夢を破られました。「米軍が上陸した」、たしかにそう聞こえたのです。〈遂に来た！〉、底知れぬ危懼と不安に脅えながらも、何かしら待ち構えていたものがついにやって来たのだ。誰も彼もが思わず武者震いをして、留魂壕内はたちまち興奮の渦に包まれました。いまや、敵の上陸は漠とした話ではなく、恐るべき現実となったのです。

敵米軍は、沖縄を「日本帝国の表玄関、前庭」と捉え、全太平洋戦争における最重要の攻撃目標と位置付け、復活祭の日に五四万八〇〇〇人ものかつてない大軍で押し寄せたのです。一方、わが方の大本営は、米軍の沖縄侵攻を「日本にとって黄金の天与の勝機」と捉えていました。しかし、防衛軍は、急遽、地元から召集した防衛隊や学徒隊を合わせても一〇万そこその兵員でしかなかったのです。

夜が明けるにつれて、敵艦から発射される艦砲がグワングワン地軸を揺るがせて爆発しました。巨大な船からの艦砲射撃は本島西海岸、首里の真正面辺りから発射されていました。日本軍は、米軍の上陸地点を本島南部の湊川《みなとがわ》か、それとも中部の北谷《ちゃたん》・読谷山《よみたんざん》海岸かと予想しかねて、臆測が飛び交っていましたが、米軍は、午前八時三十分、沖縄本島中部西海岸の読谷・北谷海岸から上陸して来たのです。すなわち米軍は、読谷（北）飛行場と嘉手納《かでな》（中）飛行場の占拠を最優先のターゲットにしていたのです。早くも上陸当日の午前中には米軍は、二つの飛行場を制圧してしまいました。

那覇港の沖合から読谷の残波《ざんぱ》岬にかけて、海の色さえ見えないほど、海上は敵艦船で埋め尽くされていました。おそらくありとあらゆる型の艦船が蝟集したに違いありません。戦艦をはじめ各種の軍船舶のほか、大小無数の上陸用舟艇から輸送船に至るまで、ひしめいていました。さらに水平線の彼方には、幾層倍も敵艦船が続いています。一体いつの間にどこからこれほど巨大な艦船群が押し寄せて来たのだろうか、一瞬、全身に戦慄が走りました。海上からの艦砲射撃のみか、敵艦載機群の耳をつんざく爆音が全島を圧して止まないのです。

私たち師範隊員は、高鳴る胸を抑えかね、首里城の物見台から守備軍司令部参謀たちと共に、ひとみをこらしてはるか読谷・嘉手納方面から敵が上陸するのを見ていました。そこからはこの空前の一大上陸戦を一望の下に観ることができたからです。わが沖縄守備軍もこの日が来るのを予想し、全島くまなく陣地化して万全の防備体制をとっていると軍は事ある毎に自慢していました。

読谷から北谷にかけての海岸線一帯は煙幕に覆われていました。その中を無数の上陸用舟艇の中から敵兵士たちが続々と、陸地を目指して突進します。敵艦船は砲声を轟かして一斉にこれを支援。それと共に上陸前の十日間、敵艦載機は、大編隊のまま波状攻撃を繰り返して次々と海岸寄りのわが陣地を破砕していました。日本軍が日頃から豪語していたとおり、今にも海岸線で一大殲滅戦が展開されるものと期待していたのに反し、それが見られず、わが軍は敵の傍若無人の上陸をいともあっけなく許してしまった。とても信じかねるこの事態に不安がよぎるのでした。

わが留魂壕では常に、「用のない者は、壕外へ出てはいかん」という一種の不文律があり、誰もが壕内で身を縮めていました。艦砲が近くで炸裂するたびに壕内が爆風で揺れ、身内がカァーッと熱くなります。

〈畜生、今に見ておれ〉、師範隊員たちは目に見えぬ敵兵に対し、もはや狭小な沖縄では逃れるすべはない、相手を海中へ突き落すか、自らが死ぬかの二つの道しかない、と覚悟していました。愛する郷土を護り、「醜の御楯」となって、この体を投げ出す時が来たのだと固く決意していました。その決意を実行する時が来たとの思いでその夜はまんじりともできませんでした。

むろん私たちは未だかつて、学校でも社会でも今次の戦争で日本が負けると教えられたことはなく、国のため天皇のため自らの命を投げ出して最後の最後まで戦い抜くことこそが窮極の勝利をもたらすと教わってきたのです。敵が上陸した以上、もはや一年生と上級生の区別もなく、誰もが最後の勝利を目指して戦う道しかありません。元気者揃いの斬込隊員たちは、戦意も凄く気負い立っていました。もちろん、彼我の軍事力や物量力の差など顧みるゆとりさえなく、一途に死ぬことだけが念頭にあったのでした。

沖縄守備軍の洞窟司令部

米軍の上陸後、戦況は日一日と緊張の度合が強まっていきました。〈なぜ友軍機は一機も飛ばないのだろう〉、寄るとさわるとこうした疑問の声が聞かれるようになりました。誰しもが今に一大空中戦が展開されるにちがいないと、期待に胸を膨らませているにもかかわらず、来る日も来る日も「日の丸機」は一向に姿を見せてはくれません。期せずして自分たちが徹夜で整備した読谷（北）、嘉手納（中）、小禄（南）などの主要飛行場のことが案じられてなりません。今ではこれらの飛行場は、いたずらに敵に使用させるために整備し終えたようなものになってしまいました。

わが留魂壕は、首里城と同様、敵の艦砲撃を真正面から受ける羽目となりました。こうして鬱蒼と茂って壕を遮蔽していた赤木の林も、連日の爆撃と艦砲射撃によって、葉の一枚一枚までが焼けただれ、みるみる丸裸にされてしまいました。無残に樹々の幹はへし折られ、大木も根こそぎにされました。留魂壕前の広場は、弾痕でいくつもの大きな穴があきました。

那覇から読谷に連なる海上からの敵の砲撃が余りにも激しいために、私たち師範隊はなすすべもなく、母校を始め、孔子廟、弁財天堂や国宝の円覚寺などが目の前で燃え上がるのを「畜生、畜生」と地団駄を踏みながら壕口で、まるで自分の身が焼かれる想いで見守るしかありません。先人たちが残してくれた由緒あるかけがえのない文化遺産が、あたかも藁小屋同然に灰になっていくのを見て、私たちは歯ぎしりしながら無念の涙を呑むだけでした。こうして先人たちの辛苦の結晶が、一瞬のうちに消え去るのを目の辺りにして、私たちの胸にはむらむらと復讐の念が燃え上がるのでした。

夕暮れになってようやく砲声が衰えると、私たちは息を吹き返したかのように活発に活動を開始しました。水汲み、食糧運搬、弾薬輸送と、それぞれに与えられ任務に取り組むのでした。

私が所属する千早隊員は、二、三名が一組になって守備軍司令部情報部で待機して、大本営発表のニュースがあるごとにそれを留魂壕の他の隊員たちに伝え、そのニュースを他の千早隊員がそれぞれ指定された地域へ行って伝えて回る仕組みになっていました。

牛島満軍司令官が指揮をとっていた首里城地下の洞窟司令部は、留魂壕から三〇〇メートルほどの近距離にありました。しかし、私たちの留魂壕からそこへ連絡に行くのは、まさに命がけの道程でした。敵が沖縄本島へ上陸して以来、わずか一週間もたたないうちに数丈もある首里城の城壁は、見るも無残に破壊されて、道路はなだれ落ちた石塊にふさがれて進みようもないほどです。首里城下の観会門の右脇下にあった龍樋も崩れ落ちた城壁の下敷きとなり、もはや二度とその清《せい》冽《れつ》な水を飲むことができなくなりました。

砲爆撃で破砕され尽くした城壁の間からハンタン山に降り、そこを左方向に二、三〇〇メートルも進むと、沖縄守備軍司令部の第一坑道の前に出ます。この軍司令部壕は、米軍が上陸する数カ月も前から、沖縄師範学校男子部の生徒たちが軍の野戦築城隊と協力して、不眠不休の突貫作業でやっと完成したものでした。それは首里城の最も厚い岩盤の下を三〇メートルも深く潜り、約二〇〇〇メートルもの長大なもの。壕の内部は幅約二・五メートル、高さ約二メートルで、主坑道の両側には袋部屋の洞穴が数個も掘削されていました。

壕の両脇や天井は到る所頑強な松の板で覆われ、丸太のままの支柱が一間おき位の間隔で立ち並び、洞窟戦闘指揮所に相応しい作りとなっていました。私たちが出入りする第一坑道は、沖縄師範学校に隣接する円鑑池の方に入口がありました。また第二、第三坑道は、守礼門の右脇下の首里第二国民学校の運動場にそれぞれ入口があり、出口が首里城の裏手の金城町に抜けて第四、第五坑道と称されていました。主坑道の中程に、軍司令官室を始め各参謀室や作戦室、情報部室などが、個々別々に設置されていました。

そこには軍司令部要員だけでも約一五〇〇人、多い時で三〇〇〇人程が入っていました。参謀室付近の支柱の丸太には、「醜敵撃滅」「必勝不敗」「撃ちてし止まん」等のはり紙がしてあり、また第一坑道の入口には、長勇参謀長直筆の「天の岩戸戦闘司令所」という木標の札が掛けてありました。

私たち千早隊員は軍司令部壕内に入って、参謀や軍高官などとすれ違うたびに、何となく胸を躍らせ畏敬の念を感じたものです。

牛島満軍司令官は、生徒たちにとっては、いわば好好爺のような存在で、懸命になって壕を掘っている時などは、「やあごくろう、ごくろう」と声をかけてくれました。このような軍首脳の些々たる言動にも、生徒たちは感激して、いやが上にも士気を振い立たせるのでした。

一方、長参謀長は、ノモンハン事件との絡みでその名を知られていたにもかかわらず、生徒の間では余り人気がありませんでした。生徒たちは、長参謀長のあの巨大な腹の底からの勇壮な笑い声が聞けるのを期待していたのですが、滅多に姿も見せなければ明るい顔に接することもほとんどありませんでした。酒をあおってばかりいる噂が出回り、生徒たちはそれを不利な戦況と結び付けて憂鬱になったものです。

それだけに守備軍将兵たちの笑顔に接したり、高らかな笑い声を聞いたりすると、何となく鼓舞されたのです。軍司令部の情報部で情報を受け取る千早隊員は、絶えず参謀たちの顔色に一喜一憂したものです。顔が晴れやかだと決まってわが方の戦果が上がっていたからです。

私たち千早隊員にとっては、情報参謀をはじめ他の参謀たちや軍高官に、時たまじかに接して戦況について聞けるのが誇りでもありました。

ある日、私は、いつもどおりに軍司令部情報部の通路で、益永董隊長からの指示を待っていました。近くには本土や地元の新聞記者たちが、わが軍に有利なニュースを待ちあぐんで、通路側の米俵の上に横になっていました。

するとそこへ大本営から派遣された航空参謀の神直道少佐が傍の椅子にどかっと腰掛けると、「どうだ学生、戦争は苦しいか、これくらいのことで音を上げたら駄目だぞ」と言ってにやりとしました。二十代前半の若い長身の神参謀は、生徒たちの畏敬の的でした。この大物の大本営参謀からじかに声がかかったので私は、思わず不動の姿勢をとり敬礼すると、「大丈夫です。皆はり切って頑張っています」と元気よく答えるのがやっとでした。

「よし、その意気だ。たとい沖縄におる者が全員玉砕しても、日本は絶対に参ることはない。すでに本土決戦に備えて万全の用意もしてある。沖縄でのこれくらいの犠牲は、日本にとって何でもない」と神参謀は平然と言い放ちました。

私は、発言の中身を考えることさえせず、一瞬、悲壮な気持で、この言葉を聞き止めたのをつい昨日のことのように覚えています。その言葉は、後に続く沖縄戦の悲劇を予言するものでした。後になってその発言の重大さを思い知らされたのです。

私たち千早隊員は、毎日一組ずつ交替で、朝、軍司令部へ出掛けて午後には壕に戻って、入手した戦況ニュースを全員に伝える生活を何日も続けていました。わずかそれだけの時間内にも外界の様相は、驚くほど変わっていました。戦争の怖るべき浪費と破壊は、私たちの想像をはるかに越えるものでした。

首里の町は、日一日と瓦礫の山に変わっていきました。戦争が始まる前は、敵米軍は、はるばる米本国から、何千マイルも離れた沖縄まで軍需物資を運び込める筈がない。その延び切った補給線を中途で断ち切れば、後続を断たれ、自ずと壊滅する外はないと高を括っていました。しかるに実際には、米軍の撃ち込む鉄量は、「鉄の暴風」と称されたほどまさに無尽蔵で、完全に予想を裏切るものだったのです。

ひめゆり学徒隊員

首里の留魂壕には、野田貞雄校長先生の身のまわりのお世話をするため四名のひめゆり隊員がついて来ていました。研究科生波平さんを筆頭に、宮平《みやひら》さん、内間さん、上江洲《うえず》さんの四名でした。男子学生だけの息詰まるような窮屈な壕の中で、何かと不自由されている校長先生の世話を見る女子生徒たちは、殺伐な壕内でとても華やいで見えました。公用で、東京に出張中だった野田校長先生に、職員生徒たちは、そのままご家族の所へ留まっていてくださいとお願いしていました。それを訊き入れずに米軍上陸直前に東京のご家族の許から危険な沖縄へあえて戻って来られた野田校長先生が狭い窮屈な壕で生徒たちと苦難を共にされるのを見て、生徒たちは感動すると共に、何よりも気がかりでならなかったのです。

それだけに何くれとなく甲斐甲斐しく立ち働く女子生徒たちの姿に、男子生徒たちは、ホッと胸をなでおろすと同時に感謝していたのです。幸いなことに、留魂壕には、師範学校男子部の先輩で、師範学校女子部の音楽教師を務めていた東風平景位《こちんだけいい》先生も一緒に入っていました。そのため女子生徒たちは、どんな苦しい状況下でも笑顔を絶やさず、東風平先生が作詞作曲した歌を次々に歌って聞かせました。東風平先生の素晴らしい美声に続いて、ひめゆり学徒隊員の合唱が、鬱積した壕内の陰気な空気を吹き飛ばし、いつしか男子生徒たちもそれに和して歌い出すのでした。するとたちまち歌声は壕内を圧し、壕外の砲声を打ち消す有様でした。

男子生徒たちは、「護郷隊の歌」「球七七一部隊の歌」「学徒出陣の歌」「勝利の日まで」「海ゆかば」等々、いく度となく繰り返し歌い続けていました。唯もう歌うことのみが、不利な戦況を忘れさせる唯一の方法に思われたのです。しかし「サイパン玉砕の歌」が歌われたりするといつしか、その哀調につまされて、壕内がシーンと静まり返るのでした。

ですが、歌が歌える至福の時間も長くは続きませんでした。五月も下旬になると、守備軍司令部の厳命によって、婦女子を含め首里市の非戦闘員は一人残らず首里から本島南部へ退《しさ》ることになったからです。それで最後まで野田校長先生の傍にいたいと望むひめゆり学徒隊員の望みも叶いませんでした。

　隊員の一人、内間さんは私と同郷の出身で、昭和十六年にそれぞれ男子部、女子部へ入学したのですが、当時は男女生徒間の交際は許されなかったので、私たちは、同じ壕にいても一度も口を聞いたこともありませんでした。

　いよいよ出発の日を迎えたとき、壕外では、とりわけ砲爆撃が激しく飛び交っていました。それも夕暮になると、さしもの砲爆撃も波がひいたように静かになりました。私は、ちょうど昼間の軍司令部での勤務を終えて壕内に戻って、壕の前面の巨大な弾痕を虚ろな眼で見ていました。そのとき、「大田さん」と呼ぶ声に振り向くと、二メートルと離れないところに内間さんが防空頭布姿で立っていました。突然なことなので、私は黙って相手の顔をまじまじと見つめるだけでした。モンペの上に紺の制服を着て、きちんとした身だしなみをしているとは言え、さすがに顔のやつれが見え、壕内での苦難が痛々しく表われていました。

「もう出発ですか。くれぐれも気をつけてね。」

私は、初めて一言だけ口がきけました。

　何の答えもなく、彼女は微笑みながら軽く頷いていました。彼女は何か激情を抑えかねているかのように肩のあたりが震えているように思われました。

「わたし、いろいろお話がしたかった。でも……。」

と言って言葉が途切れました。その時、誰かが薪をかかえて二人の間を通り抜けて行ったのです。

「わたしたったひとこと、言いたいことがあります。男子部の生徒さんたちは、いつも死ぬことだけが最上だと口にしています。死ぬことによって初めて国に報いることができるということだけが頭にあるように思います。わたしは、それではいけないと思います。死んでしまったらもうおしまいではありませんか。ね、決して早まった死に方はしないで、生きて下さい。生きて生きて生き抜いてこそ、何事も叶うし、より長く国のために御奉公もできるのです。ですから必ず生き抜いて下さいね。」

　一気に彼女はそう言うのでした。

　私には、「生きる」という言葉は、まるで別世界のことでもあるかのように奇妙に感じられました。神国日本の不滅を信じ、皇軍の向かうところ敵なしと徹底的に教え込まれ信じて疑わなかった。反面、敵の上陸以前から、「死」という決定的な観念を当然視し肯定さえしていたからです。〈自分たちの人生は二十歳に充たずして終わる〉との思いが、ごく自然に私たちの頭を領していたのです。そのように私たちの観念にこびりついている死の影を、内間さんは敏感に感じ取ったのかもしれません。

私たち若人の死によって初めて国が救われ、御稜威《みいつ》がいちだんと栄えるのだと、ことある毎に学校でも社会でも叩き込まれてきただけに、「死」については割り切っていたのです。したがって「生きる」という言葉からくる語感は、あたかもどこか遠い所から聞こえてくる妙なる音楽のように耳朶に響くのでした。

「有難う、大丈夫。死になんかしないよ。」

と答えながら、笑おうと努めるのですが、妙に顔が歪むだけでした。

彼女は、はじめて明るく微笑むのでした。私は、自分の雑嚢《ざつのう》から二、三個の黒糖を取り出して彼女の手に握らせました。その間、身じろぎもしなかった彼女は、それを自分の鞄にしまい込み軽く頭を下げました。それが私の初めての、そして最後のたった一つの親切になろうとは知る由もありませんでした。

やがて、同僚の「内間さん」と呼ぶ声に、今一度、彼女はにっこり微笑むと踵を返して同僚の後を小走りに追って行きました。

その時、早くも照明弾が眩ゆく明滅していました。その瞬間的な美しさは、何かしら彼女達一行の悲しい運命を暗示しているかのように胸騒ぎがしました。

「生きてね。」

その時の内間さんの言葉は、今も私の耳朶に焼き付いていますが、本人は二度と姿を現わしませんでした。

情報宣伝に飛び回る

千早隊員の任務は、守備軍司令部情報部から大本営発表のニュースを受領すると、隊員は、二名ないし三名が一組になって、猛砲爆撃下を首里近郊の陣地や民家の壕を訪ねて宣伝して回るのでした。ニュースの大小善悪にかかわらず、私たちはそれを持って壕を飛び出し、将兵や住民が潜む各地の壕を訪ねて次々と伝達するのです。陰うつな壕内に何日も何日も閉じこもったきり、外界との関係を一切絶ち切られていた将兵や民家の人びとが、戦況ニュースを聞いて安堵する顔を想うと、留魂壕内にじっと留まってはおれないのです。人びとの喜ぶ顔を見ると、まるで自分が救われた感じさえするのです。いきおい千早隊員たちは、他の師範隊員たちより壕外で活動する時間がはるかに多く、その分危険も大きかったのです。それにもかかわらず大本営からの良いニュースが入るときは、千早隊員は一人残らず自分たちの任務に誇りと喜びを感じたものです。

とりわけ自らの目で友軍特攻機が敵艦船に突っ込み、一瞬にして巨大な獲物を海中に葬り去るのを見た時などは、得々としてまるで自分が突っ込んだみたいに手真似足真似で熱弁をふるう有様です。するとニュースに飢えた壕内の人びとは、まるで特攻機が突入する実演を見ているかのように、拍手喝采して止まないのです。そのあげく蓄えていた食物を惜し気もなく提供するのです。こうして一つでも良いニュースがあると、壕内の人びとの戦意を高めることができました。

そんなある日、思わず快哉を叫ぶようなニュースが飛び込んできました。

米軍は、沖縄本島への上陸直前の三月三十一日に那覇港のすぐ目と鼻の先の神山島に野砲を据え付けて本島の西海岸一帯に猛烈な砲撃を開始しました。すでに飛行機を持ち合わせぬわが軍は、悔しさに歯がみしながら、敵のなすがままになっていました。それをたまりかねた西岡少尉を長とする斬込隊が、肝っ玉の太い糸満漁夫の漕ぐ刳舟《くりぶね》に乗って、敵の厳重な警戒網をくぐり抜けて同島への逆上陸に成功し、敵の野砲を完全に沈黙させたのです。沖縄男子ここにありと、千早隊員は糸満漁夫の快挙に狂喜しました。

ところがそれにもかかわらず、戦況の大勢はますますわが軍に不利になりつつありました。沖縄守備軍の頑強な反撃を排除して敵軍はじりじりと守備軍本拠地の首里へ迫ってきたのです。しかも東海岸の与那原、中城湾方面から上陸した敵は、背後から首里を脅かすようになったのです。そのため首里付近の一般住民は本島南部への立退きを命じられました。首里出身の師範隊員たちは、家族のことを案じて寸暇をさいて自家壕へ立ち寄ってみたら、父母兄弟の無残な変わり果てた姿を見てショックを受けたものの、弔うゆとりもなく死体に土をかぶせただけで戻って来ました。

首里市内やその近郊の人びとが、本島南部へ撤退して後は、千早隊員は遠く本島南部の南風原村、東風平村あたりまで出掛けて情報宣伝に努める日が続きました。

私は、仲真良盛君と組んで玉城《たまぐすく》村の前川部落へ出掛けました。壕外へ一歩出たら寸時も保障できぬ命でしたが、私たちは壕外の任務につけることを喜び、嬉々として取り組むのでした。刻一刻と情勢が悪化するにつれて、留魂壕では用便も壕内でするしかなくなり、もはや、壕内での生活は堪え難くなったからです。多くの隊員が狭い壕内にうごめき、衣服にはしらみがたかり、ガスと熱気でむれかえって、鼻をつく悪臭は避けようもなく、誰もが外気を吸いたくて争って壕口へつめかけるしまつでした。その上、狭小な壕内では身を横たえることもできず立て膝で眠るのがやっとのことだったからです。

〈外の澄んだ空気を吸いたい〉、壕内の師範隊員たちの欲望はその一点に尽きていました。それだけに危険をも顧みず壕外を自由に飛び回れる千早隊員は、死を恐れるどころか、むしろ幸せに感じるのでした。

昭和二十年五月も中旬を過ぎる頃には、すでに国宝に指定されていた首里城正殿も、砲爆撃の直撃弾で跡形もなく焼き払われていました。仲真君と私は、首里城内の社務所の焼跡を辛うじて通り抜け、首里城裏手の金城町へ出ることにしましたが、途中いくども折り重なっている死骸につまずいたりしました。

私たちはそれまでの経験で、弾丸の音を聞いただけで、方向も弾着もその種類も大体わかるようになりました。ヒューン……とうなりを立てて聞こえるのは、大抵安心して歩けましたが、シュッシュッと物をかするような音がしたら至近弾で非常に危ない。迫撃砲は、同じ地域へ一どきに落下してくるので、長い間同じ位置に伏せていたらこれまたとても危険でした。しかし戦争は必ずしも法則どおりにはいきません。何の音も立てずに飛んできて突然グヮグヮンと頭上で爆発する時もあります。そんな時には、半ば反射的に無意識に地上に伏したものです。

米軍は、昼はトンボと称される観測機を飛ばして大小の道路や交差点などを洩れなく測定せしめた上で、夜になると人が通ろうが通るまいがおかまいなしに砲弾の雨を降らすのでした。そのため昼夜の別なく道路を歩くのは最も危険でした。とくに交差点などは間断なく攻撃の的にされるので、できるだけ近くの畠を横ぎるか、迂回して進むしかなく、目的地への着くのが平常の数倍も時間がかかる時も度々ありました。

しかし、途中の危険が多ければ多いほど、また距離が遠ければ遠いほど、千早隊員は目的の壕に辿りついた時は喜びも倍加するのでした。すると、「これはこれは、この激しい弾丸の中をよくぞこんな遠くまで……」と言って、壕内の人びとは、大いに喜び壕内に抱きかかえるようにして入れてくれるのでした。

南部方面には、連日の砲爆撃に見舞われながらもまだ食物などが残っている所もあって、家族や親戚同士が一つの壕に、または隣り合わせの壕に一緒に入っていました。多くの場合、集落の人びとは一箇所に固まっているので情報宣伝には都合がよく、人びとの顔色も首里などとは違ってわりと明るく見えました。もっとも若者や働ける人たちは、一人残らず防衛隊に召集されていたので、壕内には、ほとんど老人や女性と子供たちばかりがいました。どこの壕でも、幼子たちが、外界の大騒ぎが理解できないまま、壕の隅っこにちぢこまっていたり、母親の膝の上で、「母ちゃん、おうちへかえろうよ」などとむずかったりしているのでした。

仲真君は、とても話がうまく、どこへ行っても好評を博していました。宣伝の仕方は、何時もと同様に、まず初めに大本営発表の戦果ニュースを読み聞かせた上で、戦局はわが方にとっても決して油断できないといったことについても率直に伝えるようにしました。そして最後に戦況がどのように悪化しても決して悲観せずに最善を尽くして軍に協力してほしいと訴えるのです。それと同時に戦争は長期戦になるかもしれないので、空襲の合間にできるだけ農作物を植え付けて自給自足態勢をとるようつけ加えることも忘れませんでした。

壕内の人びとは、私たちの話を一語も聞きのがすまいとするかのように緊張して聞いていました。その人びとの真剣なまなざしを目の辺りにすると、何とか彼らを小躍りさせるような一大勝利のニュースがほしいと切実に思うのでした。とりわけ、壕内で蟄居状態の人びとが自由に壕外を歩けるようになってくれないものかと、願わずにはおれませんでした。

一つの壕での情報宣伝がすむと、また次の壕へと移り、一つの集落を終えるとさらに次の集落へと、私たちは宣伝活動の輪を広げていきました。しかし千早隊員が「流言蜚語に迷ってはいけません」と説く一方で、敵心理部隊は、沖縄の空から数百万枚もの宣伝ビラを隈《くま》なくばら撒き続けるのでした。そのため、戦局が悪化するにつれていつしか流言がまことしやかに広まり、人びとを不安に陥れていました。

「米軍は沖縄の女性を捕えて、素裸のまま戦車の前にくくりつけて進んでくる」といったような噂が女性たちを極度に脅かすようになりました。千早隊員は、たびたびこの種の噂の真偽について質問を受け、答えに窮するのでした。ある軍民共用の壕では、戦局の悪化が友軍兵士たちを狂暴化せしめ、民間人が「どうして日本の高射砲は敵機を打ち落とせないのか」と、質問しただけで、「貴様は、日本軍を馬鹿にするのか」と指揮官が激怒して質問者の命を奪うなど、いまわしい事件が起き始めました。それに伴い千早隊の宣伝活動も思わしくない事態に陥りつつありました。

こうした厳しい状況下で、いかにして民間人を力づけ、励ましたら良いのか思い患うこともしばしばでした。現実の戦況について見えすいた虚言を吐くことは、根っからの正直者の民間人たちに対しては到底むりなことでした。彼らは不利な戦況を目の辺りにしても、あくまで「皇国不敗」を信じ続けていたからです。

いきおい千早隊員の情報宣伝活動も厳しくならざるをえませんでした。

当初の頃は、私たち千早隊員の発言はまるで砂地にこぼれ落ちる水が一瞬のうちに吸い込まれるように、情報に飢えた人びとに消費され、大いに歓迎されました。千早隊員のまわりには人垣ができて質問百出で返答に困るほどでした。民間の人びとは、守備軍将兵が勝手に言いふらした次のような言葉を素直に信じていたのです。

「やがて日本本土からの援軍が東海岸から逆上陸して米軍を挟み討ちにして、一挙に壊滅させるのだ。近いうちに連合艦隊も大量の特攻機と共にやってきて敵を沖縄から一掃することになっている。それまでの辛抱だ。勝つまでの辛抱だ。」

だが、目前の誰が見てもわが方に不利な戦況が長く続くと、友軍に対する信頼が不信に変わるのもさほど時間はかかりませんでした。そのため千早隊員は、ひどい焦燥感に捉われながらも、人びとの不安をときほぐすのに力を入れたくても入れることができなくなりました。

こうして当初は、私たち千早隊の訪問を心から歓迎して惜し気もなく食糧などを提供してくれた人びとも、次第々々に私たちの訪問に対する対応までが目に見えて変わるようになりました。そのため各地の壕を訪ねて宣伝活動を終えて、首里へ帰る私たちの足どりもひどく重くならざるをえませんでした。

五月も下旬に入り、任務を終えて首里へ帰る途中、私たちは南風原の陸軍病院に立ち寄ってみました。壕内へ入った途端、すぐに壕の入口へ引き返そうとしたほどむーっとした悪臭が鼻孔をつきさすのを感じ、顔をそむけずにはおれませんでした。壕生活に馴れたはずの私たちにも、患者の膿臭と血の臭いが、空気の流通が悪くむれ切った壕内に充満してとても堪えがたかったからです。

そのような壕内でひめゆり学徒隊の生徒たちが、まるで悪臭や血の臭いなどに無感覚になったかのように、患者の包帯を巻き換えたり、素裸になって大声で叫び立てる心の病んだ患者たちをなだめたりして活躍しているのを見て、驚嘆したものです。十代の女子学生たちにとって、それがいかに苛酷な仕事であるかは、一見しただけでも明白です。

病院内では、人手が足りないのか、あちこちで看護婦や女子生徒を呼ぶ声が入り混じって一そう、壕内を陰惨なものにしています。屍体には馴れ切ったはずの私たち千早隊員には、半殺し同然の患者たちの姿がむしろ凄惨に思われて目を覆うしかありませんでした。怒鳴りちらす負傷兵、駄々をこねる病人、気が狂って壕内を歩き回る患者、その間を縫って、手当をする女子生徒たちのきびきびした態度に私たちは唯々頭が下がるのでした。私たちは自分たちこそが国を救うにふさわしい活躍をしているのだと自負していましたが、ひめゆり学徒隊の活動をじかに目のあたりにしてとても彼女たちは敵わない気がしました。

師範男子部の学生が来たと聞いたのか何人かの非番の女子部の生徒が顔を出して、黒糖などのお土産を提供してくれました。私たちは勇気百倍の思いで新たな任務に取り組むべく病院壕を後にしました。

「気をつけてね！」

女子部の生徒たちが声をかけながら手を振って見送ってくれました。

米軍捕虜逃亡を追う学徒隊

昭和二十年四月二十一日のことでした。

この日、私は夕食のおにぎりを一口で食べ終えると、同僚たちの間で立膝のまま寝入っていました。すでにその頃は壕の上で砲弾が炸裂するたびに壕内がゆれ、天井から土砂が落ちて目がさめる状態でした。私の隣にいた久場良雄《くばよしお》君の席が空いているので〈どこへ行ったのだろうか〉訝っていたら、突然、「誰かがやられたぞ！」と壕の入口付近で叫ぶ声がしました。そして壕の入口の方から戸板に乗せられた負傷者がかつぎ込まれて呻き声がしました。立哨中の師範隊員たちに抱きかかえられて来たのは、見るも無惨な姿に変わり果てた久場良雄君ではありませんか。

私は体内の血がすーっと引くのを感じました。久場君は顔の半面は目もろともえぐりとられ、右足は大腿部のつけ根から叩き切られて脛の一部でつながっていました。久場君は指を噛み、苦しそうに呻き続けていました。久場君は、壕外に出ることは禁止されていたにもかかわらず、壕内の余りの息苦しさに堪えかねて、秘かに壕外に出て敵が打ち上げる照明弾の花火のような美しさに見とれていた時に至近弾を食らったというのです。

これが鉄血勤皇師範隊の最初の負傷者でした。私たちは、見てはならぬものを見たようにお互いに顔を見合わせるばかりでした。壕内での応急手当がすむと、親友の池原秀光君が久場君の手をさすって力づけていました。

意識があるのかないのか、久場君は、「姉さん、姉さん」とかすかに呼び続けているのです。千早隊員は、黙って見過ごすわけにもいかず、六名の隊員で久場君を戸板に乗せ、繁多川の石部隊の病院まで運びました。

軍病院は負傷者が壕外にまで溢れ返っていたにもかかわらず、親切な軍医が久場君を優先的に診てくれました。すぐに手術となり、久場君の右足は完全に身体から切り離されました。麻酔剤もないままの手術で、「痛い痛い」とうめく久場君を見ていると、自分の体が切り裂かれた気がしてなりませんでした。

私たちは、顔一面を包帯で覆われた久場君をかついで、危険な夜道を黙々と留魂壕へ急いで帰ってきました。その途中では伏せることもできず、至近弾でも食らったら全員が犠牲になりかねないので、自ずと足が早まるのです。日頃の訓練で疲労が激しく、小柄の久場君が意外に重く感じられ、誰もが口を利けない状態で何とか無事に留魂壕へ戻ることができました。しかし、学友たちの必死の手当てのかいもなく、久場君の容態は刻一刻悪化するばかりで、私たちはハラハラしながら見守るしかありませんでした。「久場、しっかりしろよ！」と同僚の励ます言葉だけが、しーんとした壕内に空しく響き、見守る学友たちの痛む心を切なくゆさぶるのでした。

学友たちが心から回復を祈った甲斐もなく翌日の明け方、久場良雄君はあっけなく死にました。こうして千早隊の、いや鉄血勤皇師範隊の最初の犠牲者となったのです。死体は砲弾下で学友たちの手によって、首里城の裏手の方に手厚く葬られました。

四月下旬のある日、午後の三時頃でした。絶え間なく撃ち込まれる猛烈な砲爆撃の硝煙で、留魂壕のあたりは梅雨時の夕暮のようにうす暗くとざされていました。私たちは留魂壕内でやりばのない陰鬱な気持をもて余していました。

すると突然、壕の入口の方から、「捕虜が逃げたぞ！」「軍司令部の捕虜が逃げたぞ！　追え」という怒号が聞こえました。砲爆撃の余りの激しさに為すこともなく壕内で悶々としていた鉄血勤皇隊員たちは、一斉に立ち上り鉄帽をかぶって壕外に飛び出しました。

「この野郎、逃がしてたまるか」と声をあげて真っ先に飛び出したのは、斬込隊員の金城福一郎君でした。

この捕虜は若い米軍のパイロットで、首里の守備軍司令部上空を飛行中に撃墜され、落下傘で首里城裏手の繁多川に降下したところを捕まったとのことでした。

捕虜といえば、最初に米軍兵士を見た時の衝撃を忘れることはできません。

その頃はまだ空襲警報に脅えながら寄宿舎で暮らしている時でした。昭和二十年二月初め頃のことで、私たちの師範学校に隣接する附属小学校に沖縄守備軍司令部が置かれていて、校門の左脇には衛兵所がありました。ある夜、誰いうとなく一人の米軍捕虜が衛兵所に捕らえられているという噂が寮内に伝わり、「えっ米兵が、畜生!」、すでに寝間着に着替えていた寮生たちは、スリッパのまま急遽衛兵所に出向きました。すでに寝ていた者までが騒然たる周囲の動きに目をさまし、非常呼集と間違えて慌てて制服制帽巻脚絆といういでたちで校庭に駆けつけた者もいました。

衛兵所へ行って見ると、一群の寮生たちが衛兵所を取り巻き、衛兵に排除されながらも好奇心に駆られ中を覗いていていました。

「エーッ」と感嘆する者、「あの野郎、ずいぶん若いな」と妙に感心する者、「何だハンサムの青年ではないか」などと勝手な声が飛び交っていました。私も中を覗いて見ると、衛兵所の奥の簡易寝台の上に、一人の若い米兵がカーキー色の略装で横たわって、片手で頭を支えているのが目につきました。疲労と恐怖が全身を包み込んでいるようでした。うす暗い電灯の光を浴びて、青白い横顔がとても浮き出て見えました。鼻が高く口元が引き締っていかにも若々しくハンサムに見えました。これが「鬼、畜生」と呼ばれていた米国人なのか、と妙に感嘆したものです。と同時に何となく裏切られた気持でした。

やがて衛兵に追われて寮に帰った私たちは、敵兵とはいえ一人で敵中に捕われた捕虜の身を思いやって寝苦しい一夜を過ごしました。誰も彼もが妙にかつてなく興奮していたのです。この捕虜のように敵の真っ只中で一人だけ、もし自分が捕虜にされていたらと想像して慄然とせざるをえなかったのです。

翌朝、私たちが隊伍を整えて壕掘り作業に向かう途中、はっきりと捕虜を見ることができました。前日に見たよりもいちだんと年は若く見え、ブロンドの頭髪と凹んだ碧眼、それに真っ白い皮膚がとても印象的でした。ちょうど衛兵が部屋の外の便所に連れて行くところで、銃剣を突きつけられて歩いていました。後方からついて歩く衛兵は、相手の肩の高さほどもなく、奇妙な対照をなしていました。

「コラッ」、突然私たちの隊列の中から誰か捕虜に向かって奴鳴る者がいました。するとこの捕虜は驚いたかのように振り向くと、柔和な顔に笑みを浮かべて挙手の礼を返すのでした。無帽のままの挙手の礼を見るのは初めての経験で、奇異な感じがしました。すると前列の一人が思わず答礼をしたら、「あんな奴に敬礼する奴がいるか」と、傍から大声で叱る声が聞こえました。

「奴らの小便もわれわれのと同じ色をしているのかな」、一人が頓狂な声で言ったので、どっと笑い声が起きました。

「米兵の奴らは帽子もかぶらずに挙手の礼をするのかな」などと、寮内ではその後も米兵の噂でもちきりでした。

その日の真夜中、寮生が寝静まっている中を、文理科大学へ受験するために禁じられていた英語を秘かに勉強していた同室の宮良英加君が、少量の水と食物を持って、ハンタン山の赤木に目隠しされたまま後手にくくり付けられていた捕虜の所を訪ねました。宮良君は自分の英語が通じるかを試してみたかったようです。帰って来た宮良君の話では、若い捕虜は、「今にB29が自分を迎えに来る」とか「この戦争はアメリカが勝つ」と話していたとのことでした。宮良君はそんなことより何とか自分の英語が通じたことを喜んでいました。しかるに捕虜に水と一寸した食糧を持って行ったことがばれて宮良君は、利敵行為をしたとして、衛兵の銃床で目があかなくなるほど殴られました。

逃亡した捕虜は、宮良君が食糧と水を与えた本人で、首里城下の園比屋武御嶽《そのひゃんうたき》の裏手の赤木にくくり付けられていた者でした。真っ先に逮捕に向かった斬込隊員たちが、必至の捜索も空しく、夕方近く悄然と帰って来ましたが、翌日には、首里郊外の末吉《すえよし》集落で逮捕され、処刑されたという報せがあり、千早隊員たちは、ホッとした反面、非常に気の毒にも感じたものです。

この間も千早隊は、首里近郊をはじめ本島南部の集落の壕を訪ね回って情報宣伝活動に励んでいました。そこへ四月十二日には、心底から待ち兼ねていた最大ニュースが飛び込んで来ました。敵米国のルーズベルト大統領が死去したというのです。この突発ニュースに、隊員たちはこおどりして喜び合いました。敵軍の最高司令官の死は、全敵軍の士気を一挙に衰退消滅させる、と単純に割り切っていたからです。

「これで勝ったぞ！　大統領さえ死んでしまえば、もはや勝利はこちらのものだ」「後任の新大統領のトルーマンなんて能なしのようだから、今に世論に押されて手をあげるよ。何しろ奴らの国は世論が国を動かすというからなあ」などと、勝手に断定して喜び合うのでした。

もはや現実の極度に逼迫した戦況は、こうした希望的観測によって自らをごまかすしかなかったのです。

師範隊員は、久場君が死亡した後、続々と死傷者が増えるようになり、五月七日には仲吉朝英《なかよしちょうえい》君と島袋亀盛君が任務を負って一歩壕外に出た途端、至近弾を浴びて即死しました。もはやそれと知っても、余りにも激しい砲爆撃に死体を収容することさえもできないほどでした。それでも両君をはじめ首里で戦死した同僚たちは、辛うじて学友たちの手で遺髪も切り取り、簡素ながら葬ってあげることができました。

五月も中旬となり、戦闘情勢はわが軍にとってもはやのっぴきならぬ事態に陥り、日一日と犠牲者が急増するようになりました。そのため守備軍司令部壕も留魂壕も、それまで以上に陰惨な空気が立ちこめるようになりました。師範隊員たちの間では、いつしか「こんな所で死にたくない」「死ぬならもっと外に出て華々しく戦って死にたい」「砲弾の破片で死ぬなんていやだ」という思いが期せずして一致したかのようでした。目を覆わしめる学友たちの無残な姿を見るにつけ、明日のわが身と重ね合わせて考えざるをえなかったのです。

敵はまるでそのような想いを見透かしでもしたかのように、首里城の壊滅を狙って砲爆撃を集中せしめたのです。そのため一歩も壕外に出られない状況が何日も続きました。その間の焦燥感が昂じていつしか脳神経を冒される隊員が出るようになりました。

「敵だ。敵だ。ホラ、敵の将校が行くぞ。追え！」眼の色を変えて壕外へ飛び出そうとする者、

「ああ怖い怖い。殺される、嫌だ。」

かん高い叫び声をあげて膝を折って頭をかかえる者。

「馬鹿野郎！　しっかりせんか」とその都度、傍から学友たちの叱咤激励する声が壕内に入り乱れるようになりました。

しかも、高熱にうなされたり、急な発熱で頭も上がらぬ隊員が日一日とふえてきたのです。剣道二段で校内きっての名選手を謳われた斬込隊員の仲地善則君もその一人でした。彼は、三九度に近い高熱にうなされながらも、夕暮が迫ると学友たちの制止もきかず枕を蹴立てて壕外に飛び出そうとして止まない気概の持主でした。留魂壕内で何かと学友たちを手こずらす者も、彼の一喝でたちまちおとなしくなったほどです。

このような壕内での陰欝な生活は、教師と生徒の区別もなく、野田貞雄校長先生も生徒たちと苦しみを分かち合っていました。

野田校長先生が何一つ不平をこぼされることもなく、どんな苦しい時にもにこやかに生徒たちの労をねぎらい、じっと耐えておられる痛ましい姿を見ると、生徒たちは校長先生がわざわざ東京から戻って来られたことをむしろ怨めしくさえ思うのでした。

それにつけても師範隊員たちの一つの喜びは、米軍の上陸直前に高齢の松岡教練教師を追いやるようにして、故郷広島県の尾道に引き揚げていただいたことでした。寺内元帥と陸軍士官学校で同期生だったというこの名物教官の老少佐は、何十年もの長い間、沖縄師範学校の教練教師を務められた方でした。乃木大将に似たご自慢の口髭と、老齢とも思われない透き徹る号令は、頑固な小言とともに師範学校出身者たちの忘れえない思い出でした。同教官も、最後まで沖縄への居残りを主張して郷里への引揚げに応じようとはしなかったのですが、教え子たちの切なる勧めで、辛うじて最後の引揚船で虎口を脱することができたのでした。

そのような立派な教官がいた反面、平常の高い所からの忠君愛国の説教はどこへやら、敵上陸の噂が立つや否やいちはやく公用に名を借りて本土へ逃げ帰った数名の教官もいたことを生徒たちはよく知っていました。それでも生徒たちは、あえてそのことを口外する

こともなく、戦争中を通してそれらの教官から教わったことを黙々と実行するだけでした。

涙を呑んで

五月の初旬に始まった沖縄守備軍の総反撃も、何らの成果もなく、もはやいかなる方策を用いようとも到底戦勢を挽回することはできませんでした。首里をめぐる戦局は、一進一退を繰り返しながら、ついに敵軍は、首里郊外の平良町や末吉、石嶺町付近まで迫り、日夜彼我の激烈な陣地争奪戦が繰り広げられる一方でした。そのうちに米軍は、首里市の中央部からわずか一・八キロの近距離にある安里の師範学校女子部・一高女の校舎近くまで進出して来ました。こうしてこの地域では相手側の陣地を取ったり取られたりで激しい白兵戦が展開されました。沖縄守備軍は必死になって肉迫特攻隊による戦車攻撃を反復させたりしましたが、数日後には首里市は、文字どおり敵の包囲網に囲い込まれる事態に陥りました。

軍司令部情報部の壕では、彼我の損害が図表に表示されていましたが、それには米軍の損害が太字で人的にも物的にも甚大と記され、とりわけフランクリンという敵の第一級航空母艦をはじめ、多大の敵艦船の損失が大きく提示されていました。ところが、かかる華々しいニュースの裏で、じつは日本軍が唯一の頼みにしていた連合艦隊の巨艦・大和以下が沖縄へ辿りつく前に敵艦載機に撃沈せしめられたなどとは夢にも思いませんでした。

こうして五月下旬になると、すでに千早隊員の情報宣伝活動が不可能となるほど、戦闘の情勢は急激に悪化しました。この時期は、南国特有の雨期と重なり、土砂降りの雨で道路は潰滅状態となり、いちだんと戦闘を困難にしましたが、一部友軍将兵は反転攻撃の絶好のチャンスだとして、豪雨の中を斬り込みによる肉攻戦を手掛けて安里付近の米軍を脅かしたりしました。しかし、絶対的優勢を誇る米軍は、物量を頼みに一気に戦線の膠着状態を突き破って、五月の二十四日頃には、首里市から三キロ弱の那覇市与儀の辺りまで銃声が聞こえてくるようになりました。

その間、鉄血勤皇師範隊は、それぞれが所属する守備軍戦闘部隊と共に最後まで必死で任務を遂行するしかありませんでした。そのため、弾薬運びだけでは足りず、下級生から成る特編隊まで組織せしめて急造爆雷を抱えて対戦車攻撃に動員するしまつでした。やがて敵軍は、私たちが敵上陸前に戦闘訓練をなした、首里後方の運玉森《うんたまむい》にまで進出しましたが、守備軍の死守に阻まれて進めませんでした。

こうして米軍は、上陸当初はわが方の何らかの抵抗も受けずに大手を振って侵攻できたのですが、首里城最後の要衝たる運玉森まで進出するまでには、いくどとなく寸土を争う激戦を重ねて、多大の犠牲を払っただけでなく四十日余も費すという実情だったのです。しかし、敵もさるもの、執拗に陸海空から立体的総攻撃を開始し、一挙に首里の守備軍司令部の攻略を図って猛砲爆撃をかけてきました。そのため首里戦線では、日夜息づまる決戦の様相を呈しつつある時、しばらく姿を見かけなかった大本営派遣の神航空参謀が地元糸満漁夫の刳舟で、敵中を突破して島伝いに徳之島を経て帰還に成功したという極秘情報が伝わってきました。

「しめた、これで増援部隊が来るぞ！」

私たちは溢れる喜びに湧き立ちました。沖縄現地の悲惨な戦況をじかに見て知っている航空参謀が、自ら大本営へ増援部隊の派遣を懇請するために帰還したのだから、今に大量の飛行機や特攻隊がやって来るのは、間違いない、と勝手に期待し決め込んでいたのです。「飛行機さえあれば！」との思いは、守備軍将兵やわが師範隊員にも共通の思いで、寄ると触るとその話でもちきりでした。

「ちくしょう、今に見ておれ」「きっと仇を討ってやるぞ」、師範隊員たちは余りにもあっけなく次々と学友たちが奪い去られたので、仇を討つ時機が来るのを待ち受けていたからです。私たちは、顔見しりの神参謀の若々しい顔を思い浮かべながら、何度も手を合わせたい気持でした。飛行機さえあれば、これほどむざむざと敵の蹂躙に任せておくものかと、壕内の千早隊員は誰しもが口惜しがっていたからです。

その後は爆音が聞こえる度に、「ソレッ」と隊員たちは一斉に壕外へ飛び出したのですが、雲の切れ間を飛んでいるのは相も変わらぬ敵のグラマン機ばかりで、銀翼に星のマークが輝いているのが癪の種でした。

B29が白い飛行雲を長く曳いて悠々と飛翔しているのも信じかねるのでした。あまつさえトンボと称された敵の観測機が、「撃てんのか」とまるで嘲笑するかのように、戦場の地上すれすれに飛び交っているのもいちだんと憤怒を募らせるのでした。この軽妙なトンボ機は、銃撃してもすいすいと身軽に身をかわして、私たちをからかっているかのようでした。

神参謀が大本営に帰還後、何日か経ってもあれほど切実に待ち望んだ友軍機は、軍民の期待を裏切って、一向にその姿を現わさず、事態はますます悪化の一途を辿るばかりでした。かくして五月二十五日には、ついに最悪の事態となりました。

「千早隊は全員、軍司令部の壕へ集まれ。各人の装具はそれぞれ携行せよ」との命令を受けました。

〈いよいよ出陣か〉〈何事だろう〉――決意と不安の気持が絡み合って、隊員はお互いに顔を見合わせながら急いで身支度を整え終わると、揃って軍司令部壕へ急ぎました。

雨雲に蔽われた空には、遠く近く砲声が轟いていました。折から私は発熱と下痢続きですっかり体力が衰えていました。皆に遅れまいと歯を食いしばってやっと軍司令部情報部に着くと、壕内はいつになくざわめいて何事かただならぬ気配でした。

すると、岡軍曹が、「出掛ける前にちゃんと飯を食っておけ」と怒鳴る声が聞こえました。留魂壕では食物に飢えていた千早隊員たちは、初めて軍の炊事場でおにぎり一個とおかずを支給されるとあって大はしゃぎ。各人は早々と食事を済ませると、ごった返している壕内で、各人に一丁の三八式銃と一二〇発の小銃弾に加えて二個の手榴弾が与えられました。そのほかに食糧として乾パンが三袋ずつ配られました。

〈いよいよ戦闘だな！〉、隊員たちは、顔を見合わせ目と目でうなずくのでした。

与えられた武器を身につけ緊張に身震いしている時、益永隊長から「作戦上、軍司令部は、摩文仁へ転進する。それで千早隊は先発隊として、今夕六時、津嘉山を通って摩文仁に向かって南下せよ」との命令が下されました。それを聞いた時、いっぺんに気が抜けた思いがしてなりませんでした。

「首里を撤退するのですか」、隊員の一人が耳を疑うかのように聞き返しましたが返事はなく、千早隊員は気負い立った気持の遣り場に困るのでした。

〈首里を去る……。最後まで死守と、あれほど誓ってきた首里を放棄する。転進とは何だ！　転進とは態のいい退却ではないか。それはこの戦争に負けて日本が敗北したのを意味するのではないか。〉

千早隊員たちは、悔しさと怒りの気持をもて余してぶつぶつ呟くしかなかったのです。沖縄守備軍が一般県民や県下の中等学校や女学校の生徒たちを総動員して夜を徹して作り上げた北・中・小禄《おろく》飛行場から、わが日の丸機が雲霞のように飛び立ち、本島西方海上に蝟集する無数の敵艦船を一挙に撲滅させる、と言われ、それを期待していたにも拘わらず一度もそれが実行されないうちに首里を撤去するなんて……と、私たちは失望と不満を押さえることができませんでした。

ともあれ琉球王国時代から数百年に及ぶ歴史や文化を宿す首里の街は、あらゆる意味で師範隊員たちにとっては、とても離れ難かったのです。美しい古城も、荘厳な赤木の森も、真紅の花を咲かせたデイゴの並木も、一瞬にして廃墟と化したのを目の辺りに見た私たちは、数年に及ぶ青春時代を育んでくれた首里は去るに忍び難いものがあったのです。

とは言え一部の隊員は、首里のむさ苦しい狭い壕内でなぶり殺しにされずに済むとでも思ったのか、ホッとした表情の顔も見られました。かすかな生への可能性が、その胸をよぎったのかもしれません……。

守備軍情報部の将校の話では、一応南部へ下って兵力をまとめた上で、時機を選んで再び攻勢に転ずるということでした。しかしこうした見えすいた嘘の釈明を私たちは上の空で黙って聞いているだけでした。摩文仁へ南下することについては、私たちは、五月二十二日頃から噂は聞いていましたが、まさか沖縄守備軍が自らの本拠地たる首里を撤退することはあるまいと高を括っていたのです。

しかし軍命には従うしかない。私たちには一片の批判さえ許されません。千早隊員は、各自の装具のほかに、電信機や軍の機密書類が入っているという大きな木箱のほか柳行李等を摩文仁まで運ぶよう命じられました。大きい荷物は、二人がかりで棒を通して担がねばなりません。

私は出発と聞いて無理にお腹におにぎりを詰め込んだものの、連日の下痢で歩くだけで目まいがしました。同僚が気づかって、一番軽い電信機を背中にくくりつけてくれましたが、それでも二、三〇キロもあるこの木箱は、私の身体を後ろへ引き倒さんばかりに重く肩にくい込むので、少しでも身軽になりたいと後先のことも考えずに真っ先に大事な食糧を捨てました。気持の上の軽さだけでも大いに助けとなるのでした。

やがて出発の時刻がきて、千早隊員二一名のうち数名の残留者を除いては、酒井曹長と岡軍曹に指揮されて南下することになり、第四坑道出入口で砲撃が弱まるのを待ちました。

「出発！」の号令で、私たちは約五メートル間隔で縦隊に散開し、次々と壕を出ました。文字どおり血と汗で築いた守備軍司令部の一大牙城を出て行く千早隊員の気持は沈みがちでした。それを振り切って壕を出たとたん、師範学校女子部や一高女あたりでは、ダダダダッと竹を裂くような重機関銃の咆哮が手にとるように聞こえました。二、三日の間にこれほど変わるものかと信じかねるほど、首里周辺の景観は変わり果てていました。敵の圧倒的な戦力は、もはや人力では防ぎようもなく、照明弾が見るも無残に破壊された首里城の廃墟を映し出していました。

〈さらば首里城よ、懐かしの母校よ、これが最後の見おさめか〉と万感胸に迫る思いで、在りし日のその壮麗な姿を胸にひめて首里を立ち去るのでした。

こうして千早隊は途中、幾度となく危険な目に会いながら、首里城裏手の繁多川の丘の斜面で暫しの間小休止をすると、最後尾から一連番号をかけて事故がないかを確かめました。

「異常なし」の声が前方から口々に伝えられていると安堵して胸をなで下ろすのでした。行手の識名園《しきなえん》あたりは砲撃が猛けり、炎上する家々が天をこがしていました。この頃、敵はすでに本島東海岸の与那原を占拠していたので、私たちは識名園から一日橋を通って津嘉山《つかざん》に抜け出るのが唯一の残された撤退路でした。

私は下痢が続いて腹に力がなく、ともすれば遅れがちになる自らを叱陀し、隊列にしがみつくようによろめきながらついていきました。識名園は琉球歴代王府の別荘でした。凝った赤瓦の建物が広大な庭園の緑樹の間に浮き出て、金にあかして作った庭園と見事な調和をなしていました。それらの平和な時代の優雅な姿も、今では偲ぶよすがもないほど、破壊され見る影もなくなっていました。

一行が一日橋まで来ると、私は荷物を持て余して残りの食糧を残らず捨て去りました。しかし何の足しになるはずもなく、私は銃も捨て弾丸も捨てて裸になりたいと痛切に思ったほどでした。いくら気を引き立て、歯を食いしばっても体がいうことを聞かないのです。戦争という厳しい現実に直面して私は、勝利しようがどうしようが、もうどうでもいい、ただこの責苦から逃れたい欲求だけが心身を焦がしていました。

「へたばってはいかんぞ。」

あたかも私の心を見すかしたかのように、岡軍曹がどなる声を聞きながらも私は、ヘナヘナと腰を下ろすしかありませんでした。

「きさま何をしている。しっかりせんか。」

とたちまち岡軍曹に首すじをつかんで引っ立てられ前へ突き飛ばされました。

〈休みたい〉〈横になりたい〉、疼くような欲求が全身をつらぬく。今は唯、ひたすら〈寝たい、寝たい〉とうわ言のように独りごちていました。そのうちにいつしか頭が朦朧としてくる。

〈いけない、倒れたらおしまい〉、私は片手で自分の額を叩きながら、自らの弱さが情なく思われました。途中から降り出した豪雨で、歩行はますます困難になりましたが、休むゆとりもなく、一行はずぶ濡れになって先を急ぐしかありません。

私は杖にすがってふわふわ歩いているけど、足が地につかずに宙に浮いている感じで、ただもう張りつめた精神だけが歩いているようでした。

こうして千早隊員は無言のまま、負傷者のようにノロノロした歩調で歩き続けました。硝煙が立ち込めるいくつかの集落を横切って、一行はやっと津嘉山に辿り着きました。当初沖縄守備軍司令部壕の設置が計画されていた所です。

酒井曹長が「壕内に入って一時休憩」と指示した時は、もうこれ以上は一歩も進めないほど疲れ切っていました。隊員たちはくずれ落ちるように腰を下ろし、装具も解かないまま、冷たい土壁に身をもたせかけるのが精一ぱいでした。壕内に入って気がゆるんだせいか、私は、何度も便所へ通い腹中に一物も残らぬほどでした。学友たちが死者同然にぐったりと昏睡しているのが羨ましく思っているうちにいつしか深い眠りについていました。

泥濘一路――摩文仁への道

「コラ、起きろ起きろ。」

酒井曹長から体をゆすぶられて飛び起きると、「千早隊は全員武装してただちに本部前に集まれ」と怒鳴っている声を聞いて電気に触れたように身が引き締まるのを覚えました。私たちは急遽、銃を手にして地べたに横たわっていた負傷者の間を縫って、壕中央部の本部前へ出頭しました。

全員が揃ったところで一人の将校が、口を開いて、「諸君は学生ではあるが、銃をとって国家の危難に当たる上で一般の将兵と何ら変わることはない。戦況が押しつまっているのは諸君も知っているとおりだ。すでに近くの陸軍病院も敵の占拠する所となり、本陣地への攻撃は明早朝と予想されるので、諸君は今こそ覚悟をあらたにして本陣地を死守せよ」と、命じました。将校の沈痛な声が胸にしみました。

無尽蔵な物量に物を言わせて四方八方からじりじりと迫ってくる敵に対してわが方は、兵士も兵器も足りないのだ。私たちは、鉄兜の緒をしっかりと締め直し、一人ずつ裏口から壕外へ出て、将校の指示どおりに、壕の前面に起伏する小高い丘の陵線で横に適当な間隔を保って散開しました。時刻は明け方の四時を回ったところでした。敵が打ち上げた照明弾が高々と空を照らし折から小ぶりの雨脚が幾重にも光って見えました。

それが消えると辺り一面はすっかり闇に包まれました。千早隊員が銃を構えて警戒する傍で、それぞれ交替で自己のタコ壺壕を掘り始めました。しかし雨で手がすべって仕業は容易にはかどらず、次第に肌着にまで雨がしみてきました。あたりは不気味なほど静かで、砲声が遠くでかすかに響いているだけでした。夜明けと共に敵が攻め寄せて来るという将校の言葉が嘘のようで、前線にありながら何だかいつもの演習気分でした。ひめゆり学徒隊が動員された南風原の陸軍病院が敵手に陥ちたという丘陵地帯は、目と鼻の先の近距離にあり、いまだ眠っているかのように闇に包まれていました。

第一線で今にも白兵戦が始まろうというのに、心は意外なほど平静でした。死に場所を得た安心感なのだろうか。病み疲れて、何らなすこともせずに壕の中や路上で死ぬのでは死んでも死にきれない気持がしてならず、死ぬ前に一発でも敵兵にぶっぱなしてやりたかったのです。

「千早隊は武装して集まれ」と命令された時、病人の自分は取り残されはしないかと不安でならず、どうせ散る命なら華々しく散りたかったのです。そのため私は遅れてはならずと最後の力をふりしぼって元気な振りをして隊列に加わったのでした。案じてくれる学友にも努めて笑って見せたりしていよいよ敵と対決できる機会を得ることができたのです。

かすみがかった東の空が白み始めるにつれて銃声が身近になり、タタタタッと軽機関銃の銃声がはじき返る中を赤い曳光弾が大きく弧を描いて飛び交っていました。いつしかどんよりと立ち込めていた朝霧も風に流されて晴間が浮かび上がってきました。

ようやく半身が入れるくらいに掘った蛸壺壕に入って、銃を南風原の丘陵の方に向け、頭上を草の葉で擬装すると、次第に身が引き締まって来ました。装填を了えた銃の冷たい引金に指をかけ照星をのぞいて見る。左右には同僚が同じ姿勢で身構えていました。隣の比嘉君が銃をガチャガチャいわせながら、「駄目だ！　僕の銃は使えない」と、非痛な声をあげるのが聞こえました。教練用の三八式銃をそのまま実戦に持参したのですが、連日の雨で錆びついてしまい役に立たなくなったのです。

程なくして左手の斜面では撃ち合いが始まり、流弾が硝煙を伴ってブスブス近くの土中に突き刺さるのが見えました。

「なあみんな、女子師範や一高女の生徒たちも戦死しただろうから、僕たちもここで死のうよ。」

リーダー格の伊豆味雋君が、誰にともなく声をかけていました。戦場にそぐわぬ明るい声に返事する者もなく、隊員は黙したままでした。恐らく陸軍病院でけなげに負傷兵の看護に身を挺していた女子生徒たちのことが念頭にあったのかもしれません。情報宣伝の往来の途次、陸軍病院に立ち寄って女子生徒たちに世話になったことが思い浮かびました。と同時に二〇〇〇名近くが入院中といわれていた傷病兵たちは、いったいどうなったのだろうか、とても不安でなりませんでした。すると突然、「敵が見えるぞ」と横手で声がしました。霧が晴れていくらか視界が開けてきたけれど私には何も見えません。目を凝らしていると、

「畜生！　奴らは陣地を築いているぞ。」

近くで双眼鏡をのぞいている同僚が舌打ちするのですが、誰も発砲する者はいません。手持ちの弾丸は、それぞれ一二〇発しかないので、補給が望めない以上、できるだけ敵を身近に引き寄せて撃つしかないからです。

双方が不気味に対峙したまま時間は過ぎていきました。すっかり神経が消耗しつくすほど、身動きもせず前方を睨んでいたせいか、いく日も守備に当たっていたかのように芯が疲れました。私は腹がずきずき痛むのに悩まされ、この調子では敵と白兵戦を交える前に自ら参ってしまいそうな不安な気がしてならず、懸命に歯を食いしばって、〈敵兵よ、早く出てこい〉と叫びたくなったものです。緊張が余りに長続きすると神経がもたなくなるからです。寸時も油断できない警戒心から疲労が全身をおおって徒らに焦燥感に取りつかれるばかりでした。それと同時に生き残れるチャンスが急速に消え去っていくことへのいらだち。そして絶えず死に向かって突き進んでゆく絶望感に心身がすり減る思いがして、何か積極的行動に出たかったのです。

時計を見ると午前六時を過ぎていました。そのとき思いがけなく一部の守備軍配下部隊が交代に来てくれました。それと入れ替わると守備軍司令部情報部の命令で千早隊は一刻も早く南下せよとのことでした。

予想外の南下命令に一瞬隊員たちはさすがにホッと安堵の表情を浮かべていました。中には物足りないのか、なかなかタコ壺壕から出ようともしない者もいました。弾丸は、まだ一発も減ってはいなかったからです。

こうして腰を下ろす間もなく、千早隊一行は、再び荷物や装具をかついで南下し続けました。途中、壕の出がけに聞いたニュースが絶えず気になってなりませ

んでした。わが勇猛果敢な義烈空挺隊が、五月二十四日夜に陸軍の97式重爆撃機一機を北飛行場に強行着陸させ即座に同飛行場を占拠、目下戦果拡大中との大本営発表のニュースがあったからです。「それやったぞ！」と師範隊員たちが狂喜したのも束の間、あのだだっ広い北飛行場の敵のど真中に突入した友軍機の暴挙に、私たちはむしろどきっとしました。果たせるかな二日も待たずに、突入した義烈航空隊員は全滅させられたことを聞かされました。

その後も千早隊一行は、泥濘の道路や畠の中を横切ったりして南下したのですが、途中の行路は予想外に厳しく、隊伍も次第に乱れ始めてきました。

一言しゃべるだけでも疲れが増すのか、誰も彼もが黙々とまるで一本の糸につながれてでもいるかのように、前へ前へとつんのめって行くのでした。

そのうちに夜もようやく明け始めると早くも敵機がうるさく爆音を立てて飛び始めました。途中で日没まで暫く身を隠すことになり、隊員は四、五人ずつ分散して墓の中へ入りました。この沖縄独特の亀甲墓は、上部を厚いコンクリート層で固め、内部は六畳の広さのものもある上に、前面と側面は頑丈な石壁で囲んでいて身を隠すには屈強の場所でした。昭和十九年十月十日の那覇空襲の時など敵機は、各地に散在するこのコンクリート製の亀甲墓を、沖縄守備軍のトーチカと誤認したのかターゲットにして猛爆を繰り返したものです。そのため幾久しく子々孫々の尊崇を受けて墓の中に安置されていた先祖代々の遺骨は、すっかり破壊されて飛散したのも少なくなかったのです。

私たちは、心の中で侘びながら亀甲墓の入口をこじあけ、骨の入った厨子甕を傍へ押しやり、服を脱いで水をしぼると、それを骨甕の上へ広げて置くと横になりました。生きて墓に入るのはむろん初めての経験でいい気持はしませんでしたが、一種奇妙な臭いが鼻について眠れませんでした。

「どう、食べないか」と同僚の池原君が乾パンを差し出してくれたので、二、三個つまんではみたもののの雨にぬれて膨《ふく》らんで何の味もしませんでしたが、むりやり喉に押し込むのでした。

千早隊員の中には、早くもいびきをかいて寝入っている者もいれば、外へ飛び出して生芋を掘る者もいるなど、思い思いに短い休息時間を過ごしていました。

下痢が完治しないまま無理に生芋をかじったのが祟って刺すような腹痛に私はまどろむことさえできずにウンウンうなっているだけでした。

「出発！」

隣の墓から伝令が来て、みんなは慌しく装具を身につけると再び立ち上って摩文仁へ向かって歩き始めましたが、私はふらふらしっ放しでした。同僚の安里武泰君が気づかって私の銃を持ってくれました。ふがいない思いで歯がみしながらも、同僚の友情に暫くは甘えるしかありませんでした。

〈畜生、こんな時に病気にかかるなんて〉と自らが腹立たしく、口惜しい思いにとらわれました。下腹をおさえて歩くうちに吐気がしたので、強引に指を喉に突っ込んで胃の中の物を全部吐き出すと、食べたばかりの乾パンと生芋が未消化のままごっちゃになって飛び出し、胃液の苦さがいつまでも口にまとわりついて離れませんでした。

こうしてノロノロと隊列についていているうちに私は、いつの間にか隊伍から後れてしまいました。折しも雨が降りしきって、せっかく乾かした服もビショ濡れになり、それがいちだんと体を重くしてとうとう泥の中に膝をついてしまいました。

〈立て立て、意気地なし、貴様はそれでも男か〉、自らの弱さをなじる内心の声を無視するかのように、横になりたいという半ば本能的な欲求に全身が疚くのでした。隊列は、知らぬげに進んで行きます。〈寝たら危ない、寝たら最後だぞ〉、なおも胸奥の声は叫び続ける。しかし、しだいしだいに目蓋がかぶさり、目の前が幻のようにかすんできました。

「こら、貴様は何だ。これくらいでへたばる奴がいるか！」

大声で怒鳴る声がして力なく薄目を開くと、情報部の中でも乱暴者で知られた岡軍曹が目の前に突立っています。

「貴様たちの命は俺が預っているんだぞ。もし一歩も歩けんのなら、俺が叩っ斬ってやる。敵弾にあたって死ぬよりましだと有難く思え。」

彼はそう言うと日本刀を抜いて、目の前で振り払っていました。刀身が雨を切って冷たく光るのを見て反射的に戦慄が背すじを走るのでした。しかし立ち上がれない。

「この野郎！」と岡軍曹は私の首すじを掴んで引っ立てると思い切り前方に突きとばしました。私は数歩よろめき歩くとたまりかねて、泥の中へ両手を突いてしまいました。背中の荷が、重しのようにのしかかってきました。〈畜生！　病気でさえなかったら……こんな奴に馬鹿にされるものか〉、いつしか無念の涙が頬を伝わっていました。いっそのことここで死にたい。死を考えるだけでも楽な気さえするのでした。

その反面、〈何糞！〉と思って立ち上がると、物に憑かれたように泥に足をとられながら無理にも歩き出すしかありませんでした。もはや身体を動かす機能は停止して、ただ精神だけが歩いているようなものでした。

そのうちに日もすっかり暮れなずみ、雨もあがってきました。お腹のものを全て吐き出したせいか、ようやく気分もいくらかよくなり、腹痛もうすらいできたので、安里君から自分の銃を受け取って歩き続けました。

本島南部に下るにつれて、馬や山羊の死骸と民間人の屍体が日増しに多く目につくようになりました。兼《かね》城《ぐすく》を過ぎて与座岳の前を通る頃から、砲声もいくらか閑散になり、ヒュンヒュンと流れ弾が近くを飛んでいくだけでした。

お腹の具合が大分回復したのに自ら驚きながら、私は背中の荷物を同僚に持ってもらい、安里君と二人で将校行李を棒で担ぎました。落伍していた二、三の隊員もようやく隊列に戻ったようでした。

歩き続けているうちに夜も白々と明け、雨もすっかり上がって、爽やかな朝風が頬を洗ってくれました。

「もうすぐだぞ。」

「元気を出せよ！」

前方からも後方からも、お互いに励まし合う声が行き交い、隊列は自ずと整ってきました。何となく足どりも軽くなりひとりでに早まるのでした。本科三年生の佐久間良雄君が終始先導役になり、「頑張れ」と掛声をかけて隊列を引っ張っていました。こうして苦難の行程を経ながらも、千早隊員は、まるで一本の縄でつながれた一群の家畜のように、目的地の摩文仁へ南下していきました。

緑の丘・摩文仁

南へ南へと歩き続けるにつれて、緑に包まれた畑が目立つようになり、砲声も次第に遠のいていきました。

五月三十日、午前九時。ついに千早隊員は目的地摩文仁へ到着することができました。一人の負傷者、落伍者もなく、全員揃って南下できたのは、まったく奇蹟というほかありませんでした。

摩文仁丘から見ると、畑の畔やここかしこの丘陵地帯は、一面にススキの穂が風に波うってザワザワと音を立てていました。その中に摩文仁の集落の跡だけが、一箇所ポツンと残っていて、どの家も屋敷の周囲には器用に積まれた石垣が崩れ落ち、防風林のガジュマルの木が、その石垣に沿って青々とした枝をひろげていました。爆撃でへし折られた巨大な木の幹は、生傷をむごたらしく青い空に突き出し、さながら天に向かって抗議しているかのように見えました。家屋という家屋はほとんどが焼けていましたが、焼野原の中に赤瓦の屋根が、二つ三つ深緑の中に点在して絵のように美しく輝いていました。

集落の前面には、小高い丘陵が海岸に沿って屹立し左右に丘が起伏して一面が雑木の若葉に覆われて、濃い藍色の海をバックに万物が生き生きと生命に溢れていました。くっきりと晴れ上がった空、見渡す限りの緑の畑、真直ぐに伸びている道路、全てが太陽の光に絢爛と輝いて見えました。激闘の首里から下ってきた若者たちにとってここは万物が平和に包まれ、戦争の舞台となるには余りにも美しく平穏でした。

〈まだ、こんな平和な所があったのか〉とまるで別世界に来たかのように驚嘆し、陶然とするばかりでした。隊員たちは、誰も彼もが畑の中で大手を広げて寝そべり、思い切り清い空気を胸一杯に吸い込むのでした。

千早隊員は、この地上の楽園で生きている喜びを満喫しながら思い思いの姿態でしばし畑の中で目蓋を閉じていました。

すると過ぎ去った日々のことがまるで悪夢のように思い出されるのでした。私は傍の馬小屋に入って横になり、思い切り手足を長々と伸ばすと、いつの間にか深い眠りに落ちました。長い間念頭に浮かぶことさえなかった母の姿が夢の中で浮かび上ってきました。いつもの愁いを含んだやさしい目で、傍には山盛りにされた銀飯を置いて甘い香りの味噌汁と共にすすめるのでした。

「おい、起きろ、起きろ」と怒鳴り声と共に肩をゆさぶられて眼をさますと、早くも遠くで鐘をつくような砲声が聞こえていました。ハッとして起き上がると目の前の海上には、数隻の輸送船らしきものが煙を吐いて航行していました。

何も食事をとっていないので砂糖きび畑に入ってきびをかじっていると、「なんだ、もう来ていたのか」と同僚の隊員たちが次々に畑に入ってきました。そのうちにどの畑も食糧に飢えた若者たちでいっぱいになりました。中には芋畑にしゃがみ込んで芋を掘っている者も何人かいて、その丸い背中が何時までも動かずにいました。自分の食い荒らしたきびかすを眺めていると、農家に生まれた者として自分が農産物を荒らす害人になった思いがして、何となく胸が痛むのでした。

幼い頃、よく兄貴と一諸に甘蔗を植え付けたものです。丹念に溝を掘り、一本一本丁寧に植えると、きれいに土をかぶせ、それから丹精こめて成長を見守る……幼い頃から農民の苦労を身を以て体験してきただけに飢えていたとはいえ、他人の作物を無断で取って食べるのには、心のどこかで抵抗があったのです。その反面、〈ええい、仕方がないじゃないか〉と舌打ちして、手にしていた甘蔗の根っ子を思いっきり地面に叩きつけるのでした。

日を追うて本島中部辺りから南下してきた民間人たちの姿が増えてきました。米軍が上陸する前から十代の若者から五十代近くの男性が残らず軍に召集され戦場に駆り出されたので女性や子供と老人だけが残されました。これらのかよわい人びとが力を合わせて辛うじて掘り上げた壕も、戦況の悪化と共に友軍兵士に容赦なく取り上げられ、せっかく貯えていた食糧も丸ごと軍に供出せしめられる有様でした。

こうして自家壕を追い出された人びとが、行く宛もなく砲煙弾雨の下をさまよい歩いていたら、作戦の邪魔になると兵隊に怒鳴られ、敵に捕まったら銃殺だと脅される。果てはスパイの疑いがあるとして何の根拠もなしに、守備軍将兵の凶暴な刃で命を落とす。少しでも不平を言い文句を言うと非国民と悪罵され、中には無残に殺害される者が続出するなど、戦場における民間人の悲惨さは筆紙に尽くし難いものがありました。

そのようなひどい扱いを受けながらも、地元の非戦闘員たちは、ひたすら祖国の必勝を信じ、いかなる苦難にも堪えて、着のみ着のままで、戦野をさまよっているのでした。ろくに歩行も叶わぬ老人や幼い子供たちが互いに手をつないで、避難先を探す一方、母親たちは手鍋を下げて逃げ惑うのでした。そのような姿を見ていると自暴自棄に陥らずにはおれませんでした。いくら同情したところで私たちには、為すすべもなかったからです。

ここ緑の岡摩文仁丘一帯も、兵隊が次々に南下してくるにつれ、もはや民家の人びとの安全な避難所にはなりえないのです。集落の人びとは、立退きを強要され、苦労を重ねて作り上げた作物は軍部用の食糧に代り、民間人の手には入りようもなかったのです。軍命によって集落から立ち退けと命じられても行く宛はどこにもなく、途方にくれていたずらに戦場を右往左往するよりなかったのです。千早隊員にとって摩文仁集落の人びとの苦しみはとりも直さず自分の父母や弟妹たちの苦難に他なりませんでした。それだけに苦難にあえぐ民間人を前にして、何らの救済策もとれない事態に、地底へ引きずり込まれる暗い思いがしてならないのです。

〈戦争に勝つしかない!〉と、誰しもが自らを叱咤して奮い立つしかないのです。現実の全ての苦難を専ら敵軍のせいに帰して戦勝のみが全てを救うことになるとの思いからいちだんと敵愾心を募らせるのでした。

しかし、狭小な沖縄にはやはり極楽はありませんでした。首里を撤退した守備軍将兵が続々と南下して来るにつれ、摩文仁一帯にも米軍のトンボ機が飛び交うようになりました。それまでこの軽快な玩具のようなトンボ機に何度悩まされたことか。それは夏の午睡にいくら追い払っても舞い戻って顔の上に止まるあのいやらしい蝿と同様に、上体半裸の操縦士の顔が見えるほどの低空でせせら笑うような爆音を立てて飛び回るのです。地上から発砲すると身軽に機体をそらし、逃げると見せながら猛然たる砲撃を誘致する。まったく油断ができない敵の新兵器です。そのためいくら豪胆な兵士でもこいつに見付かったら身を隠すにこしたことはない。

〈何しろ奴らには弾丸があり余っているからな！〉

誰も彼もが口惜しまぎれにこう八つ当たりするしかないのです。

摩文仁海岸には到る所に自然洞穴が散在していて隠れ家には不自由しませんでした。千早隊員は四、五名ずつこれらいくつかの自然壕に分かれて入って次の指示を待つのでした。近くには、付近の住民の避難壕もあり、そこには種々の食糧品がわずかながら蓄えられていましたが、兵隊に追い立てられてこうした貴重な食糧品を残したまま何処へともなく立ち去っていました。千早隊員たちは心の中で詫びながらも、それらの食糧を分け合って任務遂行に役立てました。

こうして久しぶりに食物らしい食物にありつけたせいか、隣の壕から隊員たちのはしゃぐ声が岩壁を伝って聞こえました。思えばろくに大声を立てて笑ったこともない戦時下生活の連続でした。明るい気持が歌を呼ぶのか壕内では、いつしか校歌の合唱が始まっていました。

友よいざ立て　諸共に
鉄石ゆるがぬ　意気をもて
知徳を磨き　身を鍛え
この身この腕　この力
波風いかに　たけるとも
きわめ果さん　師の教え

校歌を合唱しているうちに、同僚たちの顔は熱気を帯び、声は一だんと高くなるのでした。それが、岩山にはね返ってやがて海面を渡って消えて行くのです……。仲間君も上原君も安里君も、顔を真っ赤にして歌っている。歌っていると戦争も消え、全てを忘れて、喉も裂けよとばかりに歌い続けているのです。

ふと、私は、校歌を歌い終わると全員が揃って自決するのではないか、という奇妙な錯覚に捕われて一瞬頭が混乱したものです。しかし同僚たちの顔は歓びに紅潮し、校歌斉唱に没入するばかりでした……。

と、突然、洞穴の真上あたりでビュービュー、グヮグヮンと怖ろしい爆裂音がしました。榴散弾だ！　破片がバサッバサッと前方の木立に飛び散るのが見えました。砲弾はまるで歌声を聞きつけたかのように正確で近い。私たちは一斉に首を縮めて岩肌に身をすり寄せ鳴りをひそめるのでした。岩と岩の隙間から海面を覗いていた安里武彦君が、「おい、いるぞー！」と、さも感心したかのように声を上げました。千早隊員たちは、言い合わせたようにいざり寄って海上を覗いたら、いる！　いる！　いつの間にやって来たのか、十数隻の敵軍艦が眼前に姿を現わしているではないか。その背後の沖合には、空母が島のように横たわっているのが見えました。

「おい、どうする。」

安里君が誰にともなく訊いています。

「大丈夫だよ、奴らはここに気がつきはしないよ、それにここは死角だぜ。」

當銘正章君がこともなげに答えました。

確かにそうだ。巨大な岩盤に囲まれているこの壕は、海に近すぎるので砲弾は頭上を飛び越えてゆくしかないのです。そのため手榴弾を投げ込まれない限り安全なのです。しかし、ここでは自由に行動することができません。そこへ別の壕にいた指揮官の岡軍曹から連絡があって、この壕を移ることになり、急遽、私たちは装具をまとめました。

夕暮が何事もなかったかのように訪れ、私たちは安住の砦みたいに思っていたこの壕で最後の食事を済ませると、民間人が残してくれた食糧品を雑嚢に詰めて出発時期を窺いました。その間にも砲弾が、風にあおられるように頭上を薙いで通り、裏手の摩文仁集落の方で雷鳴のような音を立てて落下しました。近くで暴れ回っていた敵の迫撃砲も、いつしか岩山にこだましながら次第に東の方へ移って行きました。

「今だ！　出ろ。」

リーダー格の伊豆味雋君が大きな声で合図すると、隊員たちは、はじかれたように銃をとり、装具を担って慌しく壕を出て行きました。

外は、早くも道が見分けられぬほど暮色が濃く立ち込め、眼下の海面も闇に包まれ、海岸に打ち寄せる潮の砕ける音が砲声の合間をぬって聞こえるだけでした。

沖合に退避した敵艦船からはひっきりなしに赤い曳光弾が撃ち上げられていました。摩文仁集落後方の陸からもこれに呼応するかのよう曳光弾が弧を描いて飛び交っています。撃ち上げられる曳光弾の弾道は、暗黒の空に尾を引いて飛び散る赤い噴水にも似て思わず見とれてしまうほどでした……。敵艦船が、赤・黄・青の光を点滅して僚艦と信号を交わす光の交錯も、戦場にそぐわぬ夜景を彩っていました。

私たちは、姿勢を低くしながら近くの掘割を横切り、松林を抜けて喜屋武岬寄りの情報部の壕に向かいました。守備軍司令部情報部の壕は、海岸からわずか三〇メートルの距離に位置する自然洞窟で、入口が海岸線とほぼ平行をなして喜屋武岬の方に開いていて、千早隊の活動には恰好の場所に思われました。人一人がやっと通れるほどの狭い入口も中へ入れば三段になっていて横に広く、つき当たりの中段のスペースが千早隊員に割り当てられました。

壕の前方には松林があって、海上からの砲撃を遮蔽する役目を果たしているのにホーッとするのでした。壕へ入ると、装具を解く間もなく私たちは、さっそく休む場所の設営にかかりました。

地下工作の任務を付与される

壕内で荷物を片付けている時、機密書類と言われて首里から三日がかりで命がけで担ってきた柳行李は、蓋を開けて見ると、何と将校の私物の他、日用品の下駄までが入っていてショックを受けると共に暗澹たる気持が胸を突き抜けるのでした。

「畜生！　うまくやられた。」

傍で同僚の池原秀光君が歯がみする声が聞こえました。

五月末には軍司令官牛島中将をはじめ長参謀長、その他の幕僚や参謀たちも、すでに摩文仁岳の地下司令部壕に撤退を完了していました。

軍司令部壕は、千早隊が入っている情報部の壕から南へ約三、四〇〇メートル、摩文仁集落と海岸との中腹に起伏する丘の自然洞穴を利用したもので、入口が集落の方に向いてありました。この摩文仁岳は海面から十数丈も切り立った断崖をなし、その間には岩山が屹立していました。壕口のある集落寄りの斜面は、一面に緑の雑木で蔽われ、道らしい道もありません。

軍民が日夜一体となって作り上げたあの首里の堅固な地下陣地に較べると話にもならぬほどお粗末なものでした。洞窟内部の整備も移る何日か前に慌しく終わったばかりで、山腹を貫いてできた自然壕の出入口は、垂直坑道を含め三つしかないようでした。

千早隊員が情報部の壕へ落ち着いてから最初の仕事は、水汲みと食糧運搬でした。摩文仁の集落には井戸がなく、海岸近くに周りをコンクリートで囲った粗末な井戸が唯一のものでした。肝心のその井戸に水汲みに行くには、摩文仁岳の丘陵を断ち切ってできた掘割を通り抜け、急坂を下って行かねばなりません。その掘割の坂道は海上の敵艦から丸見えで、水汲みは文字どおり命がけの仕事でした。

事実、ただ一つのこの井戸の周りには、水汲みに来て命を落とした兵隊や住民の死体がいくつも散乱していました。敵艦艇は、井戸の所在を知っているかのように、海岸近くに待ち構えていて獲物が来たら重機関銃で一斉に射撃を浴びせるのです。食糧運搬にしても、敵艦からまる見えの掘割を左下に下って岩盤と岩盤がかぶさってできた管理壕から運び出す以外にはないのです。

急坂を下りる途中は、なんらの遮蔽物もなく、海上から狙い討ちされるので、これまた危険きわまりない仕事でした。首里の壕にいた頃は一人で一俵の米を担げましたが、ここでは二人で棒を通して担いで足がふらつくしまつでした。しかも背後に絶えず敵の目を感じながら、胸をつくような急坂を、掘割の岩角まで辿り着いて身を隠すのは至難の業だったからです。坂の中途で敵の機銃が火を吹いたとたん、私たちは米俵を投げ出してその陰に身を縮め、震えながらただ神に無事を祈るだけでした。

それにつけてもつくづく思われてならなかったのは、戦争では日本の食事ほど不便なものはないということでした。米があっても水がないと炊けないし、米と水があっても薪がなければどうにもならない。戦争を戦っていくためには、否、この身を生き長らえさせるためには、たとえいくら運び出すのに厄介で危険に充ちていても、食糧運搬は毎日繰り返さねばならないのです。

六月十七日の夕刻、「千早隊は全員松林に集合！」という隊長命令がくだりました。私たちは全員あたふたと壕前面の松林に整列しました。あたりは常緑の松の木々に包まれ、心理的に砲撃から身を防いでくれていました。

「只今から千早隊の諸君に地下工作の命令を伝える！」

何事ならんと固唾を呑む隊員を前に、隊長の益永大尉が低い声で口を切ると、キラリと光る目で皆の顔を一回り見回しました。千早隊員は、ゴクリと唾を呑み込んで聞耳を立てていました。

「諸君は今から一、二名ないし二、三名ずつ一組になって、敵中を突破してそれぞれの指定地へ潜伏せよ。そして地下工作に入るのだ。」

あたりをはばかるようにいちだんと隊長は声を落とします。

「行動は短慮を慎み、冷静大胆に振る舞い、あくまで敵の背後に出ろ。常に地方人の戦意の昂揚を図ると共に、利的行為を阻止すべく監視の手をゆるめてはならない。同時に沈着に敵を背後から攪乱するのだ。いいか、安易に死んではいかん。つかまってもよいからあくまで敵の背後へ出て活動せよ。なお各自の配置先は、下士官より指示する。了り。」

一斉に挙手の礼をする右手が下がりもせぬうちに、益永隊長は軍刀を掴んで足早に歩み去りました。

いよいよ「地下工作か」、その言葉を聞いたとたん、何かしらスリルを感じさせて身内がカーッと熱くなりました。スパイ養成学校として知られる東京陸軍中野学校出身の益永隊長は、かつて支那戦線で巧みな地下工作の戦士だったと言われていました。

〈よし、たとえ民家の人たちが敵手に落ちても、その中に身を潜め、機会ある毎に敵を背後から攻撃するぞ。〉

千早隊員は、改めて決意を固めるのでした。むろん地下に潜るのは初めての経験で、その実態を知るわけもないのですが、「地下工作」という言葉には人を惹き付ける力がありました。

「これから各人の任務地を発表するからよく聞いておけ。」

指揮官の酒井曹長の若々しい声が隊員の耳目を集めました。

「高良寛、お前は郷里の小禄《おろく》へ行け。上原盛栄と、座儀武息文、伊豆味雋の三名は与座だ。当銘《とうめ》正章と、座間味宗山、安慶名《あげな》徳久、お前たちは玉城《たまぐすく》だ。宮城光雄、池原秀光、安里武彦の三名は喜屋武《きゃん》。大田と富村は具《ぐ》志頭《しちゃん》。わかったな。なお残りの者は壕に残って指示のあるまで待て。パスを貰ったらそれぞれ直ちに出発せよ！」

やがて一人びとりにハガキ大のパスが渡された。それには、それぞれの氏名、年齢をはじめ軍司令部情報部直属の部員なることが明示され、守備軍配下の何処の部隊へ行っても非常線の通過その他何かと便宜を図ってもらえるよう依頼の言葉が書かれていて、軍司令部情報部の薬丸兼教参謀の署名捺印がしてありました。

「これは有難い！」

私たちは、まるで守り神でも授かったかのように押しいただいて、それぞれ上衣のポケットにしまい込むのでした。

安慶名、座間味、当銘君らとは、目的地が同一方向なので、富村と私は彼らと連れ立って壕を出ました。

「気をつけろよ。」

「しっかりやれ。」

壕に居残った同僚たちが励ましてくれました。

「ウン、頑張るよ！」

私たち一行は、振り向いて会釈をすると、勇んで壕を飛び出しました。

「おい、隊長は捕まって敵の背後に出ろと言ったな。」

安慶名君が途中で濃い眉を吊り上げて言う。実は私も内心その言葉が気にかかっていました。

「なあに敵なんかに捕まるもんか。俺は絶対に敵中を突破して背後へ出てやるぞ。」

先を歩いていた元気者の当銘君が歩調をゆるめて断言しました。

「ひょっとすると、これが僕たちの最後のご奉公になるかも知れんな。」

後ろを歩いていた座間味君の半ば上擦った声に思わず振り返って見ました。彼はとても朗らかな男でどんな深刻なことでも、彼の口にかかるとたちまち人びとを笑わせ、一種の天分の持主でした。彼の言葉を聞いていると、不利な戦況も、奮闘いかんによっては挽回できるといった楽観的な気分に変えてしまうのです。と同時に留魂壕で絶えず聞かされていた「皇国の興廃はわれら若人の双肩にかかっている」といったスローガンが無意識のうちに思い浮かぶのでした。

私たち一行は、村外れの発電所の傍を通り、畑を横切って目的地へ向かいました。わずか数日のうちに、芋畑や甘蔗畑は砲撃で無残に耕され、掘り返された芋蔓が硝煙を浴びてくすぶっていました。

摩文仁集落から具志頭へ通ずるただ一つの道路は、敵の砲撃を浴びて白い岩肌が剥き出ていました。道路を歩くのは殊の外危険なので、私たちは道路を横切って畑と畑の溝に入ると、体を曲げてリスのように機敏に進むのでした。溝が切れて再び畑へ出ると、遮蔽物が一切ないのでこんどは匍匐して進むしかありません。そして砲声が近付くと一斉にまだ葉っぱのついたばかりの砂糖きび畑に飛び込み、暫し身を潜めるのでした。

「おい、みんな少し休もうではないか。」

安慶田君がきび畑に腰を下ろすと、みんなも彼に従って地べたに坐り込むのでした。そして、砂糖きびをへし折って何時もどおりに齧るのでした。

「うまい。」

ゴクゴク喉を鳴らしながら汁を吸い込んでいると、一瞬敵の存在などまったく忘れ去ったかのようでした。

暫くして当銘君が、「さあ行くぞ」と立ち上ると、他の隊員も遅れてはなるまいと一斉に立ち上って再び歩き始めるのでした。

千早隊一行が仲座集落を過ぎて富村君と私の目的地の具志頭集落に近付いた時、突然、榴散弾がブルンブルンと奇妙なうなり声を立てて飛んで来たかと思うと、空中で炸裂しました。あっという間もなく破片が頭上に飛び散りました。破片の一部が、私の鉄帽に音をたててはね返るのを感じました。その瞬間、〈やられた〉とたじろいだものの気を取り直して足を早めました。ふと前方を見ると、安慶名君と当銘君が倒れているではありませんか。傍の座間味君がすぐにかけ寄って安慶名君を抱き起こし「しっかりしろ」と声を掛けるが何の答えもない。二人とも即死でした。

その間にも砲射撃は激しくなるばかりでした。正義感が強く元気者で知られた当銘君の突然の死はショックでした。真面目そのものの当銘君は、成績もよく性格も温厚で、いつも教師たちに可愛がられていました。とりわけ教練は得意中の得意な課目で、鬚の松岡教練教師のお気に入りで、クラスではいつも「小隊長」に任ぜられていました。

安慶名君ときては、下手なヴァイオリンをわめかせては、自室はもちろん、隣室から寄宿舎中の者の耳をふさがせては喜んでいる強者でした。戦場であろうとどこであろうと見境もなく、いつも銀歯を覗かせてユーモアたっぷりに大仰な身振りで話をしては皆を笑わせていました……。

あの落雷にも似た砲撃の瞬間を境目に、二人は忽然として私たちの前から姿を消してしまったのです。「敵なんかに決して捕まるもんか」と豪語していたのは、〈まさかこのことを意味したのではあるまい〉と思うと、心は沈み、痛み続けるのでした。

富村君と二人がかりでその死体を道路脇の溝に引き入れても手の施しようもなく、暗然とするばかりでした。トンボ機が上空を旋回して機銃掃射をしているのです。その下をほうほうの態でくぐると、私たちは辛うじて具志頭に辿り着けました。安慶名君と当銘君の遺体は、ろくに土をかぶせるゆとりもなく溝に横たえたまま、砂糖きびの葉っぱをかぶせるのがやっとでした。〈どうせ自分たちの死も後先の問題でしかない〉との思いでした。

具志頭集落の入口から少し離れた所に、二人の幼児を傍らに中年の母親らしい女性が坐り込んでいました。本島中部方面から避難して来たのですが、もはや歩く気力も失ってしまい、次々と艦砲弾がうがっていく弾痕の穴をうつろな目で眺めているだけです。伏せることさえせず、ひたすら頭上に砲弾が来るのを待ち受けているかのように思えるのでした。石垣の陰に身を寄せて一息ついていた私たちは、母親と子供たちの無心な姿にかえって恐怖を感じたものです。

その時、轟然と艦砲が襲ってきました。急に子供の泣き声がかん高く聞こえました。

「危ないっ！」

たまりかねた富村君が、叫びながら子供たちのほうへ駆け寄ろうとしました。その瞬間、続けざまに砲弾が爆発して両者を遮ってしまいました。私は咄嗟に弾痕に身を伏せましたが、やがて硝煙を透かして見ると、二人の幼児の姿は消え、母親らしい女性は同じ場所に同じ恰好で坐ったまま身じろぎもしないのです。よく見ると子供たちがその膝にうつぶせていました。と、突然、女性の口がゆがむと、声を立てて笑い出すのです。一瞬、富村君の顔が引きつって見えました。私は慄然として一刻も早くこの場を立ち去るべく道を急ぎました。

二人とも口をきく気もせずに黙々と歩き続けるだけでした。〈私たちは、学生とはいえ、すでに軍人同然だ。いきおい自分の死は怖れまい。だが、彼女たちのように自分たちの肉親もあのようなむごい最期を遂げさせられるのではないか〉と想うと、何ともやりきれない気がしてひどく打ちひしがれるのでした。

砲爆撃で破壊し尽くされた具志頭集落の残骸が田園の向こうに見えてきました。無事目的地に到着できてホッとして気を許したとき、不意に艦砲弾が襲いかかってきました。富村君と私は、無意識に右手の山手の方に退いて、巨大な弾痕の穴へうつぶせました。ズシーン！　ズシーンと熱い爆風が衣服をはぎ取っていくように吹き付け、目の前が真っ暗になりました。むせるような硝煙が鼻孔を刺し、土砂が頭から押っかぶさってくる。思わず「お母さん！」と久しぶりに頭の中で呼びかけるのでした。身動きも叶わぬまま、〈こんなところで虫けら同様に死んでたまるか。しかも任務の途中で……〉〈畜生〉、私は這いつくばったまま舌を噛むのでした。そのうちに張りつめた神経は麻痺し、手足の感覚も鈍くなり、意識がもうろうとしてきました。

どれだけの時間が流れたのだろうか。恐らく五分と経ってはいまい。もはや何の恐怖も感じず虚無感に捉えられているだけでした……。

砲撃の波が退いて、あたりが急に暗くなりました。私は土砂に覆われてうつ伏せになっていましたが、ようやく意識を取り戻すことができました。土砂を払いのけ、身を起こして体をなで回してみたところ手もついているし足も揃っている。頭や首もなんともない。初めて〈生きている〉実感が自ずと湧き上るのでした。全身に小さな破片を浴び、血が薄い服に滲んでいました。〈大した傷ではない〉、そう気がつくと、私は銃を杖に立ち上ると、「富村！　富村！」と大声で呼んでみました。するとどこかで答える声がして、まだ渦巻いている硝煙の中から富村君が顔を出したのです。思わず駆け寄って、「大丈夫か」とお互いに肩を抱き合いました。

「困ったな、銃がないよ。」

彼は、おろおろして辺りを見回すのでした。

「なに、銃を落とした。駄目じゃないか。」

私は驚いて声を上げました。〈畏れ多くも天皇の菊のご紋章のついた銃をなくしたらどうなるか。死刑にされかねないぞ……〉、私はひとりごちると、彼と一緒になって付近を探し回りました。目も眩む猛砲爆撃で大地が地の底から掘り返され、白い岩肌が荒々しく剥き出し、いまだ硝煙が漂う新しい弾痕の穴が幾つもできて進むのも容易ではありません。

その凸凹の地上には、破片で断ち切られた人間の手足や腹部などがさらけ出されて一面に散乱しているのです。これが一瞬前まで自分たちと同じ肉体を持ち同じ心を持って生きていた人間の姿とはどうしても思えません。二人は屍体と肉片の間を必至になって銃を探し歩きましたが、一向に見付かりそうもありません。

暮色が近くの小高い丘を越えてやって来ると、「駄目だ。もう探すのは止そう。死んでいる兵隊の銃を取れよ」と半ばやけくそ気味で吐き捨てるように言って、勝手に歩き出しました。と、それまですっかり忘れていた玉城行きの座間味宗山君の安否が急に気遣われ、付近に散乱する防衛隊服姿の屍体を覗き込んだりしました。

「大丈夫かな座間味君は。」

「うん、どうかな。」

富村君の答えも自信がないのです。いちだんと暗さを増していく山沿の道を歩きながら、二人は同僚の無事を祈るばかりでした。

その頃、堅固な陣地を誇った八重瀬岳もすでに敵の占拠するところとなり、難を逃れた付近の住民が、夕暮時の砲撃の衰えを利用して、まるで平時の道を往来するように続々と真壁の方へ避難して行きました。トンボ機がその上をうるさくつけまとう蝿のようにゆっくり旋回していましたが、不思議なことに普段どおりに銃撃してきません。機上から路上の人びとが非戦闘員だと認知したからなのでしょうか。ともあれ銃撃を浴びせないのは嬉しく思いました。

具志頭集落を背にして海岸寄りに具志頭岳が横たわっています。これが敵の側面攻撃から摩文仁岳の守備軍司令部を守るいわば最後の防壁でした。

その夜、富村君と私は具志頭岳の麓の岩陰で一夜を過した後、翌朝は山麓づたいに具志頭の集落へ向かいました。間もなく具志頭集落にも敵が侵入するとの噂に色を失った地元住民たちは、弾雨の激しい真昼に列をなして真壁の方を目指して避難して行く有様でした。その上空を相も変わらずトンボ機が、これを監視するかのように低空で飛んでいました。

二人は、山裾のとある木の根に膝を抱いて、ぼんやりとその避難民たちの葬列を思わせる姿を黙って眺めていました。すると、銃を杖にした負傷兵や戦場を離脱してきた一部の兵士たちが、地元民の衣服をまとって民間人の列に紛れ込んでいるのに気付きました。日本軍将兵たちにとって非戦闘員のグループは絶好の隠れ蓑だったのです。そのうちに避難民の列の色が次第に兵隊たちの国防色に変わっていきました。

〈これは危ないぞ〉と思っている時、トンボ機が一段と低く飛ぶようになりました。俄然、百雷が一時に落下したかのように轟音が響きわたりました。避難民たちが悲鳴をあげながら蜘蛛の子が散るように逃げ惑うのです。一瞬にして付近は阿鼻叫喚の修羅場と化しました。その凄惨な有様を二人は化石にでもなったかのようにじっと眺めているしかありませんでした。

土砂とともに吹き飛ばされる避難民たちの着物姿。人間がまるで虫けら同然にいともあっけなく飛び散っていくのを私たちは、声を失って見過ごすだけでした。

〈戦場では感傷は禁物〉とは知りつつも、その場にいたたまれなくなって富村君を促して歩き始めるのでした。かかる惨劇を目の辺りにして逃げ出すしかなかったのです。二人は目的地具志頭集落に入って行くと、路上に負傷者が放置されたまま、集落にはほとんど住民の姿は見えませんでした。すっかり廃墟と化した集落の中程まで来ると、七十歳を越していると思われる老人が、腰を抜かしたかのように屋敷の隅に坐り込んでいるのです。

「皆はどこへ逃げたんですか。」

歩み寄って訊くと、老人は手を耳にあて眉をしかめて、聞こえんぞ、という表情をして首をかしげました。

「ここの人たちは、どこに行ったんですか。」

自分でもびっくりするほど大きな声で、老人の耳に一語一語落とし込むように訊くと、急に〈わかった〉という様子でニコニコして、

「ウミバタノトクルヤサ（海岸の方だよ）。」

と方言で教えてくれました。

「おじいさん、歩けないの。」

「マアカイヒンギテン、ユヌモンヤクト、ヤーウテ死ヌセエマシ（何処へ逃げても同じことだから家で死んだ方が好い）。」

と平然と答えるのでした。老人の平静さに二人は、驚くと共に妙に感服したものです。老人は長年住みなれた我が家を捨て去るのが耐え難かったに違いありません。すっかり諦め切った表情が皺くちゃな顔をおおっているからです。

私たちは付近住民が避難したという海岸の方へ道を探して降りて行きました。具志頭岳の山裾に近づくにつれ、避難民たちが明日の命も保障できないわが身を持て余しているかのように岩陰に身を潜めていました。その傍に血と挨にまみれたボロ片の服を着た敗残兵たちも混じっていました。かと思うと、四角い箱の急造爆雷を背負って物に憑かれたように八重瀬岳の方へ歩いて行く兵士たちの姿もありました。

一方、その流れとは逆に、銃も持たずわずかに血潮で黒ずんだ巻ゲートルによって兵隊と見受けられる魂の抜けたような守備軍兵士の一群が、摩文仁の方へ向かって行く姿も見受けられました。いずれも無表情のままで、地上はまさにこうした情況にふさわしく、はてしない沙漠のように索漠としていました。そのような情景を目の辺りにすると、自分の気持も荒涼たる感情に捉われずにはおれないのです。

「ああ、お腹がすいた」と富村君がポツンと独り言を呟いているのを聞き、私も急にひどい空腹を感じました。二人とも何らの食糧品の持ち合わせもない。勇を鼓して山腹の暁部隊の炊事壕を訪ねて行って、何か食べ物を分けてもらえないか頼んでみました。壕から出てきた炊事担当の下士官は、私たちが差し出す身分

証明のパスには一顧も与えず、

「何だと、貴様たちにやる食糧なんかあるもんか。兵隊たちの食糧にさえ困っているのに他所の奴らのことなんか構って戦争がやれるか。邪魔だ、そこ退け、この間抜けらが……。」

と恐ろしい剣幕で怒鳴られました。せっかく、薬丸情報参謀が何かと便宜を図るようにと署名捺印してくれたパスの文句も何の効き目もないのです。二人は、パスの文句をあらためて読みかえしながら、もはや腹も立ちませんでした。これが戦争では当たり前だ、と諦めるしかなかったのです。すると、

「学生さん、学生さん。」

すごすごと引き返す私たちの背中を追って、若々しい女性の声がしました。振り向くと挺身隊として働いているらしい一女性が、おにぎりを一個ずつ私たちの掌の上へ乗せてくれました。茫然として突っ立っている二人にニッコリ会釈をすると、彼女は急ぎ足で壕内に消えて行きました。

「済みません。」

と言ってその後ろ姿に手を合わせて頭を下げるのでした。何だか自分たちの姉さんにでも会えたようで、胸中が暖かく晴れ上がっていくのでした。

日が暮れると泊る所の心配をしなければなりません。激しい砲撃下では野宿は到底無理だし、かといって身を隠す場所を探すのは、戦場では容易でない……。

「今晩はどこで泊ろうか。」

「もう一度今先の壕で当たって見ようか。」

私が聞いても、

「頼んでも無駄だよ。それよりどこか別の方へ行こうよ。」

と富村君が気が重そうに答えるだけでした。二人は宛もなく山腹を上へ上へとよじ登って行きました。頂上の近く、とくに木が密集して生えている所に、岩に囲まれて一つの丈夫そうな壕が見つかりました。病院の壕なのか入口からプーンと薬品の臭いが鼻をついてきます。入口に一人の将校を認めて私たちは歩み寄り、挙手の礼をすると、ことさらに軍隊口調で頼んでみました。

「球一六一六部隊所属の鉄血勤皇師範隊の者ですが、任務で具志頭へやって参りました。入口の方で結構で

すから、今晩一晩だけ泊めていただけませんか。」

言いも終わらず、

「何、泊めろって？　貴様たちは負傷者が溢れているのが見えんのか。学生のくせに生気意だ。帰れ帰れ。」

将校は、振り向くとすごい形相で睨みつけるのでした。日本刀の柄にかけたその右手が思いなしかふるえています。その様は、まるで不利な戦況が私たちのせいと言わんばかりの怒りようです。

「ハッ、分かりました。失礼します。」

二人は挙手の礼も忘れて一気に山の頂上に駆け上がりました。「学生のくせに」――何度この言葉を聞かされたことか。腹の底から怒りがこみ上げて目が眩みそうでした。〈ええい、もうどうでもいい〉、そう思いながら頂上を海岸の方へ降りて、三〇メートルも行かぬ時、とつぜん、猛然たる艦砲の集中弾が背後で炸裂しました。今出て来たばかりの壕の真上あたりです。とっさに身を伏せると、照明弾が昼を欺《あざむ》くほどあたりを照らしました。思わず首をすくめるのでした。この時ほど「運命」の不可解さを実感したことはありません。ほんとにヤレヤレでした。

夜も更けているのに五尺の短躯をかくすに由なく、半ばやけ気味になって疲れた体を松の木の根元に身を横たえて眼を閉じました。富村君は少し離れた岩陰に身を潜めました。カヤの葉が頬に触れるのをそのままにしておきました。まことに妙なことに、わずかに頭の一部を蔽うているだけのカヤの葉でしたが、何だかこれがわが身を守ってくれるような安心感さえ感じるのです。近くには同じく野宿の人びとがいるのか、負傷者のうめき声が地の底から湧き出るように漏れてきます。晴れた夜空を流れ星が大きな弧を描いて消えていくのが見えました。

ふと近くで赤ん坊の泣声がします。……そのうちに全てのものが動きを止めたように静かになり、人の世とは思えぬ静寂さが辺りを包みました。戦場では静かになればなるほど不気味な恐怖感が募るものです。何となく不気味な戦慄を覚えながら、いつしか大地の底へ吸い込まれるように、そこで寝入ってしまいました。

「大田、起きろ。」

富村君に体をゆさぶられて目をさましたら、何とすっかり夜は明け放たれていました。日課の砲撃が倦む様子もなく、今朝もすでに始まっていました。

「どうだ。海岸へ降りて行こうか、そこには民家の人たちがいるはずだから……。」

と言って私は急いで斜面を下りて行きました。

その途中、陸に上がったカッパ同然の日本軍の海軍兵たちが岩陰にたむろしていました。彼らは陸軍の倉庫から盗んできたという急造爆雷を中に置いて、さも誇らしげに自慢話に興じているのです。苛烈な戦闘のさ中にあっても海軍兵たちは独特の陽気さをかもして親しみを感じさせます。彼らは戦場にいるのを忘れたかのように陸軍兵の頓馬さをおどけた恰好で真似たり、爆雷のごまかし方まで得々と語って笑い合っていました。海軍兵たちは敵と戦って大戦果を収めることより陸軍兵を瞞着して武器を手に入れたことが、よっぽど嬉しい自慢の種のようでした。

富村君と私は、三、四日の間、付近の民家の壕を尋ねて情報宣伝活動をして回りました。地域住民は、まだ敵の被占領下に置かれた訳でもないので地下工作を為す条件は整っていませんでした。そのため二人は、従来どおり、付近住民に決して望みを失ってはならないこととか、たとえ敵に捕まってもいつかは救出されるだろうから、諦めずに日本国民たる誇りを失わないでほしい。とりわけ絶対に味方の軍の事情や作戦に影響を及ぼすようなことはお互い同士でも語ってはならない。およそ利敵行為ほど憎むべきことはない。まかりまちがっても皆を不幸に陥れるようなことはしないように絶えず気をつけてほしい、などと念を押すのでした。こうして、もはや大本営発表の戦果ニュースに触れることはことさらに避けるのでした。こちらが日本軍の戦果を吹聴したところで、今では耳を貸す者はいないどころか、嘲笑を買うのがおちだったからです。

こうして地元具志頭の住民がほとんど海岸一帯から避難し終わると、私たちは仲座集落の稜線まで退きました。わが軍の最後の拠点となるこの一帯の丘陵は、摩文仁の軍司令部の攻防戦とじかにつながっているので、「絶対死守すべし」というのが守備軍の方針でした。そのため他地域から撤退してきた敗残兵たちがこの一帯に狩り集められ、即席に小隊や分隊を編成するなどして各兵士たちは急造爆雷を担って対戦車攻撃に繰り出されました。

疲弊し切った兵士たちが成功する目途もないまま次から次へと対戦車攻撃に投入されました。それは、あたかも噴き上げる火山の火口に後から後から飛び込んで、何とか噴火を止めようとする無謀さにも似ていました。暁船舶部隊や通信隊からなる混成部隊も不充分な装備のまま出撃して行きました。月光の下を粛々と進んで行くこれらの奇妙な隊列を見送りながら、私は、「集団葬式」めいた忌まわしい想いにとりつかれていました。

その後、二人は具志頭の海岸線から仲座集落近くの守備軍通信隊の壕に暫く入れてもらいたいと頼んでみました。同通信隊の向井隊長は見るからに雄々しい将校で、二人がおそるおそる差し出すパスを見て、「やあ学生隊か。ごくろう、ご苦労。随分なんぎしたろう。食糧もやるから元気を出すんだぞ」と言って、自ら壕の奥からいくらかの食物を持ってきてくれました。初めて見る缶詰や乾燥野菜など珍らしいものばかりでした。その上、砲撃が止むまで一緒に壕に入っていてもよいと快諾してくれたのです。初めて日本の武人らしい軍人に会えた気がして、とても嬉しく思いました。まるで家族と一緒に居るような気安さを覚えたほどでした……。

通信隊の壕といっても屋根もない青天井の掘割壕でしかありません。夜になると、頭上には黄金をちりばめたように星がきらめき、近くの敵艦から打ち上げられる照明弾と美を競い合っているのが見えるのです。

「おい学生。陸士の歌を教えてやるからよく聞いておけ。」

と言うと、向井隊長は道路上に足を踏ん張って突っ立ち、日本刀を抜き放って虚空を切りながら大声で歌い出しました。壕内の生活で鬱屈した思いを一度に発散させるかのように、溌剌とした歌声が辺りの静けさを破るのでした。ときに砲声がその声を中断し、機銃のうなりが伴奏をなして響くのでした。

隊長が日本刀を持って剣舞を演じているのを見ると、急に泣き出したくなったほど何とも言えない悲壮感が漂い、魂の抜けたように路上を歩いていた何人かの避難民が、この戦場の乱舞に気を呑まれて立ち止まるのが見えました。気が狂ったとでも思ったのか、目を見張ってお互い同士話し合っている人たちもいました。

向井隊長は歌い終わると、日本刀を鼻の前で真直ぐに立て一礼して鞘におさめると、

「どうだ面白かったか。」

と言って屈託なく笑うのでした。その明るい笑い声が、かえって大声でわめきちらしたい衝動を呼び起こすのでした。

富村君と私は、これで具志頭での任務は一応終えたと考え、ひとまず情報部の壕へ戻って経過を報告すると共にその後の指示を仰ぐことにしました。

軍司令部壕に近づくにつれて緑に包まれていた摩文仁岳も、今では一本の木も留めず、今や打ち砕かれた岩肌が生々しく剥き出した焦土と化しているのに改めて驚かされました。草や樹木は焼けただれてしまい、地形の変貌も甚だしく、以前に目印にしていた岩や樹木もことごとく影を没していました。

「富村君、君はまっすぐ情報部の壕に帰ってくれ。僕は軍司令部に行って益永隊長に報告してから帰るから。」

と言って途中で分かれて一人で摩文仁岳中腹の軍司令部壕へ立ち寄ってみました。すると、軍司令部壕の入口あたりは、砲撃を浴びてすっかり破砕され、まるで見当がつかない変わりぶりでした。洞穴らしいものは一つも見当たらないのです。屹立していた岩山も至るところ破砕されて平地と化しているのです。壕入口を探しあぐねていると、またもや爆音が近づいてきました。早く壕を探さねばと心はいら立つばかりで、砂原を蟹の穴でも探すに似て非常に空しい気持で進むうちに、飛行機の補助タンクの下敷になり、タンク同様に膨れ上った兵隊の屍体にぶつかりました。近くの岩盤にその内臓が叩きつけられていました。首と手足がない屍体もあるのです。一つの惨状に目をそむけると、さらにひどい死骸が待っています。摩文仁岳の広い台上には生きている人間は一人も見当たらないのです。

〈ああいやだ。誰もいないこんな所で、一人で死んでしまっては……〉と気が気でありません。まるで火災が発生した建物の屋上にいるかのように恐怖が全身を貫くのです。わが身の小さな体を捉えようと弾雨が振りかかり、私は逃げ場を失い、二十日鼠のようにあっちへ飛びこっちへ走り、必死になって身を隠す洞穴を探し求めるのでした。

「大田さん！」

砲声の間から自分を呼ぶ声がします。私は耳を疑って周囲を見回しました。すると、硝煙の中に一人の人間が影絵のように浮かんでいるではありませんか。なんとその顔は二級下の伊豆味哲君でした。私は思わず目を見張って駆け寄ると、

「生きていたか……。」

と相手の肩をわし掴みにしてゆさぶりました。千早隊のリーダー格の雋君の実弟なのです。

彼は、水に渇えた学友たちのために水を汲んで帰るところでした。摩文仁集落前面の小さな溜池には、腐水がいくらか残っていてそれを煮沸して利用するのだと言うのです。

伊豆味君は、他の学友たちのいる壕に案内してくれました。切り立った垂直の掘割を降りて行くと、懐しい学友たちの顔が次々に現われました。同郷の一年生の宮城君もいました。しばらくの間、私はまじまじと相手の顔をためつすがめつして見ていました。顎鬚がまばらに生えて、誰も彼もが妙に大人じみて兵隊に似ているのです。それを見てわけもなく苦笑せざるをえませんでした。

後輩の学友たちの多くは、敵砲爆撃下の戦況の不利よりも、なすすべもなく飢えて渇えているのがたまらない様子でした。一人ひとりの手を握り合って無事を祝っていた私は、壕の奥に野田貞雄校長先生がおられるのを見て、思わず走り寄りました。

「校長先生！」

やつれたお顔、伸びるに任せている顔一面の鬚、思いなしか急に増えた白い頭髪……。

「やあ、大田君か。無事でよかったな、さあこっちへお出で。」

いつもの温顔に溢れんばかりの笑みをたたえて私を傍へ招いてくださるのでした。

生徒たちにとって校長といえば、日頃は遠い存在です。しかしその高齢の野田校長先生が激闘の戦場で、生徒たちとまったく同じように狭い壕で苦難に堪えておられるのを見るに忍びなく、言葉がろくに出ませんでした。

「先生、ご苦労様です。こんな狭いところで……。」

「なあに、みんながよくしてくれるから助かるよ。」

校長先生は、案ずる私を逆に慰めるかのように明るい声でおっしゃり、手も取らんばかりに身近に坐らせてくださるのでした。先生がご苦労なさっているのを見て、私は自分が味わってきたそれまでの苦労も物の数に入らぬ気がしてなりませんでした。

沖縄師範学校の校長として、全校の幾多の教師と生徒を統率されるだけでなく、数百名の生徒たちの親代わりとなって、世話を見るご心労は言葉では言い尽くせないほどです。しかも学生隊は軍隊とは違うとの思いから、軍の要求との狭間にあって味わわねばならぬご心労は察するに余りがありました。教え子たちの生命が次々に砲弾と引き換えになっていくのに毎日のように突き合わされる精神的苦悩もさぞかし堪え難かったにちがいありません。今日も誰々がやられたと、ご自分で一々記録されては、親たちに済まないと嘆息される野田校長先生の苦衷に比べれば、生徒たちの肉体的苦しみなど苦しみのうちに入らないと思われるほどです。めっきり老けられたのも無理もないと思いました。

「先生。珍しい物がありますよ。」

私は雑嚢をまさぐって、向井通信隊長からいただいた昆布と缶詰を差し出しました。

「これは君、昆布と缶詰じゃないか。今どきよくこんな珍しいものが手に入ったね。」

先生は、それを手にして押し抱くように深々と頭を下げられるのでした。一生徒のささやかな贈物にも野田校長先生は涙を流さんばかりに喜ばれるのでした。

「今日は珍しいご馳走ができる。君も一緒に食べていきなさい。」

子供のように喜ばれる野田校長先生を見て、私は涙ぐむしかありませんでした。野菜と名のつく青物は、ここ二、三カ月の間、見ることさえできずにいましたが、摩文仁へ下ってからは、砲火の洗礼を受けた芋の葉っぱが唯一の青物でした。しかるに戦況の悪化につれて、それさえも命と引き換えでなければ手に入れることはできなかったのです。したがって幾日もの間、鉄血勤皇師範隊員たちは、青野菜を見たことも食べたこともありませんでした。そのため命がけで青野菜を手に入れたいと各地の畑を飛び回る者も少なくなかったのです。

隣の壕に知名先生が負傷しておられると聞いてお見舞いに伺うと、一歩も近寄れないほどの膿臭に包まれて変わり果てた先生は、置き忘れられたように壕の隅に横たわっていました。

「知名先生……。」

呼び掛けても何の言葉もなく、首も動かせない有様で、ただ一度瞼をまばたいただけでした。

すぐ隣には、病める者同士慰め合うかのように、同級の石垣永展君が、これも顔から全身にかけて火傷して、何だか絵に描いた人のような冷たい感じで転がっていました。八重山出身の彼とは級友で、寄宿舎の部屋も隣り合わせで、気が合っていました。

「永展!」

私は囁くように呼んでみました。顔を覗いた途端に、思わず息が詰るほどの膿臭がムッと鼻をつくのでした。私は嘔吐をもよおしそうになり、顔をそむけずにはおれませんでした。彼は、虚ろな眼で暫し私の顔をじぃーと確かめていましたが、やがて私だと気付いたらしく、

「大田君じゃないか。よく来てくれた。」

と、かすかに呟くのでした。

それを聞いて胸の中が疼くのを感じながら、触れることもできないほど傷んだその体を静かにさすってやりました。すでに顔色はくすんで、もはやこの世の人の顔ではないと思われました。死期が近づいていることは素人目にもわかるほどでした。とは言え苦痛に苛まれながら刻一刻生命の灯が消え細っていくこの級友を、私はどうしたらいいのでしょうか。為すすべもなく、せめて遺髪でもと思っても自分が生き残れるとも思えないのです。しょせん後先の問題でしかないとの思いが強くありました。そう考えて私は、彼の房々とした頭髪からそっと手を離したのです。

程なくして、近くの壕で久しく会わなかった学友たちと話している時、石垣君の死が伝えられました。〈ああ、俺はまた一人、兄弟を失ってしまった〉と嘆息するしかなかったのです。

野田校長先生や学友たちに別れを告げて、摩文仁岳の丘をおりて情報部の壕へ戻ることにしました。ようやく情報部の壕を探し当てたところ、近くにあった発電所が隣の墓もろとも吹き飛ばされ、醜い残骸をさらしていました。地下工作の特命を受けた広場の松林も

跡方もなく姿を消しているのです。

幸いにして守備軍司令部から隊長の益永大尉が情報部の壕に来ていました。

「貴様ら、戻ってくる奴がいるか。敵の背後に出るのが貴様たちの任務だぞ。この馬鹿たれ。だから沖縄の奴は何の役にも立たんのだ。」

苦心惨憺して、やっと情報部の壕に戻って来たところ、ろくに私の報告も聞かずに飛んで来たのは隊長の頭ごなしの叱責の声でした。

〈壕内にこもったきりの隊長には、壕外の情況は何も分かっていないのだ。〉

〈具志頭の戦況では敵の背後に出る前にこちらが殺されてしまいます〉と、思わず口まで出かかった言葉を生唾とともに呑み込みました。口惜しかった。悲しかった。とても情けなくやり切れない気持でした。

私たちの留守中に情報部の壕では、佐久間吉雄君が重傷を負って横たわっていました。こんな状況では千早隊も潰滅しかねない。そう思うと、心は沈む一方でした。

伝令行

情報部の壕に戻って二日後の午後九時頃、同級の宮城光雄君とともに益永隊長に呼ばれました。

「お前たち二人は、これからただちに伊敷《いしき》の壕まで行って、伊豆味と安里の両君に『すぐに戻れ』と連絡に行ってこい。このような状況下では、死身の危険もあるが、事は急を要する。気をつけて行け！」

二人は、益永隊長からこう命じられました。

「復唱！　宮城と大田は只今から伊敷へ行き、伊豆味と安里にすぐに戻るように連絡に行ってきます。」

オウム返しに復唱しながら、心の中で〈宮城と大田は伊敷へ死にに行きます〉と呟いていました。山田や他の千早隊員たちが気の毒そうに二人を見ていました。この不運な籤から逃れた人たちは安堵の表情を顔に浮かべていて、私の弱い神経をゆさぶる……。〈これも運命だ〉と自らの不運に歯を食いしばるのでした。

二人とも伊敷の方はまったく不案内なので、岡軍曹に略図を書いてもらい、腰に手榴弾を二個くくりつけ、顎がゆがむほど鉄帽のひもをきつく締めつけました。今まで幾度も自分を危険から救ってくれたこの錆ついた鉄帽は、果たして今度もまた自分を護ってくれるだろうか。ふとそんなことを想う。

腰に帯剣を吊って服装を整えました。向井通信隊長に分けてもらった食糧は、水汲みに行っている留守に誰かに雑嚢ごと盗まれてしまったので、持参できる食べ物は何もありませんでした。

夜中の十二時頃は砲撃も閑散になるというので、しばらく待っている間に、私はひとわたり学友たちの顔を見わたし、各人の印象を瞼に焼き付けてから外に出ました。〈これが最後の別れになるかもしれない〉、そんな気がしてなりませんでした。

「気をつけろよ。」

山田英夫君が壕の入口で気づかってくれました。千早隊員たちの無言の激励を背後に感じながら、二人は壕を飛び出しました。

外は思ったより明るい。付近一帯の樹木の枝葉は焼かれ、幹を叩き折られた木々が、案山子《かかし》のように突っ立っていました。身を隠す草木もすっかり焼失しているにも拘わらず夏虫が鳴いているのが聞こえます。心は極度に繊細になり、神経がひどく尖っていました。そのことがまた気にかかってならない。

〈畜生、どうして今夜はこんなに不安がつのるのだろう〉、心を苛む不吉な予感がしてならない。――一瞬の躊躇も許されず、私は宮城の後を追うのでした。宮城君の平然たる後姿がいかにも頼もしく思え、彼の広い盛り上がった肩が、私を危険から防いでくれそうで心強く思われました。

二人は、道路を避けて畑を横切り、藪の中を突っ切って歩いて行きました。頻繁に打ち上げられる照明弾が頭上で追いかけている気がしました。艦砲弾の集中射撃を受ける度に二人は本能的に地上に伏せるのでした。

摩文仁の集落脇まで来た時、思いもよらぬ方向から猛烈な迫撃砲の砲撃をくらい、反射的に屋敷跡の石垣の陰に身を伏せました。耳がジンジン鳴り、今にも内耳が破裂しそうなので、両手でしっかりと耳を押さえ込むのでした。目をつむって、地面に強く体を押しつけ、一ミリでも低くなろうと足掻いている間も、息がつまりそうなほど硝煙がたち込めていました。土砂が音をたてて鉄帽に降りそそぐたびに頭の芯に鉄拳をくらわされたように響くのです。

と同時に真っ赤な閃光が雷火のように目を射て止みません。一波が去ると、次の安全場所を求めて素早く目は動く。掘り起こされたばかりの弾痕へ飛び込むのです。破片が不気味な響きを立ててあたりに落下します。そのどちらか一つでもわが身に命中したら首を撥ね飛ばされるか手足をもぎとられてしまいかねません。そのことを思うと、つい絶望的になり、「ええい、殺せ殺せ」と大声で叫びたくもなるのです。

こうして戦いは敵と干戈《かんか》を交えるだけでなく、ともすれば押し潰されかねない自己の精神的弱さとの闘いでもあり、また情容赦のない鉄片との戦いなのです。身動きもならず、大地に顔を伏せたまま、じっと堪えているわずか数秒が無限の時間にも思われます。ふとわれに返った時は、もう潮が退いたように静かになっていました。

「宮城！　宮城！」

何度呼んでも何の答えもないのです。何とも言えぬ不安に胸が震えました。

「光雄！」

懸命に叫ぶけれど、声が割れて音をなさないのです。と、五、六メートル前方の溝の中からむっくりと起き上がる姿が見えました。駆け寄って無言のまま彼に抱き付いたのでしたが、彼は生きているのが実感できないかのように茫然と突っ立ったままでした。ややあって、

「また、生きたか。」

宮城君は、自らに言い聞かすかのように呟いて身体をなでさするのでした。

「さあ早く行こう。」

私は彼をせき立てました。大度の集落も足ばやに通り過ぎて米須集落まで来ると、そこは迫撃砲弾が激浪のように絶え間なく落下していました。わずかばかり残っていた家屋がメラメラと音を立てて炎上し、真紅の火焔が悪魔の舌のように空を舐め回しているのです。二人は、奇蹟を信じながら廃墟の中を夢中になって突っ走りました。途中は破壊された石垣の蔭に身を寄せたり、死体があろうが構うゆとりもなく、民間人の

小さな壕に入ったりしながら無我夢中で走り続けるのでした。

迫撃砲の弾雨からやっと逃れたと思ったら今度は一五センチ砲弾が襲ってくるのです。一体これが戦争というものなのでしょうか。弾丸を発射する場合は、少なくとも目標がありそうなものですが、米軍ときたらまるで滅茶苦茶です。一切の生物の存在をも許容しないかのように、一斉射撃で片っ端から葬り去っていくのです。

何らの遮蔽物もない所で砲撃を受けると、心は本能的恐怖でひっくり返ってしまうのです。道路を避けて畑を横切っている時、またもや迫撃砲に追われるのでした。

〈近くに洞穴はないか、遮蔽物はないか〉と焦る心で辺りを見回すと、小さなタコ壺壕が目に入ったので、すかさず飛び込んだらそこにはすでに先客が入っていました。一人の日本軍敗残兵で、彼は失神しそうな程こっぴどく踏んづけられ、気がついた途端、「馬鹿野郎！」と怒鳴るのがやっとでした。暗くて顔はよく見えませんが、私は彼と狭い壕内で抱き合うようにして首を縮めていました。するといつしか、恐怖も忘れ親友にでもめぐり会えたかのように親しみを感じるのでした。そのうちに妙に可笑しくなり、それをごまかすように「すみません、すみません」と平あやまりにあやまるのでした。

砲声もいくらか静かになると、暫しの宿借りに礼を言って壕を飛び出したら、「気をつけろよ」とこの戦友が気付かってくれました。

歩いているうちに、宮城君が近くで何やら独り言を言いながら、もじもじしていました。

「どうした？」

近づく私を手で制して、

「駄目だ、近寄るな。」

と言って二、三歩後ろへ退るのでした。

なんでも弾丸が飛来した瞬間、彼は遮蔽物を求めて、畑の中のコンクリート囲いの肥溜《こえだめ》へ飛び込んでしまい、下半身が臭いものだらけになったというのです。このままでは気持が悪くて歩けたものではないと途方にくれているのです。人間の五官は、生命の危険を逃がれるとすぐに平常と同じように働くから厄介です。戦場の異常な状況下でも臭いものはやはり臭いのです。都合よく私はズボンを二枚着用していたので、さっそくその一枚を脱いで彼に着てもらいました。

夜明けの光が東の方からうっすらと射し始めると、足は自ずと早まるのでした。路傍の負傷者が「水をくれ、水を……」と訴えるのですが一滴の水の持ち合わせもありません。負傷者が地元から召集された防衛隊員だと知りつつも、任務を持つ身には構ってやれないのです。二人は心で詫びながら伊敷への路を急ぐほかはなかったのです。

伊敷に近付くにつれて着弾が次第に遠のき、いつしか爽やかな朝が明けてきました。美しい朝の光が四界を包み、清新な空気が風に乗って匂ってきました。地図を取り出して見ながら進むうちに往き交う人びとが急に多くなってきました。

兵隊・女性・子供、老人……およそ生命を永らえている全ての人びとが一斉に動き出したようでした。小さい女の子たちまでが手に手に水汲みの薬罐《やかん》や瓶をさげて水汲みに井戸へ急いでいるほか、ひめゆり学徒隊の女子生徒たちとも何度かすれ違いました。そのたびに妙に胸の中が熱くほてるのです。女子生徒たちは、どの顔も憔悴の影が色濃く目立っていました。

そのやつれた顔を見ていると、つい声を掛けたくなるけど、私たちは黙礼しながら黙って通り過ぎるしかありませんでした。

と、突然、

「大田さんじゃありませんか？」

と声をかけて一群の女子生徒たちの中から一人が歩み寄って来ました。

「やあ、よく生きていたね。」

私はまじまじと相手のモンペ姿を見つめるのでした。同郷の後輩で、ひめゆり学徒隊員の上江洲《うえず》美代子でした。彼女も私の奇妙な軍服姿を見やりながら、

「わたしの弟の健君のことは知りませんか？　生きているかしら……。」

と唇を震わせて問い掛けるのでした。咄嗟に私は首里から摩文仁へ撤退して間もない頃、まったく偶然に通信兵として戦場を飛び回っていた鉄血勤皇一中隊の健君と出合ったことを思い出し、

「大丈夫、摩文仁で会ったよ、少し痩せてはいたが、

元気だったよ。」
と応じました。
「まあ、ほんと。よかったわ。」
彼女は急に肩の力が抜けたように体を小さくして、
「お元気でね。」
と、会釈をすると急いで同僚たちの後を追って行きました。皺くちゃのモンペ姿が私の目に残り、しばらくその後ろ姿を見送ると、大急ぎで宮城君のあとを追い掛けました。

ほどなくして伊原《いはら》集落を過ぎ、糸洲の集落に近づくと、再び迫撃砲が襲ってきました。その轟然たる炸裂音を聞くと、〈今度こそは駄目だ。いよいよこれが最後かもしれない〉と妙に観念せずにはおれないのです。一歩一歩死の淵へ追いつめられているとの想いが拭えないのでした。〈俺の命なんか、守り抜くに足るものだろうか〉と、ふと考えたりするのです。

そのうちにようやく糸洲集落へ辿り着くことができました。その夜は砲撃も止んで、まるで何事もなかったかのように空は満天の星が輝いていました。一夜が明けると、集落の端っこの方にガジュマルの大木が枝いっぱいに青々と葉をたたえて風にゆれていました。〈まだこんな無傷な木が残っていたのか〉と感銘したものです。遠く糸満の沖合には敵の大型艦船が遊弋《ゆうよく》しているのがはるかに望見され、くっきりとした水平線を背景にその巨艦船舶は朝陽を浴びてきらめいて見えました。

〈畜生、敵艦が絵のように美しいなんて、何たることだ〉、そう思ってことさらにその晴れやかな光景を無視すべく努めるのでした。

タタタッ……。突如大気を引き裂く機関銃の響きで、美しい景色への感懐はあっけなく消え去りました。無意識のうちに身をかがめて目を上げると、今さっき飛び去ったばかりのグラマン機が大きく旋回して来るではありませんか。〈いけないっ〉、咄嗟に道路を左下方に駆けおりると、横手に壕の入口が見えました。入口は簡単な爆風除けの土堤が積んであり、一見して民家の壕と知れました。土堤を回って一歩身を隠そうとした途端、銃口がグッと胸元に突き出され、怒声が飛んできました。

「この野郎、これが見えないか。誰がここに入れといったんだ。出て失せろ。チェッ、防衛隊のくせして……。」

口ぎたなく罵るその顔といったら……。〈これが皇軍兵士か〉〈神兵だろうか〉と茫然としていると、タッタッタッタ……とグラマン機が竹を割るような音を立てて銃声が耳を聾するのでした。周りには身を隠す何物もない。思わず壕の入口に一歩足を踏み入れた途端、入口付近にいた先程の敗残兵が眼を吊り上げて、

「貴様、言ってもわからんのか。まごまごしているとぶっ放すぞ。貴様にはそこに転がっているのが見えないのか。」

銃口が指す方向に目をやると、四、五メートル前方の芋畑の中に一人の老人がのけぞっていました。黒ずんだ着物の胸がはだけて、太もものあたりに血痕がどす黒く滲んでいました。それを見た瞬間、胸の血潮が逆流するのを感じながら足早にそこを離れました。

〈まさか、彼奴が殺害したのではあるまい。そんなことできるはずがない〉と湧き起こった疑念をふり払うように首をふるのでした。その反面、〈確かに彼奴がやったに違いない〉と確信めいた疑念が執拗に追いかけてくるのでした。「貴様にはそこに転がっているのが見えないのか」、という言葉が頭にこびりついて離れないのです。頭は混乱するばかりでした。

頭上を敵艦載機の爆音が尾を曳いて過ぎていくけど、今はそれも気にならないのでした。

〈皇軍、これが俺たちの憧れていた皇軍なのか〉と自問する反面、〈いや、奴はきっと狂っているにちがいない〉と彼の仕業を否定したい気も起きるのです。その下から「まごまごしているとぶっ放すぞ。……貴様にはそこに転がっているものが見えないか」と、再びこの敗残兵の言葉が胸を抉るのです。

〈そうだ、これが戦争の戦争たる所以なのだ。平時にあっては一人殺しても極刑に処せられる。それが戦場では一〇〇人殺しても当然となりかえって英雄として処遇される。だとすれば味方を殺す場合だって大いにありうるのだ〉

と自らに言い聞かすのでした。

戦場を遠く離れて安全圏にいる人びとは、戦場にあっては何の罪科もない人びとが天皇の菊のご紋章のついた銃で非業な死を遂げさせられるとは夢にも思う

まい。私たちは「敵」という観念に翻弄されて戦場を右往左往しているが、一体真の敵とは何だろうか。誰なのか。〈戦争という捉えようもない悪魔に幻惑《げんわく》されて一切の行為や思考が目くらましの乱舞を踊らされているのではないだろうか。〉

このような複雑きわまる想念が、何か事ある毎に胸をゆさぶってならないのです。かと思うと、〈戦争じゃないか、何が起きても仕方がないじゃないか〉と別の自分が答える有様でした。

気がついたら私は、糸洲集落のガジュマルの木の下に坐り込んで物考えに耽っているのでした。いつの間にか先を行っていた宮城君が、遅い私にしびれを切らしたのか、引き返して来ました。「大丈夫か」と訊く彼の顔は太陽の光を浴びてひどく紅潮していました。

「どうして僕たちには弾丸があたらんのかなあ。」

宮城君が首をさすりながら独り言のように呟くのでした。私は黙って別のことを考えていました。〈自分たちは一体何をしているのだろう〉。かつてこんな疑問を抱いたことは一度もなく、ひたすら戦争に出て敵と戦うことだけが自らに課された使命だと、一途に信じ切っていたのです。その使命感がいつしか揺らぎ出し、心の中にそれまでとは違う一種の想念がつきまとうようになったのです。

死の脱出

かつてなく気持が混乱して、周囲の戦況から隔絶されて考え込んでいた短い時間が過ぎると、改めて身近に繰り広げられている戦場の惨状に、目を向けずにはおれませんでした。民間人や友軍将兵の死傷者が石垣の陰や馬小屋の跡に大きく膨れ上った醜い姿をさらし、全身にまつわりついている蛆が白く光って、蚕が桑の葉を食うような音を立てている。負傷者には蛆がついた方が化膿せずにすむと聞いてはいたが、こう一杯たかられては、しょせん助かる途はあるまい。このような姿を一目その肉親や知人、友人が見たらどう思うだろうか、とつい思いやられるのです。

宮城君と私は糸州の集落を無事に通り過ぎて、地図を見ると目的地の伊敷の壕は集落背後の丘を越えたらすぐ目の前にあるはずです。そこは「轟の壕」と称され、およそ二〇〇〇人も収容できるほどの巨大な自然壕で、中には小川も流れて水にも不自由なく、島田叡沖縄県知事や荒井退造警察部長らも避難しているとのことでした。

しばらく行くと、数人の友軍兵士が慌しくやって来るのに会いました。目の色がただごとではありません。

「すみません、伊敷の壕を知りませんか。」

と、一人の兵士に訊いてみると、

「何、伊敷の壕だって？　お前たちむこうはすでに敵兵が馬乗り攻撃をしているんだぜ。いまに敵兵の奴らはここへやって来るぞ。」

兵士は、足も止めずに声を投げ返すと、急ぎ足で立ち去りました。

「向こうへ行くのはよせよ。」

と、一人の別の老兵が忠告するのでした。

宮城君と私は不安を覚えながらも任務を果たすべく真っ直ぐに丘伝いに歩き続けて行きました。すると奇妙なことに、そこには遺棄死体のほか、生きている人間は一人も見当たらないのです。途中の壕もすでにもぬけの殻になっているのです。

「おい変だぞ。」

宮城君が振り返って言います。

「ウン。」

眼でうなずきながら、私は目的の伊敷へ向かって足を早めるのでした。敵のグラマン機が、思い出したように人の気配さえない丘の上を這うように銃撃していくのです。敵機に用心しながら丘を登りつめると、反対側の斜面を急いで駆け降りました。まったく人気はなく昼だというのに不気味なほど静かです。何だか狐につままれている気がしてなりません。二、三〇〇メートルも前方に人家跡の石柱が立ち、周りに石垣が残っている集落跡らしいのが望見されました。また少し丘を下りると、そこにも壕があるけど、人影はまったくないのです。二人で中へ入って見ると、日本軍の飯盒や雑嚢などが散らかって、あたかも強盗に入られた跡みたいです。傷だらけの鉄帽が投げ出され、血に染まった軍衣の襟元に大尉の襟章がついたままの上衣が投げ捨ててありました。気まぐれに着てみたら袖口が五寸ほども長く余っていました。ほんの一瞬、将校になったかのような気分を味わって内心得意でした。

「おい、見ろよ。」

宮城君がさっと壕の壁に身をすり寄せて下方を指さしました。

「アッ。」

私は思わず息を呑みました。そして着ていた将校用の上衣をかなぐり捨てました。心臓がドキドキ鳴り出し、急に息苦しくなりました。

丘を降りきった麓の平地と右手の丘の裾が境を接しているところで、夜営の準備でもしているのか、米兵たちが一四、五名、上半身裸のまま十字鍬やスコップを振るって立ち働いているのです。その傍で悠々と坐り込んでいる兵士もいます。距離は二〇〇メートルほどしか離れていないのです。あいにく小銃を持参していないので手が出せません。

「どうする?」

二人は顔を見合わせるだけでした。引き返すには再びこの丘を上らなければなりません。しかし、そうすれば敵からまる見えで危険きわまりないのです。といってこのまま壕に入ったままだと犬死するほかありません。

〈よし、突破だ!〉

私たちは冒険を試みました。いったん大胆にことを決めると割と平静になれました。二人は可能なだけ体を低くして、横の方へゆっくり匍匐前進をしたのです。慎重に土をかき寄せると、草にすがるようにしてジリジリと進みました。できるだけ敵兵のことは考えないようにして、ただ這い出したばかりの赤ちゃんみたいに、右肱で土をかき寄せながら一気に進むと、頭を地面に着けて、ホッと一息つくのでした。

パーン……、近くで銃声が聞こえると、自分たちが狙われているやに思われてなりません。次は左手に力を入れて可能なかぎり体を動かさずにいざり寄って松の木の根っ子に頭を隠しました。後ろを振り向くのが怖かったのです。息づまる思いで敵兵から見えない反対側の斜面に身を隠すと、マラソンをやった後のように息が切れました。

「どうする。伊敷へは行けないので、引き返そうか。」

敵兵を前にして二人は、再度、首を捻って思案するのでした。手榴弾を二個ずつしか持ってないので、守備軍司令部壕へ引き返すことも考えてみたのですが、益永隊長の冷たい鋭い目付きを思い出すと、それもできかねたのです。結局、丘の左斜面を迂回して、伊敷の壕まで行ってみることに心を決めました。命令は絶対に遵守しなければならない、という日頃の教えが私たちの心をがんじがらめにしていたからです。

私たちは再び山腹に沿って歩き始めたところ、獲物を探し回っていたのか、グラマン機が、まるで鷲が獲物に飛びかかるように急降下してきました。爆音が長い尾を曳いて追いかけてくるのです。二人は、思わず駆け出していました。左手に一つの小さな壕口が見えたので、〈しめた！〉と先を争ってその壕に飛び込んだのです。すると、武装した友軍兵士が数人、銃を目の前に突立てて身を屈めているのが目につきました。

「すみません。ちょっとの間入れて下さい。」

と哀れみを乞うたところ、

「なに！　入れてくれ、と。見ろ、もう入れんじゃないか。お前たち、何を今頃この辺りをうろうろしているんだ。敵はもうすぐ近くまで来ているんだよ、見付かるじゃないか。」

邪慳な声に、〈またか〉と思わずにはおれませんでした。宮城君は、「ホレ来た」と言わんばかりに気短かに出て行こうとしました。その時、旋回してきたグラマン機が再び機銃掃射を浴びせてきたので、やむなく踏み留まるのでした。

二人は黙って入口近くで身を潜め、グラマン機が去るのを待ちました。すると、思い掛けなく若い少女の声が壕内から聞こえてきました。

「兄さんたち、どうぞ入っていらっしゃい。ここは私たちの壕ですから。」

兵隊たちの後ろから二人の若い女性が顔を出しました。どちらも十五、六歳にしか見えませんでしたが、年齢の割にいかにも落ち着いた態度でした。宮城君と私は兵隊たちの間を娘たちの後について行きました。目が馴れるにつれてこの壕は、奥へ深く、広くなっています。暗く佗しい光が数人の疲れ果てた顔つきの住民の姿を映し出していました。壕内は、避難民たちの失意と疲労に充ちていました。入口の友軍兵士たちは、一人の曹長級の下士官が指揮者のようでした。

「敵がこのすぐ裏まで来ているのを知っていますか。」

と言ったらギョッとしたようですが、すかさず威厳を

取りつくろって、

「奴らがここまでやって来たらすぐに追払ってやるよ。」

と当初に二人を怒鳴り立てた曹長は軍刀の柄をむんずと握り締めて断言するのでした。暫くして奥に引っ込んでいた少女たちが再び顔を出して、二人の星のついていない軍服を見て、一人が、

「お兄さんたち、学生さんですか。」

と、はきはきした声で尋ねました。若やいだ微笑が顔に溢れていて、つい私もニッコリして「そうだよ」と頷きました。

「どこの学校ですか。」

別の少女が訊き返しました。太陽が壕の入口に反射し、少女の水晶のような美しい瞳が輝いて見えました。首里の荒涼たる廃墟から摩文仁へ退って、そこで見た山野の緑の美しさに打たれた時の感動にも似た思いで、まじまじと少女の眼をみつめるのでした。それはみじんも戦塵に汚されることもなく澄み切っていました。首里以来はじめて人間の眼を見た思いがしたほどです。

「僕たちは師範学校の生徒だよ。」

つい晴々とした声で私が答えると、

「伝令で伊敷の壕へ行くところだよ。」

宮城君がつけ足してくれました。

「まあ、伊敷へですって。」

一人が大仰に驚いて見せたので急に不安になりました。

「まだ遠いの。」

「いいえ、でもあの辺りは昼は危なくて、とても行けないと聞いています。夜になってから行かれる方がいいですよ。」

別の少女が気づかってくれました。

「お兄さんたち、何年生?」

涼しい目をした少女が訊いたのです。

「二人とも本科二年生だよ。」

「ええ、ではうちの三郎兄さん知らないですか?」

「三郎というと?」

「上原三郎っていうんです。」

「あ、上原君か、よく知っているよ、同級生だよ。」

私は驚いて答えました。那覇商業学校から本科一年に入った糸満出身の上原君は、色が白くがっちりした

体躯の持主で、在学時代空手をやっていたのに似合わず、おとなしい好男子でした。特別幹部候補生の試験を受けるため学期半ばで出身地の糸満へ帰ったきり、会ったことはありませんでした。

一人の少女が奥へ引っ込んだかと思うと、当の上原君が出てきたのには驚かされました。久し振りに会ったのでお互いの肩を抱き合って奇遇を喜びました。しかし上原君は、思いなしか学校時代より痩せて、顔一面に憂愁の色を濃く惨ませていました。

「どうした、病気か。」

ときいても、彼は淋しく笑うだけでした。

宮城君と私は壕の一番奥へ案内されました。幼い子供たちが母親の膝にもたれ、闖入者の私たちを不安そうに見つめるのでした。ローソクの火が揺れるたびに、子供たちの顔が脅えて見えました。壕の奥の方には薪や鍋かまがきちんと並べられ、お椀が天井から落ちる雫を受けるためあちこちに置かれています。

上原君は一段高くなった所にゴザを敷いて寝床にしていました。壕の片隅に坐っている一人の老人と上原君のほかには男はいませんでした。いずれも糸満の人たちで、幼児までいれると一〇名近くが入っていました。

「あなたたちは、敵兵が裏手の丘まで来ているのを知らないでしょう。」

と告げたら人びとは驚くばかりでした。四、五人の母親たちがしっかりと幼児を懐へ抱きしめると、周りの気配に驚いたのか子供たちが泣き出してしまいました。一人が泣くと次の子もまた次の子も……。泣き声が敵に聞こえるのを怖れて母親が慌てて手の平でその口を押さえるしまつとなりました。

「今日明日にここまでやって来ることはないだろう。」

件の老人が皆を落ち着かせるためか断定的に言うのでした。それを聞いて誰も彼もがホッとした様子でした。

そのうちに、上原君のお母さんが山盛りの白いご飯をすすめてくれました。別の母親がお味噌をそえてくれました。

「何も食べてないだろう。遠慮なく食べろよ。」

上原君に促されて、二人は遠慮するのも忘れて食べました。これがお米というものか、生れて未だかつて白米がこれほどおいしいと思ったことはありませんでした。あまい味覚が口いっぱいに拡がり、二人は口も利かずに大盛のご飯を一息で平らげたので、お母さんたちは満足気に喜ぶのでした。いつの間にか壕入口近くに陣取っていた友軍兵士たちが、横目で私たちをにらむと、「チェッ」と舌打ちするのが聞こえました。食べ終わると二人は、上原君と並んでゴザの上に仰向けになりました。何だか寄宿舎に帰った気がするのでした。

「僕はもうこの戦争は負けると思うよ。なあ大田君、君たちはそう思わんか。」

上原君は、声をひそめて悲観気に言いました。

「まだまだ大丈夫だよ。」

私は自分自身に言いきかすように答えたのですが、そうでも思わない限りやりきれない気持でした。

「わが軍の飛行機さえ来てくれたらなあ。」

宮城君がそう言って嘆息しましたが、それはおそらく皆の想いでした。二人の少女も母親たちと一緒に、聞くともなく私たちの話に耳を傾けていました。まるで戦いの帰趨が私たちの話にかかっているかのように頼り切っている様子でした。か弱い少女たちにとっては、むりもないことで、いつしか壕内は沈黙に沈み、灯火に雫がかかったのか明りが点滅しました。

突然、パンパンパンと銃声が壕内の空洞に大きく響いてきました。一瞬、宮城君と私は手榴弾を握って飛び起き、壕の入口へ急ぎました。壕入口にいる兵士たちが手に手に銃を持って色めき立っていました。彼らの顔は、不安と恐怖で引きつり暗く歪んでいました。

「曹長、いけねえ。狙撃兵がこの台上に来ています。」

偵察に出た一人の兵士が低い声で報告していました。

「しまった、まさか台上へ来るとは……。」

曹長は悲痛な声を出すと、しばし目を落として考え込んでいる様子でした。

不気味な銃声はより一層近づいてきました。いよいよ最悪の事態に出くわしてしまった。何よりも怖れていた馬乗りにされてしまったのです。サイパン、テニアン島の玉砕以来、敵に馬乗りにされた場合の悲劇を何度も聞かされてきただけに、取り返しのつかぬ無念の想いに胸を塞がれました。「馬乗り攻撃」というのは、日本兵や住民がたて籠っている壕に入口を爆破して塞いでおいて壕の上から削岩機などを使って穴を開け、ガソリンを撒いた後焼夷弾を投入して焼き払ったり、爆薬やナパーム弾や黄燐弾などを投げ込んで中の人びとを殺りくするのです。

馬乗りされたと聞いて声をしのんで泣き出す女性もいました。それを見て子供たちが火がついたように泣き出しました。「シッシッ」、母親たちが必死になってそれを押さえます。宮城君が手榴弾の安全ピンを抜いて入口で身構えました。上原君は諦め切ったのか姿を見せませんでした。

壕入口の敗残兵たちは銃を手に、何事かをヒソヒソと話し合っていました。それを見ると妙に気持が落ち着いてきました。幸い敵兵はまだ壕内の様子をよくは知らないようです。

昭和二十年六月十七日の正午頃のことでした。壕上部の台上に迫った敵兵たちが丘を降りて来て手榴弾でも投げ込んだら一体どうなるかと私は、幼児たちのことを思い、不安になりました。

「曹長、拳銃に弾丸が入っていますか。」

今では一箇しかない手榴弾を手にしながら、私はふと口にしました。弾丸が十分にあるかが気になって仕方がなかったからです。

「何だと、貴様は俺がだてに拳銃を持っているとでも思うのか、入っているか入っていないか試してやろうじゃないか。」

と彼は私の胸元に銃口を突きつけました。その狂気じみた目を見て私はハッとしました。

「すみません、弾丸がないもんですからつい気になったのです。気に障ったらお詫びします。」

どうしてこの人がこんなに腹を立てるのか理解できなかったのですが、素直に謝りました。

「貴様は、学生のくせに俺を侮辱したら許さんぞ。」

曹長は凄い形相で吐き出すように言うと、やっと拳銃をおろすのでした。

パンパンパン……一段と銃声が近づいてきたので宮城君は壕入口の壁に身を寄せて身構えたままでした。

〈敵が壕の上の丘から降りてくる〉と、不安が募る一方でした。〈こちらが手榴弾を投げると敵がその仕返しに爆雷や手榴弾を投げ込んだらひとたまりもなくやられてしまう。入口も一つしかないし、黄燐弾を投

げ込まれたら窒息するしかない。もし火炎放射器でも持ってこられたらなおさら大変だ。〉

あたかも火炎放射器の火炎が真っ赤な舌を出して今にも私たちを一絡げに焼き尽くすのではないかと思うと、戦慄を禁じえないのです。子供たちの引きつった泣き声が奥の方から漏れてきます。

〈この幼い子供たちを救う方法はないものか〉、この一点だけに集中して解決策を考えようとしても、容易にいい知恵は浮かぶはずもなく、ただいらいらするばかりでした。すると件の兵隊たちが雑嚢を肩から下げ、鉄帽の紐を締め直して、銃をとって立ち上がりました。

「何するんですか。」

無謀なことをされては困る。私は無意識のうちに彼らの前に立ちはだかったのです。

「退け退け、俺たちが出て、奴らを追っ払ってやるから見ておけ。」

そう言い棄てるなり、私を突き退けるようにして敗残兵たちは入口で暫し外の様子を窺っていました。

宮城君と二人で無鉄砲な暴挙を止めさせようと必死に止めるのですが一向に聞き入れようとはしないのです。彼らは銃をとり直すと、敵兵を追っ払うと言って一人ずつ壕を出て行きました。その無分別な行動から見て、恐らく『歩兵操典』など一度も読んだことがないに違いない、と腹立たしくさえなりました。敵の馬乗り攻撃を怖れて、慌てて壕外へ出ようとする蒼惶《そうこう》たる態度から見て、敵を追っ払うという口実でじつは逃亡を図ったにちがいないのです。しかもこの真っ昼間に……。果たして私たちの危惧は事実となって現われました。

友軍兵士たちが壕を出た途端、壕のすぐ前あたりでパンパンパンと自動小銃の音が立て続けに響きました。壕内の人びとはその真近な音に動揺して互いに抱き合うのでした。タタタッ……小銃に和して軽機関銃が辺りの空気をふるわせています。最後の一人の兵隊が出たと思った瞬間、よろよろと人影が壕入口に立ちふさがった。と思ったら、横倒しに倒れました。「やられた」と呻く声が聞こえました。その瞬間、すかさず宮城君が手を伸ばして彼を壕内に引きずり込みました。今さっき出て行ったばかりの指揮官の曹長でした。顔面が蒼白になり苦痛で口元が歪んでいます。胸の辺りから血がふき出し軍服を真赤に染めていました。

「今出てはいけない、今はいけない。」と、彼は譫言《うわごと》みたいに繰り返すのでした。〈それみたことか〉と無性に腹が立ったけど、見捨てるわけにもいかず、取りあえずあり合わせのもので応急処置をすべく上着のボタンを外して胸を広げると、血が溢れ出ました。銃弾が右肺のあたりを貫通していて手の施しようがありません。痛みで苦悶しているのを見ると、まるで自分がやられたかのように全身に脂汗が滲み出るのでした。

女性や子供たちは見てはいけないと思ってか目を背けていました。母親たちは幼児を懐奥深く抱きかかえて壕の奥の方へ身を隠しました。刻一刻血の気が薄れてゆく曹長の顔色を見つめながら、為すすべもなく徒らに胸を掻きむしるだけでした。

すると突然、うつ伏せていた彼が少し身を起こすと、か細い声で、「天皇陛下万歳」と絞り出すように唱えると、がくっと肩を落とし事切れてしまいました。一瞬、全身が錐《きり》で突かれでもしたように神経がピリピリふるえました。入口を見張っていた宮城君も内部の民家の人たちもただ姿勢を正すと深く頭を垂れるだけでした。外では依然として銃声が大気をふるわせていました。壕内のローソクの光が大きくゆらいだかと思うと、燃え尽きたのかボーッとあたりが急に暗くなりました。

そんな時、先に壕を出たばかりの別の兵隊がフラフラしながら壕へ入って来ると、入口付近で倒れてしまいました。

「学生さんお願いだ、俺を病院まで運んでくれ……。なあ頼む。俺は痛いんだ、苦しいんだよ。」

彼は、意外にもはっきりした声で苦痛を訴えるのでした。

「苦しいよう、俺の体に破片が入っている。取り出してくれないか、助けてくれよ。」

「よう学生さん、俺のかくしには金も入っている。みんなやるから病院まで連れて行って……。貯金通帳もある、苦労して……貯えたものだ。それもみんなあげる。」

必死に喋り続けながら、彼は苦痛にのたうちして転げ回るのです。手のつけようもなく、ただ茫然と見ているしかありません。彼は、再び「水、みず」と要求すると匍匐しながら母親たちが雫を受けているお椀を片っ端からひっくりかえして飲んでいくのでした。這いずり回る彼に手こずって、もはや誰も相手にしませんでした。

宮城君と私は、迫り来る死の影と闘いながら、これからどうして任務を遂行したらよいのか、考えあぐねていました。突然、「水をくれ、みず……」と言う声にギョッとしました。〈まだ生きていた……〉、見てはいけない恐ろしいものを見ている気持でした。宮城君が飯盒の水をふくませてやりました。負傷兵は、喉をゴクンと鳴らしておいしそうに飲んだもののまだ足りないのか何遍も何遍も舌なめずりしているうちに動かなくなりました。

しつけられているせいか、子供たちは泣き声も立てず、ヒクヒク喉をひきつらせているのです。今では宮城君が一人で外を見張っているのが壕内の人びとにとって唯一の頼りでした。上原君は絶望し切ったのか壕の奥に引っこもったまま依然として姿を現わしませんでした。

二人の親切な少女たちも、血の気をなくして壕の片隅にじっと蹲《うずくま》っているだけでした。宮城君と私は、これらの壕内住民をいかにして安全な場所に移せるのか、と考えあぐねるのでした。すでに壕は敵に馬乗りされているだけに、どうしても他所へ移らねばならない、と土壇場に追いつめられていたからです。

〈今に米兵たちが手に手に爆雷か、黄燐弾か、それとも、あの怖ろしい火炎放射器を持って来たら……どうしよう〉、私たちは何らの良い解決策も思い付かず、頭は惑乱に陥るばかり……。パンパンと台上と入口付近から銃声が聞こえるとなおさらでした。

〈まさか、いくら敵とはいえ、この罪もない人びとを殺すことまではすまい。武装もしてない女子供たちだから……〉と思う反面、〈いやいや、敵が殺すとなれば女子供だって皆同じと見做すに違いない〉と、心の片隅でそれを否定するのです。それと共に日本軍が日頃口にする恐ろしい宣伝文句が真実の光を帯びて迫ってくるのです。それはかつて私たち千早隊員が軍の指示どおり宣伝して回ったことでもあるのです。曰く、〈女は捕まったが最後、犯されなぶり殺しにされたあげく素裸にして戦車の前に括りつけられて弾よけにされるのだ〉。

〈鬼畜米英は、日本人を地球上から抹殺すべしという野望を持っているから、軍人と民間人の区別など一切しない。〉

果たしてこんなむごいことが実際に起こり得るのだろうか。私たちの方を不安そうに見ている少女たちの眼を見ていると、〈いくら何でも悪魔でない限り、そんなひどいことをするはずがない〉と祈りに似たような気持でむりやり自分に言い聞かすのでした。

こうしていまわしい想念を消し去ろうとする反面、〈いや、戦争では人間が人間でなくなってしまうので何でもする、戦争にあって人間世界で通用するモラルなどは一切通用しないのだ〉といった想いが執拗に食い下がってくるのです。そのため何とも言えない切ない気持が昂じて、いっそのこと一思いに全員一緒になって死ぬ方が良いのではないか、とまで思い詰めざるをえないのです。思い余って監視中の宮城君の傍へにじり寄って小声で相談しました。

「明るいうちに皆をここから出したらどうだろう。」

宮城君の心配の種もまったく同様で、どうすればこれら民間の人びとを救うことができるのか、という一点に尽きました。

「ぼくもそう思っているんだが。」

と相槌を打つので、ホーッとしていたら、いつの間に来たのか上原君が背後から、

「だめだ、壕を出たら皆殺しになるよ。さもなければ皆捕まってしまうよ、そしたらどうなると思う。」

と声を荒げて反対するのです。

「あたし、捕まるくらいなら死んだ方がましです。絶対にイヤ。」

傍から眼のきれいな少女が厳しい声で口をはさむのでした。

純粋そのものの彼女たちが今にも舌を噛み切ってしまうのではないかと気が気でなりませんでした。彼女たちの表情から固い決意が読み取れたからです。死んでも自分の身を守ろうと一途に考えているやに思われたのです。鬼畜生と呼ばれる敵兵の飢えた毒牙を想像すると、いかなる手段を講じても清純そのものの少女たちを守り通さねばなるまい、と心底から思うのでし

た。母親たちはもはや考える力も失せたのか、若者たちの打開策を期待しているかのように、ただ黙って私たちを見ているだけでした。

敵は突然思いがけない方から兵隊が飛び出したのを見て警戒したのか滅茶苦茶に撃ちまくっているだけで、丘を下りてくる気配はありません。しかし、それも時間の問題でしかなく、刻一刻と迫ってくる最後の運命に対する不安は、払いのけても払いのけても濃くなるばかりでした。

壕内の子供たちも今は泣き声一つ立てず、理解できないこの現実を知ろうとでもするかのように大人たちの顔を見回しながらじっとしています。それだけにひとしお鬼気迫る感じがしてならないのです。

ああ、それにしても私たちは、余りにも深く軍の宣伝文句に骨がらみにされていました。

「ね、ここを皆で一緒に出ましょうよ。喜屋武辺りまで行けば、何とかなるでしょうから。」

上原君の妹の眼のきれいな少女が嘆願するように傍から言いました。

〈そうだ……〉、私はふと、一つの考えを思い付きました。

「おい、敵は五時頃になったら、きっと後方に引き上げるにちがいない。その時に皆で出ようよ。」

と提案しました。これまでの経験からすると、敵は夜襲を恐れてか夕方になると必ずといってよいほど本陣地に引き上げていました。そして翌日はまた早朝から出てきて、攻撃の的を絞り、一歩一歩確実に日本軍の陣地を占拠していくのが彼らの戦法であったからです。どうしてこれに気付かなかったのかと、自分の迂闊さに腹が立ちました。

「ここを出るったって、何処に行っても隠れる場所の当てもないし、途中で砲弾にやられるより、皆揃って最後までここにいた方がいいよ。」

と言って老人と母親たちが壕を出ることには強く反対しました。上原君もそれに賛同するのでした。そのため右するか左するかを決めかね、敵の攻撃に用心しながら、落ち着いて夕方まで待ってみることにしました。

「ねえお願い、決して私たちを見捨てないで一緒に連れて行ってくださいね。三郎兄さんたら、前は私たちを臆病だと叱っていたくせに、この二、三日急に元気がなくなって、かえって私たちが励ましているんですもの。ですから、ほんとによろしくお願いします。」

少女たちは、何度も頭を下げて哀願するのでした。そのためか上原君の母親も、居残りの考えを変えて、私たちとの同行を乞うのでした。

不安ながらも一つの案が浮かぶと、急にそれまでの疲れが出て、私は宮城君と交代して壕の入口近くで外の様子を見張っていながらついうとうとしていました。

せっかく炊いたご飯を敵襲が心配なる余り、朝から誰も手をつけてないから、食べませんかと言われて、宮城君と私は喜んで頂戴しました。万一のため外の皆さんもしっかり腹ごしらえをしておいて下さいと勧めても、誰も箸をとろうとはしません。上原君は皆のことを気遣うあまり昨夜以来何も食べていない、と母親は嘆息するのでした。二度とこんなおいしい銀飯にありつけるとは思えない。きっとこれが最後の銀飯になるにちがいないと、二人は恥ずかしさも忘れてお腹一ぱい食べていたら、少女たちが温かいお茶を注いでくれました。それを一口に呑みほすと、お茶の香りが胃の腑に染み透るのでした。食事が済むと〈これでよし〉と、ほのぼのとした安心感が湧いてくるのでした。

私は壕の入口に戻って見張りを続けました。

敵機が何度も丘の上を旋回しているようでした。疲れ切ってしまったのか、宮城君は壕壁に凭れてぐっすり寝入っていました。

日が傾いてくるにつれ、緊張感が全身を包むようになりました。遠く糸満沖の空は夕焼けがして、水平線から黄金の光が大空いっぱいに手を伸ばし、花火のように美しく彩っていました。見渡す限り果てしない青海原と山城集落裏手の剥き出た白い岩肌がコントラストをなし、千切れた夏雲が置き忘れられたようにその上を漂っていました。艦砲射撃の砲声も次第に衰え、いつしか風も凪いでいきました。美しい自然とは逆に、次第に心は緊張し、全身の神経もとぎすまされてくるのです。

ややあって、宮城君も上原君も少女たちも、心配そうに壕の入口まで出て来ました。みんなは、壕の入口から望見される絵のような夕景色を眺めながら、銃声が聞こえなくなるのを待っていました。二時間、三時間、だが予想に反して敵は去りません。私は信じかねて目をつぶるのでした。すると、上原君は黙って壕の奥へ戻って行きました。一縷の望みも断ち切られ、弱気が自ずと全身を包みこむのでした。〈元気を出さなくては〉と自らを叱咤しながら、今一度宮城君と善後策を話し合いました。

敵の様子から見て、すぐに攻撃に出てくるとは思えないのですが、機関銃の弾着から見て壕の上には、狙撃兵ががっちりと稜線を固めている様子が窺えました。ことここに至っては、翌朝、夜が明け切らぬうちに居残りを希望する者を除いてみんな揃って壕から出よう。そして後は、運を天に任せるしかない。当面の問題は、敵の馬乗り攻撃から逃れることだ、と覚悟を決めました。その意味のことを宮城君に話すと、下を向いたまま黙って聞いていた宮城君が、突然、顔を上げて、

「それはそうと、ぼくたちの伝令の任務はどうなるんだ。」

と反問しました。一瞬、私は頭をグワーンと殴られた気がしました。迂闊にも最も大事な任務たる伝令のことはすっかり忘れていたのです。伝令、伝令――全ての計画がこの任務の一言でご破算になりました。「どうする? 宮城君と再び話し合うしかありませんでした。あくまで敵中を突破して伊敷の壕まで行くか、それともいったんは状況報告のため軍司令部へ戻るか、容易に判断がつきかねるのでした。そのあげく、現状況下では、敵中を突破して伊敷の壕まで行くのは不可能だと考え、一応は報告のために守備軍司令部に戻ることに話がつきました。死ぬことは易しい。だが、まだまだ使える命だとの思いで自らを納得させるしかなかったのです。

心が鉛のように重く沈むのを意識しながら、壕内の上原君や他の人たちに任務のことを話してみんなと別れねばならないと告げました。そして翌朝すっかり明るくなってから壕内の人たちはできるだけ一人残らず手を上げて壕を出た方がよいと強く勧めました。その上で暗いときに絶対に行動せずに、昼に出ること、そして最善を尽くして民間人であることが敵に分かるようにしてほしい、と注意しておきました。さらに死ぬことは捕まった後でも状況によっていつでもできるはずだから、決して自ら死を早めないでほしい、ととくに強調しました。

「何も今さら任務があるからと言って戻る必要はないじゃないか。一緒にいてくれよ。」

上原君が怒ったように言う。二人の少女も目をしばたきながら、「お願いですから一緒に連れていって……」と哀訴するのでした。他の人たちも、死ぬか生きるかの瀬戸際だから是非とも同行させてくれと必死の面持で哀願するのです。こうなると私たち二人は、どうしてよいか大いに迷わざるをえませんでした。〈こんな状況下では伝令の任務などもう忘れてもよいのではないか〉と思う反面、「軍命」の絶対的厳しさを改めて恐怖感を以て想起せざるをえないのでした。

〈戦場では私情をさしはさむのは絶対に禁物だ。ここは心を鬼にしてでも任務の遂行を最優先にしなければならない〉と考える一方で、すぐまた、〈自分たちは学生であって正規の職業軍人とは違う。だとすればこうした状況下では各自の判断で行動してもよいのではないか。とりわけ、非戦闘員の世話を見るためなら……〉と自己弁護の考えも浮かぶのです。右すべきか左すべきか、私たちは判断に迷い、心理的葛藤に疲れ果ててしまいました。しかし結局は、任務を最優先にすることに決断するしかありませんでした。

わずか一日、二日ほどですっかり肉親みたいに親しくなったこれらの人びとと別れるのは、言葉では言い表わせぬほど辛いことでした。それを怺《こら》えて二人は同行できないことを率直に詫びて理解を乞うたのです。そして上原君に元気を出して皆をうまく救出してくれと、頼むよりなかったのです。しかし、上原君は早くも諦め切ってしまったのか黙ったままでした。どうしても引き留めることができないと断念したのか壕内の人びとは、今度は何かと私たちの身の回りのことを心配してくれるのでした。軍服ではすぐ敵に見つかってしまうというので、上原君のお母さんが、自分の持物から黒ずんだ着物を二枚取り出して着せてくれました。二人は女物の着物を服の上から着て鉄帽をかぶると、奇妙な姿の兵隊に早替りして苦笑したものです。

〈さあ、これで脱出だ!〉、改めてお礼を言い、一人ひとりの顔を見回してから、壕の入口で出発の好機を窺っていたら、壕内の人たちが身近まで近寄って無事に脱出するのを見守ってくれました。

「大分暗くなりましたよ。」

上原君の妹さんが声をかけてくれました。気丈にも少女たちは二人で入口を見張っていてくれたのです。

壕の外はまだそれほど暗くはなっていず、相変わらず不気味な銃声が鳴り続けていました。大きな冒険に乗り出すかのような緊張感で、誰もしわぶき一つしません。幼い子供たちは、母親の膝の上で無心に眠っていました。月はいくらかかげり、しばらく銃声がとだえました。

〈今だ!〉、私たちは急いで壕を出ました。後ろ髪を引かれる思いをしながら斜面を滑り落ちるように当初は匍匐して進みました。音を立てぬよう神経を張りつめて匍匐するのですが、膝が地を擦る音、手が草に触れる音にも静か過ぎる天地が怨めしく思われるのでした。五、六メートルも進んだかと思ったとき、バーン、バーン、ビューン、ビューンと小銃弾が、頭上をかすめて飛び交いました。

〈しまった、見つかったか〉、背筋に冷たいものが走り、何とも言えぬ気持に捕らわれるのでした。それまでの経験から、小銃弾ほど気味の悪いものはありませんでした。二人ともやもりのように地面にへばりつくと、両手で頭を挟んで、暫くじっと息を殺していました。ピューンピューン、流れ弾が飛び交う下を一息つくと、また二、三メートルほど進む。その繰り返しでした。

すると、何か固いものに手が触れました。靴でした。その靴をはいた友軍兵士が倒れているのです。おそらく昼間に壕を出て行った兵隊の一人に違いないのです。照明弾の青白い光が頭上で、大きく花を開くと死者の顔が浮き彫りになり、顔見知りの兵隊だと確認できました。照明弾が色褪せるのを待って二人はまた腹這いになって前進しました。すると、またもや一人の友軍兵の死体が転がっているのに出会いました。この死体も昼間に壕を出た兵隊の一人に思われました。何となく縁起が悪い感じがしてならず、急いでその場を離れました。

「おい宮城君!」

声を殺して呼んでみると、彼は長く延びた草むらの間からガサガサと音をさせて腹這って来ると、私の傍に顔を並べました。

「大丈夫か。」

「ウン。」

彼は軽く頷いて見せました。二人は身を伏せたまましばらく間合をはかると、むっくりと立ち上がるなり一気に一〇メートルほどもかけ降りると、身を投げるようにして伏せました。その途端にタタタタッと軽機関銃が火を吐くのでした。やはりまだ狙撃兵は壕の上に張り付いたままだったのです。喉がからからに渇いて痛くなりました。すぐ傍に亀甲墓が目に付くと、私は脱兎の如く墓前に転げ込みました。

「アッ」、一瞬私は息をのんで棒立ちになり、無意識のうちに、手榴弾の安全栓を抜いていました。

二、三メートルと離れていない目の前に、黒い人影が見えたのです。

「た、たすけて!」

相手は奇妙な叫び声を発しました。咄嗟に私は、「山」と叫びました。「川」という合言葉が即座に返ってきました。やれやれ、ほっとして近寄ってみたら、なんと、二人の海軍兵がこちらを敵と間違えたのか、まだ両手を挙げたまま呆然と突っ立っているではありませんか。

「友軍ですよ。」

と、すかさず声をかけても海軍兵士たちは、いまだ信じかねたのか、両手を下ろそうともしないのです。暫くして友軍だと分かると、彼らは、へなへなとそこへしゃがみ込むのでした。そのうち彼らは、私たちが地元の者だと知ると、喜び勇んで持ち合わせの食糧品を分けてやるから是非同行させてくれと必死に頼みこむのでした。宮城君と私は困惑したのですが、今さら見捨てるわけにもいかず、結局、勝手についてくるのはいいが、人数が多いと敵にばれるからできるだけ離れて行動するようにと告げて後、私たち二人は畑の畦に身を寄せ、大きく息を吸うことができました。後ろを振り返って見ると、二、三〇〇メートル後方に、今さっき別れて来たばかりの上原君の家族らがいる小高い丘が黒々と横に羽を延ばして眠っています。

荒涼たる廃墟を照らす月の光は、何とも心に沁みるものです。焼けただれた松の木の残骸が、影絵のように映っていて、私は、畦に背中を預けてその光景を眺めながら呼吸を整えました。

「大田君、大田君。」

前方から宮城君が呼ぶ声が聞こえました。二人は危険な道を通りこしてやっと立って歩けるところまで出ました。だが、二人とも妙に黙りがちでした。同行できなかった上原君の家族やその他の親切な人たちのことが気掛りで仕様がなかったのです。

（上原君一家のその後については詳細は知らないが仄聞《そくぶん》するところによると、お母さんだけが負傷して生き残ったようです。上原君と妹さんが、どこでどのような最期を遂げたのかは分からないけど、ただ敵手に捕えられなかったことだけは悲しくも確かのようです。）

翌朝、私たちはようやく米須《こめす》集落まで辿り着くことができました。避難民たちが、わずかばかりの身の回り品を持って、疲れ切った足どりで北の糸満方面へ向かうのもいれば、逆に摩文仁へ南下する人びとも少なくありません。

また地元住民とは別に、武装もせずボロボロに破れた軍服を着た亡霊のような兵隊の一群が、集落の角で右往左往しているのが見えました。この一帯は文字どおり「死の道」と言うほかないほど、至る所に屍体が折り重なって、直視し難いほど激戦地の相貌を呈していました（戦後に分かったことですが、集落の一家全滅が四〇パーセントを越しています）。その凄惨な修羅場の光景は、あたかも明日に迫ったこの沖縄島の運命を暗示しているようで、不吉な予感に身震いせずにはおれませんでした。

やっとの思いで見馴れた摩文仁の集落を過ぎて、守備軍司令部壕入口に近付いたとき、大度《おおど》集落の方から、あの特徴のある米軍戦車砲の金属音が響いてきました。いつしか摩文仁丘の守備軍司令部壕への敵の包囲網は、ジリジリと確実に狭まりつつあったのです。それを見越したのか、早くも何人かの守備軍将兵が、指揮系統を失ったのか武器さえ持たずに彷徨しているのが目立っていました。

そのような将兵に混じって行く宛ない地元住民が、敵の包囲網から脱出すべく最後の空しいあがきを続けている姿は、まさに哀れの一言に尽きました。

摩文仁丘中腹の軍司令部壕一帯は、岩や丘の起伏が形も留めぬほど変わり果て、伝令に出る前とは様相がすっかり変わっていました。

破局を迎えて

宮城君と私が、やっとのことで、軍司令部の壕へ足を踏み入れたら、何とそこには、わざわざ伊敷の壕に呼び戻しに行った当の伊豆味雋君と安里武泰君が舞い戻っているではありませんか、喜ぶと共に私たち二人は「なーんだ」と苦笑するしかありませんでした。

益永隊長は、私たちの報告をろくに聞こうともせずに忙しそうに歩き回っていました。ついに守備軍司令部も最後の局面を迎えたように思われました。壕内の狭い道路脇には重傷患者たちが診る人もなく、ひしめき、壕壁に寄りかかってうつろな目で足下を凝視していました。その側には骸骨のように痩せ細った何人かの兵隊が身動きもできずにうずくまっていました。嘔吐を催すほどの膿臭と血の臭いが、むんむん立ちこめる人いきれと流通のきかない濁った湿っぽい空気の中で発散していました。そして呻きとも嘆きともつかぬ負傷者たちの声が、洞窟の低い天井に重苦しく響いて、まるで全ての物が煮物みたいにドロドロに蒸れていました。

その断末魔の様相は、まさに生き地獄というよりありません。その中を通り抜けて、宮城君を先に情報部の壕へ戻すと、私は壕の奥の方へ入って行きました。壕には千早隊の伊豆味雋君や仲真良盛君、比嘉盛輝君らがいると分かっていたので、最新の情勢について知りたいと思ったからでした。

すると途中で益永隊長に出交《でくわ》しました。すると同隊長は、

「軍司令官の命令で、学徒隊は、解散することになった。そこでお前たちも本日を以て一応解散せよ。そして敵中を突破して国頭へ集結してゲリラ戦に従事せよ。今後はいかなる場所にいても、召集がある時は、ただちにやってこい。万一敵に捕まっても、決して死んではいかん。そして常に敵の背後に出て地下工作することを忘れるな。いいか、判ったら皆にそう伝えろ。」

と言うなり、忙しげに壕奥の方へ消えました。

「解散!」、一瞬、私はガーンと一撃食らわされたかのようにめまいがしました。

鉄血勤皇隊の一員なるがために、任務を持つが故に、

まるで生木を裂くような思いで別れてきた上原兄妹や避難民のことが、すぐに脳裏に浮かぶのでした。

〈こんなことになるなら同行するんだった……〉

今さら悔いても後の祭りでしかないけど、いつまでもそのことが心残りでならないのです。しかも益永隊長は、私たちが時には恐れ、時には最後の憩いの場として希求さえしていた「死」そのものさえも、禁じたのです。どこまでも自分を追いかけてくる隊長の命令が、呪わしくさえ思われるのでした。軍隊という組織内では、個々の人間が命令によって操り人形みたいに自由自在に操られること自体、今では無性におぞましく感じられるのでした。

〈ああ、もうどうにでもなれ〉、私はすっかり取り乱して、わけもなく壕の奥の方へ入り込んで行きました。

驚いたことに牛島司令官は、(昭和二十年)六月十八日を期して学徒隊の解散を命じたにもかかわらず、一方ではまさにその日に、私たちが所属する千早隊の益永董隊長宛に次のような命令を出していたのです。

「訓令

陸軍大尉益永董

貴官ハ千早隊ヲ指揮シ軍ノ組織的戦闘終了後ニ於ケル沖縄本島ノ遊撃戦ニ任ズベシ

昭和二十年六月十八日

第三十二軍司令官牛島満」

このような訓令を受けて益永隊長は、千早隊員に「死ぬな」と命じたのかも知れません。

壕内に入って暫くすると、垂直坑道脇の軍司令官室の隣の壕から、金モールの参謀肩章を肩から胸に吊った第一装の参謀たちが、次々に司令官室に姿を見せました。周囲の混沌とした状況にそぐわぬ参謀たちの燦然たる威風に目を奪われました。

暫くして軍司令部首脳たちが最後の酒宴を催すのを目の辺りにして、いよいよ最後の時が来たのか、と胸が締めつけられるのでした。万感の想いを抱きながらその晩は、情報部の壕には戻らず守備軍司令部壕の片隅で過ごしました。

翌日は早朝から壕内が一種のとげとげしい空気に包まれ、只ならぬ雰囲気をかもしていました。そのため私は、沖縄守備軍司令部の最後の場面をじかに自分の眼で見たいとの想いから、その日も終日司令部壕に留まっていました。

夕方になり、一〇人近くの顔見知りの参謀や高官たちが、前夜の金モール付きの威風堂々たる軍服とは打って変わって黒っぽい筒袖の民間人の着物に着替えて出て来たのには、ひどく驚きました。一行の所作から判断して、どうやら地元住民に変装して敵中を突破する積りに思われました。

千早隊同僚の仲真君によると、その中の何人かは敵中を突破して大本営に沖縄戦の実情を報告する任務を負わされ、残りは敵中を突破して沖縄本島北部の国頭に集結して最後の一兵に至るまでゲリラ戦を戦うというのでした。その一行にわが千早隊の益永隊長も加わっていたので道案内として、千早隊の伊豆味雋君、仲真良盛君、比嘉盛輝君の三人がついて行くことになりました。

こうして夜更けとなり、軍司令部壕の海岸寄りの裏口から出て行く一行を私は、果たして敵中を無事突破できるだろうかと危惧しながら、複雑な想いで見送っていました。

参謀たちの白い手や脛が黒い着物からはみ出し夜目にも白く映っているのを見たとき、〈ああ、戦争に負けたな〉と嘆息せずにはおれませんでした。と同時に私の目には、一行の前途にこの戦争の悲惨な結末を象徴するかのような不吉な影がどす黒く渦巻いている気がしてなりませんでした。

私は、言い知れぬ複雑な感慨からさめると、情報部の壕へ戻るため、軍司令部壕の正面入口に向かいました。すると、

「学生さん、学生さん。」

壕の通路のはじから自分を呼び止める声がしました。近寄って見ると、壕壁に身体を凭せ掛けて一人の病み衰えた若い将校が懸命に何事かを訴えようとしていました。一見して死期が近いことが知れるのですが、何か言おうとするけど、口をもぐもぐさせるだけで声にならない。手で、しきりに軍刀をガチャつかせて呟くように言うのでした。

「この刀を君にあげよう。父の形見の大事な家宝の刀だ。せめて僕の代りに後の世に残しておきたい。そ

れで誰かにあげようと思っていた。とっておいてくれ。迷惑なら僕が死んだ後は手放してもよい。」

苦しげな息の下からやっとこれだけ言うと、やや上半身を起こして立派な銀の鎖のついた刀を私の手に握らせるのでした。

それはまるで、彼の人生に対する尽きぬ愛情の証しを示すかのようにズシリと重く感じられました。私は返す言葉もなく、目で頷くと、それを押し戴だくようにして受け取ると一礼して帰途につきました。その途中わけもなく大声で叫びたくなるほど心が異常に昂っていました。

情報部の壕に戻ると、すでに解散命令を受けていたと見えて、千早隊の同僚たちは上を下への大騒ぎの渦中にいて、気の早い何人かは、早くも国頭への突破を目指して壕から出ていました。

顔なじみの県立一中の田端一村先生や毎日新聞那覇支局長の野村さんらが、屈強な糸満漁夫の漕ぐ刳舟《くりぶね》で島伝いに日本本土へ脱出するのだと言って真っ先に壕を出たものの一度は失敗して壕に戻り二度目の冒険に向けて準備を整えていました。

「君たち学徒隊の身を挺しての健闘は、決して無駄にはしないよ。本当によく頑張ってくれた。東京に無事帰れたら、いかに君たちが軍に協力してよく戦ったかその実情をくわしく伝えることにする。これからもしっかり頑張ってくれ。」

野村さんは、いかにも新聞記者らしい別れの言葉を残して再び壕を出て行きました。

その間にも、すぐ近くの大度集落の方から敵戦車が、じりじりと摩文仁岳の攻略を目指して攻め寄せて来ました。沖縄守備軍最後の拠点・摩文仁岳をその巨大なキャタピラで一挙に粉砕しようとでも目論んでいるのか、轟然たる地響を立てて驀進して来るのです。この恐るべきM4戦車に対し、わが師範隊の特編隊員たちが急造爆雷を抱えて体当たり攻撃をしましたが、あっけなく射殺されるだけで、ほとんど成果をあげることはできませんでした。その結果、もはや人力では防ぎようもない最悪の事態に陥りつつあったのです。

こうして米軍は、陸・海・空の三方からいよいよ沖縄戦最後の結着をつけるべく全兵力を挙げて攻めて来たのです。沖縄守備軍司令部も刻一刻と最終のかつ最悪の事態を迎えつつありました。

「早くせんと出られなくなるぞ。」

同僚の千早隊員たちが、大声で急《せ》かしていました。その声に応じるかのように千早隊員は二、三名ずつ一組になって、次々に壕を出て行きました。

私も遅れじと親友の山田英夫君と仲田清栄君と三名で、「死ぬも生きるも共に」と誓い合うと連れ立って壕を出ました。昭和二十年六月二十日の晩のことでした。

一歩外へ出ると、絶え間なく打ち上げられる黄白色の照明弾と真赤な曳光弾とが、私たちの行手を照らしていました。

私は情報部の壕で寝ている隙に靴を盗まれてしまい、裸足のままでした。壕を出て、二〇〇メートルも行かぬうちに摩文仁海上の敵戦艦から猛烈な艦砲射撃に襲われました。弾雨が落下し至近弾が飛び散る瞬間、三人は、一斉に身を伏せたものの「生死を共に」する決意もあっけなく吹っ飛び、離散してしまいました。

攻撃を浴びたとき、右足に激痛が走りました。気が付いたら破片で右足裏を抉《えぐ》り取られていました。手持ちの薬品もなく、ありあわせの三角巾で足の付け根をしばりつけ止血するしかありませんでした。そのため足裏が地面に触れるたびに針で突かれるような激痛に襲われ、一歩も歩けなくなりました。余りの痛さに立って歩けなくなり、ごつごつした岩の上を腹這って進むしかないのです。

前方を這いずり回っていた負傷者が至近弾を受けて一瞬のうちに跡形もなく四散するのを見て、次は自分だと諦めが先立つのでした。摩文仁海岸では、どこまで行っても屹立する岩山ばかりなので、海まで出ることは到底できそうにもないと絶望せずにはおれませんでした。

とは言え、生への本能も残っていて、〈這って海岸まで出ろ〉と心の声はせき立ててやまないのです。艦砲が絶え間なく炸裂する上、背後からは迫撃砲が襲いかかる。まるでダイナマイトを仕かけたように、周辺の岩石が打ち砕かれて地上幾丈もの高さに飛散したかと思うと、猛然と音を立てて落下するのです。

その轟音を聞く度に、私は無意識のうちに傷付いた片足を引きずって避難しないわけにはいきません。〈これで最後か〉、と諦める下から、何とか生き延びたいとする本能的衝動に駆り立てられ、無我夢中で逃げ道を探すのでした。

一歩匍匐しては息をつき、二歩進んでは休むといった具合に進んでいると、数名の日本軍敗残兵が一緒になって倒れているのに出会いました。〈ああ、よかった。ありがたい〉と、一人の兵士の死体から軍靴をはぎ取ろうと両手で軍靴を引っ張ってみました。すると水ぶくれした死体が軍靴と一緒にすり寄ってきて、肝心の軍靴は容易に抜けないのです。軍靴の主の兵士の顔が、明るい照明弾に照らされて浮き上がると目を背けながら、力をこめて無理に靴を抜き取りました。腐乱した足の皮が、靴の内部にこびりついていて、腐臭が鼻を刺し、急に嘔吐を催すのですが、それを堪えて土砂を靴の中に入れて内部をゴシゴシこすった後、軍靴をはいてみました。靴が小さい上に靴底が固くて傷口に触れ、痛くてとてもはけたものではないのです。

やむなくその軍靴を放り出すと、シャツの裾をひきちぎってそれで傷口を包み、岩角にすがりながら一歩一歩海岸の方へ降りて行きました。間もなく海が見える所まで出ると、嘘のように元気が出てきました。しばらく行くと、岩陰に民間人の一家三名が潜んでいました。

「地下足袋はありませんか。もしありましたら、お米と交換してくれませんか。足を怪我して歩けなくて困っていますので……。」

私は声をかけてみたところ、父親らしい人が、黙って手を横に振るのでした。がっくりして岩に手を突きながら前進していたら、ほどなくして別の民間人の家族に出会いました。なんと六十代の父親らしき人は、地下足袋をはいているではありませんか、私は事情を話してその地下足袋と私が靴下に入れて持っているお米と代えてくれないか、と頼んでみたところ、「食物がなくて困っているところだから有難いです」と言って早速、地下足袋を脱いで渡してくれました。私は靴下に入れてあったお米と鰹節を一本あげました。

底が柔らかいゴムでできた地下足袋が手に入ったので私は、ようやく少しずつ立って歩けるようになりました。とは言え、傷は癒えず、ずきずき痛む足を気にしながら、いつしか私は、以前に米俵などを運び出した守備軍司令部管理部の壕前に出ていました。壕の中腹には、やっと体を横たえることができる横穴があり、そこに横たわって疲れ果てた体を休めていました。

下方の管理部の壕内では、地元の十代の女性たちが数人、食事を炊いていていました。そこは海岸に近過ぎて、艦砲からは、いわば死角になっていました。それを知っているのか、米軍は、岩山に惜し気もなく空からガソリンを撒布すると、火焔ビンを投下して岩間に潜む人びとを容赦なく焼き払う戦術をとるのでした。そのため管理部の壕でも、うら若い十代の数人の女性たちが見る影もなく焼死体となって発見されました。これが人間かと、思わず目を背かせる程の変わりようで、火事場の黒焦げになった柱同然の有様だったのです。

私は痛む足を引きずって海岸寄りの唯一の井戸に水を求めて下りて行ったところ、井戸の付近は、十数人の人びとが一滴の水にありつこうと先を争っていました。そこには、敗残兵だけでなく民間人から学徒隊員に至るまでほとんど全ての生存者たちが申し合わせたようにやって来て、ひしめき合っていました。ひっきりなしに落下する砲火によって、海と摩文仁岳の間のわずかな空間に袋の鼠同然に囲いこまれ、ひとたび弾着があると、人びとは群をなして右往左往するしかありませんでした。

井戸の中には、全身に蛆が湧いている数人の遺体が浮かんでいました。そこから四、五〇メートルも離れていない前面には、はてしない海原が開け、海岸から地平線に至るまで無数の敵艦艇が蝟集しているのです。摩文仁岳の背後の陸地からは十数台のM4戦車が耳をつんざくキャタピラの音響と共に地軸をゆるがせて押し寄せて来ます。丘を突き崩し、岩石を打ち砕いて進撃してくる戦車隊に、無力な住民は、どう対応すればよいのか、対応するすべがありません。しかも戦車隊の進撃に呼応して、その背後から迫撃砲が波状攻撃をかけてくるのです。

かと思うと、海上の艦船群も、獲物を狙うかのように海上のサーチライトの光帯で水面をゆっくりと掃くように照射しているのです。――このような逃げようもない状況に直面すると誰しもが自ずと自暴自棄に陥らざるをえなくなります。残る道はただ一つ、海に飛び込むか、さもなければ、逆に摩文仁集落の方から押し寄せてくる戦車隊に向かって死物狂いに急造爆雷を持って飛び込むしかないのです。だが、いずれの方策も奇蹟でも起こらぬ限り成功は覚付きません。こうして、せっかく、九死に一生を得て芽生えた「生」への希求も、雲散霧消するしかありませんでした。

にもかかわらず、考える間も与えず敵戦車群は、火器を総動員して情容赦もなく海岸線の一帯に敗残兵や住民を袋の鼠同然に追い詰めるのです。追い詰められた人びとは、敵戦車の火炎放射器による攻撃から逃れようもなく、辛うじて生き延びた命を、いともあっけなく次々に奪われてしまうのでした。

わが同胞たちが断末魔の悲鳴をあげながら目の前でなぎ倒されていくのを見ると、もはや恐怖も忘れてその場に立ち尽くすだけでした。累々たる屍体の山を、明るい照明弾の光が浮き彫りにしているのです。かかる悲惨きわまる修羅場とは、あたかも無縁のように一帯は静かでした。

海上の敵艦船から放たれるサーチライトが波にキラキラと反射し、戦場とは思えぬ美しさを見せていて、それに魅入られたのか、物に憑かれたかのように海岸添いで右往左往していた人びとがわれ先にと海へ飛び込んで行くのでした。もはや泳げようと泳げなかろうと関係なく、誰も彼もが無我夢中で海に惹き込まれて行くのです。

私もその一人でした。上着を脱ぐと鉄帽の中に畳み込んで、しっかりと頭にゆわえつけると、自分の衰弱し切った体力を省みるゆとりもなく海に入り、何の目的もないまま、ただもう沖合目指して無我夢中になって泳ぐのでした。砲弾の来ない沖合の方へ……。

周りには、何人もの人たちが無言でパタパタ手足を動かしていました。夏とはいえ、夜の海は冷たく、すぐに体が言うことを聞かなくなり、何度も海水を飲む為様でした。波が頭上を越えて、鼻からも耳からも海水が入ってくるのを避けようもありませんでした。思わず、

「オオイ、師範生はいないか。」

と叫んでいると、足下が急に冷たくなり、無意識のうちに何かにすがりつきたく、急に息が苦しくなりました。前方を泳いでいたいくつかの頭が、いつの間にか波間に消えていました。ぎょっとする間もなく足が痺

れてくると同時に下半身が海底から引きずり込まれるように重くなり、歯の根が合わなくなって寒気が全身を襲うのでした。〈危ない！〉、その瞬間、死の恐怖が心を掠め、意識が朦朧としてきました。

　私は、死物狂いで手足をバタつかせて後方の陸地を目ざして反転しました。その瞬間、頭から大波をかぶって海中へ沈んだけど足が地に届かない……。冷水が全身にはい上がると同時に手足の感覚がなくなり、私は、そのまま海中で意識を失ってしまいました。

露けき身

〈私は一体どうなったのだろうか。〉

　体がゾクゾクし、歯の根が合わないほど寒けがして物憂く、目が開かない。体をさすって自分がどうなっているのか確かめようと思うのですが、体の自由がきかないのです。手足がついているかさえ定かでなく、感覚が麻痺していました。あたりはすっかり闇に包まれ、ザーッと波の音が聞こえたので、ふと〈海だな〉と感じました。濃い霧に包まれているような朦朧たる意識の底で、ようやく海岸に横たわっていることに気付くことができました。胸元近くまで海水に身を浸したままで、何とか海岸へ這い上がることができました。かすかな記憶を手繰り寄せると、波打際に打ち寄せられて力尽きたあげくそのまま海岸に横たわっていたのだとうすうす理解できたものの、私は再びその場で昏睡状態に陥りました。

　時間が流れ、冷たい海風に目覚めると、ガチガチと歯の根も合わず、まるでマラリアにでも罹ったかのように震えが全身を包むのでした。「オー寒い」、思わず独り言を言いながら辛うじて身を起こすことができたのですが、どれくらい意識不明のままでいたのかは、今以て定かではありません。

　敵の艦船上の赤い灯が点々と沖合に点滅し、サーチライトの白い光帯が海面を縫って空に移って行くのが見えました。相当の長い時間、海岸の波打際に倒れていながら弾丸があたらなかったのも奇蹟なら、海中で意識を失っても命脈を保ちえたのもただもう運命の不可思議というよりほかありません。

　もっとも命を永らえたとはいえ、今は体を動かすのさえ大儀で、体の節々がひどく痛むのを我慢しているうちにまた海岸線で寝入ってしまうのでした。

夜が明けて、あたりがざわついて目覚めると、顔が爽やかな朝の空気に洗われてはいるのですが、長らく海水に浸っていた故か、顔一面が塩気でザラザラして気持が悪くて仕様がありません。

朝陽が眩しく照り付けて潮の満ち干が激しく感じられました。今朝もまた早くから砲声が、日課のように殷々と海上にこだまして止みません。

周りを見回してギョッとしました。すぐ近くに何人かの死体と共に二十代前後のモンペ姿の女性がうつ伏せに倒れていて、潮の満ち干に身を任せていました。その右手には風呂敷包みがしっかりと握られていました。それを見ると急に空腹を覚えるのでした。何日も食事にありつけなかったからです。

本土出身の敗残兵でしょうか。二、三本の木片をつなぎ合わせて筏《いかだ》代りにして本土への帰還を夢見たのか、陣地を抜け出して船出したものの事志と違って、風船みたいに膨れた姿で海岸に打ち上げられていました。しかも十数人の水ぶくれした死体が、打ち寄せる波に海岸に打ち寄せられたかと思うと潮の満ち干につれて沖合に運ばれて行くのでした。

付近の全ての戦死者が水葬されて、この海岸の一角に集積したかのように、海岸線は死骸で覆われ、海水は赤く染まっているのです。何人もの暗紫色の裸体が木片に括りつけられたまま空しく海岸に打ち上げられているのが異様に目をひくのです。これらの死者たちが辿り着いたのは懐しい故郷ではなく、黄泉《よみ》の国でしかなかったのです。遥かなる家郷へ想いを馳せる余り、運命を数本の木片に託して黒潮を乗り切ろうと試みた敗残兵たちの心情が、電気にふれたように心に触れるのでした。

このような悲惨きわまる戦場の一隅で、一人で生きていて、心を噛むものは、孤独な敗残兵たちの持つ喩えようもない荒涼とした寂寥感でした。海岸に散乱する人間としての形態を失った人びとの見開いたままの眼に、そして歯を食いしばった口許に、さらにはその折り曲げた手や足に、それが示されているかのようでした。人間のいわば最後の意志を表現するかのように……。

私は足を引きずりながら、少し高い位置の岩山の間隙にもぐらのように身を隠していました。そこからは周囲の様子が手にとるように望まれるのでした。緑の一葉とて留めていない断崖は、裾を白い波に洗われながら、どこまでも連なり、砕け散る波濤と噛み合って海上に突出していました。幾重にも折り重なった岩盤は、砲撃によるむごい傷口を陽光にさらしていて、その号泣が潮騒に交って轟いている気がするのでした。

私は人心地つくと、ひどい空腹を覚えました。丸二日三晩、何にも口に入れてないのでした。一粒の米の持ち合わせもない上、喉は乾からび、肉体はしきりに「水、水」と要求して止まないのですが、一滴の水もなく、水の在り処さえ知らないのです。それを意識すると否応なしに頭がボーッとして物考えができなくなるのです。

すると、いつともなく母の面影が海の彼方から近寄ってくるのでした。何時もの明るい母の姿です。母の顔に、にこやかな微笑が浮かんだかと思うと、すぐに愁えをおびた表情に変わるのでした。孤独だという思い以外、何事も考えることも叶わず、ただボンヤリと海面に見入るばかりでした。海面が揺らいでいるのを見ていると、この波は母のいる故郷の岸辺を洗っているに違いないということに気づくのでした。その途端、言い知れぬ悲しさがこみ上げてくるのです。

〈なぜ自分はこんなところに一人でいなければならないのか。〉

考えようとしても思考は、まとまらず次第に霧に包まれて、いつしか消え去るのでした……。

すると突然、海上を埋め尽くした敵艦船から閃々《せんせん》と火を吐く砲声が肚に響いて、鋭く四辺にこだまするのでした。その瞬間、ハッと意識が現実に引き戻されるのでした。〈戦争に負けたんだ〉という実感が今さらのように心にくい入り、いつの間にか私はうちのめされて岩に頬をつけて涙をこぼす有様でした。

存分に涙を流したせいか、何となく気が晴れた気がしました。すると、一方的に撃ち込まれてくる殷々たる砲撃の最中に在っても、心は珍しく静けさを保っていました。陽光は常になく明るく岩穴に射し込み、海面は湖のように凪いで光っていました。

「無敵皇軍」があえなく潰え去り、「神国日本」とその民族の歴史が、いま一大転換をなしつつあるというのに、自然は余りにも平静なのです。なぜ激浪は島を呑み、神風は雷火を伴ってこの一大痛恨事に対応しないのか。まるで何事もなかったかのように、そして何事も知らぬげに自然が無心の営みをなしていることに苛立たずにはおられませんでした。

いつしか西陽が真っ赤に海面を染めて沈み、砲声もその日課を了えて衰えてきました。すると、到る所の岩陰から負傷兵や民間人たちが幽霊のような出で立ちで姿を現わすのでした。どこに潜んでいたのかと驚くほど多くの人たちが、ウジャウジャと手に手に容器を持って水を求め、食を探して動き回るのです。私も、急に空腹を覚えてふらふらと人びとの後について歩き出すのでした。手足が綿のようにフニャフニャして思うように力が入りません。波打際の方へ出ると、地下足袋をはいた防衛隊の人がのけぞっていました。

敗残兵たちは、お互いに行き会っても黙って通り過ぎるのでした。一人残らず空腹で顔が歪み、異様に凹んだ目がギョロついているのです。よく見ると敗残兵の目は、一様に敗戦に打ちひしがれ、失意と狂暴な色をしていました。

私は貝でも漁って食べようと、ようやく暮色の漂いはじめた海岸をさまよい歩いていました。と、浴衣を着て足を海水に浸したままうつぶせに死んでいる女の人にぶつかり、ギョッとしました。モンペ姿ばかり見馴れていたので、着物を着た女性を見るのは何か珍しいものを見るようで心に沁みました。年齢は二十四、五歳ぐらい、白蝋のような女性の横顔は、惨めな最期に似ずに何ら苦悶の表情は汲み取れませんでした。どこも怪我している様子もなく、まるで寝ているかのようでした。朝明けの静かな波が着物の裾を弄んで、白い脛がうす蒼く透けて見えました。どうして死んだのだろうかと訝りながら、私の目は、何よりも女性が右手に握っている風呂敷包に注目するのでした。

〈食べ物、それとも鰹節？〉

勝手に想像しながら、身をかがめて風呂敷包の端っこを引っ張ってみました。しっかりと握っている指の一本一本が頑強に抵抗しているようで、妙に気が臆するのでした。暫くして、目をつぶると一気に一本一本の指をはがして包を取り上げました。気のせいか相手の指の冷たさがわが身に拡がるようで、海水で何べんも何べんも手を洗うのでした。死臭が手に染み込んでいるようで、手を鼻にあてて嗅いだりしたものです。

そして死体から見えない所まで行って風呂敷包を開いてみたら、何と蝋燭《ろうそく》が七本とマッチが一個、それに黄色の櫛が一本入っていました。櫛には長い髪の毛が四、五本まつわりついていたので急いで手に取り海中へ投げ捨てました。勝手に食べ物と思っていたのは期待外れに終わったのですが、マッチと蝋燭が手に入ったことは心強く思いました。

マッチを腋下にはさんで体熱で温めながら、暗くなりはじめた海辺をうろついて、生貝など食べられるものは手当たり次第に割って生のまま口へほおり込むのでした。

大きな岩角を回って壕を探そうと歩き出したとき、すぐ近くでパーンという炸裂音がしてドギッとさせられました。様子を窺うと、一人の敗残兵が手榴弾で魚を獲っているのです。魚が浮いたと見ると、彼は飛沫を上げて飛び込み、獲物を持ち帰るのでした。その所作を見ていると、どうやら彼はその道のプロに違いないと思いました。

いくら探し回っても目ぼしい食物にありつけず、小さな岩穴に戻って空腹を忘れるため眠ろうと努めました。しかし、瞼が合わさっても、なかなか寝つけません。もはや唾液さえも出なくなっていました。〈ああ神様、私はひもじい〉、しぼり出すように呟くと、なおさら何か食べたくなるのです。

夏とはいえ岩間は肌寒く、眠れないまま自らが戦場に駆り出されるまでの経緯について考えざるをえなくなりました。眠れない夜が明けると、守備軍司令部壕のある摩文仁丘の台上に米兵が重機関銃を据えつけて撃ちまくっているのが見えました。目標もなしにまるで勝利の喜びを全世界に知らせるかのように撃ちまくっているのです。私は、岩陰で黙ってそれを眺めていました。

やがて乾いた喉をもて余して、岩間伝いに水を求めて歩き回っていました。敗残兵の排泄物が到る所に山をなし、真っ黒くたかった青蝿が、傍を通る度に一斉に飛び立ち、目といわず顔といわずところかまわずぶつかって来るのに閉口しました。

そのうちに偶然に出会った民間人の老婆から少しだけ水を恵んでもらい、水のある所も教えてもらったので、水汲みに出掛けました。岩と岩の間からわずかに流れ出す水を受け止めようと、痩せ衰えた一群の民間人たちが、お椀などの容器を手に持って、放心したように気長に待っていました。水を飲んで本望を遂げたのか、数人の半裸の兵士たちが、醜く膨脹して汚水の溜り場に顔を突っこんで死んでいました。

死体を覆うて無数の蛆が這いずり回り、白く光って幾つもの列をなして水と共に流れ落ちていました。そこに集まった人びとは、誰も死骸を片づけることもせず蛆の混じった水を手で掬って飲むのでした。かと思うと付近にこぼれた米粒を丹念に拾って、一粒一粒口に入れる骸骨のような兵隊たちもいました。飢餓に苛まれた敗残兵たちは、放心してわずかな水と米粒で生存を維持しているのです。人間の生命力がどこまで堪えうるのかを試しているように思われました。

摩文仁海岸での彷徨

摩文仁海岸の岩穴や、幾重にも折り重なる岩陰には、到る所に死傷者か敗残兵が横たわっていました。一寸先のことも予測できない儚い身を、誰もがひとしく飢えて渇えて痩せさらばえているのです。敗残の身は、戦争で敗北を喫した上、自己を失い、岩盤に這いつくばって命を支えているだけでした。一物も産み出さない岩山の蔭では、敵の攻撃を受けるまでもなく、飢餓で明日といわず今宵にも波打際に積み重なるむくろと同じ姿になりかねないのです。

私は岩山をさまよったあげく、摩文仁海岸の岩と岩の間に横たわっていました。岩と岩の間のわずかな空地に、珍らしく二、三本のアダンの木が生えていて、細長い葉が昼の陽ざしを浴びて、揺れるたびにキラキラ光っていました。周りの岩にはモヤシのように足の長い夏草が張り付いているのが目に止まりました。ほとんど土砂もないこの岩場にまるで身を潜めるかのように、生き永らえている名もない草に私は感動しました。そっと手を触れてみたり、鼻を近づけたりしてじっと見詰めていると、「片隅の幸福」といった想いが胸をよぎるのでした。まるで置き忘れられた存在でありながらも命を永らえ、平和に生きているのが心に染みるのです。それを見ると、思わず〈よし、俺も生きるぞ〉と生への意欲が湧き上がるのでした。岩肌がぐっと顔の上に迫り、雫が幾本も線を引いて流れていました。指先で岩面に「生」という字を何回も書いているうちに、いつしか寝入ってしまいました。

目が覚めた時は陽も大分かたむき、砲声も幾分か弱まっていて、周りの夏草はすでに葉を垂れて眠っています。「生きるぞ！」、思い切り両腕を拡げて突き上げると自ずと意欲が、声になって出るのでした。

何日も何日も身を潜めていた窮屈な岩穴から抜け出すと、何か食べる物はないか、と宛もなく付近の海岸を歩き回るのでした。

〈人は生きるために食うのか、食うために生きているのか〉、かつて考えたこともないことが頭に浮かぶのでした。私同様に食を求めて海岸をうろつく脱け殻のような人びとを見ると、なおさら考え込まずにはおれませんでした。

昼中は滅茶苦茶に撃ちまくっていた摩文仁台上の敵狙撃兵たちも、すでに引き上げていました。まだ炊く物が残っているのか、あちこちの岩間から炊煙が風のない空へ真っ直ぐに立ち昇っています。それを見るにつけ一層せつなく空腹を感じるのでした。しかし、口に入れる物は、どこにも只の一かけらも落ちてはいないのです。行き会うのは、荒涼たる岩山の中を喪家の狗のように彷徨う人びとの凹んで妖しい光を放つ眼ばかりでした。

しばらく波打際を歩いているうちに飯盒を棒に通して飯を炊いている一群の敗残兵たちに会いました。彼たちは、死者の帯革を薪代りにしていました。帯革の青い焔が、ジリジリ脂をにじませて燃えていくのを見て思わず生唾を呑み込むと、われを忘れてそこに立ち止るのでした。そのうちに帯革が留め金だけを残して灰になると、煮え立った米汁が、か細い音を立てて飯盒の横腹を幾筋となく白く流れ出すのでした。それを見て、分けてくれとも言えず、見てはいけない物を見てしまったように舌舐めずりしながら、すごすごと立ち去るしかありませんでした。

ああ、この世の中には、食べる物は何にも残っていないのか、と絶望感が胸に迫り、つい先程抱いたばかりの「生」への決意も、うたかたのように消え去るのでした。

〈もう寝るしかない〉、私は溜息をつきながら暗くなりかけた岩陰をまさぐるように寝床を探していたら、ガチャンと音を立てて何かに躓きました。身をかがめてよく見ると、飯盒が五、六個、紐で結ばれてあるのです。すぐにその中の一個を取り上げると、何と重いではないか。中身が入っている！　私は喜びに身震いしました。すると突然、闇の中から「誰だ！」と声が飛んで来て、むっくりと起き上がる人影がありました。一瞬、私は脱兎のような素早さで岩角を回った途端、たちまち手榴弾の轟然たる爆発音が背後から追っかけて来ました。二〇〇メートル程を、足の痛みも忘れて無我夢中で逃げました。

やっと身が入れるくらいの岩穴にもぐり込むと、卒倒しそうなほど息が切れました。しかし手にはしっかりと飯盒が握られていました。激しく動悸がして容易におさまりませんでした。だが、危険を逃れたことより米を手に入れた喜びの方がはるかに大きかったのです。

飯盒の中には、蓋も窮屈なほど白米が詰まっていました。私はその米を掌に乗せて、サラサラとこぼしてみたり、指で撫でてみたり、掌でギュッと抑えつけてみたり、しばらくその感触を愉しむのでした。そして、半分は風呂敷に分けて蓄え、残りは炊いて食べることにしました。

水がないので海水を汲んで間に合わせました。飢餓にせき立てられて昼間目にした血に染った海水のことも忘れて、今はただ炊くことばかりを考えるのでした。米をとぐゆとりもなく、湿ったマッチに業を煮やしながら、格好の場所に飯盒を吊り下げると、死んだ女性から失敬した七本の蝋燭を全部くべました。

やがて、グツグツ煮立つ米の匂いで飢えた腹が一どきに鳴り出すのでした。ふと誰かがこれを見て盗まれはしないかと、気が気でなりませんでした。暗闇の中で白く光って見える飯に指を突っ込み、やけどしそうな熱さにもおかまいなく一握りつかむと、二、三度両手でもんでさますと、フーフー息を吹きかけて口中へ放り込みました。

「にがい！」、思わず声が出るほどのひどい苦さです。おまけに煮えきらぬお米の芯《しん》が、生米を噛むように歯にこたえるのでした。それでも、咀嚼もしないで一気に呑み込んで平らげると、お腹が暖かく膨れ上がりました。

食事が済むと、再び岩肌に身を寄せて目をつぶるのでした。砲声もすっかり途絶え、ドロンドロンと照明弾を打ち上げる音だけが悠長に聞こえました。岸辺を洗う波の音だけが意外と近くに響いて、戦場とは思えぬ四囲の静寂さを物語っていました。

久しぶりにお米にありつけると、失われていた五感が再び生き返ってきた気がしました。

こうして、周りの静けさに沈潜し切っていると、敗残の身の自分の姿が、鏡に映したかのように思い出されます。それも自分のことというより、むしろ他人事のようにしか考えられません。子供の頃から学生生活に至るまで一つびとつの記憶がありありと甦ってきました。そのどの一頁を取り出して見ても、不思議なほど若さと情熱に溢れ、現実の息苦しい戦時下とは似つかわしくないのです。一学生として教師の教えるままに何らの疑問も感じずに、自己の身命は天皇陛下のため、国のために捧げるべきものだと一途に信じ込み、ひたすらその日のために心身の鍛錬に励んできたのでした。言うなれば、全ては、太平洋戦争に出陣するための準備期間に他ならなかったことが痛感されるのでした。

それらのことが全てじかに眼前の破局への道へつながっていたとは、どう解釈したらいいのでしょうか。自分が戦争の実態に無知で、夢にさえ予想できなかった苛酷な現実に直面しているとは、信じたくありませんでした。

戦場における行為の一つひとつが、大きなひろがりと繋がりをもって自分に立ち向かってくるのでした。〈お前は盗みを働いた〉、この声は鋭い刃物のように私の胸に突きささりました。〈戦争じゃないか〉〈生きるか、死ぬかの時なんだ〉、懸命になって弁解する声の下から、生まれて初めて盗みを働いたという意識が執拗に心を苛むのでした。あげくの果て、生き延びたという喜びも、満腹の陶酔感も自己譴責の責具に変わって責め立ててくるのでした。

食べ終えたばかりの飯の苦汁が、いつまでも歯ぐきに残っているように、罪の意識が自分を捉えて離さないのです。眼を閉じて眠ることによって、全てを忘れ去ろうと努めれば努めるほど、目も心もひときわ冴えて深い想いに沈むばかりでした。

〈国のため、天皇陛下の御ために死ぬ〉〈畏れ多くも天皇陛下の股肱《ここう》の臣として、死ぬのは無上の誇りであり幸福である。学友たちも特攻隊員と同じく笑って死んで行ったではないか〉、これまでは一点の曇りもなく、当然視していたことが、どうしてこんなに気にかかるのだろうか。

〈貴様は敗北主義に取りつかれたのか〉〈臆病者、非国民！〉、これらの恐ろしい言葉が、全ての想いを打ち消すかのように心の隅から聞こえてきます。それにもかかわらず、しばらくするとまた考え始めてしまうのです。

〈自分のこれまでの人生は一体どんな意味があったのだろうか。何のために、また何が故に私の幼い頃からの多くの希望と生活がかくも無残な悲劇に結びつかなくてはならないのか？〉

学校時代を通して「陛下の御ため」「皇国のため」と聞くだけで緊張し感激した裏に、これほどの悲惨な結末が秘められていようとは、誰が想像しえたろうか、国のため、陛下の御ためにと、若い学友たちがかくもうらぶれた姿になって非業の死を遂げていくことが、どうして宸襟《しんきん》を安んじ、国に報いることになるのだろうか。華々しい特攻隊員の死に方に憧れ、自らを異常に興奮させ、叱咤鞭撻してきた。だが、その装いはいかに華麗でも死は「死」でしかない。自分たちはただ戦野を生命の本能に翻弄されて彷徨っただけなのではないか。と思うと、今さらのように、「死ぬことは全ての終わりです。死んではいけません」と首里の留魂壕で聞いた内間しま子さんの言葉が、強い情感を伴って私の胸倉を捉えて離さないのです。

何をあがない、何に報いるための死なのか。ここ沖縄南部のさいはての地で、誰にも看取られもせずに死んで行った多くの人びとは、人間として一体どんな素晴らしい働きをしたというのか。虜囚の辱しめを怖れ、飢餓に倒れ、下等な蛆や蠅の餌食となって、いたずらに無機物の敵の砲弾に命を奪われることに、いかなる意義があるのか、疑問は尽きないのでした。地獄から生き延びたとはいえ、敗残の醜い身を辛くも岩陰に横たえ、明日の命も知らずにいるのです。これで国が救われ、大君《おおきみ》が安らかに眠れるというのだろうか。

戦争に勝つとは、何を意味するのだろうか。勝利を勝ち取る過程で山積せしめられる多大の犠牲を以て得られるものは何なのか。無数の死体の上に築かれる人間の幸福というものがありうるのだろうか。あるとすれば、それはなん人の、そしていかなる種類のものなのか。眼前の海岸に巨大な風船さながらに水膨れした死体の山によって護持される国体とは、一体何だろうか。

同じ死ぬならもっと人間的価値のある死に方はないものか。際限もなく次々に自問して止まない内心の声に頭は惑乱するのでした。

〈お前はいかなる国においても、いつの時代にあっても、犠牲を伴わぬ進歩や発展を想い浮かべることができるのか。お前は敗戦という現実に、心をかき乱されているだけだ。〉

こんな内心の声も聞こえてきます。ひょっとしたら、〈誰も彼もが、何か得体の知れぬものに幻惑されて、誤った道を歩いて来たのではないか〉。この一語が、落雷のように心を貫くのです。こうして次第に胸苦しくなり、生き延びてこんなに苦しむくらいならむしろ死んだほうがよかったと思わざるをえませんでした。

沖縄戦の次は本土決戦だと誰も彼もが当然のように叫んでいる。けれども沖縄から無数の敵機が飛び立ち、日本本土を襲うとしたら……想像するだけで慄然とせざるをえないのです。いや、もうすでに敵の翼は本土の上空を覆いつくしているかも知れない。それを考えると、夜をまんじりともせずに明かすしかないのでした。

明け方の光が岩穴に差してくると、明け切らぬうちに何か食べ物を探さなくてはならないとの思いが先走ります。まだ少しだけお米は残ってはいるものの、生き延びるためには、お米は最後まで残しておかねばならず、食べるに相応しいものが手に入る限り、それで露命をつなぎ止めておくしかないのです。食物を探すためには海岸に面して屹立する数丈の断崖よじ登って摩文仁集落まで出て行かねばなりません。摩文仁集落の近くには、ひょっとしてまだいくらかの芋やさとうきびが残っているはずだからです。そう想像して、けだるい体に鞭打って岩穴を後にしました。爽やかな朝風が海面を渡って吹いていて、いくらか気分が晴れます。沖合の敵艦船は墨絵のように動かず、赤い灯が漁火のように点滅しています。

疲れ切った体では、到底断崖の頂上まで登ることはできないと思われた摩文仁岳の絶壁を、手足をすりむき、胸を凍らせながら辛うじて這い上がることができました。見下ろすと目も眩むような断崖で身体が震え、帰りはどのようにして降りたものかと不安が先だつのです。夜が明けては一大事と気はせくけど、幾重にも張りめぐらされた電線状の警戒線で意の如く前へ進めません。敗残兵や住民が怖れているピアノ線に違いないからです。一寸ふれただけで大音響を発して砲撃を誘導する装置がしてあるとのことでした。用心深く一つの線を乗り越えてもまた次の線に阻まれる。この厄介な妨害線をまたぐだけで、完全に神経がすり切れてしまうのでした。

やっと摩文仁岳の台上を端の方まで辿り着くと、摩文仁集落跡には、いくつものテント小屋がはりめぐらされ煌々と電灯がきらめいていました。

〈この戦場で電灯がついている!〉、目をこらしてよく見ると、戦車が一台、テント小屋から一〇〇メートルほどの距離を保って警戒していました。長い砲身が空に向かって突き出ているのが夜目にもはっきり見えます。戦車に気を付けながら、防御用の石垣の陰の芋畑に腹ばって、地中を指でほじくるのですが、土が固くて容易に指が通らない。戦車兵の声が何やらわめいているので気がせくままやっと掘り出した芋は、親指の太さしかない。七、八個も掘ったらまわりが急に明るくなってきたので、すぐに引き揚げることにしました。

帰途、畑のここかしこにうずくまって芋をあさっている民間人や敗残兵の姿が目に映りました。戦車兵に見つからぬようにテント小屋を迂回して元の摩文仁岳の台上に戻りました。威嚇射撃をしているのか、戦車砲の金属音が、明けやらぬ大気をゆさぶって響いてきます。あたりは、一枚一枚ヴェールをはぐように、次第にその輪郭をあらわにしてきました。断崖の降り口を探していると、掘割近くの壕が目につきました。飢えた犬のように食物をあさり続ける私の目は、仄暗い壕の中に乾パンの缶らしいものが白く光っているのに気付きました。

〈しめた！　これこそ神のご慈悲〉と、私は夢中になってそこへ降り始めたのですが、心がせくままに中途から飛び下りました。と、足が泥田に踏み込んだような感触を受けた途端、「アッ！」と叫んで思わず顔を覆いました。全身の血がスッーと引くのでした。何千匹の青蝿が一斉に唸りを上げて飛び立ち、私の目といわず口といわずにぶつかって来たからです。

何とそこは腐爛した死体の捨て場だったのです。足を一歩踏み出すごとに、ブクブクと何ともいえぬ音を立てて、膨れ上がった腐肉にめり込むのです。ああこのときの気持は、今以て忘れることができません。一歩踏み出せば、別の死体に足がとられていく。米軍がブルドーザーで台上の死体を自然にできた掘割に敷き落としたに違いないのです。

一体どのようにして、この五、六メートルもある垂直な掘割をよじ登ったか分かりません。余りの不気味さに己れを忘れて、いつの間にか数丈の断崖を海岸までがむしゃらに降りていました。それこそ無我夢中でした。上着もズボンも脱いで、こわいものを見るかのように傍へ押しやるのでした。できることなら全身の皮膚もはがしてしまいたいほどでした。死臭が身体に染み付いているようで気持が悪く、海へ入ると、思い切りゴシゴシ身体を洗い服をゆすいだものです。せっかく掘ってきた芋も、ポケットに二個しか残っていませんでした。

翌日は、珍らしく飛行機が朝早くから、海岸の岩山すれすれに飛び始めました。付近の敗残兵たちが機銃掃射を避けて、急いで岩陰に逃げ込む姿が目につきました。やっと身を入れることができるほどの狭い岩陰にもぐり込むと、残っていたわずかばかりの生米を噛んで空腹をしのぐのでした。

お昼も過ぎ、やがて陽も傾くと敵機も海上を飛び去って行きました。ふと、一〇メートルほど離れた大きな岩の下で、一人の海軍将校が呆然と海に見入っているのに気が付きました。階級は兵曹長のようです。敗残兵とも思われぬほどきちんとした服装をしていて、特に真っ白い巻脚絆が目立ちました。傍には膨らんだ雑嚢が置かれ、毛布がきれいに丸めて括ってあります。見るともなく見ていると、やがてその将校は、決然とした様子できっと眉を吊り上げ固く口を結ぶと、毛布を広げて平たい岩の上に敷きました。やがてその上に坐ってみなりを正すと、傍の雑嚢から何かを取り出して側へ置き、毛布の上に正座して東の方に向かって深く頭を垂れました。一分、二分、頭を上げようとしません。この人の仕草に己れを忘れて見入っていました。頭を起こした将校は膝をくずし、両足を伸ばすと、傍から真っ白いシーツをとって自分の体の上に広げました。そして傍の雑嚢を一段と後方へ押しやるのでした。

ふとその時、私は付近の岩穴や岩陰から、固唾を呑んでこの将校の一挙一動を凝視している幾多の目のあることに気づきました。それらの目は、悉くあの敗残兵特有の獲物を狙う鋭い眼をしています。再び目を件の将校に移したとき、思わず息を呑み込むのでした。その将校の手に手榴弾が握られていました。ハッとする間もなく、彼は手榴弾の安全弁を抜くと右手で岩に叩きつけました。グワーン、轟然たる爆発の一瞬、将校は手榴弾の上にうつ伏すのでした。鮮血が岩を真っ赤に染めていました。

このとき、すかさず、五、六名の敗残兵が岩陰から飛び出し、その死体にかけ寄りました。すぐ近くにいた一人の敗残兵が雑嚢の上に足を乗せて突っ立ち、手には手榴弾が握られていました。その顔には勝者の薄笑いが浮かんで見えました。先を越された他の敗残兵たちは、ブツブツ言いながら元の岩陰に戻るのでした。

自決した海軍兵は負傷しているようにも見えませんでした。きちんと正座し、深く首を垂れた壮烈な最後を遂げた姿は、私の瞳に焼きついて離れません。何だか自分の体内に穴があいたかのような衝撃を受け、その場にいるのさえ堪え難く思われ、そこの岩間を出て何の宛てもないまま湊川方面に向かって痛む足をひきずって歩くのでした。その途中で、〈ああ俺も死んでしまいたい〉、死を希求する想いが一段と募るのでした。

夕方になり砲声が衰えると、いつものとおり到る所の岩陰から、敗残兵や民間人が食物を求めて海岸に出て、汀をうろついていました。海草を手づかみにして口に放り込んでいる者、薪代りにするため死体から帯革を片っ端からはずして歩く者、様々です。

しばらく歩いていると、二人の敗残兵が今にも掴み合わんばかりに激論していました。二人の周りには数名の敗残兵たちが岩の上に腰をかけて無表情に二人の争いを見ていました。近くには一本の銃が金属部分だけを残して木製部分がすっかり削り取られていました。

「だからそれをどうしろというんだ。貴様と何の関係があるんだ。えエ？」

一人の階級章のない服を着た敗残兵が怒鳴りました。するとと、

「関係があろうがなかろうが、俺の目の前で、畏れ多くも陛下の銃を薪代りにするのは許さん。」

兵長の襟章をつけた別の兵士が、激しい口調で怒鳴り返しました。

「たとえ戦に敗れたとはいえ、貴様の軍人精神までが腐っているのは我慢がならん。」

と、彼は一段と居丈高に声を張り上げるのでした。

「じゃ貴様は俺にどうしろというのだ。いつまでも厄介な代物を持って歩けとでもいうのか。なあおい、どうしろというんだよ。」

銃身を削って薪代りにしていた敗残兵は、ふてぶてしく食ってかかるのでした。

すると、相手は、

「よし、俺のするとおりにしろ。」

件の兵長は、自分の銃を取り上げるなり、軍服を着たまま海中に飛び込み一〇〇メートルほども沖合に出ると銃を沈めて戻って来ました。ズブ濡れのまま歩いて来る彼の服から、雫がポタポタ落ちていました。当の敗残兵も見物していた敗残兵たちも呆気にとられたように無言でその姿を見ていました。私はわけもなく泣きわめきたい気持に襲われました。

血路を開いて

なんら食う物も飲む水もなく、それでいて死にもせず、私は敗残兵一行から離れて一人で岩間から岩間へと彷徨しているうちに、六月も過ぎ去りました。そんなある日、偶然にも具志頭《ぐしちゃん》海岸で、同郷で一級上の

斬込隊所属の仲地善達君に出会いました。彼も敗残の身を一人で野鼠のように生きてきたと奇遇を喜び合いました。二人は岩陰に潜んで終日それぞれの戦争体験を語り合うのでした。語っても語っても話題は尽きず、その日から二人は、孤独感からは救われたものの相変わらず飢餓状態から抜け出すことはできませんでした。目の前に敵が網を張っている状況下では、とても国頭へ敵中突破して行くことは覚付かないとの思いは共通していました。といって諦めるわけにもいかないのです。

敗残兵の掃討作戦に乗り出していた米軍は、食べ物をあさって海岸をうろつく兵士や民間人を、摩文仁岳台上から、まるでスポーツを楽しむかのように機関銃や自動小銃で殺りくするのを日課にしていました。時には、海から水陸両用戦車を乗りつけて火炎放射器で岩蔭に潜む敗残兵や住民を焼き殺すなどして殲滅を図っていました。勝者にとって、敗残兵狩りは最も快適な任務だったに違いありません。自らは身を危険にさらすことなく遊び半分に標的を探しては射撃の腕だめしができるからです。

彼らは、朝の八時頃から上半身裸のまま、自動小銃や機関銃を小脇にかかえ、Cレーション（米軍の戦闘糧食）の弁当持参でやって来ると、終日、摩文仁岳に連なる断崖の頂上で、獲物が姿を現わすのを待ち構えるのでした。そのため敗残兵たちは、しばしば用心深く岩陰に身を潜めていなければならなかったのです。米兵たちは、時には、突如として海岸に姿を現わし、岩間を覗き込んだりもするのでした。そんな時は、すかさず手榴弾を手にして、〈今だ！〉と思っても、なぜか投げる気はしないのです。反撃を恐れるというより、大の男が剽軽《ひょうけい》に口笛を吹きながら、傍若無人に歩き回るのを見ると何となく気抜けがして殺す気にならないのです。

七月に入ると、米軍は戦術を変えたのか、毎日のように、朝から上陸用舟艇を海岸寄りに浮かべ、神経戦に乗り出してきました。これ聞こえよがしにスピーカーから数々の懐しい歌声を流したりするのです。それが朝風に乗って岩穴の奥まで響くのです。妙なる音楽の調べほど孤独な敗残兵や人びとの胸をかきむしるものはありません。

〈米兵め、うまい手を考えついたものだ〉、なじみ深い歌の旋律が、空腹の臓腑の隅々にまで染み込んでしびれを催すほど、切なさに大声を上げて飛び出したくなるのでした。

音楽の合間合間には流暢な日本語で、こう呼びかけるのです。

「皆さん。岩の下に隠れている皆さん。もう戦争は終わりました。今さら逃げ隠れしても何の役にも立ちません。早く出て来なさい。明るいうちに白い標識を掲げて、海岸を喜屋武岬の方へ歩いて行きなさい。向こうでは、親切にしてくれます。米軍は決して危害は加えません。明るいうちに安心して出て来なさい。」

宣伝文句が朗々と岩山の上を流れていくのでした。それに続いて再び明るいメロディが流れる。米兵たちは倦きもせずに連日にわたって心理作戦を繰り返すのでした。

しかも時折り、大きな輸送船が、甲板に溢れるほどの投降者を乗せてこれみよがしに海岸寄りを航行して行くのです。

「奴ら、あんなうまいことを言って。みろ出て行ったが最後、あの船に乗せてどこへ連れていくか知ったもんじゃない。皆殺しにされるだけだ。」

近くの岩蔭で敗残兵同士の話し声が聞こえます。しかし、どうやら敵の誘導作戦は、相当の効果をおさめているようでした。彼らは、水陸両用車輌で陸上にやって来ては、壕の入口などに煙草や菓子類などを放置することもあったからです。それに釣られて手を挙げて出て行く人びとが日増しに目立って増えつつありました。初めのうちは、毒が入っているかも知れないと疑って敵兵の置土産に手もつけなかった敗残兵たちも、勇敢な者が毒味した結果無害だと知ると、争って食べるようになったばかりか、敵兵がやって来るのを待ちかねるようにさえなりました。あげく、戦陣訓も忘れたかのように続々と敵手にからめとられていくのでした。

餌物を前にした人間は、思ったより弱いものです。多くの人が右手に手榴弾を握りながら、左手に白い布片を持つちぐはぐな心情をもて余しているかのようでした。降伏することに容易にふんぎりがつかないのか、それともそのことに考え及ぶのを極力さけたかったのかもしれません。

とある晩のこと、淡い月光をたよりに食糧探しに出ての帰り、一個の大きな缶詰を拾いました。初めて手に取る米軍の缶詰です。誰かの食べ残しのものか、底の方に何か少しばかり残っていました。私は前後の見境もなくいきなり手づかみにそれを口の中へ入れました。すると、思いもかけず一人の敗残兵が姿を現わし、俺の食糧を盗ったと怒り出すのでした。私はひどく恐縮して、せっかく命がけで手に入れた砂糖きびを一本差し出して詫びました。すると相手も機嫌をなおして、いろいろ訊いてきました。私が鉄血勤皇師範隊の一員だと話すと、彼は、「ここにも師範生がいるぞ」と言って岩陰から一人の少年を連れて来ました。その顔を見た瞬間！

「君は？……！」

と言葉を失い、ギュッと相手の首筋をつかんで揺さぶるのでした。相手も私の顔を見た途端、物も言えずに抱きついて来ました。二級下の従弟の山城昌研君でした。戦場で会えるなんてまさに奇遇でした。お互いに死んでしまったものと諦めていたのに——二人はしばらく子供のように抱き合って涙を流すだけでした。戦場での全ての苦しみが涙に変わって流される思いがしました。

それから四、五日後の夜半、仲地と山城と私に北海道出身の矢内一等兵と金沢出身の石橋曹長が加わり、五人が一緒に本島北部の国頭へ向けて敵中を突破することになり、住みついた岩山を後にしました。月の明るい晩でした。湊川方面は危険だというので、左手の八重瀬岳を目標に進みました。数人が一緒だと目立ち過ぎるので、一人ひとりが一〇メートル程の距離を保つことにしましたが、少しでもまごついたりすると、すぐに前方の人を見失ってしまいかねません。私は、お腹の具合が悪く、血便に悩まされていたので、ともすれば遅れがちになりました。従弟はそのたびに気遣って引き返して来ました。

その翌朝、靄の立ち込める薄暗い中で仲地君が一行からはぐれてしまいました。

夜が明けそめると、身を隠すのに腐心しなければならず、私たちは別れ別れになってそれぞれ草原やきび畑に身を潜めて終日じっとしていました。そして夜になると再び一緒に行動するのでした。そのうちに米兵は、片っ端からきび畑や草原にガソリンを撒いて焼き払うようになったので、うっかりきび畑にも入れなくなりました。

行く手には、到る所に敵がテント小屋で野営していました。電灯が煌々ときらめき、その傍を通る度ごとに命の縮む思いがして、二日二晩も敵中を突破すると、もう気力が続かず、諦めが先立つのでした。明け方の薄明りで見て草木が密生していると思って身を潜めていると、陽が高く昇るにつれてすっかり見通しが利く明るい場所でしかないのです。その傍を米兵たちが何も知らぬげに笑いさざめきながら通るときは、思わず衝動的に飛び出したくなるのでした。

息を殺してじっとしていると、真夏の太陽がジリジリと地肌を焼き顔から全身にかけて汗がびっしょり流れるのです。いつまでも太陽の位置が移らない一日の長さに辟易していると、米兵は畑の近くに銃を構えて坐り込んでいるので、身動き取れず用便もできぬしまつでした。

国頭への突破を目指して出発して以来、三日間の食糧はわずかに甘蔗が二本あるだけでした。八重瀬岳に辿り着いたのは七月も中旬を過ぎていました。途中で地元出身の防衛隊員が、野生の山羊を料理しているのにぶつかりました。人のよさそうなその人は、痩せ細った私たちを見て、親切にも毛のついたままの足を一本よこしてくれました。従弟と私は、その生の足を交互にしゃぶりながら歩くのでした。しゃぶり終わると、それを雑嚢に入れ、しばらく進んではまた取り出してしゃぶるのですが、味も何もあったものではなく、骨に付着して固まった血を目をつぶって口に入れるだけでした。

生肉の摂取は、てきめんに胃腸を刺激しました。しぼられるような腹痛と猛烈な下痢で身動きできぬようになりました。付近の入れるような壕は、すでに他の敗残兵が占領していて絶対に入れてはくれません。昼になると、敵兵はあきもせず火器を総動員して執拗に敗残兵狩りにやって来ます。そのため、岩と岩の間に身を潜めるべく火炎放射器で焼き殺された死体を隅っこに寄せて身を横たえウンウン唸っているのでした。

敵の掃討戦が激しくなるにつれて身を隠すすべもなく、従弟に引きずられるようにして、東風平《こちんだ》村の方へ道をとりました。途中、ついうっかりして灯を消している敵の歩哨線に紛れ込み、それと知って度胆《どぎも》をぬかれて畑の斜面を丸太のように転がり落ちたこともありました。それでも生きている己れの肉体が自分ながら不思議で、まるで自分の身体ではないかのような気さえするのでした。時には、敵兵が遺棄した野戦食糧にありついて、腐りかけたクラッカーなどで辛うじて飢えを凌ぐのでした。

こうしてようやく志多伯《したはく》の集落へ辿り着いたのが、八月の六、七日頃でした。ここまで来ると、もう敵の占領下にある後方陣地です。しかしどうしたことか、住民の姿が見えません。拡張された幅広い道路が真っ直ぐにどこまでも伸び、見たこともない巨大なトラックやジープなどの車輌が、昼も夜もひっきりなしに往復しているのです。陸続と続く車輌ライトの行列は、私たちにとっては文字どおりの奇観そのものでした。道傍の広場には弾薬が山のように積まれていました。地下工作の恰好の目標ですが、警戒が厳しく近寄ることさえできません。

ある晩、思いがけなく米軍が弾痕に捨てた十数個の缶詰を見つけました。それで従弟と私は、当分はそれを保存して食糧にして付近に潜伏し、国頭へ突破する時機を待つことにしました。

集落跡はとくに敵の探索がひどく、ある時など偵察のため木に登っていたら昼頃になって米兵たちがやって来たので愕然として、樹上で震えていました。五名の黒人兵が、屋敷跡の水タンクを覗いたり、くずれ落ちた瓦の山を一枚一枚とりのけたりして厳重に捜索し始めました。私はクシャミが出やしないかと気が気でなく、木の幹にしがみついている手の力が抜けそうでした。

私に気付かず敵兵たちが立ち去ると、明るいのも構わず木から降りてすぐ近くの竹薮の中に入りました。付近の民家の防空壕に隠れると言っていた従弟のことを案じているところへ、戦野に野放しになっていた山羊が近くに寄ってきました。人間の匂いを嗅いだのか、防空壕の入口近くに立ち止まっている物言わぬ人懐こい動物に、言葉をかけてやりたい親しみを感じ、その長い口ひげを見ていると、突然近くで銃声がしました。

私はあわてて、シッシッと山羊を手で追っ払おうとするのですが、二メートルほどの距離を置いて一向に動こうとはしません。敵兵が山羊を見つけてやって来たら万事休すだと気が気でなりません。「シーッ、あっちへ行け」と小石をつかんで投げても、言葉の通じぬ悲しさ、眠そうなその細い目で壕内に身を潜めている私を舐めるように見ているだけでした。

その夜、逃げようともしないこの山羊を捕え食べることにしました。獣医学校出身という石橋曹長がその腕を発揮してあっという間もなく山羊を見事に解体し、軍でコックをしていた矢内一等兵がそれを巧みに料理しました。

やがてご馳走はでき上がったけれど、私はお腹を壊していたので脂濃い山羊汁は敬遠してお芋だけを食べました。久しぶりに満腹することができたので、その晩は明け方近くまで四人でとりとめもない話に夢中になって過ごしました。

明け方近くなると、何時もどおりそれぞれ隠れ場所を探して潜む時間となったのですが、その日に限って不吉な予感に胸騒ぎがしてなりませんでした。〈何かしら変だ〉、私は従弟を呼んで注意しました。

「今日は危ないようだから、十分に気をつけろよ。」

「大丈夫。今日はあのくずれかけた防空壕に隠れるよ。」

と彼は明るく微笑むのでした。私は、何の気もなく二枚着ていたシャツをぬいで彼に一枚やりました。

すると、従弟は、

「じゃあ兄貴は、煙草を持っていたら……。」

と言って、昨晩見つけたばかりの煙草の入った紙箱を私に預けるのでした。

四人は、食べ残しの山羊汁を昼の食事にと分け合ってそれぞれ缶詰の空缶に詰めました。健啖な従弟は、残ったものを鍋ごと自分が持って行くと喜んでいました。別れる際に改めて、「今日は竹藪の中に寝てはいかんよ」と注意すると、彼は集落脇にあるタコ壺壕に入りました。石橋曹長は、破壊された屋根が屋敷の一角にくずれ落ちているから、その中に隠れると言い、矢内一等兵は、隣屋敷のセメントでできた水タンクに潜むと言って、それぞれの場所へ別れて行きました。

お昼近くになると、案の定、恐れていた米兵が機関銃と自動小銃を持って捜索にやって来ました。思いなしか常日頃より銃声が激しい気がしてなりませんでした。

やがて集落の方へ上ってくると、私たちが火を焚いた跡を見つけたのか、急にガヤガヤ騒ぎ出し、徹底的に付近を探しはじめるのでした。その様子が手にとるようにうかがえ、思わず背筋を戦慄が走るのでした。捜索の輪はしだいに広げられてゆき、私が潜んでいる丘の方へも騒ぎ声が近づいて来ました。腰を下ろしても頭が一寸飛び出すほどの浅いタコ壺壕の中で、私は手榴弾の安全ピンを抜いて、運命の近づくのを息づまる思いで待ち構えていました。

荒々しい足音が草原をかき分けて近づいて来るのが察知され、私はソーッと草を頭の上に乗せて偽装しました。米兵たちは、奇妙な叫び声を上げながら目標もなく自動小銃を射ちまくって来るのです。それを聞くと、せっかくここまで生き永らえてきたこの身もこれで最後かと観念するしかありません。同時に故郷の母や親戚の人びとや学友たちの顔、顔が一どきに想い浮かぶのでした。

不気味に静まりかえっていた周りが、急に騒々しくなり、数人の足音が頭上の方で聞こえています。思わず息を押し殺し、手榴弾をしっかりと握ると、今やこれまでと首を縮めて上を睨むのでした。敵兵たちは、ガサガサと音を立てて近くを歩き回っています。一秒、二秒……、〈あ、焦《じ》れったい！　はやく見つかってしまえ〉、頭上を蔽う草の葉の間から近くに靴が見えます。〈投げろ、手榴弾を投げろ〉、私は、すかさず自分に命じるのでした。だが私の手は動きませんでした。何ものかが、しっかりとそれを抑え付けていたのです。

やがて、敵兵たちはタコ壺壕内の私に気づかずに通り過ぎて行きました。恐怖が去ると、張りつめていた神経がプツンと切れて、あたかも全身の骨がとろけたかのように力が抜けました。心臓の鼓動だけがいやが上にも早まり、息苦しく、日頃、信じてもいない神に感謝し心から手を合わす気持になるのでした。

すっかり日が傾き、どうやら付近から敵兵も去ってしまったらしい気配にさっそく壕を飛び出して従弟の隠れ場所へ行ってみました。〈いない！〉、一瞬、血の気が引くのを覚えました。手足がワナワナと震え出し、立ちすくんでいるところへ石橋曹長が顔を見せました。

矢内一等兵も慌しく姿を現わしました。「やられたか」、呟くように矢内一等兵が言うと、石橋曹長は眼光鋭く黙したままでした。

私は気も狂わんばかりに付近を探し回って見ました。他の二人もあたりの壕という壕を探してくれました。ふと先日、従弟が隠れていた竹薮の中へ行ってみると、薄暗い中に何か白いものが地面に落ちています。近づいて見ると、それは前日にくれてやったばかりのシャツでした。そのほか地下足袋が片方だけ脱ぎ棄ててありました。そこへ石橋曹長も、矢内一等兵もやって来ました。少し離れた所に、前夜のご馳走が入ったままの鍋が放置されていました。

「今日は仰山《ぎょうさん》やって来たぞ。わしももう少しで見つかるところだった。奴らは瓦まで一枚一枚めくりやがったよ。わしはもう最後だと拳銃をこう構えてね。」と石橋曹長は、拳銃を構えて見せました。それは、〈もう諦めなさい〉と言っているように思われるのでした。しかし諦めるわけにもいかず、脱ぎ捨てられたシャツを手に下げて、今一度、一人で付近を探して歩きました。死骸に出会うと、ハッとして、顔を確かめてみるのでした。

日がとっぷり暮れると、私は探しあぐね絶望に打ちひしがれて、丘の上に一人で坐り込むのでした。下方の道路を車のライトが幾つも通り過ぎて行くのが見えました。〈死のう、自分も死のう〉、また一人になってしまったという侘しさと自分だけが生き残るという辛さが、たちまち頭を領し、死んだ方がよいと思うのでした。

そこへ石橋曹長と矢内一等兵が案じてやって来ました。

「ね、君、もう諦めなさい。探しても死体が見つからない以上、殺されてはいないよ。きっと掴まっているんだよ。」

石橋曹長は、私の肩に手を置くと顔を覗き込むようにして言うのです。

「せっかくここまで耐え忍んできたのだから、気を落とすな。故郷へ帰って山城君の家族に、どこまでは一緒だったと君が話してあげるだけでもきっと親ごさんたちには喜ばれるよ。」

と矢内一等兵も、私の心の中を見抜いたかのように声をかけるのでした。

それから三日間ほどは、私は食事をする意欲もなく、気が抜けたようにボンヤリしていました。

そのうちに石橋曹長と矢内一等兵の親身な励ましによって、ようやく自分を取り戻すことができました。〈そうだ、月夜の邂逅からのくわしい様子を、伯母さんに話してあげよう。そうすれば家族の人たちもせめてもの慰めと思ってくれるだろう。一人で生き延びて帰る苦しさも、そのことで忍べるだろう。〉

私は自らに言いきかせるのでした。そう考えると、それは単に従弟のことだけではないことに気づいて、大きく息を吸い込みました。

〈そうだ。誰にも知られず誰からも看取られることもなく洞窟や海辺であえなく死んでいった恩師や学友たちの様子を知っているだけでも遺族の方々にぜひとも伝えてあげなければならないのだ。〉〈今こうして生き延びたというのは、たんに自分一個の生命の延長を意味するのではない。自分の命はその義務を負わされているのだ〉との自覚が、少しずつ目覚めてくるのでした。

〈よし、この上はどんな苦しいことが起きても、いかなる恥を忍んでも生き永らえてやる〉私は、拳を握りしめながら固く固く心に誓うのでした。

こうして私は孤独に堪えながら、敵中突破を諦めずに絶好の機会を狙い続けていました。いつしか夏草も伸びて潜伏の日々は、積み重なっていきました。

（後日、生きて再会しえた従弟の話――皆と別れて民家の壊れた壕に入ったものの、湿気と無数の蚊に居たたまれず、再び前の日に隠れた竹藪の中に入って、連日の疲れにまったく前後不覚に寝入ってしまった。すると突然身を揺す振られ、眼を覚ますと、生まれて初めてみる黒人兵の恐ろしい顔が覆い被さり気も転倒して両手で顔を覆い、足を曲げて寝たままでいると、たちまち二人の兵士に両腕をとられ宙に引き立てられた。米兵たちは身ぶり手ぶりで煙草をすすめ菓子を出してくれたが、手が出るどころか気を呑まれ口も開けずにワナワナ震えていた。咄嗟に片手を抜き取り、腰の手榴弾へ手をやったら、とっくにそれは取り上げられていた。何とか隙を見て死のうと考えたが、気配を察した一人の黒人が、しっかりと腕をつかんで離さない。そして、別の一人が拳銃を突きつけて何やらどなり出した。そしてしきりに拳銃をあちらこちらに向け顎をしゃくってはまたも拳銃を胸に突きつけるのだ。

　半時間ほどしてようやく、米兵たちは、「他の者の隠れ場所へ連れて行け」と言っているんだなと理解して、ハタと当惑した。死ぬも生きるも一緒にと誓った二人だからどんな運命が待ち受けていようとも従兄と一緒になろうと、私が潜んでいると思われる壕の方へ行きかけたが、〈待てよ、ここで二人とも犬死しては……。よしたとえ自分が死んでも、せめて従兄だけでも生きてもらいたい〉と考え直し、従兄から貰ったシャツを残して分かった分かったと頷いて、あらぬ方向へどんどん歩き出したので、二人は初めて笑顔を見せてついて来た。草叢をくぐり、きび畑に入ったりして探す振りをしたら、やがて二人は業を煮やして、とうとうトラックに乗せられて連れ去られた。トラックの上では、多くの黒人兵、白人兵に取り巻かれ、死ぬにもそのチャンスもなく、さすがに涙が溢れて〈兄貴、さよなら、さよなら〉と心で叫びながら、真白い街道を屋嘉の捕虜収容所に収容されたとのことでした。）

血であがなったもの

砂金をちりばめたように星の美しい晩でした。松籟《しょうらい》が爽やかに音を立てて涼しい風を呼んでいました。

　東風平村の志多伯の集落と世名城《よなぐすく》集落の中間にある高地で、石橋曹長と矢内一等兵と私の三人は夕涼みをしていました。南国沖縄の八月です。夜とはいえ、じっとしていても汗ばむ暑さでした。三人は、風の吹き渡るこの高地で、いつどこから飛び出して来るかも分からぬ敵に用心しながら、小声で雑談していました。

　どこを見回しても、この丘を取り巻く形で敵の兵舎の電灯が煌々と輝いていました。まるで忽然と都会が出現したかのようです。これでは敵中を突破しようにも突破口さえ見出せません。八月も中旬近くに入っても、私たちは、まだ志多伯集落近くに足留めされたまま出発できずにいるのでした。

　敵の宿舎からは、軽やかなジャズ音楽が、風に乗って、大きくなったり小さくなったりして聞こえていました。

「畜生！　奴らの戦争なんて呑気なもんだな。昼間に攻め寄せ、夜になったらさっさと引き上げる。宿営地をつくったら、すぐさまラジオやレコードをかけてどんちゃん騒ぎをするしで、俺はまだこんな戦争に出会ったことはないよ。」

　石橋曹長がいまいましげに言うのでした。

　ボーンとゆるやかに打ち上げられた照明弾が、憮然として髪を撫でている石橋曹長の顔を照らしています。戦野をさまようこと幾十日、顔だちの整った石橋曹長の鬚は、アイヌ人のそれのように濃く、いかにも部隊長級の貫録を見せていました。

「まったくです。何しろ、奴っこさんたち、攻めて来るにも、戦車の後ろからのそのそ突っ立って付いて来るだけ。それに第一、巻脚絆さえも巻いておらんのですよ。」

　矢内一等兵が相槌をうって苦笑するのでした。

「ほんとですね。それに米兵は、上半身裸で戦争するんですからね。」

　私も、摩文仁の海岸で見た米兵たちの上半身裸の陽焼けした背中や濃い胸毛などを思い出しながら応じました。

「それに向こうさんの戦時食糧ったら何だい、あれは。日本の将官級だってああはゆくまい。缶詰だってハムにソーセージ、コンビーフ、コーヒーから煙草まで揃って入っていやがる。缶にしても丸形から細長いのまであるし、大きさにしてもだ、小さいのから、こんな大きなのまで。」

と石橋曹長は、前の晩に拾ってきた缶詰の大きさを手を広げて示すのでした。

「それよか俺ぁ、煙草におったまげたな。日の丸をかいたもの（ラッキーストライク）、駱駝（キャメル）、それにうんと薄荷《はっか》の入ったやつ（クール）、またあの馬鹿に長い赤いやつ（ポール・モール）なんて、俺はあんなのを吸うのはまったく初めてだ。拝んだことさえなかったよ。」

　両手の中に煙草の火を隠して、ポーッと煙を吐きながら彼は続けて言うのでした。

「ああ！　俺たちに、せめて奴らの支給品の半分でもあったらなあ。」

「それに、敵さんの食糧は便利ですね。蝋ぬりの紙箱の携帯食糧、例のあのKレーションとかCレーションを食べたことがありますか。あれには何でも入っていますよ。チョコレートからクラッカーに至るまで。」と私は、日本軍の野戦食の不便さをあらためて思い出しながら、嘆息するのでした。

「でも奴ら、どうしてあんなにたくさんの煙草や缶詰を、惜しげもなく捨てるんだろう。もったいないことしやがって。」

矢内一等兵が解せぬ顔で独りごちるのです。

「なに、持ち運ぶのが面倒臭いんだよ。」

うまそうに煙草を吸っていた石橋曹長が、煙と一緒に吐き出すように応じるのでした。

従弟の昌研君が捕まった日の朝、遺してくれた一箱の煙草を二人に上げたのです。私は煙草を吸わないし、親兄弟へ土産にするんだと張り切っていた従弟もいなくなった今、何も惜しむ必要はなかったからです。この箱の中にはラッキー・ストライクやチェスターフィルド、キャメル、クール、ポール・モール、オルドゴールド、フィリップ・モリスなど各種の極上品の煙草が、およそ二〇個近くも入っていました。包装が完全なので、真新しいセロハン紙の包み紙を外したときの煙草好きの二人の喜ぶ顔は忘れることができません。それからというもの二人は、明けても暮れても煙草を離さないのです。まるでそれまでの耐乏生活に仇討でもしているみたいでした。

明け方が近づくと、さすがにうすら寒くなってきたので、シャツを着て風邪に備えました。すでに星影は薄れ、東の方の空はうっすらと薔薇色の明りがさしていました。しかし地上はまだ暗く、その中に白く浮かぶ道路上を早くも米軍のトラックがライトをつけ凄い音を立てて疾駆して行くのが見えます。やがて、ぬぐい去るように周囲がしだいに鮮明になってきました。と、上背の高い矢内一等兵が身を起こすと、思い出したように言うのです。

「しかしアメリカ兵の奴らには、たちの悪い奴がいるなァ。この間なんか、せっかく苦心して探してきた缶詰をいざ食べようとしたら、どうだい、片っ端から穴を開けてやがる。それがどれもこれも、いくつも小さな穴だよ。」

矢内一等兵は、今以て口惜しそうです。

事実、米軍の後方陣地の宿営地跡には、至る所に食べ残しの缶詰やフライパンなどが埋めてありました。多くの場合、立ち去る時には、残らず缶には穴が開けてありました。直夏なのですぐに腐って敗残兵たちに利用させせないためわざとしたのです。

敵ながら感心させられたのは、彼らは常時小さなスコップを持っていて、陣地を移転する場合には、たとえ戦場であって塵埃や排泄物なども埋めるなどしてきちんと処理することでした。これに反して日本軍側では、敗走という不利な戦況のためもあってか、移動の跡は乱雑無類で排泄物のあるところ日本の敗残兵ありという有様でした。それに米兵は、余程の激戦か不利な戦況でもない限り斃れた戦友の死体を放置することはまったくなかったのです。いきおい第一線でもめったに米兵の屍体は見当たりませんでした。日本軍側は、屍体を片付けるどころか、まだ息のある戦友さえも捨てて顧みなかったほどです。已むをえなかったとはいえ、この事実ほど切実に敗戦の悲惨さを物語ることはありません。摩文仁丘では米兵たちが日本兵の屍体の山をブルドーザーで自然洞穴に突き落して処理したことさえありました。

「さあ、そろそろ隠れようか。」

矢内一等兵が立ち上がると、ねむそうに片手を突き上げ、体をひねって欠伸《あくび》をするのでした。

「シーッ。」

立ち上がりかけた石橋曹長が、矢内一等兵を制して身をかがめました。

左手の方から高く延びた野草をかきわけて、誰かが来るようでした。茅がザワザワ鳴ったかと思うと、また静かになりました。手榴弾を手にとると、じっと様子を窺いました。石橋曹長は拳銃を構え右の方へゆっくりと迂回、矢内一等兵も手榴弾片手に、左へ回りました。

包囲体勢をとっているとも知らず、何者かがこちらへ動いて来るのです。敵か味方か？　やがて朝明けの薄霧の中から頭らしいものが見えました。距離約三メートル。と、右手の石橋曹長が「山！」と低い声で叫んだ。「川！」すかさず先方からも声が飛んで来ました。

ホッとして、三人は一度に前方へ飛び出すのでした。

「よう石橋曹長殿。」

相手が声をかけてきました。

「やー、白井兵長か。うーん、無事でよかったなあ。」

石橋曹長は、満面に笑みを浮かべて相手の手を握るのでした。旧知らしい。上半身裸の体にお腹の方だけ白い布片を巻いていて、何とも兵隊らしからぬ兵隊で、見るからに善良な坊ちゃんを思わせる人物なのです。

襟章も見当たらないのですが、石橋曹長とは以前に同じ中隊にいた兵長だとのことでした。立ち上がりかけた私たちは、そうと知るとまた腰を下ろして、敵を気にしながら雑談に耽るのでした。白井兵長は、よく敵の宿舎近くまで忍び込み、野天で上映される映画を盗み観て堪能したとのことでした。それを聞いて「ヘェー」といたく感心したものです。

「奴らは、宿舎をこしらえたら、必ずと言ってよいほど野天で映画を上映するんですよ。戦争も彼らにとってはいわば遊び半分ですよ。」

白井兵長がしきりに感嘆して言うのです。

たしかに米軍は、制海権も制空権も完全に押さえているので、各地での戦闘に勝利すると、戦場に在っても何らかの娯楽を楽しむのを常としていました。

白井兵長は、英文の新聞か雑誌みたいな印刷物を二、三くるくる丸めて持っていました。殺伐たる戦場で何か読物らしいものを見るだけで、何となく懐かしく感じられてなりませんでした。

「世名城集落の裏手にすごく頑丈な壕があるからそこへ行きませんか。元の陸軍病院のあったところで食糧もありますよ。」

白井兵長の誘いに乗って、私たち三人は、それぞれの壕から必要な物を取り出すと、彼の後について行きました。近くの敵の幕舎の明々と輝いていた電灯も、しののめの光に濡れたように白く褪せて見えています。

腰のあたりまで伸びた草を踏みしだいて案内された所は、世名城集落の背後に背中合わせに横たわっている丘をくり抜いて作った頑丈な壕でした。白井兵長が話したとおり、壕内は丸太の支柱が列を成し、厚い松板ががっちりと頭上の岩盤を支えて、見るからに頼もしい感じがしました。この壕は、陸軍病院壕として作られたもののようで、完成と同時に敵襲を受け、内部の将兵は全てを放棄して逃げ去ったとのことでした。

その後、以前にこの壕につとめていた二人の軍医中尉が戻って来て、今ではこの壕の隊長格としておさまっているとのことです。作りたての壕だっただけに、白井兵長が語ったとおり食糧にもさほど不自由しないほどいろいろな食糧品が蓄えてありました。今どきこんな壕が残っているのが信じかねるほどでした。

白井兵長の後について小さな倉庫の脇を通り、壕の中央部にいた隊長格たる二人の軍医中尉に引き合わされました。何だか下宿先の契約みたいで苦笑したのですが、幸い白井兵長の尽力で三人はここへ入れて貰えることになりました。

壕内の面々は、隊長格の眼鏡をかけた背の高い遠藤幸生という軍医中尉と、他の一人は会った途端から人好きのするような痩軀の島尾という軍医中尉のほか、自称早稲田出身の山下といういかつい体軀の見習士官がいました。また口から先に生まれたようないがぐり頭の大阪出身の陸軍伍長や、何の変哲もないお揃いの二等兵たちが数人と上等兵が五人程いました。

驚いたことに壕の片隅の方に地元出身の光さん、貞さんという女性を連れているノッポで禿頭の老兵がいました。彼は、正規の軍人というより軍夫に見えました。女性を連れている故か、他の敗残兵たちから嫉視される一方で態度がだらだらして馬鹿にされているようでした。

しかし、この壕もやはり戦場の外でもなければ、戦争から忘れ去られた安住の地でもありませんでした。昼になると毎日のように、米兵が黄燐弾を投げ込んだり、壕の入口を爆破したり、壕の入口から二、三メートルの所まで懐中電灯を振り回しながら入って来て、自動小銃を撃ち込んだりして帰るのでした。そのため縦穴の奥の壁は射的場の標的のように無残な穴だらけとなっていました。

しかし、米兵にとってこれは、最後の戦場生活のいわば日課のようなものでした。戦闘に勝利して復員間近の利巧な米兵のことですから、もはや壕の奥まで深入りして身を危険に晒すようなことはしないのです。時には壕内に入ると見せかけて途中で引っ返すと、壕の入口に散乱している薬壜を並べ、バリバリガチャンと自動小銃でそれを狙い撃ちして割って楽しんだ後、陽が暮れると、さっさと引き揚げて行くのです。

一方、壕内の敗残兵の側も、毎日二人ずつ交代で見張りを立ててはいるものの、なるべく米兵を刺激しないよう、相手にならぬようにして非番の者たちは夜の自由な行動に備えてぐっすり眠る塩梅でした。

それまで経験したこともない程心が安らげるこの壕は、敵が大挙して押しかけ、壕口を完全に密閉するのでなければ、空気の流通もさほど悪くなく、奥行も深いので至極気安く過ごせるのでした。敗残兵たちは、壕内にあるガーゼや包帯などを惜し気もなく胴巻のように腹に巻きつけたりして、二日もすると新しいのと巻き替える有様でした。

かのノッポの老兵は、民間人の壕から手に入れた日用品の中からいい物だけを選りぬいて、沖縄脱出の際こっそり日本本土まで持ち帰ろうと企てていたらしいのですが、ある日、何かのはずみにその企みがばれて、意地悪で能弁の大阪兵にまくし立てられ、責め立てられていました。こうして皆の前で怒鳴られたり恥をかかされたため、居たたまれず二日間ほど他所の壕に代ったこともありましたが、連れの女性たちのことが心配になったのか、再び壕に戻って知らぬ顔をしていました。

夜ともなれば敗残兵の天下でした。大半の者が大城集落や志多伯集落の方まで出掛けて、民家の人たちが大事に壕にしまっておいた日用品などを持ち出してきて勝手に使っていました。どうやら人間は無為では暮らせないものらしく、酷薄な「死」との対決から解放されると、もうじっとしておれず、体を動かして何かしなければならないのです。

一日、二日、三日と荏苒《じんぜん》と日が経っていくにつれ、しだいにやり切れない気がしてくるのでした。一体世の中は、わが沖縄は、どうなっているのだろうか。摩文仁の岩間を出てからすでに三カ月余にもなるのです。家族の者は無事だろうか。生きているとしたら、母は今頃いかに自分のことを心配していることだろうかと思うと、じっとしておれなくなるのです。すでに長男を海軍で失い、次男も斃れ、男はたった一人残されたた自分しかいない。姉のことも案じられてならないのでした。恐らく母は生きていても、自分の安否が分からなければ、もはや生きる希望さえ失っているのではないか。いや、きっとそうなるに違いない。そう思うと、居ても立ってもおれない気持に身を焼かれるのでした。

〈お母さん、僕は東風平村で無事に生きていて、近いうちに必ず家に帰って来ますから、もう暫く我慢して待っていてください。〉

何とかしてこの想いが母の許に届く方法はないものか、と心から願うのでした。

全てを諦め切ったとき、私たちは、半ば本能的衝動や心のはずみに容易に心身を委ねてしまいます。しかし、ひとたび「死」の虎口を脱し、生の可能性が目前にちらつくと、二度と再び自分を元の諦念へ引き戻すことはできません。とにもかくにも一刻も早く母に会いたい。そしていかなる事態がこの世に起きているのかを確かめたい。毎晩のように、私は壕の丘の上で一人膝を抱いてはるか故郷の空に向かって、ただそのことだけを考えているのでした。

昭和二十年九月二日、日が暮れるといつものように壕内の敗残兵たちは、近くの集落へ出掛けて行きました。私は、同行せずまだ太陽の暖みの残っている地肌に一人で仰向けになっていました。月が、はすにかかっていくらか秋めいてきたのか、妙に冷たい感じの月光でした。想えばいくたび所を変え、立場を異にして眺めてきた月であろうか。寄宿舎の月見会で観た月、摩文仁へ撤退したときの月、転進のとき心を訴えた月、伊敷の馬乗り壕脱出の際の怨めしい月、摩文仁海岸で慟哭しつつ眺めた月、そして今、かぼそくも生き長らえてきた生命を抱きしめながら感謝をこめて見上げる月——。

私は、まるで放心したかのように独りで様々な想いを込めて月を眺めていました。すると風とともにどこからともなく女性の歌声が聞こえてきました。耳を澄ますと、それは聞き馴れたなつかしい郷土の民謡でした。心がゆさぶられる旋律を伴って、歌の文句までがはっきりと聴きとれました。

旅や浜宿い　草ぬ葉どぅ枕
寝てぃん忘りらぬ　我家ぬ　うすば

「浜千鳥」の一節で、歌はさらに続いています。

旅宿ぬ寝覚《ねざ》み　枕すばだてぃてぃ

思出すさ　昔　夜半ぬ　ちらさ

余韻を引いて流れてくるその歌声を頼って、私はひとりでに歩き出していました。

一段と丈高く生えたすすきの葉をくぐって行くと、丘の斜面がゆるく尽きた所に平地がありました。月光の下で白いタオルでほほかむりしてモンペ姿の女の人が、調子もゆるやかにきゃしゃな手振りで踊っているのです。よく見ると、その近くで今一人の女性が、草の上に腰を下ろして歌っていました。

そっと近づいてみると踊っているのが光さん、坐って歌っているのが貞さんでした。荒くれ男たちの中にいて、化粧もせぬまま、いつも髪を無雑作に包帯の端で結んでいる男みたいな装いの光さんにこんな踊りができるとは、想像もできませんでした。同じ壕にいながらろくに口をきいたこともなかったからです。

光さんは、私が見ているとも知らずに一人でまるで夢幻の境に遊んでいるかのように踊り続けています。私は言葉もかけず数メートルほど離れた所の草原の中にうずくまって黙って見ていました。

そのとき、ふと私の背中を叩く者がいました。振り向いて見ると白井兵長でした。二人は、目と目で頷き合うと、そのまま黙って見ていました。光さんのすりと伸びた若々しい姿態が、月光を浴びて丘の稜線にくっきりと浮かび、しなやかな手さばきと柔軟な身のこなしは、長袖の軍隊服を着てモンペをはいてはいてもやはり女性です。荒涼たる戦野でこのようなあでやかな踊りを見ると、一種の妖しい情緒がかき立てられてくるのでした。

舞い終わった途端、白井兵長が立ち上がって大きな拍手をしました。私も力いっぱい手を叩きました。

「マアー」、軽い驚きの声を残して二人とも一散に丘を駆け降りて壕内へ消えるのでした。

「気が晴々としたね。あれは、何という踊りかな。」白井兵長は、私と肩を並べて歩きながら訊きました。

「浜千鳥というんだと思います。旅に出た者が、月の明るい浜辺で、千鳥が啼く声をうら悲しく聞きながら郷愁に浸るという意味の歌曲と言われています。本来でしたらこの踊りは、この島独特の伝統的な紺染めのかすりを着て、何人かが古風な乙女姿で踊るのです。」

「そうか、郷愁か……君の今の心境にぴったりだね。」

「まったくです。でも遠く本土から来られたあなたにはなおさらでしょう。」

「ウン、まあね、でも帰れるのもそう遠くはないだろうよ。」

「え？　と言いますと。」

私は思わず白井兵長の顔を見るのでした。彼は思慮深げに足許に眼を落としていましたが、やがてこう言ったのです。

「実はね、君は学生だから言うけど、じつは日本はもう降伏したんだよ。しかも無条件降伏だよ。」

「何ですって、日本がほんとに降伏したんですか。それはいつですか。どうして、あなたはそれを知ってるんですか？」

私は、愕然として、畳み掛けるように訊きました。

「うん、これに書いてあるよ、いろんな写真も出ているよ。」

白井兵長はいつも隠れるようにして読んでいた例の大型の英文雑誌を拡げて指差して見せました。しかし私には英文はさっぱり理解できませんでした。師範学校に在学時代、山形県出身の佐藤早見という英語の先生がいましたが、英語は敵性言語として学ぶのを禁止されていたからです。しかし東京文理科大学の英文科出身の白井兵長は、戦場にまでウェブスターのポケット版英英辞典を持ち込んで、壕内では、終日私などが拾ってきた英字新聞や雑誌などを秘かに読んでいました。私は、その学識の深さに圧倒され、心から尊敬するのでした。

「ほら、君も覚えているだろう。俺たちがまだ摩文仁近くにいた八月十五日に海上の米艦船から一斉に空に向かって赤・黄・青の色とりどりの砲弾が打ち上げられて花火のように綺麗だったとき、付近の敗残兵が、日本の特攻隊が反撃に出たと言って手を叩いて喜んでいたことを。じつはあれは、特攻隊が反撃に出たのではなくて米軍が日本との戦争に勝った祝砲を上げていたのだよ。その後、日本はポツダム宣言を受諾して九月二日にはミズーリ号で無条件降伏することに調印したんだよ。ほらこれにはっきりと書いてある。」

と、英文雑誌を指差して見せるのでした。

その瞬間、私は戦争に敗けた口悔しさより、自分の無知さを思い知らされたのでした。その際、白井兵長は、日頃から日本軍の無謀さを知っているだけに、私に「絶対に日本が戦争に負けたと言うな。負けたと言ったら二人とも敗残兵に殺されてしまうよ」と固く口止めするのでした。

私は自分が英語をまったく理解できない無学さにショックを覚え、思わず、「白井さん貴方はいいですね。外国の言語がこんなにすらすら読めて」と言ったら彼は、にこやかな顔で、「大田君、もし生き延びることができたら東京に出て来て英語を勉強しろよ」と一言言ってくれました。周辺は敵に囲まれ、生き残れる可能性は覚付かないときでした。

（白井さんのこの一言が戦後の私の人生を文字どおり変えるとは、その時は思いもよりませんでした。）

白井さんは、その後もずっと英字新聞や雑誌を読み続けていました。私はこのときほど学問の素晴らしさに驚嘆したことはありませんでした。

日本の降伏という驚くべき事実に接した興奮から醒めると、悲痛の想いで考え込まずにはおれませんでした。

白井兵長は、また思い出したかのようにこう言うのです。

「この戦争に負けたことは、皆には怒られるかも知れないが、いいことなんだよ。これ以上犠牲者を出すのは、たまらんからな。ほら、いまさっきの女性たちの踊りね。ああいう舞踊が楽しめる平和な社会こそが何よりも人間にとって大事なんだよ。僕は日本が降伏したことで、ほんとうにホッとしているよ。」

〈ああ、それならせめてもう少し早く戦争が終わっていたら〉と、死んだ学友たちのことを想うと、胸がかきむしられるのでした。

私たち十代の若者の死によって日本の国体が擁護されると信じて死んでいった人たちと、祖国の無条件降伏とをどう結びつけて考えたらよいのか、理解に苦しむだけでした。

〈すでに死んでしまったこれらの人びとは、日本が無条件降伏したら一体どうなるんだ。彼らの死にどんな意味があるのか。しょせん犬死でしかなかったというのか？〉

私は、すっかり混乱して頭髪をかきむしるのでした。

その一方で白井さんの学識の深さに驚嘆すると共に頭が下がるのでした。

「さあ、もう壕へ帰ろう。」

白井兵長が立ち上がって言いました。東の空が明るみをまし、早くも爽やかな朝風が頬を撫でるのでした。二人は急ぎ足で丘を降りて行ったら壕の外にはすでに人影はなく、いつものようにひっそりと静まり返っていました。

「ああ、今日もまた一日中穴の中かね。」

すでに壕内に戻っていた光さんが男みたいにそう嘆息する声が聞こえ、その思いを共にしたものです。

終戦の詔勅

幾ばくかの疑問を残しながらも、白井兵長から密かに日本の無条件降伏を知ると、従来にも増して生き延びる決意を固めざるをえなくなりました。ところが、壕内ではいまだ軍隊内での身分や階級を誇示して車座になって武勇談を吹聴している見習士官や頭の固い敗残兵たちが沢山いました。一寸したことですぐに喧嘩沙汰になるのです。それで私は白井兵長と壕の奥の方で静かにしていました。白井兵長は私が米軍のテント小屋から失敬してきた『ライフ』や『タイム』などアメリカの雑誌を片時も離さず、情勢の変化について逐一新情報を私だけに披露してくれました。彼は私が敵のテント宿舎から新しい雑誌を拾って来るのを唯一の楽しみにしていました。

英文の読めない私は、白井兵長が無心に読んで聞かせるのを有難く思いながらも、無性に自分自身の無学さが情なく腹立たしく思われてなりませんでした。雑誌に載っている写真を指で差し示しながらその内容を懇切に訳してくれる白井兵長の英語力に、私は、ただもう唖然とするばかりでした。そしてその都度、〈勉強しなければなるまい〉との想いを一段と痛感させられたものです。

戦争に勝ったのだから、米軍はほどなくして沖縄から引き上げるのではないかと期待していましたが、一向に去る気配はなく、私たちが潜んでいた壕の回りは、米軍のテント小屋に囲まれ、敵中突破も覚付かない有様でした。こうして何日も何日も、荏苒として日を過ごすしかなかったのです。

その頃、世名城《よなぐすく》集落近くの小さな壕には、母親と子供三人の一家族が潜伏していました。さとうきび畑で幼い兄弟三人が遊んでいたところへ敵兵がやって来たので子供たちは驚いて逃げ出したのですが、発砲されて五歳の子はその場で即死し、七歳と四歳の二人は無事に壕に戻ったけれど、四歳の子は足に負傷していました。偶然この事実を知って私は包帯や薬などを届けて一家の世話を見るようになりました。これを知った壕内の温厚な島尾中尉が、わざわざ壕まで出かけて行って、手当をしてくれました。こんな親切な日本兵に会うのは初めてのことで大いに助かりました。そのお陰で負傷した子供の傷も日々回復に向かい、一家は元気を取り戻していきました。

その一家にいつの間にか一人の人の良さそうな中年の女性が加わっていました。この女性は一家の近所の者で、両親も兄弟も残らず失ってしまい、この一家と行動を共にするようになったとのことでした。彼女が語るのによると、小城《こぐすく》付近の集落の人びとは米兵に追われて摩文仁や真壁方面あたりまで避難したのですが、食べる物もないので、どうせ死ぬなら自分の家でと、二、三の家族が連れ立って元の集落へ戻って来たところ、途中で米兵の攻撃にあってほとんどが死んでしまったのだというのでした。

こうして、彼女たちがやっと元の自分たちの壕に戻れたと安堵したのも束の間、二日もたたずに彼女たちの壕は敵にかぎつけられ、敵兵は毎日のようにやって来ては「出てこい」と怒鳴るのでした。

それである日、暗くなってから壕を移るところを敵に悟られてしまいました。敵兵は、懐中電灯を振りかざしながらやって来たのですが、彼女たちの武器といえば草刈り鎌と鍬と料理包丁があるだけでした。何人かが手に手に草刈り鎌と包丁をつかんで敵兵の所に突っ込んで行こうとした瞬間、パパパン！　自動小銃の音が聞こえるのまでは覚えていたけど、件の女性は意識を失ってしまいました。意識を取り戻して分かったのは、彼女一人だけが傷も負わずに生きているという事実だったのです。

それから彼女は、まる一週間もの間、狭い壕内で親兄弟の屍体と共に過ごさなければなりませんでした。

気も狂わんばかりの寂しさ、恐ろしさに耐えかねていたのですが、さすがに死者たちの腐乱状態が進むにつれていたたまれなくなり、泣く泣く屍体に土をかぶせ、別の壕へ移ろうと探したところ、思いがけなく近所の一家とめぐり会い、すすめられるままに合流したとのことでした。

いつしか九月も過ぎ去り、早くも十月も下旬に入りました。十月二十三日。その晩は、とりわけ星明りが冴えわたって敵の掃討戦は止むことなく続いていました。日中の敵の攻撃が衰えたのに気をよくして壕内の敗残兵たちは、一人残らず壕の外へ出て月光を浴びながら夕食後の雑談に興じていました。本土出身の兵士たちは、誰も彼もが望郷の念に駆られてか、倦む様子もなく、繰り返しそれぞれの家郷のことを語り合うのでした。と、そこへ一人のがっちりした体躯の男が、黙ってぬっと顔を出しました。その物怖じしない態度から見て、日本軍の将校らしいけれど、無帽のままでした。

「皆さん、突然で驚かれるでしょうが、私は元球部隊所属の将校で恩田大尉と申します。今夜は、皆さんにこの戦争の実情を知っていただくため、宣撫員としてやって来ました。」

見知らぬ男は、慎重に言葉を選びながら、一語一語はっきりと区切って話し始めました。

当方は、誰もが怪訝な顔をして、この腕に白い腕章をした闖入者をまじまじと見つめるのでした。

「皆さん、どうか冷静にお聞きください。もう戦争は終わりました。まことに残念ながら、わが祖国は無条件降伏をしてしまったのです。」

彼は、一気にこれだけ言うと、壕内はにわかにざわめきました。件の宣撫員は、それを無視するかのように一同の顔を見回しながら、語をついでこう言ったのです。

「私は、けっして嘘やでたらめを言っているのではありません。皆さんがこれ以上無益な抵抗を続けることによって、せっかく生き永らえた命を危険にさらすことを見るのは忍びがたいのであります。戦争が終わってしまったのですから、さらなる犠牲を重ねることは止めねばなりません。どうか私を信じてください。そして一日も早くこのような生活を清算して、それぞ

れの故郷へ帰れるように考えいただきたいのでありま
す。」

いつの間にか大阪の出身の兵隊のほか四、五人の敗残兵が、日本刀や手榴弾を手に持って、この宣撫員の回りを取り囲んでいました。すると彼は、目ざとくその気配を察して、後ずさりしながら、こう語ったのです。

「本当に日本は、ポツダム宣言を受け入れて無条件降伏をしたのですよ。嘘ではありません。」

すると隊長格の遠藤軍医中尉が両手で皆を制しながら言いました。

「分かりました。しかし、事はあまりにも重大です。あなたも元軍人だったのでしたら、仮にもこのようなことを軽々に口にすることはできないはずです。あなたは、ご自分の発言を裏づけるたしかな証拠でもお持ちですか？」

と厳しく問い掛けると、

「いいえ、今は何も持っていませんが、たしかな証拠はあります。それが必要なら明朝それを持って改めて伺います。」

と言いも終わらず、

「この野郎、いい加減なことを言いやがって、貴様は米軍のスパイだろう。」

自称早稲田大学出身の太った見習士官がそう言うなり、相手の胸元に拳銃を突きつけました。

「この野郎、敵にだまされやがったな、叩っ切ってやるぞ！」

おしゃべり屋の大阪出身兵が日本刀を引き抜いて叫びました。すると遠藤軍医中尉が、

「まあ、待て！　慌てるな。彼の言い分をちゃんと聞こうではないか。」

と二人を制しました。

すると宣撫員は、皆に一礼すると、

「じゃあ、今日はこれで失礼しますが、明朝またやって来ます。そして戦争が終わったことを示す確かな証拠も持参しますから皆さんも今晩はよく考えて話し合ってみてください。そしてできるだけ明日に壕を出るようにしてください。」

と言うと、用心深く後ずさりして壕を出て行きました。

敗残兵たちは興奮して寝られないのか、「あの野郎、

日本軍人の恥さらしだ」などと夜遅くまで口汚く罵り合っていました。その近くで両軍医中尉が壕壁に身を寄せて何事かひそひそと話し合っていました。石橋曹長と矢内一等兵は、宣撫員の発言に納得したのか、他の敗残兵たちの騒ぎを無視するかのように壕の一角で眠る仕度をしていました。白井兵長は、我が意を得たりと言わんばかりに夜目にも晴れ晴れとした顔をしていました。私は、翌日は件の恩田元大尉が確かな証拠として何を持参するのだろうか、と訝《いぶか》りながら容易に寝付けませんでした。

翌日午前八時三十分頃、約束どおり恩田宣撫員がやって来ました。驚いたことに、三人の米軍憲兵がMPの腕章を右腕に巻きつけてトラックで彼について来たのです。しかし恩田宣撫員は、三人を壕外に残して一人で壕内に入ると、入口の方で立ち止まりました。すると例の騒々しい敗残兵たちが手榴弾を手にしてまるで囚人でも引っ立てるかのように、両脇から彼を取り囲むのでした。

壕内では、あかあかと蝋燭がともされ、壕の入口近くに両軍医中尉がやって来て宣撫員の話を待ちました。誰に命じられたわけでもないのに、二人の敗残兵が手榴弾と銃を手に壕の入口で外を見張っていました。いつの間にか両軍医中尉は、軍服を着て服装を正して目礼すると、

「それでは、日本が降伏したという確かな証拠を見せてください。」

と要求しました。

私たちは、固唾を呑んで一斉に恩田宣撫員の口許に注目するのでした。すると彼は、上衣のポケットから一枚の紙片を取り出すと、それを広げて軽く一礼すると、

「確かな証拠というのは、畏れ多くも天皇の終戦の詔勅です。」

と言うのです。その瞬間、誰もが思わず直立不動の姿勢をとりました。恩田宣撫員は、半ば震え声でそれを読み始めました。

「朕深ク世界ノ大勢ト帝国ノ現状トニ鑑ミ非常ノ措置ヲ以テ時局ヲ収拾セムト欲シ茲ニ忠良ナル爾臣民ニ告グ……惟フニ今後帝国ノ受クベキ苦難ハ固ヨリ尋常ニアラズ爾臣民ノ衷情モ朕善ク之ヲ知ル然レドモ朕ハ

時運ノ趨ク所堪ヘ難キヲ堪ヘ忍ビ難キヲ忍ビ以テ万世ノ為ニ太平ヲ開カムト欲ス……。」

次第に口調が早くなり、一段と声が震えました。聴いていた何人かは、手を握り締めて溢れ出る涙をぬぐおうともしません。鼻をすする音と嗚咽《おえつ》が、静まりかえった壕内に響くのでした。難解な用語が災いして、その内容はよく理解できないにもかかわらず初めて「天皇の詔勅」なるものに接して、感無量でした。

石橋曹長は、きっと口を結んで悲嘆に耐えているようでした。白井兵長は、敗戦の事実を知っていながらそれを胸に秘めていた息苦しさから解放されたためか、いかにもホッーとした面持に見えました。恩田宣撫員は、読み終えると、

「只今お聞きのとおり、日本の敗北は間違いありません。この際、よくお考えになって、投降を決意してください。」

と言って軽く頭を下げました。すると遠藤軍医中尉がすかさず、

「貴方は、しばらく壕の外で待っていてください。皆で話し合ってその結果、どうするかをすぐにお知らせしますから。」

と言って彼を壕の外に出しました。

壕の支柱にとりすがってすすり泣いていた一人の敗残兵が、諦めがつかないのか、「畜生！　あいつは敵のスパイだ。これはでっち上げだ」と喚くのでした。

早稲田出身の見習士官は、

「天皇の詔勅とか言って奴は、嘘をついているのだ。日本が負けるなんてあるもんか。投降したら一人残らず殺されるに決まっている。」

と吐き出すように言う。

「俺は、絶対に捕虜なんかにならんぞ。」

別の敗残兵もそれに応じるのでした。

騒ぎ立てる敗残兵たちを両手で押し静めると、島尾軍医中尉は言葉静かに説得するのでした。

「他のことなら疑うこともできるが、天皇の詔勅は独特な文体のもので簡単にでっち上げることはできない。それに文意から言っても、日本の降伏は間違いない、と思われる。この際、騒ぎ立てるよりは、むしろ武器を捨てる道を選んではどうだろうか。そして投降の際は、日本軍人としてのいさぎよさを示すと共に、

要求すべきことは要求しようではないか。」

言いも果てず、

「出たい者は勝手に出ろ。せっかく今まで頑張ってきたのは何のためだ。捕虜になるくらいなら、とっくになっていらぁ。」

と例の大阪出身の兵士が怒鳴った。もはや階級の区別もあったものじゃない。こうして暫くの間、甲論乙駁で壕内は怒声が飛び交うのでした。すると白井兵長が日頃の温和さに似ず、声を張り上げて諄々と皆を説得し始めました。

「戦争は、確かに終わっています。日本がポツダム宣言を受諾して無条件降伏をしたのは事実です。今さら無駄な抵抗をして身を滅すより、今は恥を忍んでも命を全うすべきです。これからの祖国は、これまで以上にみんなを必要とします。ここは一つ両軍医中尉殿のご意見どおりに投降しようではありませんか。」

彼は、噛んで含めるように言うと、秘かに持っていたアメリカの雑誌類を皆に差し示すのでした。

それが効を奏したのか、すったもんだしたあげく、結局は投降することに話はまとまり、その際は次のような条件をつけることにしました。
一、各人の武器を取り上げないこと。
二、不当な待遇をしないこと。
三、捕虜となる前に壕の前の池で体を洗う時間を認めること。
以上を前提条件に、遠藤軍医中尉と島尾軍医中尉とが壕の外へ出て恩田宣撫工作員と掛け合いました。

その結果、第一の条件は、どうしても許されない。各人の武器は投降の際に必ず全部差し出すようにとの米軍からの厳重な達しゆえ、それだけは聞き入れてくれ、その代り第二、第三の要求については責任をもってきいて貰うからと、恩田宣撫員は力説するのでした。

こうして、ついに皆は折れました。恩田元大尉は、満足したように、では午後に再びMPを連れてやって来るから、それまでに投降の準備をして待っていてほしい、と言い残して一旦はトラックに乗って引き上げました。

その後ろ姿を見やっているとき、私はいきなり後ろから肩を叩かれました。

「君は、何を今頃こんな所でぐずぐずしているんだ。

早く出て行かんか。皆が待っているぞ」と声を掛けて来たのは、顔みしりの新城という兵隊でした。彼も腕に宣撫員の白い腕章を付けていました。彼は、以前に沖縄師範学校の附属小学校に軍司令部があった頃、校門にあった衛兵所の衛兵を務めていたのでよく顔を覚えていました。

彼は、私が、

「この近くの壕に民間の子供たちがいるので、私は残る。」

と言ったら、呆れかえって、

「君一人でこんなところに残って、何するんだ。君の学友たちが屋嘉の捕虜収容所に生きているんだぜ。ああそうそう君の従弟の山城とかいうのも……。」

私は、思わずその場にヘナヘナと坐り込むところでした。

「ほんとですか、それはほんとですか。」

私は、畳み込むように何度も訊きただすのでした。脈があると見たのか、彼は午後に恩田宣撫員とやって来て、私が近くの壕で世話していた民間の子供たちも一緒に連れて行くように助言してくれました。

私は、冬の陰欝な日陰から急に陽のあたる場所にでも飛び出したみたいに明るい気持になって、さっそく石橋曹長や矢内一等兵、白井兵長へ従弟が生きていることを告げました。三人ともわがことのように喜んでくれるのでした。

私は内心、近所の壕にいた子供たちのために独りで残ろうと決意していた考えをひるがえして、その日の午後、子供たちも一緒に連れて皆と投降することに決めました。

久しぶりに近くの小さな池で水浴びをすませると、全員揃って米軍のトラックを待ちました。誰も彼もが暗い壕内で見る顔と真昼の太陽の下で見る顔とが別人のように違って見えるので、お互いにまじまじと相手の顔を見直すのでした。

白日の下に晒された顔は、誰も彼もが色は蒼白な上、髪や鬚は伸び放題で、年の区別もつかないほど一様に似通っていて、あちこちでてれくさ気に苦笑し合っていました。

約束の午後二時近くなると、壕の上の丘には、早くも数名の米軍MPが自動小銃を持って姿を現わしました。右手の畑の方には別の一群、左手の丘にはさらに他の一隊、下手の池の方にもまた数名のＭＰが見張っているのが見えました。

石橋曹長は、急いで壕内に入ると、片時も手離すことのなかった愛用の拳銃を壕内に隠すのでした。他の人たちも日本刀を壕内のどこかに押し込んで知らぬ顔して出てきました。やがて、恩田宣撫員が、ＭＰの指揮者らしいのを連れてやって来ました。

「準備はできましたか。ちょっとした私物のほかは、何も持つことはできないそうです。」

彼は大声でみんなに伝え、

「準備ができたら、全員ついて来てください。」

と歩き出しました。井戸の側の二、三名のＭＰが、一行の背後から銃を突きつけてついて来ました。丘の上のＭＰは遠巻きにして見ているだけでした。近くの大きな道路には、二台のトラックがエンジンをかけたまま待ち構えていました。

ＭＰが周囲を囲んでいる中で、私たちは、路上に一列に並べられました。長い壕生活から初めて自由に吸う澄んだ空気の甘さ。砲爆撃ですっかり変わり果てたとはいえ、目に映る日中のすがすがしい景色は、いかにも甘美に映りました。なんだか全てが有難く、美しく眺められるのです。道路の傍らの小さな池には、水が満ち溢れていました。

「上着を脱いで、武器はみんな出してください。」

憲兵隊長が何か耳打ちするたびに、恩田宣撫員が通訳して指示しました。

私たちは、腰の手榴弾を取り外すと、ＭＰには渡さずに傍の池へ投げ込みました。〈二度と手にすまい〉との想いを込めて……。するとと急にＭＰたちが自動小銃を構えるのでした。

轟然たる音を立てて池の水が空に飛び散るのを見ると、殊の外、気が晴々とするのでした。〈生き延びることができた。これですべてが終わった！〉、心の中でいくどとなく繰り返すのでした。

呆っ気にとられて後退りしていたＭＰたちは、私たちの武器の放棄が済むと、やっと安心したように近寄ってきました。それから一人残らず上着をはぎ取られ、武器の有無について厳重な身体検査が行なわれました。

「日本刀はないか、拳銃はないか。」と執拗に繰り返す訊問にも、「ない」の一語で頑張り通したので、とうとう憲兵も諦めるしかありませんでした。

上着を脱いだ敗残兵たちの腹には、一様に白いガーゼが幾重にも巻いてありました。怪訝な顔をしたMPが、何度もそれに触って武器を隠していないかとチェックするのでした。

一人のMPを連れて近所の壕へ行くと、最初は脅えていた子供たちも危険がないことを告げられると、ほっとしたように出て来ました。自由な壕外に出た子供たちはすぐに喜びの声を上げて、制止も聞かずにあたりを飛び回るのでした。MPが面白がって、「ミズガホシイデスカ」「ナマエハナンデスカ」などと、赤い表紙の小さな本を見ながら珍妙な発音で聞いていました。私は、お米だけは持参した方がよいとすすめ、恩田宣撫員も、何かと親切に気を配ってくれました。

やがて、近くの別の壕から合流した数名の者を入れて、総勢二七名は、二台のトラックに分乗して本島中部にあるといわれる捕虜収容所に向かいました。

戦前とはまるで見違えるほど幅広く拡張された真っ白な道路をトラックはどこまでも疾走するのでした。

その途中、変わり果てた郷土の姿にひどく心が痛む一方で、いつの間にできたのか、縦横につらなる広大な道路網に唖然として、今更のように敵軍のもつ戦力の巨大さを思い知らされるのでした。

トラックは、途中で一時玉城村の百名《ひゃくな》集落で停止しました。そこには、民間人専用の収容所ができていて、何千という民間人が忙しげに立ち働いていました。焼けつく太陽の下で、赤い帽子をかぶったCP（民間人巡査）が、声をからして交通整理に当たっていました。学校なのか、道路の下方の広場で、子供たちが嬉々として遊んでいて、まるで別世界へ来た感がしてなりませんでした。

人びとの顔は、明るく笑っています。何だかだまされているみたいで、首をかしげてこの情景を見ていると、わけもなくジーンと目頭が熱くなるのを禁じえませんでした。

トラックの上の幽霊みたいな私たちの姿を見て、すぐに人びとは群がって知人はいないかと目を皿のようにして探すのでした。

「民間人は、一人残らずここで降りてください。全員降りてください。」

と、恩田宣撫員が大きな声で指示しました。一人のMPが、トラックの傍で二世ふうの男の通訳を通して重ねて言います。

「土地の者はここで降りなさい。兵隊以外はみんなここに住みます。」

その時、隣にいた石橋曹長が、私の脇を突《つつ》いて、

「君もここで降りなさい。学生だからうまくごまかせるよ。降りて住民と一緒になるんだ。さあ早く!」

白井兵長も目で、降りろ降りろと合図するのでした。世話を見ていた子供たちも一緒に降りようとしきりに私の手を引っ張るのでした。しかし私は動きませんでした。〈自分は、明らかに軍人の道を歩いてきた以上、今さらごまかして何になろう。どんなことが待ち受けていようとも、甘んじてそれを受けるだけだ〉と心に期すのでした。

〈あの地獄の底から生き延びてきた人たちは、全ての苦労も悲しみもその胸中にしまい込んで、黙々と働き始めているではないか。幼い子供たちも、生き生きと飛び回り、笑ってさえいる。これだけ見れば、もう充分だ。〉

私の心は、むしろ明るく晴れ上がっていました。

ブルンブルンとトラックのエンジンが快く響き、やがてわれわれを乗せて静かにすべり出しました。周りの人たちが一斉に手を振って見送ってくれました。子供たちが何か言いながら暫くトラックを追いかけて来ました。

「サヨナラ。」

「サヨナラ。」

「サヨナラ。」

私たちの乗っているトラックは、真っ白い道を一路、屋嘉の軍人用捕虜収容所を目指して走り続けるのでした。

第三二軍情報部千早隊の一員として

山田英夫（本科二年）

米軍上陸——風雲急を告げる沖縄

一九四四（昭和十九）年十月十日、米軍の大空襲により、那覇市は一日にして市街地の九割が壊滅した。その後重苦しい日々が続く中で、B24やB29爆撃機による空襲が頻繁に起きた。

その頃、私の家族（母、姉、兄）は那覇に住んでいた。十月十日の大空襲のときは、首里の高台から火の海となった那覇の市街地を遠眺して家族の安否を心配したが、私たちには、なすすべもなかった。

その日の夕刻、「家族が君を訪ねて見えている」と、第一寄宿舎に住んでいた私の所へ学友から連絡が入った。

「ああ、無事だったか。よかった。」

私は天にも昇る気持で校門前に駆けて行き、母や姉、兄の元気な姿に出合った。家族は、山原《やんばる》の半地部落（国頭村《くにがみ》）に避難するとの事で、多くを話す余裕はなかった。しかしお互いに健全な姿を見ただけでもう十分であった。

この日以後の戦局は風雲急を告げる様相を呈し、沖縄守備軍も慌ただしい動きを見せるようになった。学校でも生徒たちはペンをつるはしに持ち替え、読谷《よみたん》、嘉手納《かでな》、那覇などの飛行場建設に日夜動員されるようになった。その一方、軍事教練がとくに強化され、与儀の練兵場での戦闘訓練などに多くの時間が割かれるようになった。その上、空襲で破壊された沖縄師範学校女子部の校舎の後片付けなどの作業にも駆り出されるなどして、学業には殆ど手つかずのまま、一九四五(昭和二十)年を迎えた。

フィリピンをはじめ南方諸地域の戦況は日本軍にとって日一日と不利になり、サイパン島の玉砕に続き、二月に入ると米機動部隊は、ついに日本本土に近い硫黄島に上陸して、日本軍守備隊を玉砕に追い込んだ。そのあげく、次は沖縄への上陸が必至だと叫ばれ、全島異様な緊張に包まれるようになった。

私たちは当時、首里城地下に沖縄守備軍(第三二軍)司令部壕を構築するため、全校の生徒が動員されていた。作業は、昼夜三交替でそれこそ突貫工事で当たった。

そんな中で学級主任の池原貞雄教官が軍の召集を受け、名護の護郷隊《ごきょうたい》(国頭支隊の遊撃隊)に入隊することになった。私は学校生徒を代表して、先生の出征を見送るよう学科主任から連絡を受けた。作業着のままで学校の表玄関に駆けつけた。緊迫した時節だけに教員も生徒も自分の持場を離れることができず、先生方も僅か二、三人、生徒は私一人出席という淋しい壮行会だった。私は全校生徒を代表して、精一杯、

「池原先生の武運長久をお祈り申し上げます。お体を大事になさって、頑張って下さい。私たちも必勝を期して、郷土防衛のために頑張ります。」

と、ご挨拶の言葉を申し上げてお送りした。

三月に入り、米軍の沖縄上陸は、もはや時間の問題となった。沖縄守備軍司令部壕の構築作業は、相変わらず昼夜兼行で行なわれていた。その合間を縫って私たちは、全校職員生徒が避難できる師範隊の地下壕(留魂壕)を完成させた。

その頃、米軍の空襲は一段と激しさを増し、沖縄本島近海には、敵艦船がぞくぞくと集結しはじめた。あげく、ついに三月二十六日米軍は慶良間諸島の阿嘉島に上陸、さらに那覇沖合に浮ぶ神山島《かみやま》(チービシ)を占領して、重砲陣地を設置して沖縄本島に重砲弾を撃ち込むようになった。かくて沖縄は陸・海・空からの激烈な砲爆撃に晒されるようになった。

こうしていよいよ私たちにとって運命の日が来た。一九四五年三月三十一日の夕刻、沖縄師範学校男子部

の職員並びに全校生徒は、留魂壕前面の広場に集結せしめられた。

そこで第三二軍司令官の命令により、当日から軍に徴された旨、伝達がされた。守備軍司令部から派遣されて命令を伝達したのは、第二野戦築城隊隊長の駒場縑少佐であった。軍に徴された私たちは、鉄血勤皇師範隊と命名され、第三二軍の直属隊となった。ちなみにその編成は、次のとおりである。

○本部
○斬込隊 ｝→軍司令部所属
○千早隊 （通称球一六一六部隊）
○野戦築城隊→第二野戦築城隊所属（通称球一〇一五八部隊）
○特別編成中隊→守備軍司令部所属
（作戦途中で軍司令部首脳を護衛するために編成され、全員野戦築城隊から抽出された。）

私は本科生二二名で編成された千早隊に所属することになった。千早隊の任務は、情報宣伝と地下工作（敵地に潜入し後方攪乱を行なう）に携わることである。その夜は、教職員も生徒一同も、「いよいよ来るべき時がきた」との悲壮感で壕内は湧き立った。しかし、はじめて留魂壕で過ごすこの夜は、興奮と不安でなかなか寝付くことができなかった。

米軍上陸と情報宣伝活動の開始

一九四五年四月一日、沖縄の宿命の日とでも言うべきか、この日、米軍は沖縄本島の読谷と嘉手納沿岸から上陸した。米軍の沖縄侵攻はかねてから覚悟はしていたけれど、ついに現実のものになった。この日から私たちは、生死の瀬戸際に立たされ、緊張と恐怖の毎日を過ごすようになった。

米軍の上陸と共に私たち千早隊員は、軍司令部の情報要員としての教育訓練を受けた。軍司令部地下壕の情報部で、約一週間にわたって主として情報宣伝の方法や接敵工作（敵地へ潜入し、地下工作を行なう）などについて短期速成で指導を受けた。指導教官は、薬丸情報参謀と千早隊長の益永大尉であった。

その期間中、壕内で牛島満軍司令官をよく見かけた。人間味にあふれ、温厚な方で、敬礼すると、

「学生さんご苦労。」

と励ましてくれた。私たちには雲の上の人で、その一言を聞くと五体に勇気が漲《みなぎ》った。

情報要員としての教育を終えて、諸準備を整えると、四月十日頃から、首里地区一帯への情報宣伝を実施せよと命じられた。二名ないし三名が一組になって民間人や兵隊が入っている壕を訪ね、大本営発表の戦況ニュースを中心に諸種の情報を伝達して回るのである。

私は、首里城裏手の崎山町方面の壕を担当した。情報にまったく接してない住民は、一喜一憂しながら熱心に聞いてくれた。その姿を見て大いにやり甲斐のある任務だとつくづく実感した。帰途につくとき、

「学生さん有難う。どうぞこれからも頑張って下さい。」

とみんなから激励されると、弾雨の下をくぐる恐怖や疲れも一挙に吹き飛んでしまう気がした。

その日の宣伝活動を終えて留魂壕に戻ったら、桃原《とうばる》農園近くの儀保町の壕で宣伝活動に当たった仲真良盛、大田昌秀の両君が、その壕に自分の母と姉がいる旨、知らせてくれた。翌日、上司の許可を得て、砲火がやや緩慢になる夕刻、教えてもらった儀保町の壕を訪ねた。壕の中には百数十人の民間人が避難していた。捜すまでもなく、すぐ母と姉に会うことができた。母と姉は勤務先の会社の方々と一緒で、私と顔見知りの方も数人一緒であった。そして、何人かが、

「昨夜学生さんが二人きて、いろいろな情報を聞かせてくれた。」

と喜んでくれた。

私は、家族は本島北部の国頭の方へ避難したものとばかり思っていた。国頭には母の妹や親戚が多数いたからである。

「どうして国頭（山原）に避難しなかったの」と尋ねたら、母は私の顔を見つめ、

「兄の秀守は新兵で入隊、あなたは学徒隊で三二軍情報部へ、妹の節子は軍属で憲兵隊に、子ども三人ともそれぞれこの地で御奉公している。そのあなた方を残して、自分一人山原へ避難する気にはとうていなれない。生きるも死ぬも親子は一緒だから……。」

とのことであった。私はその言葉を聞いて一言も返す言葉もなかった。母親の子を思う心情の深さを、今更のように身にしみて感じずにはおれなかった。

約三〇分ほど親子で心行くまで語り合った。帰り際に母は、私に下着を手渡しながら、

「体に気を付けて、決して無理しないで頑張るように……。」

と、目に涙を浮べて優しく声をかけた。母は「いつかどこかで又会えるだろう」と思っていたらしい。私は会社の皆さんに、

「母や姉のことをくれぐれも宜しくお願いします。」

と頼んで壕を後にした。

その後、母と姉は戦線が首里に迫ったので、島尻南部へ避難した米須《こめす》部落で身を隠す壕を捜しているとき、艦砲の至近弾を食らって母は即死、姉は負傷した。幸い姉は軽傷だったので、母の最期の様子を戦後に聞くことができた。

今思うと、はからずも首里市儀保町の壕で母と会えたことで、親子最後の語らいができた。また今生の別れを告げることもできた。仲真、大田両君の知らせがなかったら、母と会う機会は永遠に来なかったであろう。今でも二人に心から感謝している。

四月半ばから戦闘は熾烈を極め、戦場となった本島中部地域の住民は、本島南部の喜屋武《きやん》半島方面へ避難した。首里市やその近郊の人びとも南部へ退去するよう軍から勧告された。その頃から南風原《はえばる》村、東風平《こちんだ》村、更に佐敷《さしき》村や知念村方面への情報宣伝出動が、相次いで下命されるようになった。

千早隊は出動方面の状況に応じて、全員で、或いは半数で、場合によっては五、六人の小集団で出動し宣伝活動を実施した。四月中旬以降の首里周辺は、軍司令部所在地だけに、昼夜の別なく激しい砲爆撃にさらされ、一歩壕外へ出ると、命の保障はまったくない。

隊員が宣伝活動のため指定地を往復することは、雨のごとく降り注ぐ砲弾の中に身を晒すことで極めて危険なことであった。

しかしその頃、前線や首里周辺に比べて与那原街道以南の島尻地区は、中部地域ほどに艦砲射撃や空爆などひどくはなく割合緩慢であった。そのため南部島尻地区での宣伝活動は、目的地へ到着すれば、青空の下

を自由に歩くことができて隊員にとって一時的とは言え、安堵しながら任務を遂行することができた。

情報宣伝活動が本格化するにつれ、その内容も一段と深化し、大本営発表のニュースや三二軍司令部発表の戦果や日本軍の優位な戦術、第一線での戦果状況などに加えて軍への積極的協力を呼びかけるなどして戦意高揚を図ることなどが強化された。

私は、この宣伝内容を全て信頼している訳でもなかったし、また日本軍の勝利を信じ込んでいる訳でもなく、いろいろと疑問を抱いていた。

しかし情報要員という立場上、住民の皆さんに、戦線での日本軍の巧妙な戦術とか、不屈の戦闘ぶりを宣伝し、

「今にわが軍が米軍を撃滅してかならず勝利を勝ち取るから日本軍の必勝を信じて頑張ってほしい。」

と、壕内の人びとを励まし、安心させるように精一杯努めるしかなかった。

部落から部落へ、壕から壕へとほとんど同じ内容の情報を繰り返すだけの情報宣伝だったが、その度に壕内の老人や女性たちから、「ご苦労さん」と、いたわりの言葉をかけられた。時には、留魂壕では味わえない食事を呼ばれるなどすると、むしろ私たちの方が励まされ、勇気づけられる思いがしたものだ。

たしか四月十五日頃のことだった。南風原村での情報宣伝活動を終えて隊員が首里の軍司令部へ帰る際、集団で帰るより単独で行動した方が米軍機に発見されずに無難だという話になった。私は朝まだ暗いうちに南風原村を発った。米軍機の来襲もなく砲声も遠く閑散であった。

「魔の一日橋」として最も危険視されていた橋を通過して首里の崎山附近まで来たとき、南下して来る友軍の数台のトラックがやって来た。そして擦れ違った途端、米軍の艦砲か重砲かの集中砲火を受けた。耳を劈《つんざ》く炸裂音、もうもうと立ち込める煙、その中であちこちから呻き声や喚き声が聞こえる。死傷者の数もおびただしい。数台のトラックも大方が破壊されてしまい地獄絵さながらの状況である。

私は運よく道路際の溝に飛び込んで、難を逃れることができたが、この場を離脱するのに大童《おおわらわ》だった。午前九時頃にやっと軍司令部壕へ帰着することができ

た。後でこのことを上司に話したら、

「米軍は絶えず偵察機を飛ばして、戦線後方の主要道路や交差点及び橋などを監視して、軍隊や車輌が通過すると、すかさず砲撃を加えるよう軍艦や砲兵陣地と緊密な連絡を取り合っているのだよ。」

と、情報将校が教えてくれた。私たちは主要道路を通ることが、いかに危険であるかがよく分かった。それ以後は、情報宣伝活動への行き帰りは、幹道を避けて畠や原野を通ることにした。

南風原村の情報宣伝から壕に戻って二、三日たった四月十八日頃だと記憶しているが、千早隊は、全員東風平村へ出動することになった。その頃同村一帯は、戦線から遠く離れている関係で、砲爆撃が比較的に緩慢であった。各部落の家屋もほとんど残っていたし、日中でも道路を歩くことができた。そのため情報宣伝活動も大変はかどったので嬉しかった。

私たちは村役場を宿泊場所にして、二泊三日の予定で情報宣伝を実施した。最初の晩は、役場の職員の皆さんが、山羊汁と甘蔗《きび》酒で私たちを接待してくれた。その晩は戦争のことを忘れて村人たちと、楽しいひとときを過ごすことができた。過酷な戦争の中で、このように惜し気もなく貴重な食糧品を出して私たち学徒兵を激励して下さった役場職員の方々には、今でも思い出して心から感謝している。

帰途につく日、遙か北方の首里の空を望むと砲爆撃の黒煙が立ち込めていた。そこへ戻るのかと思うと、忘れかけていた悲壮感で再び胸が一杯になり戦慄を禁じえず、できることなら首里へは帰りたくなかった。

その後、四月の下旬には佐敷村及び知念村方面での情報宣伝実施が下命された。私たちは佐敷村の小谷《おこく》部落の壕から宣伝をはじめ、そこから東へ延びている丘陵に沿って新里《しんざと》部落から、親慶原《おやけはら》部落で任務をすませ、二日目には知念村へ入る予定であった。

途中、馬天《ばてん》港を見下ろす佐敷村の山中で、友軍の食糧貯蔵庫にしている自然洞窟を発見した。守備隊が不在なのを幸いに食べ放題、取り放題で久し振りに満腹することができた。ふと目を中城湾に転ずると、米軍の戦艦、巡洋艦が我が物顔に遊弋《ゆうよく》しながら、艦砲射撃を繰り返している。その米艦に対してわが陣地からは一発の大砲も発射できない。その時は、つくづく日本軍の劣勢さが情けなく思われ、戦争の行末が案じられた。

同じく佐敷村の「ユクイの坂《ひら》」の上の方に大きな自然壕があった。そこには大勢の付近住民が避難していた。訪ねてみると、地元の人びとは必死になって竹槍を作っていた。自分達の郷土は自分達で守るのだという気概には打たれたものの、敵は竹槍で相手できる柔《やわ》な存在ではないことを知らないらしい。

その無謀さについて理由をよく説明していつもの情報宣伝を実施した。近隣の住民は中城湾に浮かぶおびただしい数の米艦船を目の前にして恐怖と情報不足に混乱していたこともあって、私たちの士気を鼓舞する話に素直に聞き入るのであった。むしろ私たち千早隊員の方が、戦況の実情について何も知らない人びとを騙《だま》しているようで〈これでよいのか〉と心に引っかかるものを感じて密かに悩むのであった。

一方的に押され放しの沖縄守備軍は、五月四日についにそれまでの劣勢を、一気に挽回すべく総反撃を敢行した。しかしこれも惨めな失敗に終わり、守備軍の戦力は半減するに至った。これは、守備軍にとって致命的な大打撃であった。

その直後、大里村での情報宣伝が二日間の予定で実施された。千早隊員の宿泊や食事などは村の役場が引き受けて下さることになり、有難く思うと共に村民を真に喜ばすことができる良いニュースがないのが口惜しく悲しかった。

私は伊佐善助君と組んで、割り当てられた部落の壕を訪問して宣伝活動に取り掛かった。宣伝の内容は、何時もと同じであったが、沖縄守備軍が総反撃に失敗したあげく、全戦線で不利な防戦を余儀なくされている事実については、どう伝えたらよいのか、いい知恵も思いつかないままあいまいな話でお茶を濁すしかなかった。

五月七日、大里村の宣伝活動を終えて首里に帰ることになった。私は数人の千早隊員と共に帰途についたが、津嘉山を過ぎるあたりから、米軍機の地上掃射や砲撃が激しくなったので、個人行動をとることにした。与那原街道を横切って国場《こくば》部落に入った。民家は殆ど砲弾で破壊されていた。私は道路を避け畑地や原野を通って識名台上の真地《まあじ》部落附近へ出た。そのとき砲弾がやや緩慢になっていたので、何時もよりのんびりした気分で歩いていた。

突然、米軍の偵察機（トンボ）が上空に飛来、旋回を始めたかと思うと、超低空飛行で私に迫ってきた。私は無我夢中で駆け出し、どこかに隠れ場所はないかと必死になって捜した。周囲は砲弾で焼け野原になっていて、遮蔽物は何一つ見当たらない。焦る私にダダダダ……と機銃掃射を浴びせてきた。必死の思いで、やっとすすきの中に潜り込んで難を免れた。その間わずか五、六分だが、私は息切れがして大変長い時間に思われた。そして恐怖の余り、気が動転していた。

首里の留魂壕に辿り着くまでに、数回も米軍偵察機に発見されて襲撃された。千早隊員の誰も口には出さなかったけれども、情報宣伝への往復は文字どおり命がけで不安と恐怖に苛《さいな》まれどおしであった。

憲兵隊本部での、妹との邂逅《かいこう》

五月に入ると、米軍の飛行機から宣伝ビラが何百万枚も投下され、友軍将兵や一般住民にこの上なく悪影響を及ぼすようになった。守備軍司令部や憲兵隊本部では、この状況を非常に危惧してその対策を講じる必要に迫られた。憲兵隊本部の要請でその対策要員を千早隊からの出向という形で選任することになった。

私は四歳年下の妹が、憲兵隊本部に軍属として勤務していたので、妹に会って励ましたいと思い、わずかの期間ではあるが一緒に生活できる最後の機会だと判断して隊長の益永大尉に憲兵隊への出向を願い出た。益永大尉は快くこれを許可してくれた。

五月八日か九日だったと思うが、この日から憲兵隊本部に勤務することになった。憲兵隊本部の地下壕は、首里市の当蔵《とうのくら》通りに面した首里教会の裏側の谷地にあった。

私は担当士官に、「千早隊から派遣された山田英夫、唯今着任致しました」と申告すると、喜んで迎えてくれた。妹のことを話すと、早速呼び出してくれた。そして「仕事の合間には、遠慮なく何時でも会ってよい」と親切に言ってくれた。

妹には一年半以上も会っていなかった。懐かしさ一入《ひとしお》である。母や姉が国頭に避難しないで、儀保町の壕にいることを話したら、眼に一杯涙をためて会いたがっていた。私は最後まで体を大事にして頑張るよう励ますだけで精いっぱいだった。妹は私を安心させるため、憲兵隊の皆さんが親切にしてくれることや、仕事にもすっかり馴れて今では生活も楽であることなどを楽しそうに話してくれた。

さて私の任務は、この頃から変わった。米軍の宣伝ビラを収集してそれを分類整理し、分析と解釈を行なうことであった。米軍の宣伝ビラは、作戦中に約八〇〇万枚、一〇〇〇万枚ほど投下されたと言われている。その内容は、米軍が圧倒的な戦力を有し、全戦線で勝利を得ていることや住民の財産や生命の安全を保障するから、沖縄の住民は日本軍から離脱して米軍の許にやってきなさいという主旨のものが主だった。

日本軍将兵や住民が読んだら確かに悪影響を及ぼしかねないものばかりである。しかもメッセージは具体的で用紙も良質だし印刷も鮮明だった。私は、心ひそかに宣伝内容も真実味を帯びていると思わざるをえなかった。私自身その宣伝ビラを通してドイツの降伏も知ることができたほどだから……。

五月も半ばを過ぎる頃から、わが軍にとって戦況は急速に悪化し、米軍は守備隊の本拠地首里に迫ってきた。そのため守備軍司令部は沖縄本島南部の摩文仁《まぶに》へ撤退することになった。

五月二十七日、私に至急千早隊へ復帰するよう連絡が入った。憲兵隊での三週間は、壕内勤務だっただけに安全であった。その上、食事などの世話も妹がみてくれたので何も不自由しなかった。他の千早隊員が壕外で危険を犯して宣伝活動に駆け回っているのに、自分は申し訳ないとかねがね思っていた。しかし憲兵隊への出向も今日で終わりである。親切にしてくれた人たちと別れるのはつらかった。

私は急いで帰る準備を済ませ、憲兵隊長をはじめ憲兵の皆さんに別れの挨拶をなすと共に妹のことをよろしくとお願いした。壕の出口まで見送ってくれた妹に、「何よりも体を大事にしろよ……」と言い残して壕外へ出た。これが妹との今生《こんじょう》の別れとなるとは知る由もなかった。

南部への撤退――母校よ、首里よさらば……

憲兵隊本部の壕を飛び出し、弾雨の中を守備軍司令部を目当てに必死に走った。五月はじめまでは、まだ緑の草木が茂っていたが、今はあたり一面生々しい白い岩肌が剥き出しになり、地形が一変して自分の目を疑う程であった。

「軍司令部で千早隊に合流せよ」との緊急連絡だったので、直接軍司令部壕へ駆け込んだ。隊長の益永大尉に帰任の報告を済ませ出発準備に取りかかった。大方の千早隊員が先発隊として五月二十五日に出発し、残っているのは、仲真良盛、座間味宗山、宮城光雄君の三名だけだった。

私たちは、守備軍司令部情報部の要員六〇人ほどが一団となって摩文仁に撤退することになった。予科、本科にかけて長年私を育ててくれた沖縄師範学校とも、多感な青春時代を過ごした首里の町ともこれでお別れである。あと幾日も経たずして、ここ由緒ある首里が米軍の占領下に置かれるようになるとは、予想するだけで胸が痛む。私は思わず〈母校よ、首里よ、さらば……〉と呟きながら、しばし感傷にひたっていた。

午後八時、ついに出発命令が下った。守備軍司令部地下壕の第四坑道出口から、激しい砲火と豪雨の中へ飛び出した。繁多川《はんたがわ》の谷を経て識名《しきな》台上に差し掛った時、突然迫撃砲の集中砲火に見舞われ、隊は支離滅裂になった。私は咄嗟に近くの岩蔭に身を隠し砲弾の遠のくのを待った。あたりを見渡すと宮城光雄君が居た。助かった思いで、彼のところに駆け寄り、砲声が緩慢になったのを見て二人で出発した。やがて坂を下って一日橋手前に出た。

摩文仁へ退るには、一日橋を通らねばならない。一日橋は前線と島尻を結ぶ唯一の橋で、米軍が昼夜の別なく砲撃を集中している所である。したがって当時「死の橋」又は「魔の橋」と言われみんなに恐れられていた。私たちは危険を避けて下流を川に入って渡ることにした。連日の豪雨で増水し、流れも急になっている。川幅が狭いから大丈夫だと思い飛び込んだ。しかし激流に足をとられ、流された。もがきにもがき必死の思いで、やっと対岸に泳ぎ着いた。

雨はようやく小降りになったが、道はぬかるんで歩行はとても困難である。本島南部へ移動する兵隊や避難する一般民間人がごったがえしていた。一カ月を待たずして、地獄の戦場となるのを誰も予想も叶わぬま ま島尻南端を目指して続々と南下しているのだ。

夜半過ぎ、与座岳の麓《ふもと》にある「与座井戸《ゆさがあ》」という井戸のある所に辿りついた。私たち二人はここが摩文仁だと勘違いして「やれやれ、やっと着いた」と安心し重い荷物を下した。しかしよく聞くと、摩文仁はまだまだ南の方だと言われてがっかりした。宮城君も私も島尻の地理には疎いし、疲れもひどかったのでここで一休みして朝を待つことにした。

翌日は久し振りに晴天であった。首里の戦線から遠く離れているので、あたり一帯まだ緑の草木が茂っていて別天地の感がする。こうして比較的にのんびりした道行きで昼すぎに目的地の摩文仁に辿り着いた。

沖縄戦最後の地、摩文仁での苦闘

連日連夜の激烈な砲爆撃に晒されていた首里に比べて、ここ摩文仁は緑で平和な別天地であった。二カ月振りに、ゆったりとしてお日様を拝むことができた。小鳥の囀《さえず》りさえも聞くことができた。到着した晩は空襲から免れた赤瓦葺の民家で、思う存分手足を伸ばしてのびのびと休むことができた。

ゆっくりするのも束の間、翌日は、千早隊が全員揃ったので、千早隊員の拠点に指定された情報部の壕へ入ることになった。この壕は、摩文仁岳の北麓の方にあって、軍司令部壕からは凡そ四〇〇メートル程も離れていた。

壕の左隣には大きな亀甲墓《かめこうばか》があり、友軍の通信隊がその中に発電機と通信機を据えつけて仮住いしていた。その墓前で同郷の先輩仲原さんに、ばったり会った。二人は久方ぶりの出会いに積もる話に花を咲かせた。

仲原さんは、現地召集されて通信隊に入隊して通信業務に携わっているとのことであった。二日後、通信隊が亀甲墓から千早隊が入っている情報部壕へ引っ越して来たので仲原さんと顔を合せる機会が多くなった。

千早隊が摩文仁に来て最初の任務は、守備軍司令部要員の食糧を確保することであった。約半数の千早隊員が暗夜《やみよ》豪雨の中を米須部落へ向かった。私はその辺の地理に不案内だったので、皆からはぐれないように必死になって後を追った。砲弾が落下炸裂する中を、やっと野戦倉庫に辿り着き、各人が米俵一俵ずつ受け取って帰途についた。暗くて長い道のりを重く肩にのしかかる米俵を担ぐのはとても厳しい重労働であったが、辛うじて任務を果たすことができた。

その後千早隊員は、再び守備軍司令部管理部の要請で食糧受領へ出かけた。たしか六月一日だった。降りしきる雨の中を暗夜をついて、真栄平《まえひら》へ向かった。今回は千早隊全員の出動であった。途中の砲火弾雨の下を命を賭して食糧倉庫の壕へ辿り着いたもののすでに食糧は皆無の状態で任務は空ぶりに終わった。

その頃から摩文仁方面に対する米軍の砲爆撃が、日増しに激しくなった。摩文仁も摩文仁岳も次第に焼土と化していた。

そんな或る日、私は食当たりなのか、ひどい下痢に苦しむようになった。頻発する便意に悩まされ一日に数回以上も壕外に走り出なければならなかった。そのため何時《いつ》砲火に見舞われるか知れない危険な状態であった。下痢は三日程立っても止まらず、ついに血便が出るようになった。軍司令部には軍医はいたけれど、医薬品は早くも皆無の状態で、治療は不可能な状態だった。

それでも何とかしなければと思って、県庁の壕には衛生看護などを担当する救護班がいると聞いていたので尋ねてみることにした。県庁の壕は情報部の壕から五〇〇メートル程離れた摩文仁岳の南麓にあった。理由を話したら黒い丸薬を二日分だけ譲ってくれた（それは征露丸《せいろがん》であることを後日知った）。

指示されたとおり服用したら一日半で下痢が完全に治った。感謝の気持で一杯であった。

六月四日、千早隊は本来の任務である地下工作を実施するため前線を突破して米軍占領地へ潜入することになった。しかし私は佐久間吉雄、仲田清栄、仲真良盛、比嘉盛輝君らと本部要員として残るように命じられた。敵地へ潜入する千早隊員たちは、危険きわまりなく、それこそ決死の任務である。それに比べ本部要員は味方の陣地内での活動ゆえ危険度ははるかに少ない。出動組に対し何となく申し訳がない気持をもて余した。

　千早隊本部要員の任務は、食糧の確保、水汲み、炊事、軍司令部への出向（命令受領のため）などであった。とくに水汲みは毎日の日課で、それこそが命がけの仕事であった。井戸（泉）が、急勾配の坂道を一五〇メートル程下った海岸近くに一つしかなく、海上の米軍艦艇から丸見えだった。米艦隊は水を汲むため井戸に群がる兵隊や一般住民を攻撃目標に定め、昼夜の別なく機関銃の掃射を浴びせていた。そのため途中の坂道も井戸周辺もおびただしい数の死体が山をなしていた。

　六月中旬頃、水汲み当番で水を汲んで帰る途中、落下した砲弾の破片で、右足の親指と人差し指の間に五センチ程の裂傷を負った。その時は履物《はきもの》もはかず裸足のままだった。痛みをこらえて壕に帰ったが、手当をする医薬品もなく、ぼろ衣《ぎれ》を包帯代用にして止血した。

　その頃、佐久間吉雄君が艦砲の破片を全身に受け重傷を負った。砲弾の破片は背中と左大腿部を貫通し、壕に担ぎ込まれはしたものの医薬品がなくて適切な治療を行なうことができなかった。六月十六日、佐久間君は、お母さんや妹さんのことを譫言《うわごと》を言って気遣いながら、息を引きとった。

　佐久間君の遺体は、最後を看取った富村盛輝君と私とで、壕前の松林の弾痕の穴の中に埋葬した。降りしきる弾雨の中での精一杯の弔いであった。その位置が確認できるように石を置いて目印にして壕へ戻った。

　運よく富村君も私も生き残り、敗戦後〈一九四六年九月〉文教学校に在学中、平田善吉先生から、佐久間君の戦死の状況と埋葬場所などについて尋ねられた。私は最後の状況を詳しく先生に説明し、何時でも埋葬現場に案内する旨、約束をした。

　平田先生は、早速佐久間家に連絡をとられた。何日か経って佐久間家の方が、ジープで迎えに来られた。はじめて佐久間君のお母さんや姉妹にお会いして戦争中の佐久間君の活躍の様子や、最後の状況などについて説明して上げた。その晩は佐久間家に泊めてもらい翌日、お母さんと二人の姉妹を現場へご案内した。

　一年と三カ月振りの摩文仁は、草木が芽を出し、緑を取り戻しつつあった。埋葬場所をやっと見つけた。遺骨は埋葬時のまま何の損傷を受けずに収骨できた。お母さんが歯をご覧になって、「間違いなく息子だ」

と確認された。私は責任を果たすことができほっとすると同時に、ありし日の佐久間君をしのび感無量であった。佐久間君の霊も、ご家族の手に引き取られ、草葉の蔭できっと喜んでいるだろうと思った。

一九四五年六月も半ばを過ぎると、米軍は摩文仁岳の軍司令部正面三キロの線まで迫ってきた。ついに六月十七日、私たち千早隊の本部要員に敵地潜入の命令が下った。私は国頭郡の本部《もとぶ》方面へ潜入し、伊江島方面の状況を把握した後、多野岳の地下工作隊本部に合流するよう指示された。

益永大尉は、米軍の前線の突破方法や敵地潜入後の諜報活動について再度注意を与えてくれた。そして最後に、

「決して死に急いではいけない。捕虜になっても米軍は殺すようなことはしないから。あくまで生きのびて任務を果たすように。」

と、諭すように言った。私たち本部要員の出発の時期については、六月十九日か二十日、つまり本部要員での任務終了後自らの判断で決めることになった。

出発を前にして、私の足の傷は悪化し、ずきんずきん激痛がするようになった。手当てする薬もないので傷口が化膿して蛆《うじ》が発生した。自らの体に蛆が発生したのにびっくりしたが、仲間の誰かが、

「蛆が出たら、化膿したうみを食べてしまうので傷口にはよいのだ。」

と教えてくれたので、そのまま放っておくことにした。

出発の前日、同じ壕にいた通信隊も解散になり、同郷の仲原先輩が、一緒に国頭へ突破しないかと誘ってくれた。私は、まだ任務が残っていると同行を断り、何れ私も国頭へ行くことになるから、そこでお会いしましょうと再会を約束して別れた。仲原先輩とは、それが永遠の別れとなってしまった。

国頭を目指して、摩文仁を脱出する

六月十九日、いよいよ本島北部を目指して敵中突破する日がきた。米軍の先鋒部隊は、戦車を先頭に、守備軍司令部の一キロ手前に迫り、摩文仁は最悪の事態に落ち込んだ。千早隊の本部要員は、二、三名ずつ組になって次々に壕を飛び出した。

私は大田、仲田の両君と三名で、夜を待って出発した。外は相も変わらず砲弾が荒れ狂っていた。絶え間なく打ち上げられる照明弾の明かりを頼りに摩文仁の海岸へ向かった。何時も水を汲んでいた井戸（泉）の近くまで来たとき、機関銃の集中砲火を浴び、三名は散り散りになってしまった。私は井戸の近くで二人を待ったが、二度と会うことはなかった。一人身になった私は、ふと妹のことを思い出し、摩文仁へ退避していた憲兵隊の本部壕を訪ねてみることにした。

傷ついている足を引きずりながら、俗に「割り取り」と言われている箇所の断崖の下にある憲兵隊の壕を捜し当てることができた。

ところが、憲兵隊本部はすでに解散したとのことで誰もいなかった。妹に会えるのではという一縷《いちる》の望みも断ち切られてしまい落胆した私は、再び井戸の方へ戻り大田、仲田の両君が現われるのを待った。

しかし何時まで待っても二人とも姿を見せないので、とうとう諦めて一人で国頭へ敵中を突破することにした。

海岸へ降りたら避難して来た敗残兵や民間人たちが、隠れ家を求めて右往左往している。そこへ米軍の砲弾が容赦なく落下する。辺り一面はおびただしい数の負傷者や死体で一杯になり直視できないほどだ。

私は先ず湊川《みなとがわ》方面を目指して、海岸線に沿って南下することにした。さんざん苦労を重ねたあげく辛うじて具志頭《ぐしちゃん》の海岸へ辿り着くことができた。足も痛むし疲れもひどくなったので、そこで一夜を明かした。

その夜は、眠れぬままあれこれと考えて一睡もできなかった。夜明けと共に身を隠す場所を捜さねばならないが周囲は切り立った岩壁ばかりである。やっと巨大な岩と岩の間に人間が二人ぐらい入れるほどの岩穴を見つけた。しばらくそこに身を潜め、外の様子を窺うことにした。

すると、昼になり米軍は摩文仁海岸一帯の岩山に、かのトンボ機でガソリンを散布した後、焼夷弾を投げ落として一帯の敗残兵たちを火攻めにした。一方海からは水陸両用戦車が海岸に上陸して岩間に火炎放射器で攻撃をかけるしまつ。その様子を隠れている岩穴から戦慄しながら見ているしかなかった。

二、三日たつと、海岸の近く海上を往来する敵艦艇や水陸両用戦車から、日本語で「もう戦いは終わった。出てこい、出てこい」と投降を勧告する声が繰り返し流された。

私はそれを聞きながらずっと岩穴に隠れていたが、危険も大分遠のいたと思い、五日目に岩穴を出て海岸へ降りた。足の傷はやや快方に向かっていたので、海水で傷口を消毒して蛆を洗い流した。近くに湧水が有り水には不自由しなかったものの、食糧はいくら捜しても何も入手できない。しかも近くには人影さえもまったく見当たらない。このままでは野垂死《のたれじ》にを待つだけだと意を決して海岸を湊川方面へ進んで行くことにした。学校生活の思い出になる写真や預金通帳などを飯盒《はんごう》に仕舞い、他の持物と共に岩穴の奥に隠した。もし生き延びることができたら再び手にする機会があるだろうとの淡い望みからであった。

軍服も脱いで民間人から譲ってもらった着物に着替え、万一のことを考えて自殺用に手榴弾一個を携帯して歩き出した。快晴でまぶしい砂浜を一人ぼっちで。

摩文仁の海岸から具志頭を経て湊川海岸までほとんど断崖絶壁が続いている。その絶壁の下を進みながら、〈このまま進んで湊川に着いたら、陸地へ這《は》い上って、陸路を北にとれば国頭へ行けるかもしれない〉

〈それまでじたばたしても始まらない。どうせ成るようにしか成らない〉

と考え、事を急がず冷静に行動すべく腹を決めた。すると不安や恐怖感もうすれ、運を天に任せる境地になってひたすら歩き続けた。

具志頭の海岸を半ば過ぎたとき、水の流れ落ちる音に気付き断崖を見上げると小さな瀧が水しぶきをあげていた。驚いたことにそこで、数名の米兵が水浴をしているではないか。彼等は私に気付いたと思われたが、何もする気配がない。まるで無視しているかのようだ。私も腹を決めていたので、さほど恐れることもなく冷静に通り過ぎた。

しばらくして私は手榴弾を携行していることに気づいてそれを海中に放り投げて処分した。益永大尉に、「捕えられても決して死に急ぐな」と言われた言葉を思い出したからである。

ついに捕われてハワイへ

一人で岩穴を出発してから数時間がたった。人っ子一人にも会わずついに湊川海岸近くまで辿り着くことができた。陽も大分西へ傾いていた。この辺から陸へ潜入しようと思って岩壁をよじ登った。そこで見たのは整然と並んだ米軍のテント小屋だった。そして目の前には監視の米兵が立っていた。

私はびっくりしたが、監視兵も驚いた様子で私に銃を向けた。私が手に何も持っていないことを知ると、銃を突きつけ手まねで前を歩くように指示した。私は成行きに任せるしかないと覚悟を決めて指示されるとおりに従った。一〇〇メートルほど行ったところに、金網で囲まれた仮収容所みたいなのがあった。そこへ入れられた。驚いたことにその中には缶詰やレーションなどが置かれていた。幾日も空腹のまま過ごしていたので、私は久方ぶりに食物にありつけたものの、その食べ方を知らなかった。意を決して監視兵に教わって、初めて口にする物ばかりだったが、おいしく食べた。

今後どんな処遇を受けるか非常に気になったが、砲火や銃弾に晒される心配がなくなったので、監視兵の前で、一晩ゆっくり休ませてもらった。

翌朝仮収容所から取調べ室へ連れて行かれた。尋問を担当しているのは、日系二世兵であった。それとも知らず、当初は日本人が利敵行為をしているものと思いムッとした。

尋問は主として、地元沖縄人か或いは日本本土出身の軍人かを識別するための内容のものであった。私は今更どうのこうのと言う必要もないと思ったので、聞かれたことだけを有りのまま答えた。

尋問を終え暫く待っていると、捕虜になった民間人を乗せた軍用トラックがやって来た。そして私もそのトラックに乗せられた。皆やせ細り目だけがギラギラ光っていたが、戦争は終わったという安堵感に浸っているようにも見えた。私も久し振りに多くの人びとと一緒になれてほっとした。

トラックは知念村から与那原へ出て、東海岸の道を一路北の方へ進んだ。米軍は戦闘中に占領地域の主要道路を軍用道路として、整備拡張したのか、途中の道路は目を疑う程立派になっている。やがて金網で囲まれ、天幕（テント）が沢山立ち並んだ屋嘉《やか》捕虜収容所に着いた。驚く程沢山の敗残兵が収容されていた。

トラックから降りて暫くすると、誰かが私を呼んでいた。振り返って見ると兄の秀守であった。こんな所で兄に出会うとは夢にも思わなかった。兄は新兵として入隊して、最前線で激烈な戦闘の中に投入されていた。それだけに無事な姿で兄弟が再会でき、嬉しく感無量だった。

兄は、南部戦線で一緒の知人から聞いたと母と姉のさいごの消息を知っていた。それによると、姉は負傷はしたけど生き残れたが、母は本島南部の米須部落で砲弾の犠牲になってしまったのだという。私たち兄弟姉妹を女手一つで、大変苦労して育てて来た母を思うと、残念で残念でならなかった。悲しさのあまり、兄の前で涙を流しながら歯がみをして耐えていた。ともあれこの忌まわしい戦争から兄、姉、私と三人だけでも肉親が生きのびたことをせめてもの幸と思わねばならないと悟った。後は憲兵隊にいた妹が気がかりで、「無事でいてくれ」と必死に祈るのみであった。

屋嘉の収容所で思いもかけず何人かの生き残った学友や知人に出会うことができた。今後はどうなるかは知る由もなかったけれども、生きているという実感がひしひしと感じられ、戦争に敗れた無念さより喜びが大きかった。金網を隔てて本土出身の兵士たちも沢山抑留されていた。偶然とは言え、金網越しに秦四津生先生にお会いする機会をえることができて驚いた。

先生は「生存している生徒や教職員と会えるのでは」と思う気持から、毎日柵の近くにいたらしい。先生にお会いできたもののお互いにやつれはて見窄《みすぼ》らしい姿でしかも捕虜になったという引け目もあって短時間言葉を交わしただけであった。共に生き残れた感慨や戦闘中の苦労話もしたかったのだが、そんな雰囲気でもなく、また心の余裕もなかった。

敗戦後先生ご夫婦は、何回となく来沖下されて戦没した教え子や同僚の教職員の慰霊行脚をされていた。こうして生存者と戦争当時のことを語り合う機会も作って持てるようになった。

捕虜になって二、三日したら、屋嘉捕虜収容所からハワイの捕虜収容所へ送られることを知った。予定どおりにトラックで中城《なかぐすく》村の久場崎《くばさき》まで運ばれてそこから乗船した。船は医療用と兵員輸送用に改造された設備の整った七〇〇〇トン級のものであった。船室は三段ベッドでとても清潔であった。しかし別の船に乗せられた兄の船は、貨物船で船底のコンクリート土間の船倉に裸のまま収容され、ひどい扱いを受けたと聞かされた。

久場崎を出港して途中船はサイパン島に立ち寄った。沖に停泊している間、日課となっていた朝の船上散歩のとき、甲板から同島を眺めると、緑の草木一本もなく、砲爆撃で地肌がむき出しになっていた。沖縄本島の中南部と同じ惨たらしい姿である。

サイパン沖を出航して、ハワイのオアフ島の真珠湾軍港の埠頭に着いたのは、沖縄出港後二〇日程たってからである。下船後直ぐに軍用トラックでホノウリウリの捕虜収容所へ収容された。テント小屋ばかりの収容所で、ドイツ・イタリア・朝鮮などの捕虜も柵を隔てて抑留されていた。収容所の周辺は砂糖きび畠が広がって、オアフ島の内陸部という感じであった。

到着と同時に尋問を受け、一人一人顔写真や指紋を取られた。戸籍簿を作るのだろうか。そして割当てられた天幕《テント》小屋で起居するようになり、退屈な捕虜生活がはじまった。私は毎日収容所内の診療所へ通って足の傷の治療に専念することにした。

やがてハワイ日系人の日本語新聞で広島と長崎に原爆が投下されたことや、日本の無条件降伏などについて知ることができた。ハワイに来てアメリカの国力や軍事力の偉大さを如実に知らされた。〈よくもこのような国に戦争を仕掛けたものだ〉と、思うと同時に日本が精神力だけで、これまで戦争を継続したことに不思議な感じさえした。無条件降伏や終戦についても、半ば当然のこととして受け留め、何の感傷も抱かなかった。

同収容所で約一カ月した後、サンドアイランドの捕虜収容所へ移された。サンドアイランドはホノルル市の海岸にあって、周囲は港湾で、近くにワイキキビーチ、西の方にダイアモンドヘッドがよく展望できた。この収容所は、外国から入国してくる移民の一時的な収容施設とのことで、宿舎をはじめ、食堂や野外劇場、

PX（売店）、野外スポーツ施設などが完備していた。したがってここでの捕虜生活は、割合恵まれたものだった。

米軍の捕虜に対する扱いは、国際法に従って人道的だった。衣食住の正当な保障はもちろん、月五ドルの手当、仕事に従事すれば一日一ドルの日当が支給されたりもした。したがって私たちは米軍が募集する各種の仕事に自ら応募して働いた。それには、軍の使役や工事現場の労務、洗濯工場の作業、倉庫の整理、軍食堂の皿洗い、金網の撤去などがあった。作業現場はホノルル市をはじめオアフ島全域に及んだ。

作業現場で、ハワイに移民で来られた日系一世の方々とよくお会いした。彼らは「我が祖国日本が負けることはない。本当のことを知りたい」と度々我々に詰め寄ることもあった。沖縄戦の実相を語り、終戦が現実であることを話すのに一苦労したものだ。

日本の降伏、そして終戦、日月は単調な捕虜生活と共に過ぎて行った。衣食足りて生活も落ち着いてくると、無性に望郷の念にかられた。一日も早く沖縄へ帰りたい。それこそ切実な気持がした。

一年が過ぎた。日本から迎えの船が来るらしいとの風評がしきりに流れた。ついに沖縄への送還が決定し、一九四六（昭和二十一）年八月、待ちかねた、収容所生活に別れを告げる日が来た。

パールハーバーの軍港を出港して二週間後、懐かしい沖縄本島の川崎沖に停泊、一年と二カ月ぶりに故郷の土地を踏み言葉で表現できないほど感無量であった。川崎のキャンプで一晩を過ごし沖縄での戦後の第一歩を踏み出すことになった。

情報宣伝活動と敵地への潜入

仲眞良盛（本科三年）

沖縄防衛「第三二軍」に徴されて

一九四五（昭和二十）年、緊迫した戦局の中で、重苦しい正月を迎えた。巷は兵隊で満ち溢れ、戦時一色である。そんな中、沖縄師範学校男子部は、全校生徒挙げて第三二軍に協力し、連日首里城下の軍司令部地下壕掘りに精出していた。

このような状況下で、最上級学年本科三年生だけが、教育実習に行くことになった。苦しい壕掘り作業を放棄することに気が引けたが、戦局の推移によっては、今後実習を計画することは不可能だと説得され、たしか一月七日から八週間、附属小学校で過ごすことになった。附属小学校での実習が終わると、引き続き地方での実習を体験することになり、各自出身地の小学校へ派遣された。

私は母校が軍に接収されていた関係で、地方実習ができなくなり、師範学校へ戻っていた。

ついに米軍は、三月二十三日早朝から沖縄本島全域を空爆し、翌日から艦砲射撃を開始した。三月二十六日には慶良間列島に上陸し、艦隊停泊地の設営をはじめた。

この緊迫した状況から「米軍の沖縄本島上陸も間近に迫っている」と判断したのか、学校当局は地方実習生に三月三十日までに帰校するよう打電した。その頃私は鳥堀《とりほり》寮にいたが、三十日までにはまだ間があったので、故郷へ帰り、父母に会ってくることにした。

父は一年ほど前から重病を患い、何回となく危篤状態に陥ったが、その都度もち直し、二月頃から奇跡的に快復に向かっていた。そんな関係で国頭《くにがみ》へ疎開できず、母と二人で家に残っていた。

三月二十九日の夜、家へ帰ってみると、父母の姿はなかった。「墓地に避難したのでは？」と思い、三キロほど離れている山の墓地へ登って行った。案の定、父母は親戚の人達と一緒にそこへ避難していた。

私の姿を見て、しばらく呆然としていたが、「兵隊にとられなかったのか（応召されなかったのか）。よかった、よかった」と喜んだ。父は、師範学校生徒はすでに全員が入隊したものと思っていたらしい。遅くなってから三名で家へ戻った。父母の今後の身の振り方を相談するためである。

国頭への疎開はもう不可能である。米軍がどこに上陸するかまだ不明なので、いま避難先を特定するのはむつかしい。結局親戚と一緒に、部落の人達と行動を共にすることに決した。

翌日夕方、私は、父母に何の助言もできないまま、学校の寮へ戻ることにした。別れに際して父は、若干の金子《きんす》を手渡し、

「体に気をつけて……。」

と、淋しそうに一言だけ言った。これが父と今生の別れとなってしまった。

三月三十一日、久し振りに寮生は全員揃って朝食の座についた。そこへ学校から、「直ちに留魂壕前に集合せよ」との緊急連絡が入った。留魂壕とは師範学校の避難壕で軍司令部壕の東側に構築されていた。「いよいよ軍に徴される日がきた」と覚悟した。急いで着替えと日用品を携帯して集合地へ向かった。

その日の夕刻、壕前で簡単な終業式が挙行され、私は本科三学年へ進級した。引き続き沖縄守備軍の第三二軍への編入式が行なわれ、鉄血勤皇師範隊と命名され、守備軍の直轄部隊となった。早速編成序列が示達され、私は本科生二二名で編成された千早隊に所属することになった。千早隊とは、第三二軍司令部の一機関で、情報宣伝活動と地下工作（敵地へ潜入しゲリラ活動を行なう）を任務とする情報要員の隊である。隊長は益永董大尉で軍司令部付の情報将校であった。

沖縄師範学校男子部の職員・生徒が軍に徴された翌日、一九四五年四月一日、米軍は、読谷《よみたん》・嘉手納《かでな》海岸へ上陸し、以後三カ月余にわたる沖縄戦の幕が、切っておとされた。私は教師を目指して師範学校に学び卒業を目前にして軍に徴されたのである。当時の私は軍国日本の学徒として、これを甘受する以外に選択の方法はなかった。

首里地区へのはじめての出動

千早隊は、教育訓練からスタートした。教員養成学校の生徒である私達には、情報活動とか諜報活動は、関係のないまったく未知の分野であった。それだけに教官役の薬丸兼教情報参謀や益永大尉の説明には新鮮味があった。とくに益永大尉は敵地への潜入方法（非常線通過の方法）について、詳しく説明し、「これは君達の生死を左右する重要なことだ」と、何回も念を入れて指導した。しかし残念なことに演習を伴うものではなかった。このことが沖縄戦最後の場面で、敵地潜入に失敗して多くの学友が非業の死を遂げる原因にもなった。

拙速の情報要員教育を終わった千早隊は、早速住民や後方部隊の将兵に対し情報宣伝を実施する準備にかかった。たしかその頃だと記憶しているが、悲しいことに隊員の久場良雄《くばよしお》君が、砲弾の犠牲になって倒れた。師範隊はじめての戦死者である。当時はまだ首里地区に対する砲爆撃が、それほど激しくなかったので、久場君の遺体を火葬にふすことができた。遺骨は親友の池原秀光君が大事に預った。

四月十日、いよいよ近くの首里地区で情報宣伝活動を実施することになった。首里地区は、軍司令部の膝元である。情報部としては、お膝元で千早隊の力量を試したいと考えたのだろう。そういう意味では、このはじめての出動は、一つの試金石であった。

私は大田昌秀君と組んで、桃原《とうばる》農園近くの儀保《ぎぼ》町の壕へ向かった。目指す壕は石灰岩段丘の崖下に大きな開口部をもつ自然洞窟（ガマ）である。そこに一五〇人ほどの老幼婦女子が避難していた。

二人は早速新聞（沖縄新報）を配布し、情報の伝達を始めた。米軍上陸以来その日までの日本軍の戦果をはじめ戦線の状況や神風特攻隊の活躍などについて詳しく説明した。さらに住民の心構えや軍への協力の必要性などについて力説した。その壕には、老人が多かったので方言で語り、最後に質問に応じたりして和やかに任務を進めた。連日壕の中で生活している人達にとっては、新聞ラジオに代わる素晴らしい情報源だったにちがいない。明るい表情と笑い声が壕いっぱいに広がった。辞して帰るとき、再度来訪してくれるよう強く要望され、千早隊の任務がこの上もなく有意義に感じられた。

二、三日経過してから益永大尉は、

「首里地区の宣伝活動は、大成功だった。とくに治安の維持と民心の安定に役立った。」

と、評価してくれた。これで千早隊の力量は、一応認められたわけである。

こうして四月十日から始まった情報宣伝活動は、戦局の推移と一般民の避難状況とに対応して、五月中旬までに九地区（市町村）にまたがって実施した。そのうち私は首里を含め南風原《はえばる》村・東風平《こちんだ》村・玉城《たまぐすく》村・大里村・豊見城《とみぐすく》村などの五地区の情報宣伝活動に参加した。

南風原村での情報宣伝

四月十四日、南風原村へ出動することになった。当時すでに米軍は、第三二軍司令部を狙って、首里に砲爆撃を集中していた。そのため日中の壕外行動は非常に危険なので、夕暮を待って出発した。南風原村は首里の軍司令部から直線距離にして三キロ南方にある。落下する砲弾を避けつつ、米軍の射ち出す照明弾の明りに助けられながら、午後八時頃村役場に着いた。

早速待機していた各部落の区長さん達の案内でそれぞれの担当地区へ向かった。私は伊豆味《いずみ》雋《せん》君と組んで照屋《てるや》部落を担当した。住民は部落の西側と北側の丘の斜面に壕を構築し避難していた。そのなかで主要な壕を三カ所ほど選定し、そこへ近隣の壕からも集ってもらい情報の伝達をはじめた。

私達の話を聞いて心から安心したのであろう、あっちこっちから笑い声がもれた。そして壕の中は明るい雰囲気に包まれた。

この頃はまだ沖縄戦初期で、戦線も遙か北方であり、この辺りへの砲爆撃もそんなに激しくはなかった。そんな関係もあって、人びとは軍を信頼し協力を惜しまなかった。また本島中部方面から退避してきた人びとに対しても、親切であり寛大だった。つまり人びとはまだまだ心のゆとりがあり、戦いの勝利を心から信じていた。

千早隊員も、自分達の話で心の落ち付きを取り戻し喜ぶ住民の姿を見て、自分達の任務に満足できた。いっぱしの弁士になった気持で、誇りと陶酔感に浸るのであった。

南風原村の宣伝活動から帰った翌日（四月十六日）、益永大尉から「木村参謀が君をお呼びだ。至急参謀部へ出頭したまえ」と連絡を受けた。はじめてお会いした木村参謀は、私に、

「君は中頭《なかがみ》の出身だね、沖縄中南部の方言に詳しいか。」

と尋ねられた。私は緊張して「はい」と答えた。

「まる印を付してある部落に方言名を記入してくれ。」

と、模造紙大の地図を渡された。まる印の付いている部落は、沖縄の人でないと読めない独特な地名である。例えば、「勢理客《じっちゃく》・我如古《がにく》・南風原《はえばる》・東風平《こちんだ》・仲順《ちゅんじゅん》・保栄茂《びん》・具志頭《ぐしちゃん》」など三、四〇カ所である。

戦争中米軍は、沖縄の地名を方言で呼んでいた。軍司令部では米軍の無線を傍受して、作戦に資していたが、この方言地名に参謀達は音を上げた。そんな関係で仮名付け作業がはじまった。この作業がきっかけで木村参謀との深い人間関係が結ばれた。その後もなにかにつけて木村参謀から声がかかるようになり、結局沖縄戦末期に木村参謀に随行して敵中へ潜入することになった。

八重瀬嶽山腹での出産騒ぎ

四月中旬の戦線は、どこも膠着状態であった。しかし米軍の圧倒的戦力に押され気味で、日本軍陣地はすこしずつ侵食されていった。それに伴い中部方面からの避難民が、大挙東風平村方面へ流入しはじめた。

このような戦況の変化は、地域住民の不安動揺や戦意喪失を招きかねない。これを未然に防ぐため、軍司

令部は千早隊に出動を要請した。そこで千早隊は四月十八日から三日間、東風平村の情報宣伝に取り組むことになった。

私は比嘉盛輝君と二人で、八重瀬嶽《やえせだけ》山腹に散在している壕を訪問することにした。そこには富盛《ともり》部落や世名城《よなぐすく》部落の人達が多数避難していたからである。

比嘉君は一期後輩で小学校の頃からの親友である。沖縄県立農林学校から教育者を目指して、師範学校本科へ入学してきた好青年であった。実直な人柄で指導力や説得力にも大変すぐれていた。それで今回の情報宣伝は、比嘉君に主導してもらい、私は補佐役に回ることにした。

二人は八重瀬嶽山麓の南側、つまり富盛寄りの壕から宣伝をはじめ、八重瀬嶽を半周する形で徐々に北麓へ進み、二日間かけて実施する計画を立てた。

十八日は宣伝活動開始が遅かったので三カ所ほどの壕を回って宿泊地の村役場へ引き上げた。この日は幸いなことに天候も良く、米軍機の来襲も砲弾の落下もすくなかったので、壕外の木陰の下で話すことができた。そのため聴衆は明るくのびのびと私達の話を聞いてくれた。

翌日は朝から雨で、途中雨宿りしたりして、八重瀬嶽山麓に着いたのは午後になってしまった。早速宣伝活動を開始したが、昨日と打って変わって砲撃が激しい（この日から米軍の第一次総攻撃が開始された）。壕外での宣伝活動は不可能だったので、個々の壕を訪問することにした。比嘉君は沢山の人びとが入っている壕を、私は家族単位の小さい壕を回って宣伝を始めた。

午後八時すぎ最後の壕を訪問した。声をかけ中へ入ると、何となく異様な雰囲気である。よく見ると三十歳前後の妊婦を囲んで、家族の人達が心配そうに、ひそひそと話している。奥の方には四、五歳ぐらいの男の子が眠っていた。

私が方言で話しかけたらやっと安心して言った。

「嫁が臨月で今日の夕方から陣痛がはじまった。産婆はいないし、どうしたらよいか相談しているところです。」

これを聞いてどう対処したらよいか戸惑った。近くに「取り上げばば」と呼ばれるお産に詳しい婦人がいるが、その人には頼めない理由があるらしい。妊婦の生命《いのち》にかかわることだと、意を決した私は、「それでは私が呼んできます」と言うが早いか駆け出した。

やっと尋ね当て、「取り上げばば」と言われている年配の婦人を伴って引き返した。道々その婦人は、妊婦とその家族を罵っていた。私はこの両家には相当な因縁があると思い、何も聞かないことにした。

戻ってみると妊婦は相当苦しがっていた。「取り上げばば」は早速皆に適切な指示を与え、分娩待ちの態勢をとった。私は指示されるまま、水汲みに没頭した。やがて元気な赤ちゃんが生まれた。

こうして東風平村最後の情報宣伝は、出産の手伝いになったが、戦意高揚を説くより人間らしく思えた。しかしあの赤ちゃん親子は、壕の中で今後どのように生きて行くのだろうか。赤子を抱いて戦場を彷徨する親子を想像して、胸が痛んだ。

四月二十日、激しい砲爆撃の中を首里へ戻った。

「よく無事で帰ってきてくれた。昨日から米軍の総攻撃が始まり、前線も後方もない激しい砲爆撃だ」と、益永大尉は労ってくれた。

玉城村の老人の心情

四月二十三日、千早隊の半数が佐敷《さしき》・知念《ちねん》村方面の情報宣伝に出動した。私は残留組でしばらく待機することになった。その頃米軍は兵力を増強し、全戦線で第二次総攻撃を敢行していた。それに対して日本軍は最後の一兵まで玉砕覚悟で陣地を死守すべく頑強に抵抗した。しかし米軍の圧倒的な戦力の前に、一歩一歩後退を余儀なくされた。

そして二十七日には、東海岸側は西原村小那覇《おなは》部落と中央部は前田・仲間高地と西海岸側は浦添村城間《ぐすくま》部落を結ぶ線上まで追い詰められ苦戦していた。とくに中央部の前田・仲間は、首里の守備軍司令部から三キロ圏内で、日本軍主陣地の中核である。ここを米軍に占領されると軍司令部の崩壊につながる。

このように緊迫した戦況の中で、玉城村での情報宣伝を実施することになった。残留組八名がこれに当たることになり、一同は直ちに出動した。益永大尉は出発に際し私に、

「知念地区及び玉城村東部は、非戦闘地区になると思うから安全地帯だ。住民にそれとなく現在地から他へ移動しないようにうまく説明してくれ」、
更に続けて、

「それに対する住民の反応も、よく見てきて欲しい。」

と注文をつけた。

私たち一行八名は二十七日午後三時ごろから、垣《かき》の花《はな》部落や百名《ひやくな》部落の壕を起点に宣伝活動をはじめた。その日の夕方になって、私は百名部落東方のミントン城跡近くにある洞窟《ガマ》を訪れた。そこには親族揃って二、三〇人ほどの老幼婦女子が避難していた。

方言で型どおり三〇分ほど話し、あとは戦争がどう推移しようが、こちらが一番安全地帯だから、ここから移動しないようにと念を押した。話を聞き終わって、人びとは何の疑念ももたず、日本軍を信じきって安心している。そして日本軍が負けるとは露ほども思っていない。私は現在の日本軍の苦戦、そして一歩一歩後退を余儀なくされている現実と、ここの人達が軍を信じ込んでいる姿を対比して何かと割り切れない気持と信念のゆらぐのを感じた。

辞して去ろうとすると、一人の老婆が、

「私の長男と二男が防衛隊にとられ（入隊しての意）、この前首里へ行ったが元気でしょうか。」

と尋ねた。この老母にとって、私は何でも知っている情報通に見えたのであろう。所属部隊を聞くと、「それは知らない」と、答が返ってきた。玉城村は独立混成第四四旅団の守備範囲だから、老母の息子達は、その旅団の一部隊に属して移動したのであろう。

独立混成第四四旅団は第一線で防戦している第六二師団の後方に、第二線陣地を構成するため、天久《あめく》台地や松川方面に転進したと聞いていた。それで、

「息子さん達の部隊は、まだ戦闘に入っていないから、きっと元気ですよ。」

と答えると、老母はじめ周囲の人達は大変な喜びようで、みんなが明るい表情になった。

帰る私を壕の出口まで追っかけてきた老母は息子たちに黒砂糖を届けてくれと、必死に頼み込んだ。途方に暮れた私は、自分の任務と立場をよく説明し、戦線が広く息子さん達と出合う可能性が、ほとんどないことをやっと理解してもらった。それでも「何とかなら

ないか」と言いたげそうな目で私をじっと見詰めていた。

「お役に立てないでごめんなさい。」

と声を残して、逃げるように立ち去った。

戦場へ二人の息子を出征させている老母の心情が哀れで、たとえ届けることができなくても、あの黒砂糖を預って、老母を満足させるべきではなかったかと、道すがら自問自答した。

翌二十八日は玉城村の中央部を縦断し糸数《いとかず》城址周辺の壕を訪問した。前線からだいぶ離れているので砲弾の落下も米軍機の襲撃もまれである。日中でも宣伝活動を実施することができた。夕闇迫るころ、翌日の宣伝予定地前川部落を目指し、糸数の山を下った。

やがて富名腰《ふなこし》部落へかかろうとする所で、偶然故郷の人たちと出会った。私と同じ部落の喜屋武さんの一団と、隣部洛（字当間）の新垣さん達の集団である。喜屋武さんの家族と母の実家が親戚関係にあり親しくしていた。戦場でこのように偶然めぐり合うと、懐かしさ一入《ひとしお》である。しばらく村を離れて今日までの過ぎ来し方の苦労を語ってくれた。私の父母もきっと、「このように苦労しているだろう」と思うと、やるせなく心が痛んだ。

そのうち一団の代表格である喜屋武山戸さんが、

「君たちの話（情報宣伝）を聞くと、勇気と自信が湧いて心も落着くが、二、三日たつとまた不安になり、じっとしておれない。」

と訴えた。

米軍が上陸し、戦闘が始まってからもう一カ月近くも経過している。第三二軍は、

「今に米軍を撃滅する。」

「日本軍はこのように善戦し、敵に打撃を与えている。」

「軍を信じこれまでどおり協力せよ。」

「日本軍は必ず勝つ。」

などと勇ましい掛声で、住民らを激励しているけれど、現実は全戦線苦戦と後退を余儀なくされている。その上、戦線後方への砲爆撃や米軍機の来襲も日増しに激しさを増している。

喜屋武さんが言った「二、三日経つとまた不安になって、じっとしておれない」という言葉が、当時の一般

の人びとの気持である。私たち千早隊が話す大本営発表の勇ましいニュースを聞いて暫くは安堵するものの、すぐまた現実に帰り、戦況を目の当たりに直視したとき、自分達が死の瀬戸際に立たされていることを、肌で感じ取るのであろう。

だから「じっとしておれない」のである。

この「じっとしておれない気持」が、軍隊と一緒に行動し、軍隊と共におれば安全であると判断し行動する要因となった。そして戦線が島尻南部に移ってから、軍と住民が戦闘地域に混在するという悲劇を招く結果になったのである。

喜屋武さんの「じっとしておれない」と言った言葉と、私達の宣伝内容とが、自分の脳裏で奇妙に空転し、むなしさを覚え始めた。それで故郷の人たちに別れを告げ、翌日の目的地に向かって夜道を急いだ。珍しく静かな晩である。空には青い月が優しい光を投げかけていた。

夜遅くなって、やっと前田部落の区長さん宅へ着いた。今回の情報宣伝活動で事前に連絡がとれなかったのは、この前川部落の仲村渠《なかんだかり》区長さんだけだった。

私達は区長さんの厚意に甘え、区長さん宅で宿泊や食事の世話になった。そして翌日区長さんの手配どおりに、雄樋《ゆうひ》川沿に密集している部落の壕を訪問し宣伝活動を終えた。

その日の夜八時過ぎ首里の軍司令部壕へ戻った。早速玉城村の住民の動向を詳しく報告したが、益永大尉は「すでに承知している」と言わんばかりに、無表情で聞いていた。

総攻撃の失敗と大里村での情報宣伝

五月四日、日本軍(三二軍)は総力を結集して全戦線にわたり、総攻撃を開始した。

しかし結果は日本軍の大敗に終わり、翌五日午後六時、総攻撃を中止した。総攻撃に加わった各部隊は、かろうじて総攻撃前の陣地に復帰することはできたが、戦力は二分の一以下に減少した。その結果、兵隊も住民も著しく戦意を喪失していた。

このような状況の中で、五月六日ごろ大里村への宣伝活動が実施された。あたかも総攻撃の失敗を糊塗するかのような出動である。

私は大城《うふぐすく》城址周辺の壕で情報の伝達と、戦意の高揚に努めた。ここは村の最南端に位置し、前線からも遠く離れていたので、砲弾の落下も少なく、割合安全であった。案内役で同行してくれた役場の方が、周辺の壕を駆け回って人びとを安全な広場に集めてくれた。おかげで宣伝活動がはかどった。

しかし私の話を聞いて安心する人達も多かったが、半信半疑で不安を隠せない人もいた。なかには、もっと南へ避難しようとしている家族もいた。

沖縄戦初期は、日本軍の勝利を信じ、日本軍と一体感を持っていた住民が、今ではその信念がぐらつき、信頼感を失いつつある。私たちも作戦初期のような自分の任務に対する誇りや喜びを今では感じることができない。むしろ自己嫌悪や虚無感に苛まれる場合さえあった。

午後八時、宿泊場所の村役場へ戻った。親友の佐久間吉雄君が、待ちかねていたように、「家へ帰って母や妹に会ってきたい」と相談をもちかけてきた。明日首里へ帰る時刻までに村役場に戻ってくる約束をして彼を見送った。

翌日定刻になっても、佐久間君の姿が見えない。やむを得ず皆に出発してもらい、私は一人残って佐久間君を待つことにした。午後二時になっても帰ってこないので、砲撃が緩慢になる夕方しか戻らないのだろうと判断した。

夕方まで村役場で過ごすのも退屈なので、私は近くの稲嶺《いなみね》部落まで出かけることにした。そこに自分の部落の人達が四、五人避難していると聞いたからである。その人達に聞けば父母の行方が判明すると思った。しかしそれはすべて無駄だった。

がっかりして役場に戻ったが佐久間君はまだ帰っていなかった。夜八時過ぎまで待ったが現れない。砲弾にやられたのではと不安が胸を去来する。「いや、一人で首里へ直行したのだ」と、強いて自分に言い聞かせ私も一人で首里へ向かった。

特別任務の道路調査

五月十日、宮城春明君以下七名が二日の予定で兼《かね》城村《ぐすく》での情報宣伝へ出掛けた。残りの隊員は壕で待機することになった。その翌日、私は益永大尉に呼ばれて参謀部へ出頭した。

そこには意外な任務が待っていた。

「玉城村前川部落を起点とし、目取真《めどるま》を経て一日橋を結ぶ線上の間道と農道とを細部にわたって調べてこい。」

とのことである。この任務の意図は極秘だとして明かしてくれなかった。しかし木村参謀の意図から発せられたことは察しがついた。私は目的不明で半信半疑のまま出発した（後にこの調査には重要な意味があったと分かる）。

普通なら米軍機や砲弾を避けて夜間に活動するのだが、今回は道路の調査が任務だから、昼間実施することにした。調査地域内の幹道は、宣伝活動で何度も往復しているから熟知している。したがって幹道に沿ってその両側の間道と農道を細部にわたって調べ地図へ記入し、可能な限り記憶するように努めた。

また同時に米軍上陸以来不明になっている父母を捜《さが》すことにした。間道や農道を調べつつその近くにある壕を尋ね、父母の消息を聞くようにした。しかしどの壕を尋ね回っても父母の行方を知っている人はなく、徒労《とろう》に終わるばかりだった。

ゆっくり時間をかけて調査したので、意外に日数を費してしまった。最後の晩、以前にお世話になった前川部落の仲村渠区長さん宅を訪ねた。久し振りの再会に喜んでくれた区長さんは、取って置きの泡盛で歓待して下さった。区長さんは新しい情報を吸収なさろうと一生懸命だし、私は知っている限りの戦況を伝えるように努めた。

戦線が首里に迫ったこと、戦局が容易ならぬ局面に立ち至ったこと、これから後の身の振り方など話題は、次第に深刻なものに発展した。それにつれ酒の酔いも一段と深くなる。やがて戦局の今後の予想で激論となった。とうとう私も本音を出し、

「やがてこの前川部落も、戦闘地域になることでしょう。そのとき知念方面へ避難して下さい。」

と進言した。

区長さんは、奇妙な顔をして、

「どうしてですか。」

と反問された。私はすかさず、これは極めて重大なことだから是非聞きとどけていただきたい、と前置きして、

「これから後は軍と一緒に行動していると、戦闘の邪魔になるし、その上大変危険です。したがって弾の落ちない安全な所へ避難すべきです。」

と、語気を強めて言った。

これが必勝の信念に燃えている区長さんには、大変なショックだったらしく、激怒をかう羽目になった。

「あなたは本当に軍司令部の人間ですか。我々に友軍から離れて敵が侵入する知念方面に行けと言うのですか。」

「敵の捕虜になれと言うのと同じだ。」

と、興奮して詰め寄った。そして、もう私の話には一切耳を貸さなくなってしまった。

客観的に物事を判断し、冷静に事を処す仲村渠さんですら、日本軍と離れて非戦闘地域へ避難することを、このように反対なさる。軍と共にあれば安全だという気持と、日本人だから当然軍と共に戦うべきだという仲村渠さんの心情は、当時の沖縄の人びとの気持を代弁しているように思われた。

道路調査に出発する直前、益永大尉が、

「近いうちに千早隊は、非戦闘員を安全地帯へ誘導するため出動することになる。」

と囁いていたことを思い出し、その困難さを思い心が暗くなった。

翌日（五月十三日）早朝、前川部落を発って、首里の軍司令部壕へ戻った。早速地図を提出して道路網の状況を報告した。益永大尉は、

「よくやってくれた。ご苦労……。」

と、言葉短かく労をねぎらい、現在の前線の様子を話してくれた。

それによると、五月十三日現在、

○左翼戦線は、米軍の進撃めざましく、天久台一帯で攻防戦を展開、今にも那覇市街地へ突入する気配である。

○中央部では、日本軍主陣地の中核前田高地、及び仲間高地がすでに落ち、現在大名高地・石嶺高地付近で激戦中である。米軍が首里へ突入するのも間近い。

○右翼戦線（東海岸側）では、西原村我謝《がじゃ》・桃原《とうばる》方面の日本軍陣地を席巻した米軍が、運玉森へ迫っている。

つまり米軍は、首里を中核とする日本軍主陣地を三方から馬蹄形型に包囲し、猛攻撃をかけてきたというのだ。そのため日本軍は戦線を縮小して防戦に努めなければならなくなったとのことである。

聞けば聞く程、惨憺たる状況である。辞して参謀部を去ろうとする私に益永大尉は、気休めのように、

「今に起死回生の策で米軍に一泡ふかせる時がくる。気落ちするな。」

と、言葉を投げかけた。それに応ぜず軍司令部地下壕の第二坑道出口からハンタン山へ抜け、城壁沿いに自分達の留魂壕へ急いだ。もうこの頃には、師範学校の校舎はじめすべての施設は灰燼に帰し、ハンタン山のうっ蒼とした赤木の森は焼失してその影もなく、城壁は崩れ落ち瓦礫の山と化していた。

豊見城村での最後の情報宣伝

戦線が首里郊外に迫り、熾烈な近接戦闘を繰り返している五月十五日、千早隊は豊見城村の情報宣伝へ出動することになった。早朝に出発して繁多川《はんたがわ》へ下る金城町の切通しでしばらく休むことにした。その時私は、背筋にぞくぞくと悪寒が走り頭痛がした。やがて倦怠感とけだるさで、全身の力が抜けた。でも「たいしたことはあるまい」と、自分に言い聞かせ皆と一緒に出発した。

砲弾と米軍機に追われながら識名《しきな》台上を通過し、上間部落の緩やかな斜面を駆け下った。やがて崩れ落ちた真玉橋《まだんばし》が目に入った。そのとき空気を切り裂くような無気味な音を発しつつ、辺り一面に砲弾が落下炸裂した。

とっさに地面に伏せた私の前方に至近弾が落ちた。閃光と轟音、降り注ぐ土砂、運を天にまかせ必死に耐えた。数分して砲弾が遠のいたので、硝煙の中を立ち上り周囲を見わたした。兵隊や避難民の無数の死体、

それに混って救いを求める重傷者、まさに地獄絵さながらである。

その中に幹だけ残っている松を背にして、七十歳ぐらいの老人が座っていた。傍には孫らしい五歳前後の男の子が佇んでいる。近寄ってよく見ると、老人の下腹部が切り裂かれ、内臓がとび出て足もとに広がっている。男の子は現実がよく飲み込めないらしくただ茫然としていた。

あまりにも残酷なこの状況に、私はなすすべを知らなかった。老人はうつろな眼を私に向けた。そのうつろな眼は、

「せめてこの孫だけでも助けてくれ。」

と懇願しているように見えた。しかし私には、子どもを助ける余裕も、力もなかった。老人の声なき声を無視して、任務遂行の歯車になりきった。

午後三時、豊見城村役場に到着した。早速宣伝活動を開始することになった。しかし私は目的地へ着いた安心感で気が緩んだのか、朝と同じように全身に悪寒が走り、頭痛と高熱のため倒れてしまった。残念なことに、とうとう宣伝活動に参加できなくなり、千早隊の世話をして下さる後方指導挺身隊の隊長さんの壕で休むことになった。

翌日皆は宣伝活動を済ませ、夕方首里へ戻った。私はまだ高熱が続き、そのまま残ることにした。その晩は、あの老人と幼児の夢をみてうなされ、まんじりともしなかった。幼児を救助できなかったことで、精神的に強い打撃を被っていた。

夜が明け外は明るくなった。熱は残っているが頭痛はとれている。帰ろうと思って立ち上がったが、足もとがふらついて歩けない。諦めて横になったらいつの間にか深い眠りに落ちた。

目が醒めた時には午後になっていた。六時間ほど熟睡したらしい。熱もとれ気分もよい。

思いきって帰ることにし、お世話になった壕を後にした。午後五時頃、橋桁の落ちた真玉橋を渡り、砲火で廃墟と化した国場部落を通った。集落の外れに珍しく瓦葺きの家が残っている。喉が渇いていたので立寄って井戸を捜すことにした。

前庭に入って行くと、まったく信じられない光景に遭遇した。母屋の軒下で八十歳位の老婆が、座ったま

ま、乾燥した大豆の葉茎を棒で叩いている。豆を莢《さや》から叩き出すためである。部落民も家人も一人残らず遠く南部へ避難しているのに、この老母は炸裂する砲弾も、米軍機の地上掃射もまったく気にせず、黙々と作業をしている。この大豆はきっと老母の大事な食糧であろう。

私は近寄って声をかけた。

「ここは日増に砲爆撃が激しくなるし、近いうちに戦場になります。大変危険なところですから、早く南へ逃げた方がよいですよ。」

すると老婆は、顔を上げ、

「どこへ行っても同じだ。どうせ死ぬなら自分の家で死にたい。戦世《いくさゆ》やしかたならん。」

と嘆き、その後いくら話しかけても返事さえしてくれなかった。

老婆のこの諦観した姿には、神々しささえ漂っていた。私は説得を諦め首里へ向かった。あの老婆は避難退去の邪魔になると思い、家人が捨てて行ったのだろうか。或は「残りたい」という老婆自身の意志を尊重して置いて行ったのだろうか。いずれにしても戦争の無情さと過酷さを痛感しながら、沈んだ気持で夕暮れの識名路を急いだ。

繁多川の谷地を挟んで、弾雨に煙る首里の高台が見えた。ふとその時、かすかに赤子の泣き声を耳にした。「まさかこんな所に赤ちゃんが……」と思いつつ進んだ。ものの二〇メートルも歩いただろうか。辺り一面に散乱する多数の死体が目に入った。遺体の大半は一般避難民である。その中にもんぺ姿で倒れている婦人の姿があった。その婦人の胸あたりで何かが蠢《うごめ》いている。そこからごく微かに泣き声がもれてくる。一瞬戦慄を覚え、幽界のできごとかとさえ思われた。

あたりはすっかり暗く、物の判別が定かでない。息をこらして近寄って見ると、生後六カ月位の赤ちゃんが、母親の死体の上で必死に乳房《おっぱい》を捜している。きっと長い時間こうしていたのであろう。赤ちゃんは泣き声も出ない程疲れ果て、生命の極限状態である。いつもなら優しく母乳《ちち》を与えてくれる母親が、今は呼べども応えぬ死体である。それを知るよしもないこの赤ちゃん。あまりにも惨酷なこの現実に、茫然自失するだけで、その時の私には、赤ちゃんを助けることはできなかった。

後髪を引かれる思いで、軍司令部へ帰着した。今回の体験は、自分の戦争観に大きな変化を与えた。そしてこの豊見城村への出動を最後に、第三二軍後方工作としての、情報宣伝活動は終焉を迎えた。

特別任務の避難民誘導

豊見城村から帰って二、三日休んだらすっかり元気になった。五月二十日頃だったと記憶しているが、かねて内示があった避難民誘導のため、佐久間吉雄君、比嘉盛輝君、それに私の三人で島尻南部へ出動することになった。

この頃第三二軍参謀部では、首里を最後の決戦場にするか、あるいは島尻南部(喜屋武半島)へ後退し新たな持久戦を実施するかについて、慎重な検討を進めていた。島尻南部には軍の指示に従い避難している県民が三〇万人以上もひしめいていた。

そこを最後の決戦場として、両軍の攻防戦が展開された場合、これら県民は、戦闘に巻き込まれその犠牲になってしまう(六月以降現実にそうなった)。

そこで第三二司令部では、戦闘がどの方面で継続されようが、住民や避難民を戦場外になると予想される知念方面へ誘導避難させることにした。この避難民誘導の指令は、島尻方面の守備隊や、警備機関及び千早隊などに下達された。しかし時すでに遅しであった。千早隊長の益永大尉は、この指令に対し、悲観的な見解を示し、

「最早時期を失した。今となってはどうにもならない。四月末に実施すべきだった。」

と漏らし地団駄を踏んだ。

益永大尉は、如何に県民を説得しても、日本軍不在の知念方面へ移動することはあり得ないと確信していた。事実当時の県民の意識からすれば、知念方面へ避難することは、最も恐れている敵の捕虜になることを意味し、けっして受容できることではなかった。益永大尉はこのことを、玉城村方面や大里村方面での宣伝活動の結果報告から察知していたのである。

それでおざなりに三名を派遣して体面を保つことにしたのかもしれない。出発に際して三人に、

「今度の仕事は、スパイ嫌疑を受ける恐れがある。くれぐれも用心してかかるように。」

と注意してくれた。私たちは相談の結果、佐久間君が稲嶺《いなみね》十字路、私と比嘉君が玉城村富名腰《ふなこし》（現船越）部落及び糸数部落前の幹道で避難誘導を実施することにした。

避難民はほとんどが老人、子供、婦女子である。荷物を天秤棒でかついでいる人、大きな風呂敷包を携えている人、着の身着のままの人などさまざまである。なかでも痛ましいのは、赤子を背負い幼児の手を引いている婦人や、負傷した人達、親からはぐれたのか、或は死別したのか一人で群れに従っている幼児たちである。みんなが遅れまいと必死に南をさして落ちて行く。どの人もみんな疲労の極に達している。

これこそまさに地獄の行進である。その行進を目がけて米軍の大砲や艦砲が容赦なく降りそそぐ。その都度おびただしい数の避難民が犠牲になって倒れて行く。まさに目もあてられない惨状である。

このような中で、私達の説得に耳を貸してくれる者はもはや一人もいない。自分の郷里の人や親類縁者にも行き会ったが、誰も応じてくれなかった。むしろ知念方面から喜屋武半島方面へ逆流する状況さえ見えはじめた。

避難民対策は益永大尉が看破したとおり、すでに手遅れであった。私達三名は誘導を諦め、二、三日後、首里の軍司令部へ戻った。益永大尉にその旨復命したら、

「予想していたとおりだ。ご苦労……。」

とねぎらい、続けて、

「昨日（五月二十二日）、軍は、各部隊に喜屋武半島へ後退し布陣するよう命令を発した。」

と戦況を説明してくれた。私は一〇日程前（五月十三日）道路調査から戻った時、益永大尉が「起死回生の策で今に、米軍に一泡ふかせてやる」と言っていたことを思い出した。あれはこの後退作戦のことを仄《ほの》めかしたのだと思った。そして「いよいよ来るべき時がきた」という悲壮感で胸がいっぱいになった。

摩文仁の日本軍最後の軍司令部

あくまで戦略持久を固守し、米軍の日本本土侵攻の遅滞を策した第三二軍は、峻険《しゅんけん》な八重瀬嶽及び与座岳を陸正面の拠点とし、喜屋武半島に最後の防衛陣地を構築した。

そして軍司令部を摩文仁岳の中腹に置き、戦闘指揮と住民指導を行なうことになった。それに伴い千早隊も摩文仁へ後退することになった。私は五月二十七日の晩、益永大尉と共に摩文仁へ向かった。

その頃の摩文仁は平和な緑の郷《さと》であった。戦線から遠く離れているため、米軍機の飛来も砲弾の落下もない。あの過酷な首里戦線から退《さが》った私達にはまさに天国であり楽園であった。

しかしこれも、そう長くは続かなかった。日本軍の作戦企図と軍司令部の位置を探知した米軍は、やがて摩文仁に砲爆撃を集中するようになった。そして南端の楽園はあっと言う間に地獄の修羅場と変わった。

六月二日、私は益永大尉に伴われ、参謀部へ出頭した。情報部長の薬丸参謀が待ちかねていたように、千早隊の名簿を出し、

「千早隊を米軍占領地へ潜入させ、地下工作（後方攪乱）の拠点を設置するから、出身地等を勘案して、適所に配置してくれ。」

と下命した。益永大尉は私にいろいろと質問しながら、二時間ほどで島尻や中頭を中心に、一二箇所の潜入場所を決めて参謀に提出した。

その潜入計画には、佐久間君、仲田君、比嘉君、山田君、それに私の五名は除外され、別命あるまで本部要員として残ることになった。

米軍占領地へ潜入する隊員達の出発は、六月四日と決定した。その日までに益永大尉は、隊員一人ひとりに目的地、活動内容、連絡方法などを示達した。千早隊員は軍人でなく学徒である。机上の地下工作教育は、わずかながら受けてはいたが、敵線突破の体験もなく、地下工作の経験もない。いわばずぶの素人同然である。

益永大尉は、潜入に際してやむを得ない場合は、捕虜になって後方に抑留され、隙をみて脱走し三カ月以内に目的地に達するよう指示した。はたしてそんなに

簡単に米軍占領地に潜行できるだろうか。私たち本部要員は、一抹の不安を覚えつつ皆を送り出した。隊員達は前途にどのような苦難が待ちうけているか察知しているものの、一言の不平もこぼさず、むしろ任務を喜んでいるかの如く従容として指定地へ向かった。

残った本部要員は、食糧の確保や水汲み、参謀部への出頭（命令受領のため）などが当面の課題になった。特に水汲みと食糧受領は命がけの仕事であった。水を汲む井戸は海岸にあり、米軍哨戒艇が常時狙っている。食糧受領のため往復する軍管理部壕もまた同様である。したがって行きも帰りも、哨戒艇の銃撃と砲爆撃のさ中に身を晒さなければならない。しかもその上道路は急勾配の坂道で、梅雨のため泥濘《ぬかる》んでおり、食糧や水を担ぎ上げるのは並大抵のことではない。

私はそこを往復するたびに、「戦争が終わって、若し自分が生き残っていたら、生涯この地には来るまい」と思った。そう思うほどこの道は過酷でうとましかった。

六月十二日頃になると、戦闘は日本軍最後の主陣地帯（抵抗線）で展開されていた。軍司令部の東正面は具志頭村玻名城《はなぐすく》方面、北正面（中央）は八重瀬嶽、与座岳、西正面は真栄里《まえざと》方面で終日激戦がくりひろげられ、日本軍は崩壊寸前の苦境に立たされた。

このように戦況が急迫したなか、地下工作へ出発した隊員達が、敵前突破に失敗し摩文仁へ戻ってきた。この様子を暫く静観していた益永大尉は、六月十四日早朝、「敵地潜入は米軍の包囲網が狭まれば狭まる程困難になるのに……連中何を考えているのか」と憤り、私に「至急みんなを集めてくれ」と指示した。

私は皆を壕前の松林に集結させた。集まった隊員を前にして、益永大尉は激怒し、即刻指定地へ潜入するよう厳命した。隊員達は諦めた表情で、指定地に向かって散って行った。私は去り行く彼等に、

「どんな事態になっても、再びここへ戻るな。」

と声をかけるのが精いっぱいだった。これが多くの学友との今生の別れとなった。

この晩、酒井曹長と諍いが原因《もと》で佐久間君が重傷を負い、三日後の夜半、母や妹を案じつつ息を引きとった。佐久間君と私は無二の親友であった。彼の死が悲しく、彼を死に追いやった酒井曹長に対し激しい怒り

を覚えた。日頃から酒井曹長は、私や仲田君、佐久間君三人にコンプレックスを感じ敵意を抱いていた。それで謂《いわれ》なき暴力を振うことが多かった。そのようなこともあって、酒井曹長に対する怒りはやがて殺意にまで高められた。仲田君と二人で復讐を計画し時期の到来をまった。

その日はついに来た。私達二人と酒井曹長が益永大尉の命令で、物品受領のため軍管理部へ行くことになった。まさに好機到来である。意を決して壕を出た。しかし計画実施地点に差しかかったとき、砲弾数発が三人の前後左右に落下炸裂し、復讐は実現できなかった。今思うと不幸中の幸いであった。敵である米兵一人も倒したことのない仲田君と私が、如何なる理由があるにしろ味方の兵士を殺害したとなれば、一生殺人者として罪の意識に苛まれ、苦悩し続けたであろうからだ。

戦線はいよいよ急迫錯綜し、十七日には早くも米須、真栄平、仲座部落を結ぶ線上で激戦が交されるようになった。これで摩文仁の軍司令部壕は、米軍に完全に包囲されてしまった。

摩文仁を包囲した米軍が、有力な戦車部隊を先頭にして、日本軍陣地の各個撃破を強行するに至った。そのため日本軍は、全滅や孤立する部隊が相つぎ、とうとう組織的戦闘を継続することが不可能になった。

敵地潜入のため摩文仁を脱出

戦闘が決定的段階に達しようとしている六月十七日、軍司令部では、米軍占領下での地下工作（敵中でのゲリラ戦）準備にかかった。そのため薬丸情報参謀が起案した「軍参謀の敵線突破計画」が牛島軍司令官により決裁された。

それによると、木村、薬丸、三宅の各参謀と益永大尉は、敵中を突破し国頭の多野岳に至り、米軍の本土侵攻を遅滞させるため、地下工作の全体指揮をとる。長野参謀は本土に帰還し、大本営に対して戦況を報告する、というものだった。

これを受け益永大尉は同日、本部要員に敵地潜入を命じた。仲田と山田と大田の三君は、国頭多野岳の地下工作本部を目指して潜行、私と伊豆味君、比嘉君は参謀達に随行して多野岳へ向かうことになった。

出発は六月十八日夜半と決まり、その日は早朝から参謀部へ出頭し、敵中突破に必要な武器、弾薬、食糧、医薬品を調達し日没を待った。しかしその晩急遽、各参謀の出撃を機とし、軍首脳部最後の晩餐会を催すことになり、出発は明晩に延期されることになった。私はその晩餐会の会場で仮眠をとった。

六月十九日いよいよ出発の日がきた。午後八時、一行は木村参謀、薬丸参謀、三宅参謀、益永大尉、伊豆味君と比嘉君に私、銘苅《めかるぐんそう》軍曹の順に一列にならんで牛島軍司令官に最後の挨拶を申し上げた。軍司令官は、簡単に壮行の辞を述べられたが、終わりに「諸君の武運長久を祈る」と結ばれた言葉がとくに印象深かった。最後に薬丸情報参謀が皆を代表して、

「我等は皇軍を安泰におくため、ここで断つべき命を永らえ、敵中に潜入し米軍に痛撃を与え……。」

と申し上げたとき、私は体が震えるような感激を覚えた。

一行八名は二組に分れて敵線を突破することになった。薬丸参謀と比嘉盛輝君、銘苅軍曹の三人は陸路を突破、残る五人は海路を突破して、翌夜半玉城村前川部落で合流することにした。もし定刻時までに合流できない場合は、それぞれ独断専行することに決めた。

薬丸参謀一行は夜陰にまぎれて、軍司令部壕の摩文仁方面開口部から米軍の第一線陣地の突破に向けて消えて行った。比嘉君が壕を出るとき、こちらを振り向いて手を振った。これが三人との永久の別れとなった。

次は海路突破の私達の出番である。出発に先立って、益永大尉が私にこう耳うちをした。

「仲真君、前川部落以北、一日橋に至る間の道路は熟知しているね。今日のこのために君に調査させたのだ。ぬかりなく先導をたのむ。」

私は五月中旬、理由も知らずに奇妙な命令だと思いながら道路調査を実施したときの間道や農道を思い出した。木村参謀や益永大尉は、五月中旬からすでに敗戦を覚悟し、敵中突破を想定していたのであろう。

午後九時、木村参謀、三宅参謀、益永大尉と私、伊豆味君の順で海岸方面開口部から壕外へ出た。大渡《おおど》海岸を経て喜屋武岬の断崖が黒々と北方の海に延びている。ここから海岸に行くには、砲爆撃で破壊された急

峻な断崖を七〇メートルほど降りなければならない。その途中に軍管理部の壕があったので立ち寄って一息いれた。

摩文仁海岸に降り立ったときは、午後十時を過ぎていた。追い詰められた兵隊や避難民が、隠れ場所を捜して右往左往している。そこへ米軍の砲弾が容赦なく落下炸裂し、惨憺たる光景を呈している。波打際には無数の死体が、打寄せる波にゆれている。とくに悲惨なのは、波に浮かぶ女性たちの死骸《なきがら》であった。髪の毛が海草のように長く伸び、波にゆらめく姿はこの世のものとは思えない。

そんな中を私たちは海岸づたいに北へ進路をとった。そのまま直進すれば二キロほどでギーザバンタの断崖の真下に達する。米軍はすでにそこを占領し、なお七、八〇〇メートルほど前進し、第一線陣地を構築している。そのためギーザバンタを海上から迂回して、その後方に潜入できれば、米軍の包囲網からは脱出できたことになる。

私たちは、無言のまま目と耳だけに全神経を集中して前進した。米軍の打ち上げる照明弾であたりが真昼のように明るくなる。その都度珊瑚礁の窪みに身を隠すから、思うように前進できない。

一二〇〇～三〇〇メートルほど進んだだろうか、米軍の右側の方に進出した。海岸に突き出た高さ五、六〇メートルの断崖の上に、米軍の監視兵らしき者が立っている。発見されたら一巻の終わりだ。私たちは、とっさに岩陰に身を隠し敵状をつぶさに観察した。敵は、断崖の上の銃座から海岸線をうろつく敗残兵に向けて機関銃を掃射し、その曳光弾が赤い尾を引いて闇に吸い込まれて行く。海上には哨戒艇が三艘サーチライトを照して断崖下の海面を警戒している。

断崖のはるか後方には、ギーザバンタの絶壁が黒々と月光に浮び、辺りを威圧しているように見える。米軍の非常線は、思ったより厳重な警戒態勢をとっている。いきおい波打際を進むのは困難なので、海に入り泳いで迂回することにした。

そのとき物陰から、私の腕にすがりついて来た若い女性がいた。

「助けて……。良盛助けて、一緒に連れて行って、お願い。」

私はだしぬけに自分の名前を呼ばれ、虚を突かれた思いでその人を見た。

蒼白な顔、やせ細った体、照明弾の明りでよく見ると、小学校の同級生である。皮肉なことに卒業後の初めての出会いが、沖縄戦末期の戦場においてである。何とかして彼女を助けたいとの強い衝動にかられながらも、どうにもならない立場にいる。私に許されているのは唯一任務のみである。

途方にくれた私は、

「私たちは今から斬り込み攻撃に行くところだ。大変危険なので貴女《あなた》を連れて行くことは、到底不可能だ。悪いけど許してくれ。」

私は自分の任務が言えないので、斬込みといつわった。無情だがこの同級生の願いを無視する以外に方法はなかった。これが冷厳な戦場の法則だとしいて自分の行為を合理化して海に入った。彼女が砂の上にへたへたと腰をおろしたのが眼に入った。

海に入った五名は、音を立てないように平泳ぎで沖の方に出た。哨戒艇の後へ回り込んで、ギーザバンタの沖合を目指すことにした。幸いなことに哨戒艇は海岸に気を取られ、私達には気付いていない。しかしそのうちの一艘が、サーチライトで海面を照らしながら、私達の泳いでいる所へ接近して来た。木村参謀の指示で一斉に海中に潜った。サーチライトの明りで海面がきれいに見える。色とりどりの珊瑚が眼に入ったかと思うとすぐに暗に消えた。同時にスクリューの音を響かせながら、哨戒艇が大きなカーブを描いて、反対側の海岸へ向かって去って行った。

それから約一時間、水面に身を浮かせて漂うようにゆっくりゆっくり泳いだ。ギーザバンタの絶壁が左後方に黒々と見える位置に来た。

「もうこの辺でよかろう。」

という木村参謀の指示で上陸した。現在の玻名城《はなぐすく》のビーチ手前五、六〇〇メートルの所である。

海岸に向かって急峻になっている丘を登りつめると、破名城や安里方面の展望が開けた。眼下には、知念半島及び玉城村と糸満町を結ぶ県道が、月の光に照らされて夜目にも鮮やかに浮き上っている。そこを米軍のトラックが我が物顔に走っている。

私たち一行は、米軍の大分後方に潜入することができた。東の空が明けそめる頃（六月二十日午前五時頃）、具志頭部落の谷間の洞窟に潜入し、昼中そこに隠れることにした。米軍に発見されることもなく、無事摩文仁を脱出できたのは、まったくの奇蹟といってよい。

敵中突破中の三宅参謀と益永大尉の最期

私たちが隠れていた洞窟は、どうやら米軍の迫撃砲陣地の背後らしい。摩文仁を砲撃している発射音が耳を聾するほどである。伊豆味君と私は壕の入口を警戒し、三宅参謀が状況の偵察に出かけた。

この洞窟は、かつて民間人が使用していたらしく、洋服や着物など衣類が、木の箱に入れられたまま放置されていた。悪いとは思ったが、その一つを失敬して海水で濡れた服と着替えた。幸いに危惧した米軍の捜索にも遭わず、事なく夜を迎えると、三宅参謀の先導で四名は壕を出た。

米軍は、日本軍のゲリラ戦を恐れて厳重な警戒網を張りめぐらしていた。草むらや畑にもピアノ線を張りめぐらし、ちょっとでもそれに触れようものなら、直ちに発火し機銃弾の雨が降る仕掛けになっていた。道路には特殊な音響探査装置が随所に配置され僅かな足音でも忽ち銃撃される。その上、各地域の要地、要地には監視兵を配置して暗夜でも見える赤外線眼鏡を設置して見張っている。

このような状況下で一路北へ北へと進路をとった。そして戦車の轍《わだち》が縦横に走っている畑地を過ぎ、思いもかけず広い稲田に出た。稲はよく繁茂し腰の高さまで伸びている。稲をかき分けながら進むと、稲田の尽きるあたりに小川のあるのが見え、そこに人の気配がする。一瞬ぎくっとなったが、よく見ると五、六人の日本軍敗残兵たちであった。

いろいろ尋ねると、三日間の戦闘で部隊からはぐれてそのまま取り残されたとのことで、この辺の地理にはまったく不案内である。

私たちは緩やかな坂道を登って小高い丘の台上に出た。眼下は谷地になって不気味なほど静かである。その谷地の底を月光に白く反射して川が流れている。まるで一筋の帯のようだ。ここでしばらく休むことにした。

「この五人のうち何人が生き残れるだろうか。」と三宅参謀が言った。

「最大の難関は切り抜けた。これからは楽だ。」皆を励ますように木村参謀が応じた。

その会話を耳にしながら前方を注視していると、

「仲真君、ここはどこか見当つかぬか。」

と益永大尉が横から声をかけた。それに触発されて頭に閃めくものがあった。川を隔てて向こう側はなだらかな稜線が東西に延びている。この川が港川海岸へ注ぐ雄樋《ゆうひ》川とすれば、対岸の廃墟は前川の部落跡だ。するとここは新城《あらぐすく》部落の台上になるはずだ。私は地形から判断して間違いないと確信し、益永大尉にその旨を告げた。

これに全員が活気付き、坂を下って灰燼に帰した前川部落に入った。私は戦闘中の前川部落を思い出しながら歩いた。

四月下旬に宣伝活動でこの地に来たときは、前線から遠く離れた安全地帯だった。勇敢で沈着な仲村渠区長さんとその家族の方に親切にしていただいた。今は唯々懐しいばかりである。二度目に訪れた五月中旬には部落の大半は破壊されていたが、人びとは意気盛んであった。その前川部落も三度目の今日は、すでに敵の手中に落ち声なき廃墟と化している。

五人は沈黙のうちに部落を通り過ぎ、その背後の丘陵へ登った。これから下って行く北側斜面は緩やかでその尽きる辺に玉城村と大里村を結ぶ県道が東西に延びている。

県道に向かって斜面の中の一本道の農道を下った。両側は砂糖きび畠で視界が狭い。月齢一〇日頃であろうか、中天を過ぎた月が優しい光を投げかけている。今下っているこの道は、二カ月前に前川方面へ情報宣伝に出動したとき登った坂道である。あのときも優しい月光が私達を包んでいた。その中を「明月赤城山」を歌いながら、必勝を信じて歩いたものだ。しかし二カ月後の今日、敗残の身となって再びここを通る。嗚呼、これが戦争の定めなのであろうか。

先頭を歩いていた私が県道へ出た途端、米軍の歩哨に発見されて誰何《すいか》された。脱兎の如く逃げる私達を、背後から米兵が機関銃で討ちまくった。運よく一人も討たれなかった。

道路は危険なので遮蔽物の多い山腹や畑地を三〇分ほど進んだ。辺りはしんと静まりかえり物音一つ聞こえない。米軍の歩哨線からも大分遠のいたので富名腰《ふなこし》あたりで県道へ飛び出した。前方に小高い丘を挟んで三叉路が見えた。何となくその三叉路が無気味な気がして益永大尉に相談して進路を変えようと思った。そのとき三宅参謀が後方から大股で近づき「仲真君、運玉森はどの方向か」と尋ねた。その言葉が終わった瞬間、前方の丘からダダダ……と機関銃が火を吹いた。十分引きつけての狙い討ちである。曳光弾が束になって飛んできた。

三宅参謀と益永大尉が、ばたりと倒れた。私は無意識に反対側の溝に飛び込んだ。照明弾が打ち上げられ昼のように明るくなった。これでは動くこともできない。ややあって敵の射撃が止んだ。恐る恐る頭を上げて後を振り返ると、木村参謀と伊豆味君が動くのが見えた。しかし路面に倒れている三宅参謀と益永大尉は事切れている様子である。

どうして此の二人の遺体を収容しようか。いろいろ試みたが、五〇メートルの近距離から機関銃で狙われ、しかも何の遮蔽物もない路上なので遺体に近寄ることさえできない。残念に堪えないがこのまま立ち去るしかない。悲しさで思わず涙がこぼれた。

時刻は六月二十一日午前二時をまわっていた。冷たい夜風が、硝煙の匂いを運んできて「戦場だ」という生々しい現実感が蘇った。三人は沈痛な思いでその場を離れた。

危機一髪の生と死の分岐点

三宅参謀と益永大尉の戦死は、私達にとって耐えがたい打撃であった。しかし悲嘆に暮れてばかりもいられない。今は一刻の逡巡も許されない状況下である。三人は、一〇〇メートル程後退すると左の方へ迂回した。蘇鉄《そてつ》の生い茂っている山麓を抜けやっと目取真《めどるま》の集落に辿り着いた。

廃墟と化した部落の中の坂道を登って、背後の丘の頂上を目指した。いつ米兵に遭遇するかも知れないので、拳銃の安全装置をはずして右手に握りしめ、足音を忍ばせてゆっくりゆっくり進んだ。

ふとガソリンの匂いが鼻を突いた。身に危険を感じ、咄嗟に道端の枯木の傍に隠れて周囲を見渡した。坂を登り詰めた所にトラックが一台放置されている。これが米軍車輌なら、敵の駐屯地に紛れ込んだことになる。身の毛がよだつ思いがした。

その時木村参謀が、なにか思い出したように、

「ここは作戦中、軍の自動車部隊本部のあった所だ。あの車は我が軍が捨てた物かも知らん。」

と話された。

私は這って行ってそれを確かめることにした。車体がはっきり分る所まで近寄ってよく見ると、トラックの背後に、方形の向かい合ったマークがついている。たしかどこかで見た覚えがある。そうだ、第三二軍直属の自動車部隊のマークだった。安心して木村参謀と伊豆味君を呼んだ。

三人はトラックに潜り、前方を注視した。広く開けた台地に戦車が整然と並べられていた。戦車の星のマークが月の光に輝いている。日本軍の戦車もマークは星であった。私達は、「こんなに多数の戦車を戦闘に活用しないで放棄したのか」と残念に思いながら、また一面懐しい気持で戦車に近寄った。その時、星のマークの下にUSAの文字を発見した。

〈あっ、米軍の戦車だ！〉

身体が硬直する程驚いた。三人は戦車のキャタピラに身を寄せ、改めて敵陣地をつぶさに観察した。

監視兵も兵営も見当たらない。右方向四、五〇メートルの所に竹薮らしいのが見える。ひとまずそこへ隠れることにした。戦車の隊列から離れ音を立てないように静かに這って竹薮に分け入った。

「やれやれ」と思った瞬間、私は何かに足をとられ、もんどり打って倒れた。「あっ」と驚きの声を上げながらよく見ると一本のロープである。そのロープは斜上に伸び天幕《てんまく》を支えている。今の衝撃で天幕は大きく揺れ、中で米兵が騒ぎだした。〈しまった！ 敵の宿舎だ〉と気付いた途端、三人は脱兎の如く竹薮を飛び出し必死に逃げた。背後から機関銃弾が赤い尾を伴って追ってきた。

やっとのことで敵陣地を抜け出すことができた。しかし伊豆味君が腹部と左手首に弾丸を受け出血がひどい。左手首は貫通銃創で、腹部は腹壁の一部が剥離し

ている。持ち合せの薬品で応急手当てをしたが、さすがに気丈夫な伊豆味君も、うんうん唸って苦痛に堪えかねている。

私たちは伊豆味君を励ましながら、無我夢中で一キロ程逃避した。東の空はほんのり明るくなってきた。早く隠れ場所を捜さねばならない。現在地は台地になっていてすぐ後方に瘤《こぶ》状の小山が見える。そこに手掘りの壕がある。私はそこへ隠れることを主張したが木村参謀が反対した。伊豆味君の苦しそうな表情を見ると、一刻も早く隠れ場を探して介抱しなければと気が焦る。前方三〇メートル下方に密生した甘蔗《きび》畑がある。最後の手段として、その中への潜入を進言したが、木村参謀はそれにも反対した。結局敵の意表を衝いて、誰も気に留めそうにない焼け残った甘蔗畑に潜入した。しかしここは米兵が近寄って覗くと、すぐ見つかるような所である。

敵陣地とあって水も食糧もない。その上真夏の太陽はじりじりと照りつけ、衰弱している体を容赦なく痛めつける。

ふと、がやがやと人のざわめきを感じた。一箇分隊ほどの米兵が、自動小銃を肩に一五メートル前方で立ち止り、何かしきりに話し合っている。隊長らしい兵士が声高に叫ぶと、つい先私が隠れようと主張した壕へ銃弾を撃ち込み、なんの反応もなかったので、入口に爆薬を仕掛けて破壊した。

今度はまっすぐこちらへ向かって来た。心臓が止る思いがした。拳銃を握りしめ息をころして、万一の場合に備えた。彼等が歩いているすぐ横に、私達が潜んでいることにまったく気付かず、呑気そうに口笛を吹きながら通過した。やがて米兵は甘蔗《きび》畑に下りて行き、盛んにそこを射ちまくった。こうして私たちは辛うじて生と死の分岐点から解放されるに至った。私は今更のように木村参謀の思慮の深さにつくづく頭の下る思いがした。時刻は二十一日の午前一一時を過ぎていた。

恨みは深し喜屋武三叉路（南風原村）

甘蔗畑での長い一日がやっと暮れた。私達はそこを出て北へ進路をとった。この晩は不運の連続で、道路へ出ても、畠や田んぼを進んでも撃たれどおしであった。午前二時頃までに一〇回以上も米軍監視兵に発見されたため、ほとんど北進できずにいた。

その上、致命的だったのは、現在地点がどこなのか場所も地名も知らないことであった。現在の場所が不明のまま川に入ったり田圃の中を進んだりして、鉄道の線路に差しかかった。線路の北側に集落の廃墟と破壊された駅舎跡が残っていて何となく見覚えがある。この鉄路は、那覇と糸満を結ぶ軽便鉄道ではないだろうか。そう思った途端、脳裏をかすめるものがあった。「ああ分かった。ここは大里村の稲嶺《いなみね》部落だ」と、私は口走った。

とうとう自分達の居場所が把握できた。これで予定している本島北部への道程を辿ることができる。私達三人は鉄道線路を離れ、稲嶺部落と高平《たかひら》部落の境界を北に進んだ。夜明けが迫ったので、南風原村神里《かんざと》部落東方のすすきが原に潜伏して、六月二十二日の昼中を過すことにした。

危惧した米軍の捜索隊も現れず、そこは今までになく安全な隠れ家だった。やっと太陽が西の山の端に沈んだ。今晩は摩文仁の軍司令部壕を脱出してから四日目の夜である。何とか西原村の運玉森付近まで潜行したい。

出発を前に木村参謀は、弱っている伊豆味君を見て、「重傷の伊豆味君を、これ以上潜行させるのは無理だ。よく話してここへ残ってもらおう」と言われた。私が反対すると、「伊豆味君が助かるためには、ここで彼を米軍に委ねるしかない。米軍は彼を収容し治療してくれる」としきりに主張された。それでも私はせめて伊豆味君が歩けるうちは、同行を許してくれと懇願した。木村参謀はそれにはあえて反対されなかった。

すっかり暗くなってから隠れ場を出た。午前一時頃、神里部落と山川部落の境を流れる小川に差しかかった。川岸から続くなだらかな斜面が小さな丘を形成し、その向こうに米軍が急造した小型飛行場があった。滑走路が月に照らされて白く光って見える。

私達は、岸辺に残っていたキャベツを拾って満腹するまで頬張り、小川の水をすくって心ゆくまで飲んだ。敵地へ潜入してから初めて味わうゆったりした気分である。夏の夜空に月も冴え渡っていた。

やがて木村参謀が、誰に言うともなくしんみりとし

た調子で、

「女房や娘は、きっと俺が『もう死んだ』と思っているだろう。まさかこうして、この月を眺めているなんて、夢にも思うまい。」

そう言って月を見上げ、

「ああ、今日は妻や子どものことが気になってしょうがない」と漏らされた。

私は首里の軍司令部で、最初にお目にかかって以来今日まで、木村参謀を心から尊敬していたが、ここで改めて参謀の優しい人間性に触れて感動した。

それから凡《およ》そ一時間後、私達は例の小型飛行場の、滑走路手前の草むらの中にいた。北へ進むには、先ずこの滑走路を横切らねばならない。

木村参謀が先頭になり滑走路に入った。這って行く参謀の黒い影が、流れるように彼方の草むらに消えた。次は私の番である。監視兵に発見されないよう静かに匍匐前進した。米兵との距離わずかに八〇メートル、横切る滑走路四、五〇メートルの幅が千里にも思えた。やっと参謀と合流し大きく手を振って伊豆味君に合図をおくった。


手と腹部に重傷を負っている伊豆味君は、途中まで這ってゆっくり進んでいたが、傷の痛みに耐えかねたのであろう、急に立ち上って駆け出した。途端に機関銃が吠えた。三人は必死に走った。あんな至近距離から射たれながら誰にも命中しなかった。奇跡としか言いようがない。まったく幸運だった。

南風原村照屋部落の農道を北進し、小高い丘の上に登った。月は大分西へ傾いている。丘の右手に切り通《とおし》があり、そこから東に伸びた道路が八〇メートル程前方で三叉路になっている。私はここが喜屋武部落の三叉路であることに気付いた。

この三叉路を右へ進めば目取真方面へ至る。路を左に取れば大里村に達する。その途中から北へ方向を変えれば、今晩の目標である運玉森は近い。しかし三叉路の交叉点より約七〇メートルほど南の方に、米軍の宿舎らしいテント小屋が、ずらりと並んでいる。誰が見ても、厳重に警戒されていることは想像できる。だが周囲の状況から判断して、北進する以上ここを避けて通るわけにはいかない。

木村参謀の決断により、この三叉路を全力疾走で強行突破することにした。細心の注意を払いながら丘を降り、木村参謀を先頭に一〇メートル間隔で突っ走った。

木村参謀が三叉路に達した時、右側方の米軍宿舎から機関銃の一斉射撃がはじまった。同時に照明弾が打ち上げられ辺りは真昼のように明るくなった。赤い火の玉（曳光弾）が三人目がけて無数に飛んでくる。それでも三人はひた走りに走った。

先頭の木村参謀が、左の方の小径《こみち》に走り込んだ瞬間、その前方三、四〇メートルの地点から自動小銃の猛射を受けた。至近距離でしかも正面と側面から一斉に狙い撃されたら助かる可能性はまったくない。曳光弾が数発、木村参謀に命中し、その場で絶命された。

その時私は、あまりにも激しい銃撃に耐えきれず、無我夢中で三叉路上の弾痕に飛び込んだ。深さ一メートル足らずの弾痕の底に身を伏せて、頭上をかすめたり、弾痕の上縁に当たって砂煙をあげたりする銃弾を避けていた。しかしあまりにも執拗な銃撃に、〈到底ここから遁れることはできない。これで最期だ〉と観念して眼《まなこ》を閉じた。諦観したら却って心の平静を取り戻し、はじめて伊豆味君のことが気になった。そっと後方を覗いてみた。

「ああ、万事休す」。六、七メートル後方に伊豆味君は倒れ、すでに事切れている。

三叉路の強行突破を図ってからわずか数分で、二人の尊い命が消えた。これで私は、敵中で完全に孤立してしまった。時は六月二十三日午前三時であった。

人間の何よりも強い欲求は、「生命維持の欲求である」ということを弾痕の底で意識した。これで最期だと諦観しているのに、無意識のうちに自己保存に努めている。つまり生存する確率は零にも等しいこの弾痕からの脱出を必死になって模索するのだ。

何分かが過ぎた。いつしか機銃音も照明弾の明かりも消えて、あたりは静かな夜に戻った。〈今だ〉。私は弾痕から跳び出して逃げようと上体を起こした。その瞬間、米兵の大きな叫び声と同時に、機関銃が火を吹き、赤い火箭《かせん》が目前に集中した。私は脱出を諦め再び弾痕の底にへばりついた。

射撃がやみ、辺りが静かになるとまた脱出を試みた。米軍はその都度はげしく発射して、銃弾が雨霰《あめあられ》のように降り注ぐ。こんなことを数回繰り返し、私は精も根も尽き果ててしまった。〈この死地からの脱出は、最早不可能である〉と自分の力の限界を察知した。そしてここで弾丸に当たって死ぬか、或は捕らえられるより、潔く自決しようと覚悟を決めた。

弾痕の底で仰向けになり、拳銃の筒先を口に当てた。冷たい感触が全身に走る中で、引鉄《ひきがね》の第一段を圧した。ふとそのとき、夜空にきらめく満天の星が飛び込んできた。きらめく星の世界と、この弾痕の底とは次元の異なる別の世界のような気がした。その別の世界に母の顔が浮んだ。

「お母さん」と小さな声で呼んでみた。急に涙が溢れ出て、幼い頃から優しく育ててくれた母親への思慕の情が堰を切ったように奔出した。〈今一度母に会いたい〉〈どうしても会いたい〉それこそが切実な願望である。しかし私は今、自分で自分の命を断とうとしている。

死の世界へ踏み込もうと決意しながら、一方では母を思う心に揺れている。まさに弾痕の底における悲愴な葛藤である。その葛藤はやがて、死の決意を生の決意に変え、口に当てていた拳銃を下した。〈どんなことがあっても、ここを脱出して母に会おう〉と強く決意し、冷静さと勇気を取り戻した。そして必死になって死中に活を得る手段を考えた。

後三〇分もすれば、月は西の山の端に沈み、あたりは一層暗くなる。それまで死を装っていよう。そして米軍の油断をさそい、一気に弾痕から飛び出して強行脱出をしよう。死中に活を得るには、この方法しかないと考え、身動き一つせず月の沈むのを待った。

決断の時がきた。一気に弾痕から飛び出し必死に走った。一秒、二秒、三秒まだ撃ってこない。やがて米兵の叫び声と共に、雨霰のように銃弾が集中してきた。私は直ぐに伏せ、匍匐で前進し、弾が身体を掠《かす》めるようになると左右に横転してのがれた。このようにして、ついに死の弾痕から脱出することができた。母の愛と母を思う心は、私を死の底から救い上げてくれたのである。

一進一退の孤独な身

死の弾痕から脱出できたものの、私は最早、肉体的にも精神的にも疲労困憊の極に達していた。かつてひめゆり学徒隊が活躍していた南風原陸軍病院壕の前を通り、廃墟と化した照屋部落の北端で崩れ落ちるように座り込んだ。そして何時の間にか不覚にも眠りに落ちた。

コッコッコッと靴の音。それがぴたりと止った。その気配で目が覚め、後を振り返ってぎくりとした。米兵が三人、自動小銃を腰にして、しきりにこちらを窺っている。その距離わずか二〇メートル。私はとっさに腰の手榴弾を抜きとって投げつけ、一目散に逃げた。手榴弾は不発だったが、米兵も慌てふためいて逃走した。

夢中で一時間ほど北の方へ進んだ。東の空が茜色に染まっている。もうすぐ夜明だ。そろそろ潜伏場所を捜さねばならない。松の木が二、三本残っている窪地に出た。そこに灌木に覆われた小さな岩穴があった。よい隠れ家だと思って中へ入った。部隊の食糧庫に使用していたらしく、乾パンの箱が五、六個積まれている。〈しめた！　素晴らしい物を発見した〉。飢えに苦しんでいる私は、天にも登る心地がして急いで蓋をあけた。しかしすべての中身には「猫いらず」がまかれ、黄燐《おうりん》の青白い光を放っている。友軍が南下するとき、このような措置をしたのであろう。〈毒でもよいから腹いっぱい食べよう〉という欲望を、やっと押えて岩穴を出た。外はもうすっかり明るくなっていた。

窪地を抜けた所にすすきの一叢《ひとむら》が茂っていた。注視すれば見つかる恐れがあるが、日中はそこへ潜伏して過ごすことにした。孤独の悲しさが身にしみる。

ブルドーザーの地響で目が覚めた。すすきの中で熟睡していたらしい。米軍のブルドーザーは私が隠れている手前の広い畑地を地均ししている。東側は台地になっていて、その頂に星条旗がはためいている。台地の麓に焼けた集落跡が見える。地形から判断して、ここは南風原村の宮平《みやひら》部落らしい。

午前一〇時頃、私が隠れているすぐ横を、米兵七、八名が通りかかった。全身凍る思いで、私に気付かず通過することを祈った。しかし最後尾の若い兵士が、ふいにこちらを向いた。そのとき確かに二人の視線と視線がかち合った。私は万事休すと覚悟を決めた。

ところが、まったく奇妙なことに、この若い兵士は見ぬ振りをして、何事もなかったかのように去って行った。戦場でどうして、このような信じられないことがおこったのだろうか（この事実は今でも私の脳裏から離れない）。

力つきて判断を誤る

六月二十三日の夜がきた。今晩で運玉森の背後を抜け、中城まで潜行しようと決意してすすきの茂みを出た。米軍の警戒が意外に厳重なため、幾度となく発見され、その都度迂回に迂回を重ね、やっと那覇と与那原を結ぶ県道（現国道三二九号線）を横切ることができた。そのため予想外に時間を費し、大名《おおな》部落と宮城《みやぎ》部落の境に進出した時には、二十四日の午前二時を過ぎていた。

東の方向に運玉森がかすかに見える。目前には幅一〇メートル程の小川が流れている。対岸は人の背丈ほどのすすきや茅が生い茂っていた。そこに小さな橋がかかっている。この橋を渡って北進しなければならないが、何となく気がひける。霊力か、予知能力か、何か得体の知れない大きな力が作用して、私を引き停めている。いや、そう思われても仕方がなかった。こんな気持におそわれたのは、敵地に潜入してから初めてのことである。

橋の手前に座り込んで、迷いに迷った。時間は刻々と過ぎて行く。ついに自分で自分の意に反し橋を渡った。それから三〇分ほど無事に進んで、なだらかな斜面をもつ双峰《そうほう》型の丘の前に出た。右の方の峰が低くゆるやかな裾を引いていたので、そこへ向かった。突然けたたましい発射音と同時に機関銃が火を吹いた。私は伏せて後退し、射程内からやっと逃れた。このように、どこを通っても行手を阻まれ、死の危険に追い込まれ、すっかり自信を失ってしまった。それに伴い適応能力も思考や判断力も、著しく減退しているのを感じる。これは最も危険な状態である。そう知りつつも北へ進んだ。

夜明前のひやりとした風が頬をなでる。東の空はほんのりと明るくなってきた。そろそろ潜伏場所を見つけなければならない。この辺は運玉森と弁ヶ岳の中間地点で、一月《ひとつき》前の激戦地である。一面焼野が原で、身を隠すものは一つも見当たらない。

焦った私は、目前に横たわるバリケードを潜った。バリケードの内側によく繁茂した芋畑を見つけたからである。

「バリケードがあれば、そこに重要な施設がある。極めて危険だから早急に離れよ。」と出発前に注意されていたにも拘《かか》わらず、隠れることのみに気が焦って、冷静な判断力を失ってしまっていた。

そっと静かに芋蔓《いもづる》をかき分けて匍匐で進んだ。この芋畑は、ごく緩かな傾斜地になっていて、もうすこし進むと登りつめる。そのあたりで、芋蔓の中に潜っていようと考えていた。

ふと人の気配がして笑い声が聞こえた。頭を上げて前方を見た。〈あっ〉、私は思わず声を立てるところであった。五メートルとは離れていない所に米兵が二人、銃を肩にかけたまま、向こうをむいて座っている。細心の注意を払いながら進路を右にかえ三、四〇メートル遠ざかることができた。

一息ついてあたりを見渡した。こんどは、一五メートルと離れていない反対斜面に、一四、五名の米兵が横隊になって座っている。その右側に幕舎がずらりと並んでいる。

絶体絶命、とうとう自分が、死地にはまったことを痛感した。渡りたくなかったあの橋を、意に反して渡ったことを、一瞬後悔した。でも何とかしないといけない。全神経を集中して、用心深くそれこそ物音一つ立てないよう、這ったまま後ずさりをした。不運なことに底に水の溜った弾痕があった。それに気づかず、バシャッと大きな音を立ててすべり落ちた。

天運ここに尽き、〈もう米兵に気づかれた〉と判断し、弾痕から這い出し必死に走り出した。やがて一〇数名の米兵が、半円形に私を囲み、自動小銃を乱射しながら追跡してきた。赤く尾を曳きながら銃弾が、私の前後左右を掠める。

人間は生死の土壇場でも思考するものである。追っ

かけてくる米兵を振り切るため、死に物狂いに走りながら、

〈至近距離から射たれたら伏せるに限る〉

〈伏せたら追いつかれ刺殺される〉

〈走れば、わずかだが助かる可能性がある〉

などと三段論法ならぬ理くつをこねて考える。

やがてバリケードが目に入った。高さ一四〇センチ程度だ。思い切って跳び越そうと全力疾走にうつった。その時、斜め横から追ってきた米兵が膝射《ひざうち》で私を狙った。次の瞬間、右大腿部に鈍痛を感じた。〈やられた〉そう思いながら三〇メートル程走った。だんだん右足の力が抜け、痺れてきた。目の前の小さな穴（弾痕）を飛び越せずに中へ落ちた。いやという程腰を打って立ち上ると、もう米兵は穴の周囲を取り囲み、銃の筒先を私に向けていた。

とうとう私は捕われてしまった。

一九四五年六月二十四日午前七時のことであった。そしてその日のうちに、北部の屋嘉捕虜収容所へ護送された。三日後にはハワイ捕虜収容所へ向かう輸送船の中にいた。

第三章

斬込隊（菊水隊）

軍司令部情報部の林少尉を隊長に下士官を分隊長として、本科二、三年の身体剛健で、銃・剣道に優れた者五七人をもって編成された。菊水隊は、南北朝時代の忠臣楠正成の「菊水」の旗印から命名されたものである。

主任務は、敵地侵入、背後斬込による敵の後方攪乱で、次のような訓練を受けた。

一、爆薬の使用法

　黄色火薬の性質とその取り扱い

　導火線の点火方法と爆薬の操作方法

二、爆薬を携行しての敵戦車に対する肉薄攻撃要領

三、敵の幕舎内に忍び込んで爆薬を投げ込む要領

四、敵兵の寝込みを襲って毒薬のヒ素を注射する方法

その他、留魂壕前の歩哨勤務、食糧の運搬や負傷者の病院への搬送などであった。また、首里攻防戦に直接参加し、撤退後の摩文仁では軍司令部壕の防護に当たった。

○生徒隊長…宮良孫祥（本科三年）

○隊員…五七人

○戦死者…四六人

鉄血勤皇師範隊菊水隊として

知念　清（本科三年）

鉄血勤皇師範隊

昭和二十年三月末、大小無数の敵艦隊が慶良間から嘉手納沖の海面を圧していた。遠く港川方面に敵艦隊の撃ち出す巨砲の炸裂音は、地軸を揺るがすようにゴーン、ゴーンとずっしり腹にこたえるようであった。海空からの砲爆撃がいちだんと激しくなり、戦局は日ごとに緊迫の度を加えつつあった。

三月三十一日の夕方、師範学校の全員に防衛召集が下り、軍司令部から駒場少佐が派遣され、本科三年から予科二年にいたる全員三六二名は首里城内の留魂壕前の広場で軍への編入が伝達され、直ちに鉄血勤皇師範隊が編成され二等兵に任じられた。かねてから期していたことながら、一抹の不安のなかにも米英撃滅の闘志が沸々とたぎるのを覚えた。

斬込隊の訓練

第三二軍情報部の特別斬込隊として編成された我々は、四月一日の夕方から、師範学校の記念運動場において林少尉と岡軍曹によって訓練が開始された。

米軍はすでに読谷《よみたん》・嘉手納《かでな》・北谷《ちゃたん》海岸から上陸し、北谷方面は煌々と光り輝き、満天の星空のようであった。彼我の砲弾の応酬は激しく危険だったので、訓練は翌日から留魂壕前の広場に変更して行なわれた。

隊長林少尉の戦死

四月二十二日、仲地朝明君が特別任務を受けて桜挺身隊として国頭《くにがみ》へ向かうことになり、私たちは、桜挺身隊の装具を与那原まで運搬することになった。隊長の林少尉は運玉森の近くで、右こめかみを貫通する負傷で即死してしまった。隊長を失った斬込隊は、以後各分隊に下士官が分隊長として配置され、それぞれ指揮を執ることになった。

学友、戦場に散る

五月五日、本科三年の内間安和君は守備軍司令部への連絡の途中、右大腿部に砲弾の破片を受けた。直ちに南風原《はえばる》陸軍病院へ移送されたが、その後、同君の消息は不明である。

五月七日、東江政昌君は首里弁ガ岳北方に進出した敵戦車に肉薄攻撃を敢行するため、弁ガ岳に出撃したが、途中、迫撃砲の至近弾を頭部に受けて戦死を遂げた。

五月中旬、島袋久喜君は病に倒れた。我々第五分隊は同君を南風原陸軍病院に移送するよう命じられて夕方になって留魂壕を出た。しかし、敵の砲弾は凄まじく、途中、軍司令部の壕に退避した。久喜君を担架に横たえたまま砲弾の鎮まるのを待ったが、砲弾は激しくなるばかりで時は刻々と過ぎていった。

しばらくして私は、医務室の将校に呼び出されて、「ぐずぐずせずにすぐに壕を出ろ」と大喝された。「今出て行けば非常に危険です。もう暫く時間をください」と懇願したが、彼は私の態度に激高し、「なにを貴様、命令に背くのか。抗命罪で叩き切ってやる」と軍刀の柄に手をかけて息巻いた。「いよいよ切られるな」と身の危険を感じたとき、たまたま通り掛かった参謀長の副官の仲裁で事無きを得て命拾いした。

久喜君は無事に陸軍病院に送り届けたが、移送中、何度も「済まない、済まない」と詫びていた。久喜君もその後どうなったか不明のままである。

さらば懐かしい首里よ！

苛烈を極めた沖縄戦も五月の半ばを過ぎるころから峠を越した。米軍上陸以来、守備軍の必死の反撃も功を奏せず、じりじりと後退していった。幾度となく地上や特攻隊の空からの攻撃が敢行されたが、戦勢は挽回されず敵の砲火は日を追って熾烈さを加え、守備軍は敗退につぐ敗退を余儀なくされていった。

二カ月に及ぶ首里防衛線もついに突破され、米軍はじりじりと首里に迫っていた。そのころから、誰の目にも沖縄戦の前途は暗く、敗色は濃く映り、首里の陥落も必至の情勢となっていた。首里の美しい町並みも、首里城の唐破風も、懐かしい母校師範学校の校舎も既に姿を消し、辺り一面荒涼とした焼野が原と瓦礫の山と化し、緑したたるハンタン山の赤木も枯れ木となって無残な姿を呈していた。

五月二十七日の夕刻、鉄血勤皇師範隊菊水隊は直ちに軍司令部に集合せよ、との命令を受けた。私たちは、守備軍司令部壕に駆け付けた。じゃぶじゃぶと水浸しになった坑道を下脚部をびしょ濡れにして歩いた。坑道のあちこちに将兵がひしめいていた。

所定の場所に着くと、大本営から派遣された斬込攻撃の専門家広瀬大尉がテーブルの上にどっかりと腰を下ろしていた。酒で顔面は赤く目は血走っていた。ジロッと隊員を見回し、いきなり「貴様たちは喜んで死ねるか」と壕内に響きわたる大声で怒鳴った。そして、「軍は戦略持久態勢を堅持し、敵に出血を強要するため摩文仁へ移動する。菊水隊は南部各地に展開して、敵地に潜入して後方を撹乱せよ」と命じた。

かねて定められていた地点への転進命令であった。私たちは準備もそこそこに、僅かばかりの食糧、弾薬、小銃を手に砲火の中を出発した。殷々《いんいん》とした砲声は一向に衰えず、退却する私たちを追い立てるかのように頭上を飛び交い、首里全域を揺るがすように炸裂していた。

「さらば懐かしい首里よ」、見上げると煌々とした照明弾の光の中に硝煙に黒ずんだ首里城の廃墟が聳《そび》えていた。

痛恨！　繁多川における学友

軍司令部壕を出た五七名の隊員は、病身の学友仲地萬蔵君を担架に横たえ、一路南を指して黙々と歩み続けた。首里は敵の包囲下にあり、残された脱出口は識《しき》名《な》の台地と一日橋を結ぶ一本の道だけであった。

互いに口を利くことも禁じられ、はぐれた者は摩文仁に集結せよとのことであった。道端には武装した兵士が一人、二人、時には集団で累々とした屍を晒している光景を目にして、敗戦の惨めさをしみじみと感じた。照明弾が間断なく上がり、まるで我々の行動を威嚇するかのように辺りを照らしていた。

やっとのことで繁多川の谷間に辿り着いた。そこには軍の発電所があり、やや上の方には工兵第二四連隊本部の壕があって、連日敵の砲爆撃に晒されていた。全神経を針のようにして一歩一歩谷間を上りきって、やれやれとホッと一息ついた途端、目も眩むような閃光と共に轟然と目の前で砲弾が炸裂した。反射的に泥濘の中に伏せた。一瞬の沈黙を破るように、側にいた城田栄君が「やられた」と腸を絞るような苦汁に満ちた叫び声をあげた。左大腿部をやられたらしい。しきりに「手榴弾をくれ」と叫んでいる。側にいた高里良雄君と二人で自決を訴える城田君を励ましながら、近くの工兵連隊の壕へ引きずるようにして運び入れ、医務室で応急手当をしてもらったが、予想以上の重傷であった。

この傷では隊と行動を共にすることが不可能であり、一同暗澹とした思いに沈んでいるとき、近くにいた石部隊の負傷者を南部へ移送するとの情報を得た。地獄に仏と、仲地・城田の両君を石部隊の壕に移し、南部への移送を依頼した。無事であって欲しいと祈るような気持で後事を託した。しかし、その後両君がどうなったか、その消息は分からない。

悲惨きわまる高嶺・大里の戦闘

五月三十日、南部展開を命じられた私たち斬込隊十余名は、高嶺《たかみね》村大里の民家に宿泊していた。近くの南山城跡の東側には日本軍の守備陣地の与座岳があった。

時折砲声が聞こえるが、首里に比べると比較的平穏で、周囲は緑に包まれていた。食糧も家主の好意で豊富にあり、何不自由のない別世界であった。

しかしそれもつかの間、六月に入ると俄然敵の砲爆撃は日増しに激しくなり、至近弾もここかしこに降り注ぎ始めた。しかし、身を隠す壕がなく、事態は一刻の猶予も許されない状況にあった。私たちは不測の事態に備えて屋敷の一角に退避壕の工事を進め、その完成を急いだ。泥まみれになって働いたが、地盤が堅く所どころに岩盤があり作業は困難を極めた。

六月五日、私たちは午前中の作業を終えて昼食を取り、車座になって心地よい仮眠を取っていた。連日の疲れから午後の作業開始時間になっても皆寝入っていた。情勢は緊迫しており作業は一刻の遅滞も許されない。私は高里良雄君に代わって作業を再開した。

作業を開始して十数分たっただろうか。突然大音響と共に壕全体が崩れんばかりに振動した。至近弾だと直感した。壕の入口から外を覗くと、瓦葺きの家屋跡には土煙が立ち込め影も形もなくなっていた。私は必死になって隊員一人一人の名前を呼び続けたが、煙の彼方からは何の応答もない。打ちひしがれた気持に鞭打ち、もしかしたらという期待を込めて砲煙の晴れるのももどかしく壕を飛び出して行った。

砲弾の直撃で家屋は倒壊して屋根瓦は吹き飛び、屋根は大きくポッカリと口を開けていた。家の中は崩れた木材、家具、瓦礫が散乱して隊員の生死の程を確かめようがなかった。皆の名前を呼び続けたが、中からは何の気配もない。高里君も含めてこの家の家族全員即死の状態であった。

しかし、その中から金城福一郎君が重傷を負ったものの助かっていた。「突然天井が落ちてきたので無我夢中で飛び出した」とのことであった。彼は腹部を負傷し包帯は鮮血で染まっていた。かなりの重傷で、起き上がることもできない状態であった。何とかして助けたいと思っても厳しい戦場のことで適切な手当もしてやれず、ただそっとしておくだけで為す術もなかった。

嗚呼！　わが学友よ

六月五日午後の我が第五分隊の悲劇から我にかえると、私は伊豆味《いずみ》儁《せん》と上原盛栄両君のところへ走った。その日は大里の集落全域で惨劇が起こっていた。近くの民家から救いを求める声、泣き叫ぶ幼児の声、夥しい死傷者で地獄絵図そのものであった。体は震え、膝はがくがくし、何処をどう走ったかまったく覚えていない。やっとの思いで目指す民家に辿りついてみると、そこも惨劇に見舞われていた。

伊豆味君は包帯で腕をぐるぐる巻いて首に吊していて、魂が抜けたように呆然と立ち尽くしていた。上原君は、左胸部に重傷を負い即死状態で台所の土間に仰向けに倒れていた。伊豆味君の話によると、昼食をとり台所で休んでいるところへ砲弾が落下したとのことで、茅葺きの屋根にはポッカリと大きな穴があき、家具が散乱し、土間や床には鮮血が飛び散り、衣服は真っ赤に血に染まり、見るに堪えない凄惨なものであった。

激しかった砲声も夕闇迫るころになってやっと途絶え、米軍機も去ったので、伊豆味君と二人で集落北側のサトウキビ畑に上原君を埋葬した。伊豆味君とはそれ以後二度と会うことはなかった。

敵中突破に失敗する

六月十七日、新城久雄君と二人でようやく摩文仁の米須《こめす》部落に辿り着き、道路沿いの洞窟に身を寄せた。そこは海軍の壕で食糧が豊富にあり、久し振りに満腹感を味わった。その晩、下士官と知り合い、以後私たちは三人で行動を共にすることになった。

一夜明けた翌日の昼ごろ状況が一変した。激しい砲爆撃と共に敵戦車が米須一帯に来襲し、この洞窟も時間の問題であろうと思われ緊迫した状態になったが、夕刻になってさしも激しかった砲撃もおさまり敵戦車も去って行った。

私たち三人は、夜半を待って洞窟を出て敵の前線突破を図ったが、敵陣の警戒は厳しく、しかも夜明け近くになったので、危険と判断して突破を諦めて引き返すことにした。しかし、途中で敵に発見され一斉射撃を受けた。ピュー、ピューと銃弾が飛び交い、プス、プスと地面に突きささった。夢中で走り溝に伏せ、這いながら近くの雑木林に逃げ込み危うく難をのがれた。

慟哭！　学友の最後を看取る

六月十九日の早朝、私たち三人は摩文仁に着いた。摩文仁岳は連日の砲爆撃で様相が一変していた。海上は大小の艦艇が覆いつくし、間断なく砲弾の雨を降らせていた。本部壕を探したが見付けられなかった。

途中の井戸近くに仲村渠昌貞君が大の字になって眠るように息絶えているのに出会ったがどうすることもできなかった。また近くの岩陰に与那覇政昌君と前城仁保君の姿があった。彼らの話によると本部は既に解散したとのことであった。これで一縷の望みが消え、張り詰めていた気持の糸がプツンと切れた思いがした。

その一瞬の虚をつくように至近弾が炸裂した。前城仁保君が即死し、与那覇政昌君も被弾したらしい。私も右手首と人差し指がざくりと割れ鮮血が流れていた。直ちに止血の措置をとったが傷は意外に深く、出血はなかなか止まらなかった。

新城君や下士官にはいろいろと世話になってきたが、手足まといになるものと思い別れることにした。出血がなかなか止まらないので、今はこれまでと自決の覚悟をしたが、通りすがりの一兵士に、「学生さん、死ぬのは早いよ。いつでも死ねるから精一杯生きるんだ」と諭され翻意した。その兵士は名も告げずに立ち去った。

途端に私は生きる力が湧き、無駄とは思いつつも懸命になって軍の医務室を探しまわった。その時、目前の岩の上を一瞬閃光が走り爆発音が響いた。砲弾ではないが何だろうと思っていると、長嶺盛徳君が、「宮城篤全君が自決したよ」と教えてくれた。宮城君は、重傷を負い苦しんだあげく自ら毛布を全身にまとって覚悟の自決であったとのことである。

矢弾尽きても諦めずに

六月十九日、手首や指の出血は夕方になってようやく止まっていた。これからどうしようかと思案していると、「負傷しているようだが、無事でよかったね」と、突然声をかけられた。宮城幸吉先生と富村盛輝君であった。

事情を話して行動を共にした。四人は国頭方面への突破を目指して摩文仁の海岸へ降りて行った。照明弾が間断なく上がり、真昼のように明るく私たちの行方を照らしていた。摩文仁岳は既に敵の手に落ちたらしく、下手に動けば容赦なく銃弾の雨が降り注いできた。

海岸に出てどのくらい時間が経っただろうか。突然至近弾が炸裂した。右臀部を棍棒で殴りつけられたような激痛が走った。気がついた時は右足が岩の間に挟まって、身動きがとれなくなっていた。近くで宮城先生の、「大丈夫か」という声がした。三名とも無事だったらしい。

「やられました。手をかしてください」と言うと、三人が駆けつけて来て近くの岩陰に運んでくれた。見るとズボンには穴があき、右大腿部には痛みがあり、それがみるみるうちに腫れ上がり、寝起きや歩行にもことかいた。

その後、私たちは幾度となく敵中突破を試みたが果たせず、摩文仁海岸の洞窟を転々としながら数日過ごした。海上からは毎日のように降伏勧告の放送が流れていた。しかし、降伏する気はさらさらなかった。

六月下旬のある朝、岩陰の砂浜で寝ているところを米兵に呼び起こされて捕虜となった。米兵はポケットからお菓子や缶詰を出してくれたが食欲はなかった。具志頭《ぐしちゃん》の当山に連行され厳しい尋問を受けたが、年齢三十歳、農業、兵役なしで押し通した。診療所で傷の手当をしてもらい、即日宜野座《ぎのざ》の病院に収容された。

留魂壕内での新聞発行

屋比久益貞（本科三年）

昭和二十年十月十日の大空襲で、沖縄唯一の沖縄新報社も破壊され焼失してしまった。その後、同新聞社は那覇市牧志町の十貫瀬《じっかんじ》に移転して新聞発行を続けていた。

四月一日、米軍が西海岸の読谷《よみたん》・嘉手納《かでな》・北谷《ちゃたん》海岸から上陸し、いよいよ日米両軍の激しい地上戦が展開された。新聞社は、安全な壕内で新聞を発行しなければならなくなり、留魂壕の北側の坑道に入って新聞発行を継続することになった。高嶺社長はじめその家族も一緒に壕内で避難生活をしながら新聞発行に従事することになった。しかし、肝心の印刷用紙をはじめ新聞製作に必要な消耗品その他の物品を、十貫瀬の倉庫から運んで来なくてはならなくなった。この重大な任務を我々鉄血勤皇師範隊菊水隊（斬込隊）に依頼され、この任務を果たすべく二十数名の者が夜陰に乗じて決行することになった。

首里は、米軍の上陸と共に昼夜の区別なく砲爆撃の集中下に晒され、市街地がすっかり破壊されてしまった。火災が至るところに発生し、首里城内にある留魂壕の周辺も激しい砲爆撃で城壁や赤木の大木も薙《な》ぎ倒されていた。夜は照明弾が花火のように絶え間なく上空で光を放ち、地上は真昼のように明るく照らし出されて、砲弾の雨を降らしていた。

我々隊員は、日が暮れると留魂壕を出発して砲弾の炸裂する中を守礼門をくぐって観音堂の前を通って目的地へ向かった。途中、県立第一中学校の校舎も被弾してものすごい勢いで燃えていた。また、観音堂近くの民家も残らず炎に包まれていた。

突然、照明弾が頭上で破裂したので、菊水隊員一行は物陰に隠れて息をこらして明りが消えるのを待った。しばらくすると、近くに砲弾が落下してその破片が音を立てて辺りに飛び散った。一行は無我夢中で走りに走って、やっと坂下の大道《だいどう》まで降りることができた。

振り返ると、首里の高台の家屋は真っ赤に燃えて砲弾の炸裂音が聞こえているが、この辺りは暗闇に包まれ意外と砲弾や照明弾の落下もなく、平常の静かな夜であった。

そのため菊水隊員は、やっと平静さを取り戻し、ゆっくりした歩調で十貫瀬へと進んだ。途中、荷物を抱えて避難していく幾組かの家族が無言で通り過ぎるのに出会った。また、友軍部隊の移動にも出会ったが、兵士たちは皆疲れはてたのか隊伍もばらばらで黙って行進していた。

十貫瀬辺りは大道付近よりさらに静まりかえっていて、道端の草むらからは虫の鳴き声が聞こえてくるし、焼け残った民家からは、薄暗いランプの光が漏れ、人の話声さえも聞こえてくる平和な夜であった。

首里の方は真っ赤な火災が天を焦がし、砲弾の炸裂音が聞こえてくるのに、首里からわずか四キロほどしか離れていない那覇の方では、何だか地獄と極楽の違いのように感じられた。このような静かな夜景を見ると、果たして我々菊水隊員は無事に首里の留魂壕まで帰れるだろうか不安と恐怖が先走るのであった。

とはいえ、命令された任務は、死を賭してでも最後まで遂行しなければならないのだ。菊水隊員は、十貫瀬でそれぞれ荷物を分担、背負って那覇を出発した。しかし歩む足取りは重く、皆無言のまま首里を目指すのであった。

首里への帰りは、坂下から松川の川沿いに金城町の石畳の坂を登って、師範学校の記念運動場の横を通って守礼門を潜り、ハンタン山の坂を降りて留魂壕を目指すことにした。首里の方を見上げると、珍しく金城町の辺りは暗い闇に閉ざされ照明弾や砲弾の落下もなさそうであった。

我々一行は、金城町の石畳みの坂道を登りはじめた。少し登ったところで、狭い通路いっぱいに大きな石が積み上げられていた。道幅いっぱいに高さ一メートル余りの石がぎっしりと積み上げられてできた障害物である。敵の対戦車用障害物として構築されたものだ。我々菊水隊員は二手に分かれて二、三〇キロの荷物を上げ下ろして五カ所の障害物を次々と乗り越えていった。この坂道以外に通路はなく、皆疲れ果ててしまった。やっとの思いで記念運動場近くの登り坂まで荷物を担いで来ることができた。

ほっとする暇もなく、それまで比較的に静かだった辺りが首里城に集中する艦砲弾の炸裂音が急に真近に聞こえるようになった。そこでひとまず、荷物を降ろして岩陰に身を寄せて小休止を取った。そして着弾地点の遠近を音で確かめながら最後の難関地点の突破にかかった。大勢がいっしょに突破するのは危険なので二、三名ずつ間隔をおいて可能なかぎり姿勢を低くしてハンタン山をかけ降りると、辛うじて城壁伝いに留魂壕に辿り着くことができた。

壕を出発してから任務を終了するまでには、長い時間がかかり、恐怖の連続であった。斬込隊員は、戦場での斬り込み作戦のほか、隊員の生死をかけたこのような別途の任務もあったのである。幸いにして翌日から、留魂壕内で戦時下での異例な新聞発行が実現するようになった。

新聞は五月二十四日まで壕の中で刊行された。

最初の出陣

仲地朝明（本科三年）

四月二十二日。午後六時頃、野田貞雄校長、井口配属将校に呼ばれた。壕には平田先生、佐久川教練教師、平良、多和田、嘉手苅の諸先生方がむずかしい顔をして坐っておられた。

「はい、仲地参りました。」

私は諸先生方の前に立った。すると井口配属将校が口を開いた。

「実は君に是非やってもらいたいことがある。学校を代表して国頭《くにがみ》方面の状況を偵察に行ってもらいたいんだ。勿論、この仕事は必ず成功するとはいえない……。それに君を最初に戦場に送り出すことになるんだが……。」

もとより私にもこの苛烈《かれつ》な職場へ出て行くということにはいささかの不安がないわけでもなかったが、私には何かそれを押し殺す大きな力がはたらいていた。

「はい、承知致しました。」

私は躊躇《ちゅうちょ》することなく答えた。むしろ凛《りん》たる勇気が湧き上るのであった……。諸先生の顔には、安堵《あんど》と気の毒さが交り合ったかのような複雑な表情が浮んで見えた。暫らくして今度は野田貞雄校長が言われた。

「君も知ってるとおり職員も生徒も全員が防衛隊として軍に編入され軍と共に行動することになったのだが、第一線に送り出すのは君が最初だ。しかも決死の挺身隊だものね。それだけ任務は重い。戦争に勝って共に生きのびることができたらまた会う時もあろう。

しっかり頼むよ。」

四月二十三日。守備軍司令部から出頭命令が下った。今夜あたり出発かなと心に期して、弾雨の中を一目散に軍司令部の壕へかけつける。壕の中は何かしらみな右往左往の態だ。参謀室から物凄い怒号が聞こえる。作戦上の口論らしい。情報部の傍には県立一中の田端一村教諭と、大阪毎日新聞社の野村記者がおられた（田端先生は、軍司令部の情報宣伝班員としていつも情報の提供につとめられていた）。私は、自分に与えられた特別の任務について先生にお話していると、そこへ風変わりな参謀がやって来た。何かよい情報でもくれるのかと思いの外、いきなり大きな声で言った。

「沖縄はもう駄目だ。俺の子が来ない。いくら、作戦をねったって何の役にも立たん。戦争は飛行機だ。飛行機以外に何もあるもんか。」

私はびっくりしてその参謀の顔を見つめた。浦田少尉と岡軍曹が微笑みながらやって来て、

「やあ、仲地君よく来たね。」

「お互いはこれから兄弟だぞ、共に頑張ろう。」

と、やさしく私の手を握り、別の壕へ私を案内してくれた。

その壕には、林少尉と木村伍長がいて、通信兵以外はこれで偵察要員は全部揃った。浦田少尉がやや緊張した面持ちで、

「明日の夕刻に出発する。俺たちは今から兵隊ではない。兄と弟だ。名前は浦田さん、岡さん、木村さんと呼べ。」

と言った。一般民の着物と拳銃と刀が渡された。引き続き、軍司令官からの心づくしの食品で、簡単な壮行会が行なわれ、恩賜の煙草もいただき、私は何か夢のような感激に酔いながら師範隊留魂壕へ帰った。そして万年筆や時計と制服の上衣などをまとめて、

「もし僕が死んだら僕の家族に渡してもらいたい。」

と学友の比嘉秀之君にたのんだ。

また私が大事に持っていた知名定昭君（砲弾で頭をやられ戦死）の遺骨を仲地善達君に頼み、これで総ての準備を完了し、翌日を待つばかりとなった（比嘉、仲地両君は戦争から生き延びて健在、遺骨を無事に遺族に届けた）。

四月二十四日。午後六時頃、軍司令部の壕を出発、途中、首里の繁多川《はんたがわ》の通信隊から伍長一名と兵二名が

加わり七名の隊となる。携行品その他の機材は、林少尉が指揮する師範隊の宮良孫祥以下二〇名の志願者によって、砲煙弾雨の中を首里裏手の運玉森の船舶隊の壕まで運搬してくれた。壕には防衛隊の人達が、弁当箱を腰につけて舟艇の傍にうずくまっていた。浦田少尉が聞く。

「俺達の乗る舟は何処から来るんだ。」

「わかりません。」

「連絡はなかったか。」

「ありません。」

「隊長の壕は何処か。」

「森の上の方です。」

止むなく隊長と連絡のため、林、浦田両少尉と私が壕から出て、少し登りかけたとき、林少尉が一言もなくバタリと倒れた。

「林！　どうしたのか。おい、どうしたんだ、林！」

返事がない。

浦田少尉が身体を抱きかかえ、懸命になって叫ぶが返事がない。流れ弾に頭をやられたのだ。まことにあっけない死であった。私たちは悲痛な思いに堪えながら死体を今出て来た壕へ運び込んだ。そして短い髪や爪を刀で切り、軍靴や日本刀などの遺品と共に宮良孫祥にたくして、軍司令部に帰した。再度、舟艇交渉に出かけたが、隊長は「何の連絡もない、馬天《ばてん》の暁部隊ではないか」と要領を得ないので林少尉の死体のある壕へひとまず帰って、悲憤の一夜を明かした。

四月二十五日。未明、砲弾の絶え間を利用して林少尉を弾痕に埋葬した。

浦田少尉は遺骨の前にうずくまって言葉をかけている。

「林！　安らかに逝ってくれ。こんな場合だ。ちゃんと葬ることもできなくて済まん。許してくれ。遅かれ早かれ俺達も君の後を追うのだ。その時また会おう。君の遺品は宮良に托したぞ。」

浦田少尉の言葉の間、皆も合掌して、私たちの仕事が成功するよう護ってくれと念じた。

重い足をひきずって、弾雨を避けながら馬天の壕をあちこちでたずね、やっと目的地に辿りついた。丁度十二時頃だった。中城湾は米軍の艦船でいっぱいだった。一人の兵士に案内されて隊長に会い、折衝の結果、舟艇の提供を受け、その日の晩に出航することに決定した。そしてお互いに励まし合って握手を交わした。

午後六時頃、防衛隊が集合して出航準備が整った。舟艇は壕の中にしまってあるので担いで出さねばならない。海岸迄は相当に距離がある。夜の暗黒と降りしきる砲弾と闘いながら、低い声でかけ声をかけながら掘割の中から舟艇を運び出した。

折角海岸に到着したけれど、スクリューの故障のため出発が不可能となった。再び同じ道を舟艇を担いで引き返す羽目となった。はりきっていた気持もいつしかゆるみ、翌日を待つことにした。

四月二十六日、二十七日。夕方まで、馬天港の高台で暁船舶隊の世話になり、六時半頃から先日と同様に舟艇を運んで海岸に出た。今夜は舟艇の点険も無事にすんで、いよいよ出発準備である。船舶兵の前田見習士官以下八名、全員一五名が四隻の舟艇に分乗して、中城湾を夜間強行突破しようというのである。すでにエンジンは始動した。

浦田少尉の力強い号令がかかる。

「出発！」

私は浦田少尉と同艇で先頭になる。舟艇はものすごく速く、闇の中を白い波が舳先に砕ける。狙われたのか、曳光弾が迫って来たが二、三〇メートルほど後に外れていく。時々打ち上げられる照明弾には参った。敵掃海艇が周辺を走りまわっているが、味方と思っているのか近よっても来ないし発砲もしない。

舟艇はやがて港外近くまで進んだが、駆逐艇が前方を塞いでいて、出られそうもない。止むを得ず爆雷を積んだ舟艇が先頭になり、敵艦めがけて一斉突撃の形を執った。敵艦はあわてて転舵して我々を避けた。その間隙をぬって全速力で突破した。相手は、私たちを敵か味方かはっきりしないらしい。次々と、その方法で路を開いてやっと港外へ出ることができた。ところが、港外には戦艦その他の巨大な艦船が二重にも三重にも私たちをとりまいて立ち塞っている。さきに一旦は私たちを避けた駆逐艦隊も、気付いて味方に連絡の信号を各艦船や陸上に送りながら追尾して来た。私たちの舟艇は闇の中を、島かげに沿って隠れるようにして全速力で進んだ。ふと右の方をふりむくと、爆雷を積んだ先頭の舟艇が、スクリューを故障し、追って来る敵艦の方へ流れて行く！

それっとばかりにわが方の一隻の舟艇が急転回して流れて行く舟艇に追い付き、ロープを結んで曳航して暫く平安座《へんざ》島の島蔭で故障をなおして再び全艇が一緒になって北へと進んだ。しかし故障艇の調子が悪く、その上まったく暗黒の海上では方向の見当がつかない。夜も白々と明ける頃、金武《きん》湾が見え出したので、其処をめがけて進み午前七時頃に上陸した。海上はいつの間にやって来たのか、多数の敵艦船によって完全に封鎖されている。一行は、急いで舟艇を擬装した上で、食糧や機材を隠蔽して海岸の高台の松林の中に隠れた。

浦田少尉と岡軍曹は状況偵察のために出て行った。他は交替で監視警戒に当たっていたが、約一時間ほど経った頃、くり舟に乗って銃を持った米兵が来襲した。前田見習士官の指揮で三方に分かれて銃や手榴弾で応戦する。三十分ばかりの戦闘の後、米兵は退却した。しかし舟艇は破壊されてしまった。前田見習士官は、「これでは馬天には帰れない。仕方がない。舟艇を始末せねば」と言って舟艇の焼却を命じた。私たちは悲しい思いで艇に火を放って山中に退いた。

この戦闘で船舶隊の伍長は戦死、前田見習士官も足に負傷した。通信兵が一名、行方不明となり、生死を共にして来た船舶隊の人びととともここで別れた。夕方、木村伍長と共に浦田少尉と岡軍曹を探して今朝上陸した地点まで行ってみたが無駄だった。そこで通信隊の伍長と兵と四人で谷底の水たまりの傍で一夜を明かした。

四月二十八日。浦田少尉と岡軍曹の姿を求めてさまよい歩いたが見付けることはできなかった。大通りの傍に隠れ、ぼつぼつ通りかかる避難民の老人や子供たちに状況を聞いてみても要領をえなかった。

四月二十九日。天長節の日だ。本日を期して日本軍は総攻撃をかけると聞いていたが、どうなることか。私達は隊長を失い、何の手がかりもないままに過ごすことはできない。

本日中に無線機をどこかへ運んで、首里の守備軍司令部に連絡しようと四人の間で話は決まったが、果して隠してあった無線機があるかないかもわからない。とにかく、今夕、もう一度上陸地点まで行ってみることにした。

午後一時頃、谷川の上方から、雑木をかきわけて進んで来る人の気配がした。ハッと思って繁みの中にうずくまって身を隠した。足音はだんだん近づいて来たが、急にパタッとやんで話声が聞こえた。二、三分ばかり過ぎると今度は自分たちを呼ぶ声が聞こえる。驚いて繁みを飛び出すと、ああ其処には今まで探しあぐねていた浦田少尉と岡軍曹の二人が船舶兵に案内されて立っているではないか。あまりの嬉しさに胸がつまり言葉をかける者もなく、ただお互いに固く手を握り合い顔を見つめ合って喜んだ。

午後六時に上陸地点へ行ってみた。食糧品は全部散らかっていたが、幸い無線機は隠した場所にそのまま残っていたので、散乱している食糧をかき集め、無線機をかついで山の中に引き上げた。

四月三十日―五月一日。昨日から今朝にかけて早朝から無線機で軍司令部と連絡をとるけれど何の反応もない。発信の位置の高低の関係か、機械の故障かといろいろテストしてみたが駄目である。そこで一行は久《く》志《し》岳に移動することに決めた。

久志岳には、地元久志の住民や南部からの避難民、部隊から脱落した兵隊などが右往左往していた。

私たちは久志岳を根拠地にして、その後は行動することにして早速山の中腹で無線機を使って発信しつづけたがさっぱり通じない。それでも諦めずに近くにいた護郷隊と協力して昼は大通り近くの木の繁みに隠れ、敵のトラックの往来が途絶える頃を利用して、大浦湾あたりから金武方面へ移動する避難民に大浦付近の米軍の状況についてきいたりした。

夕方は、食糧収集と部落の状況偵察に努め軍司令部への報告資料を作成したが、依然として無線機は役立たずに、ただラジオが聞けるだけだ。しかもハワイの日本語放送によるもので、沖縄本島南部の日本軍が敗退から敗退をたどる情報だけである。こうして無線通信による報告を断念しなければならなくなった。

一方、一般住民は、山へ避難する時持って来た牛や馬、豚などの家畜類なども全部食べつくしてしまい、食糧はなくなった。そのためヘゴの芋や畠にある草の葉や小さな甘藷などを求めてさまよい歩くようになった。闇夜に七、八歳の子供たちが食糧を求めて避難所を出たけれど路に迷って大声で泣いている者もいた。飢えと疲れた体で木の根に縋《すが》って山に登ったものの足を踏みはずして谷底に落ちる者や栄養失調で歩くこともできず、痩せこけた姿を路上に横たえそのまま死んでゆく者など、到底正視するに忍びない悲惨な姿ばかりである。

五月七日。先に行方不明になっていた通信兵が三日に帰って来たので、隊員は全員揃うことになったが、任務の無電による北部地域の状況報告はできずじまいで、最後の手段として通信兵三名と岡軍曹が山中を突破して恩納《おんな》岳に行き、屋嘉《やか》の海から舟で知念岬目ざして乗り出してみることに決定した。四人は、夕方に久志岳を出発。十日に屋嘉から船出する事になり、残りの者はひたすら一行の成功を祈るばかりであった。

しかし通信兵の伍長は中城湾で小銃弾でやられ、岡軍曹は無事に任務を果して再び糸満漁夫を頼んで恩納岳を目ざして帰る途中、屋嘉の岸に着くや否や敵の一斉射撃を浴びてそのまま行方不明になってしまった。

五月十日。五月十二、三日頃までには恩納岳に戻るという約束で出て行った岡軍曹と恩納岳の護郷隊とに連絡するため、夕方、私は久志岳を出発した。それから三日間、いろいろの方法を講じて敵中突破を試みたが、警戒はあまりにも厳重でどうすることもできずに私はついに歩行困難となった。無理をして三日目の夕方、宜野座の山に避難中の家族のもとへ帰った。一方、木村伍長は、その足で久志岳へ出発した。

第四章——野戦築城隊

予科二年から本科三年までの生徒で編成され、球一〇一五八野戦築城工兵大隊に所属し、軍とともに首里周辺の陣地構築作業に従事した。各中隊毎に作業を分担し、第二中隊、第三中隊は主として昼夜二交替の突貫工事で第三二軍司令部壕の壕掘り作業を行なった。米軍上陸後も引き続き行なわれ、五本の本坑道と首里城木曳門《こびきもん》近くに垂直坑道を掘った。作業は、南部撤退二日前まで行なわれた。

第一中隊は、壕掘りのほか、熾烈な砲撃の間をぬって南風原《はえばる》村大名《おおな》から弁ヶ岳へかけて、日中、米軍の砲火で破壊された道路の補修や山川橋や友寄橋などの橋梁の補修作業に当たった。また、食糧、弾薬の運搬などにも従事した。識名《しきな》の銃砲陣地の補修作業では、照明弾の明かりや民家の火災の明かりを利用して作業に当たった。

特に、第三中隊は、六月中旬になって具志頭の与座、仲座に布陣する独立歩兵第一五連隊美田部隊の支援として、米軍と直接対決する最前線へも派遣された。

○第一中隊…隊長　安里常盛（教練教師）
　　　　生徒隊長　大城徹（本科三年）
○第二中隊…隊長　多和田真俸（生徒主事）
　　　　生徒隊長　宮城英治（本科三年）
○第三中隊…隊長　濱元寛徳（工作教授）
　　　　生徒隊長　長嶺正徳（本科三年）
○隊員…二九一人（五月初旬、四八名が特編隊へ）
○戦死者…一二二人

私の戦塵体験記

長嶺正徳（本科三年）

昭和二十年三月三十一日、軍司令部の命令で鉄血勤皇隊が編成され、私は野戦築城隊第三中隊の生徒隊長を拝命し、留魂壕を根拠地として陣地構築に従事した。首里の市街地も首里城下のハンタン山の赤木の大木も艦砲や空爆ですっかり焼き尽くされていた。

五月二十七日、軍司令部から撤退命令が下され翌二十八日の夜になって首里を出発して、識名《しきな》、国場《こくば》、津《つ》嘉山《かざん》、山川を経て豊見城《とみぐすく》村の長堂、兼城《かねぐすく》村の賀数《かかず》を通り高嶺、真壁を経由して摩文仁へ退却した。

そのころ、那覇方面の敵は真玉橋《まだんばし》あたりまで、与那原方面では南風原《はえばる》の宮平付近まで進出していた。その間にある一日橋が唯一の南部への脱出路であり、敵も知っているらしく猛爆撃を加えていて、一日橋の通過はたいへん危険であった。連日降り続く雨で、道路は膝を没する程ぬかるんでいた。精一杯荷物を担いでいるし、空からは砲弾が飛んで来るので撤退行は筆舌に尽くしがたいものであった。

摩文仁に着いた翌朝は、小鳥のさえずりで目が覚め、まったく夢心地でこんな平和で長閑《のどか》な所もあったのかと昨日までの首里での激しい戦場を体験してきた私たちにとって、まったく平和郷そのものであった。

しかし、そういう境地に浸っているのも束の間で、翌晩は昨夜の道を引き返して長堂の糧秣壕に米の運搬に派遣された。昨夜とはうって変わって道端には負傷した兵士や子どもなど民間人が同行を求めて哀願していた。死んだ母親にすがって泣く幼い子どもが、通る人に何かを求めるかのようにしていた虚ろな眼は二度と見るに忍びないものがあった。

摩文仁に着いて五、六日するとここも平和郷ではあり得なかった。首里を攻略した米軍は怒涛のようにこの摩文仁に押し寄せて来たのである。

六月十日ごろ、我が第三中隊は具志頭《ぐしちゃん》村仲座方面に展開していた独立混成第一五連隊美田部隊の応援に派遣された。製糖工場の高い煙突を挟んで部落向かいの丘の稜線に布陣して、そこを死守せよとの命令を受けた。

そのころ美田部隊は既に全滅状態になっており指揮系統も乱れ我々健児隊が配備についてるのに、兵士は一人また一人と逃げるように戦線を離脱していた。そのころから私は、「死に急ぐことはない」と心に誓った。

死は一〇〇パーセント間違いないものと覚悟はしたが、手足をもぎとられて苦しんで死ぬことだけは嫌だった。「死ぬなら一思いに」と神様にも絶えず祈っていた。それで、擬装網をつけた鉄カブトは邪魔だったし、頭に弾が当たれば即死できると思ったので鉄カブトも捨てた。

我々は、入る壕が無いので畑の中の溝に潜んでいたが、その後大きな墓に入った。墓の中には黒糖の樽が四丁ほど隠されていたので皆で食べた。また、敵の攻撃が止まる夕方になって、近くをうろついていた鶏を捕まえてきて焼いて食べた。

夕方になって隣の岩陰の陣地にいた下級生が来て、宮平絜徳君が腹部をやられて苦しんでいて、水をくれと言っているがどうしたらよいかと相談に来た。飛んで行くと「長嶺、頼むから水をくれ」と言う。本人も覚悟の上だろうと思い楽にさせてやろうと水筒を手渡した。間もなくして息をひきとった。

そうこうして二日ほど経った。敵は我々の前方三〇〇メートル程先の製糖工場まで迫って来て、戦車に援護された上半身裸の米兵が火炎放射器で我々のいる陣地の山裾から焼き払いにかかった。狙撃すれば一発で倒せると思ったが、後の報復が怖くて思い止まった。

明日は我々の陣地が焼かれるはずである。退却するなら今晩しかないと思い皆と打ち合わせた。死守せよとの命令ではあるが、兵隊でさえ退却するのだから我々も退却しようということになり、その晩行動を起こした。夜になると日本軍の行動を規制するため迫撃砲のメクラ撃ちである。我々はその砲撃の中を退却した。

途中、迫撃砲の至近弾を浴びた。小銃を持った者はパッと伏せることができたが、機関銃を担いでいた私は、肩から機関銃を降ろしてから伏せては間に合わないので、目の前の大きな石の側に膝をつけて屈む程度であった。

隣には山城長秀君が伏せていた。砲撃が止まり静かになったので立ち上がったが、山城君は未だ伏せている。「こいつ、シカ坊」と呟きながら、「オイ、行くぞ」と肩に手をやって揺するとどうもおかしい。顔を覗いて見ると鼻から血を出している。よく調べてみると鉄カブトの後頭部が凹んでいて頭蓋骨陥没による即死であった。「後で来るからな」と心の中で呟いて隊に加わったが今でも心苦しい思いである。

退却してきた摩文仁も決して安全な場所ではなかった。岩陰の僅かな空間を利用して身を隠していたが、艦砲や空からの爆撃が岩に当たると岩のカケラも破片となって散るので危険が倍加した。六月十九日の晩、学徒隊に解散命令が出て皆騒然となった。三、四人の組を作って前線を突破して、国頭《くにがみ》方面に集結せよとのことになった。負傷した同僚らがこれ以上迷惑をかけるまいという配慮と、突破できない絶望感から自決する者が相次いだ。私と一緒に岩陰に入っていた嘉手納《かでな》出身の宮城篤全君は首里戦線で足首をやられ、首里撤退の際も担架で摩文仁まで担いで来たのであった。「これ以上君たちに迷惑をかけたくないので死なせてくれ。手榴弾を一つくれ」と言うので、皆に相談したら本人の希望どおりにさせようということになり、私が手榴弾を渡し、「どうせ皆死ぬのだから少し先に行っていなさい、私たちも後で行くから」と言うと、「それでは僕はここで自決するから君たちは避難してくれ」と言うので皆は岩陰に隠れた。そして、「もういいか……、もういいか……」と繰り返すが誰も返事はしなかった。暫くしてババーンと音がして宮城君は見事な最期を遂げた。

その晩、私は下級生の宮平正春君と大城雄輔君の三人で敵中突破を試みた。真昼のように照明弾が上がり、照明弾の切れ目のわずか二、三秒の間だけ走っては伏せ、伏せては走って明け方まで進んだが、振り返るといくらも進んでいなかった。このままでは夜明けには敵の前面に出てしまうと思い引き返すことにした。

再びもとの壕に戻ってどうするか話し合った。情報によると糸満方面では大度《おおど》の浜では鉄条網が張られて突破できないらしいし、港川付近でも戦車が立ちはだかっているとのことであった。そうなると海しかないので、九死に一生の覚悟で海から行くことに決した。地理の時間に黒潮が沖縄近海を通って九州、四国の沿岸から太平洋へ出るということを教わっていたので、その黒潮に乗って漂流して本土に行こうということになった。

壕に敷いてあった床板を十字に組んで筏を作ることにした。釘がないので毛布を裂いて作った縄を使って一坪ほどの筏が出来上がった。海に長く浸かると夏でも寒いと聞いていたので、死んだ兵士の軍服を借りて二枚重ねて着た。靴も地下足袋に履き替え、小銃は捨てて日本刀を手に入れた。食料は飯盒一杯のジューシーメーを炊き、万一に備えて手榴弾を二個腰に結びつけた。

筏を組んでいるとき本土出身の下士官が来て、「私も一緒に入れてくれ。本土に着いたら俺が君たちの面倒をみるよ」と言うのでいっしょに行くことにした。

暗くなるのを待って筏を持って海に入り、深くなったのでさあ乗ろうとした途端、高い波に筏は打ち砕かれ四人とも波に巻き込まれてしまった。

泳ぎには自信はあったが、服を二枚重ねて着ている上に足袋も履いているのでまったく自由がきかず、もがくばかりで死ぬかと思った。

左手の指が岩に掛かったので、全身の力をこめて引っ張った。しかし、腰までは上がったものの下半身はなかなか水から上がれない。最後の力を出してようやく這い上がった。振り向いて見ると、残りの三人はまだもがいていたので一人一人手を差し伸べて引き上げ、離れないよう手をつないで走って岸へ上がった。そこには大きな自然壕があり、軍人や民間人も一四、五人くらい入っていた。服はいつの間にか乾いていた。

翌日の昼、この壕で二つの事件が起きた。壕は既に米軍が馬乗りしていて上からタバコを投げては誘い出そうとしていた。そのタバコを二十五歳前後の女性が二人で拾いに出たので、中にいた将校がそれを咎め「お前らスパイだろう。髪にまいている白いハンカチは何か、二人ともここに並べ」と日本刀で小突いていた。

もし、この将校が女性たちを殺すのであれば僕たちはその将校を撃とうと、近くから拾った銃を後ろから構えていたが、殺すことはなかった。このような事件が収まると、今度は壕の上の方からゴンゴンと音がした。さては米軍がこの壕を爆破するためハッパで穴を掘っているのだと騒然となった。しかし、よく見ると、この壕は二段になっていて上にいる民間人が一升ビンに玄米を入れて棒きれで突《つつ》いていたのである。まったく人騒がせな米つきであった。

その晩、西の方は危ないとのことであったが、慎重にやれば成功するかも知れないと四人は西の方に進むことにした。昼間のうちに岩陰づたいに摩文仁岳の西端まで行った。岩の間からコンコンと湧き出る泉があったので久しぶりに水を腹いっぱい飲んだ。

日が暮れてから、私が先頭になり一〇メートルおきに宮平君、大城君、本土出身の下士官の順で首までの深さのところを選びながら頭だけを出してゆっくりと波も立てずに静かに前進した。辺りに浮かぶ死体を掻き分けながらなおも進んだ。しばらくすると前方の浜から沖の方へ向けて機関銃の掃射があり、曳光弾が岩礁に当たって空に弾きかえっているのが見えた。

先へ行った連中が引っ掛かったらしい。私は後続の三人を待って、「あそこに警戒網が張られているらしいので、時間をかけて沖の方を迂回しよう」と提案して深いところを泳いでやっと警戒網を突破することができた。

再び足の立つ位のところを選んで進んでいるうちに東の空が白みかけて来た。このままでは遮蔽物のない海ではすぐに見つかると思い、とりあえず浜辺に上がり防風林の中に入って昼中を過ごそうということにした。

浜に上がってアダンの中に隠れようとすると、下士官が「まだ早いからあの森まで行こう。そうすれば絶対安全だ」と米須部落の後方の森を指さした。私は危ないと思ったが、あとの二人が同意したので森を目指して低い地形を選んで腹ばいで進んだ。途中に芋畑があったので小石で芋を掘ってかじりながら進んだ。

三〇〇メートルほど進むと、ヒューヒューヒューと耳を掠めて弾が飛んで来た。アリヒャーと前方の焼けたキビ畑の弾痕に四人とも頭から飛び込んだ。「見つかったなあ」と言いながら恐る恐る覗いて見ると、一〇人程の米兵が我々を遠巻きにしていた。「万事窮す」、「これで最期だ」、「さあどうするか」、「自決だ」と誰言うとなく言った。腰の手榴弾の安全ピンを抜いて辺りにあった小石を左手に持ち「イチニー……」と言い終わらない内に、下士官が「待てッ」と言ったのである。

「私は支那戦線も歴戦してきたが、どこの国でも捕虜はよほどのことがない限り殺さない。捕虜同士の交換のためにも生かしておくものだ。死ぬことはいつでもできる。まずは捕われてみよう」と言う。

死は一度思い止まると死ねるものではない。渡りに舟ではあったが捕まるのは不安であり、「貴方から出てごらん」と言ったら、「私が出てどうもなければ皆も出て来いよ」と言って立ち上がって出て行った。

おそるおそる覗いて見ると米兵は「止まれ」と手で制止して残りの者を呼んで来いと言っているようである。

彼は戻って来て「どうもないから一緒に出よう」と言うので、「もし戦争が終わって問題になったら貴方が責任を取るか」と言ったら「日本は負けたのだ」と言った。出て行ったら四人ともパンツ一枚にされ、前後左右から銃を突き付けられてモクマオウ林の中に砂袋を積み上げて作った立派な陣地へ連れて行かれた。水やタバコやパンを勧めるが誰も取ろうとしない。受け取らないとみると、長い柄のショベルを一本ずつ渡された。そして砂浜に連れて行かれ、長四角の線を引いてそこを掘れと言っている。

穴の形からして我々を埋める穴だと直感した。捕虜になって、こんなに早く後悔するとは思わなかった。さっき死んでおけばよかったのにと穴を掘りながらも下士官と問答した。この穴を掘り終わったら我々の命は終わりである。自分が入る穴は掘れるものではない。二人交替で一つの穴を掘るのに二時間はかかったであろうか。いっこうに掘り進まないことに劫を煮やした米兵は「もうよい」と言わんばかりにこちらに来いと先導されて行った。

陣地の回りには腐乱した死体があちこちに散らばっていたが、それらを掘った穴に埋めろということであった。そこではじめて自分たちが埋められる穴ではないことが分かり、その後は安心してタバコや水も貰い埋葬作業も能率が上がった。夕方になって収容所行きのトラックに乗せられた。

野戦築城隊という名の生徒隊

山城昌研（予科三年）

転進

野戦築城隊に編入された私の任務は、前線や後方で陣地を構築することだった。然るに首里の陣地も愈々風前の灯火《ともしび》となるや、もはや陣地作業にのみに専念している訳には時間的余裕も殆どなくなってしまっていた。それどころか、もう誰も彼もが肉迫攻撃作戦に転じなければならぬというほどに戦況は悪化してきた。

すでに首里の大半も占領され、後方の重砲陣地も、その多くが、昼夜の別なく繰り返される爆撃や艦砲によって破壊されていた。事実、野戦築城隊とはただ我々が組織している隊だけに与えられた名称だけで、築城用のエンピやつるはしを手榴弾や急造爆雷に持ち換えねばならぬ時が来ていた。

五月二十八日、「野戦築城隊第一、第二、第三の各中隊は、今夜を期して全員首里陣地より摩文仁岳目指して転進し、直ちに装備を整えて肉攻作戦に転ずる。早速準備せよ」という大隊長駒場縑少佐の命令が下った。

折から梅雨の季節とあって、豪雨がここ数日来降り続けている。終日首里上空を低く飛び回っていた敵のグラマン機も何処へともなく飛び去って日暮れとなった。間もなく総員出発の命令が下され、留魂壕とも今宵でお別れと思えばやはり何とはなしに名残りが惜しい。

いつの間にかグラマン機は去ったが、艦砲射撃は夜になって一層激烈になってきた。出発に先立って各員に転進中の任務が課せられた。患者輸送——我々が運ばねばならぬ患者は小隊に四人もいた。右足をもぎ取られた普天間君、尻の半分をえぐられた宮城君、脚の踵を失った多良間君に加えて腹をこわして一歩も歩けない骨と皮ばかりの大城君の四人である。

一方、中隊本部の方には、艦砲の至近弾のため全身に火傷を負い目と鼻と口の区別もつかないほど痛ましい容貌に変わり果てた上、意識までもほとんど失ってしまった濱元寛得先生もいた。しかし輸送者がいないというので、私たちの小隊へ手を借りに来た。前田小隊長の「山城、済まないが君行ってくれ」という命令を受け、私は中隊本部まで行った。まるで焼芋のように全身にやけどを負って転がっている先生の変わり果てた姿に思わず目をそむけた。先生は子供のように大きな声で苦痛を訴えておられた。無理もないことだろうが、生徒が絶えず交替で懸命に看護しているのも意識されぬままに始終怒鳴られるばかりだ。

先生は体のガッチリした体格である。この豪雨の中をしかも雨あられと落ちてくる砲弾のさ中では自分の身さえ守り通すことは至難の業である。それをも顧みず、重武装した身で濱元先生を担って運ぶということは、なおさら容易ならぬことである。しかし、運ばなければ先生はこのまま見捨てねばならない。どうして恩師の先生を見殺しにすることができようか〈よし、どうせ時の問題だ。死ぬべき宿命に置かれた身ではないか〉と思って私は先生を運ぶことに心を決めた。

ヒューンヒューンと頭上を掠めて島尻一帯の友軍陣地に飛んで行く敵の砲弾は、或は近く、或は遠くで凄い音を立てて炸裂した。さすがに壕の出口で躊躇《ちゅうちょ》していると、いきなり前田小隊長に、

「いつ迄ぐずぐずしているのだ！　今夜中に目的地に到着せにゃ夜が明けたら全滅だぞ。」

と怒鳴られた。私は意を決して壕を出た。先生をかつぐ相手は三年生の玉城君である。彼も体格はごつい方だが、長い間の壕生活ですっかり衰弱しきっていた。

壕外はひどいぬかるみで、足が一尺ほども地中にめり込んでしまう。夜の暗い中を重荷をかつぎ泥濘に足をとられながら道なき道を二人は、ただ足の向くまま

に黙々と南下して行くしかなかった。壕を発ってほんの五分も経たぬ中に同隊の菊池兵長がやられた。

そのうちに二人は、水田に入り込んでしまった。そこは私たちの師範学校の生徒たちが食糧増産のため総動員で開墾した田んぼであった。ずぶずぶと脚がめり込み、自然に担架に横たわる先生のからだも泥水に浸る。

「なんだ、俺をどうするというのだ。この馬鹿野郎共、馬鹿な真似をするな。」

壕を出るときから怒鳴り続けていた濱元先生は一層ひどく狂い出した。

「田にめり込んでしまったんです。しばらく我慢して下さい。」

先生に詫びながらも足が前に進まずよろめいていると、前方の松林の中で伊藤上等兵がやられたとの報《しら》せが後方に伝えられてきた。

ヒューン、パン。シュッ、ババババーン。砲弾はますます激しく降りしきる。〈ああ、この調子じゃ到底運び通すのはだめだ。〉私も玉城君もそう考えた。そのため、私たちは意を決して前田小隊長に言った。

「駄目です。今の状況では自分の体しか運べません。先生にはお気の毒ですけど……先生は意識を失われたとは言え、ひどいもがき方です。とても重くて無理です。このまま放置して私たちは前進します。」

さすが強気の前田小隊長も一時は物も言えず、仕方がないと考えたふうであったが、フト顔を挙げると大声で言った。

「何をぬかす！　如何なる事があっても命令は最後まで守り通せ。」

ハッとして私たちは、再び重い先生を担ぎ上げよろよろとよろめきながら歩き出した。首里城裏手の繁多川は、折からの豪雨で濁流が奔流となって流れている。その川を渡り、一〇〇メートルほどの石だたみの坂を登れば、そこは一帯が高台になっている。友軍の重砲があるはずの識名《しきな》陣地からは一発の発射音さえ聞こえない。そこもすでに全滅したのだろうか。肉攻作戦用のタコ壺を掘る老兵達があちこちで懸命になってシャベルを揮《ふる》っているのが、照明弾に照らされてはっきりと浮き上って見える。彼らは常に後方に在って陣地を築く現地応召兵たちである。そして彼らもまた陣地を仕上げて数時間後には、その大多数が砲弾の餌食となっていく。

　首里の民間壕から追い出された避難民の群が、ここ東風平《こちんだ》村まで来て途方に暮れさ迷っているうちに集中射撃を受けたのだろう。路上には数知れぬ人間が様々の姿で死んでいる。道路は死体で隙間なく埋まっていた。まさしく「人肉道路」という表現につきる惨状であった。二人はその上を物に憑《つ》かれたようにただ無感覚状態で歩き続けるだけであった。

　米軍は野原のススキも甘蔗畠も、ことごとく焼き払ってしまった。鼠一匹かくれることも許さぬといった徹底的な掃討戦である。摩文仁まで僅か四里の行程を三日がかりでようやく辿りつくことができた。私には患者輸送という困難な任務があったので私の食糧や武器は学友が預って運んでくれる筈だったが、その預かった本人が気力をなくしてみんな捨ててしまっていた。摩文仁では農民が収穫を前にして放棄したキャベツ、芋、甘蔗などが我々にとって唯一の食糧であった。

「学生さん、潜水艦の中はもっとつらいよ。しっかり頑張っておくれよ。」

と頭を撫でて下さった牛島中将のやさしい言葉。毎日酒に浸っている短気性の長参謀長に叱られたこと、敵上陸以前から守備軍司令部内に養われていた猿公――いろいろとひと月前の首里の壕での出来事が目の前に浮かんでは消えていった。

　敵はすでに摩文仁岳近くの具志頭《ぐしちゃん》の線まで押し寄せていた。東西一里弱の狭い地域の中に、私たちは追い詰められた。もはやその頃から正式な隊員数と強力な兵器を有する部隊は一つとてなかった。石部隊の生き残り、同じく山部隊、球部隊、海軍の根拠地隊と船舶の暁部隊の両部隊、それに私たち鉄血勤皇師範隊の生き残りで混成部隊が編成された。武器としてはただ肉弾攻撃用の手榴弾数個に、一箇小隊へ軽機関銃一挺が与えられたに過ぎなかった。

肉迫攻撃命令下る

　今日は六月八日、大詔奉戴日《たいしょうほうたいび》である。軍人の一個中隊と鉄血勤皇隊の一個中隊とが具志頭の線へ肉迫攻撃するよう軍司令部から命令が下った。タコ壺にひそんで敵戦車の近づくのを待ち、至近距離に来たとき飛び出して爆薬をつけた我身もろとも敵戦車に体当たりするのである。それが我々に与えられた任務である。出発前に各人に急造爆雷が渡された。

整列した白鉢巻の皆の顔々、敵の戦車、キャタピラの音、タコ壺、自分、死……。とうとう三年生の下地君が子供泣きに泣き出した。いよいよあたりは暗くなりはじめた。敵機は去った。各班毎に黙々と出発した。附属小学校の大城安哲先生が我々に付き添って下さったので何だか気強く嬉しかった。

敵の照明弾はあたかも昼を欺くかの如く一面山野を照らしている。前線に近づいたとき、山岸軍曹が砲弾の破片で胸を貫通されて倒れた。すでに呼吸も困難な様子である。私と玉城は、またもや山岸軍曹を後方まで送るよう命令された。前戦は敵弾も少なく、従って後方へ引き返すのはやりたくないというのが正直な気持だった。しかし命令である。幸いに後方への輸送は成功し、我々は中隊本部へ着いた。

その頃早くも東天には絵のように美しい茜《あかね》色が射していた。危ない、早く本隊を探さねばならぬとさまようち、岩を掘り抜いて造った墓を見つけることができた。そこは与座《よざ》部落と相対した丘陵になっているので、敵情もよく見える代りに敵からも注目され易い陣地である。翌九日の昼中は陣地にひそんで敵情を視察し、夕暮れから出撃する予定であった。肉弾攻撃に出て死ぬ機会を逸し、手足を失って這いずり回り、やっとここまでたどり着いたという一人の兵士が水を求めて苦しそうにしていた。砲弾で崩れ落ちて来た大きな岩塊に足をおしつぶされたまま動くことができず助けを求めている若い女性もいた。腹をやられて呻めいている者、水を飲みほしてその壜を抱いて倒れている老人。死んだ母をそれとも知らずに乳房に取りすがっている乳幼児——私は思わず顔をそむけずにはおれなかった。

その日は両中隊とも班単位に分散して肉弾攻撃を敢行する日である。恩賜のお菓子と煙草が各人に渡された。狭い壕の中でお互いに向き合ったり背中を合わせたりして、最初にお菓子をいただいた。菊の葉の上に御紋章がついたもので、とてもおいしかった。煙草はこれまで一度も味わったことはなかったけれど、今宵だけは吸ってみたくなった。それは好奇心からではなく、天皇陛下のお言葉の延長として感激のあまり吸う気になったのだ。今宵は一年生から本科三年生まで上下の区別はなかった。まだ幼な顔の抜けない一年生を見たとき、ほんとうにいじらしかった。とても幼なく可愛い顔をしている。彼等も一緒に死ぬのだ。可哀そうな気がしてならなかった。誰かが水筒の水を差し出した。酒の代りに最後の水盃だ。これで最後の決意がついた。やがて小隊長は各自遺書を書けと言った。しかし私は遺書は書かずに小さな板に自分の名前と本籍を記入してバンドに結んだ。自分の身体に自分で名札をつけたのだ。

沖縄の六月は晴天続きの上に暑さもまた格別である。そして晴天は友軍にとっては不利だった。午前十時頃、キャタピラの音が聞こえ出した。敵のM４戦車がひた押しに押し寄せて来た。戦車の後には自動小銃を持った四、五人の歩兵がついてくる。これらの射撃手はあちらこちらのタコ壺に潜んでいる日本兵を射殺したり、地雷を発見して爆破したりするのである。戦車兵は、草色の軍服をまとっているのではっきり分った。

向かい側の丘陵をくまなく火炎放射器で焼き払いながら、戦車砲を撃ち込んできた。この調子では我々の陣地も攻撃に移る前に破壊されるのは必定である。このまま焼け死をするのではたまらない気持がしていらいらとあせり出した。

そのとき、突然――まったく突然、轟然たる発射音が味方側から起こった。我々の近くの地下壕の中に隠してあった対戦車砲が砲口を開いたのである。忽ち敵の戦車が二台とも擱坐《かくざ》してしまった。まったく見事に命中したのだ。この有様を見た残りの戦車は、反撃してくるかと思っていると、くるりと反転して西の方へと方向を変えて退いてしまった。

日暮れになった。各自は静かに攻撃の準備をととのえた。「学生隊は間もなく全員出動し最後の使命を達成致します」という旨の伝令を中隊本部へ送った。やがて伝令は帰って来たが、顔面蒼白である。聞くと中隊本部一帯は皆焼き払われ、地形は変わり果てて間違いなく敵の攻撃を受けたものと認められるとのことである。意外な報告に皆驚くばかりで俄《にわ》かにこれを信ずることもできず、更に三、四人の者と中隊本部へ行って見ると、なんと残酷無残な光景だろうか。壕の上からハッパをかけられ、入口から火炎放射器で焼かれて全員が戦死しているのだった。我々の陣地はこの丘陵の西斜面にあり、中隊本部の陣地は東海岸向きになっていて互いに反対側に位置していたため、このような悲惨事が起きているのを知ることができなかったのだ。

沈痛な顔をしてしばらく考えこんでいた隊長は、やがて、

「今夜は一応退いて再び出直す。準備せよ。」

という命令を出した。嬉しさに飛び上がらんばかりだった。二日間の第一線配備で鉄血勤皇隊員もその一割を失った。そして事実上部隊本部を失ってからは日日を肉弾攻撃に出陣せずに過ごした。

特攻部隊ついに潰滅す

六月二十二日、北方と東方と西方の三方面から攻め寄せて来た敵軍はついに摩文仁部落まで入って来た。そのため鉄血勤皇師範隊は全員解散となった。重傷を負って自殺をする者、二、三名ずつグループを組んで敵中突破に出る者、当てもなく板切れに乗って海上に漂い出るものなど各人各様でまさに支離滅裂である。私も宮良、山城、儀間の三君と共に摩文仁の海岸へ出た。夜の海は不思議なほど冷たかった。敵は陸と海の両方から滅多撃ちに砲撃してくるので、海上で弾丸に当たって溺れる者、泳ぎながら発狂して波に呑まれる兵士など凄惨な修羅場が展開された。沖合からの敵艦の探照灯がぐるぐると海面を回ってその修羅場を照らし出した。

私は海中から波打際に這《は》い上がった。ここもまた死体の山、月光に照らされて青白く光って動くものがある。屍の上を這い回る蛆《うじ》虫の山だ。珊瑚礁の波打ちぎわで夜光虫が光っていた。

私は学友たちからはぐれて独《ひと》りになった。かくして私の属していた野戦築城隊は潰滅する結果となった。

海岸の敗残兵

六月二十三日以来、投降者を求めて敵の水陸両用戦車が海岸に近づき、食糧や煙草をばらまいて行く。鼠

のようにここかしこの岩穴の影から彼等の行動を終始見ている敗残兵たちにとって、これは実に堪えられない誘惑であった。当方の手榴弾を恐れて一向に陸地に近寄ろうとはしないが、彼等はあの手この手を使って誘い出そうと懸命である。すると敵の誘導に我慢しきれずに思わず出て行き、背後から友軍の発砲に倒れる者が続出した。

しかしあの美味しそうなチョコレート、ハム、クラッカーなどを目前にして私もついに我慢しきれずに儀間君と二人で大きな岩と岩の間を縫《ぬ》って出て行こうとした瞬間、「待て！」と呼び止める声がした。振り向くと、一人の日本軍将校が日本刀の柄に手をかけて、

「何処へ行くのだ。」

と恐ろしい剣幕で迫って来た。

「ハッ、この三日間、飯という飯をまったく食べていません。このままでは餓死するばかりです。先ず生きて初めて皇国の為にも尽くせると思います。どうか許して下さい。」

と私は懇願した。

「馬鹿、貴様は何を言うか。出るなら一刀のもとにぶった切ってやる！　しかし俺の言うことを聞くなら俺の所に米が少しあるから分けてやろう。」

と腰に下げていた靴下から生米を一掴みずつ出して二人に分けてくれた。

二人は掌にこれを乗せてガリガリかじった。それだけでは勿論腹を充たすことはできなかったが、何か食べたというだけでいくらか心が落ち着いて来た。暫く考えたあとで私は件の将校に言った。

「大尉殿、私たちはこのままでは、どう考えても死を待つばかりです。早く敵中へ突入して一人でも多く敵兵を殺し、あわよくば北部国頭《くにがみ》郡の山岳地帯まで突破して行きましょう。そうすれば友軍が逆上陸する時に合流することもできると思います。」

すると同大尉は、

「そうだ、決行しよう。」

と案外素直に若い私の言葉に同意してくれたので、私もやや安心する気になれた。

私が主張したことは、じつは敗残兵たちの唯一の希望であった。今宵は旧暦の十三日頃か。沖縄特有のあの鮮かな月光、これに相応するかのように敵の打ち上

げる照明弾は、およそ二〇〇メートル範囲の一切のものを手に取るように浮き上がらせた。午後九時頃、私はこの友軍将校と彼の部下の三人の兵士と五名で敵中突破へ向かった。儀間君は、郷里の知念村の家族の許に帰るといって同行しなかった。

こうして照明弾が打ち上げられる度に、累々と無数に散在する死体の間を時には伏せたり腰をかがめるなどして私たちはひたすら夜道を歩き続けた。

いつしか月は西の山の端に落ちて東の空が明けそめ始めた。一晩がかりでやっと二キロほど進むことができるだけであった。そろそろ危なくなる。やっとすすきの茂った場所を探して五人ともそこへ身を隠し、途中で拾った米軍の缶詰を帯剣《たいけん》でこじ開けて久し振りに口中が蕩《とろ》けるほどうまいその味をたのしんだ。

その後、危険の多い敵中を多人数が一緒に行動するのは危険で気が落ち着かないので、私は他四人と分かれて一人になった。久し振りに食物にありついたので、眠気がさして来た。目を覚した時には、すでに太陽は相当の高さに昇っていた。静まり返っていたあたりの空気は、米軍トラックの往来する音や遠くの方で米兵の叫び声が交錯《こうさく》して聞こえてくる。

時折り連発する自動小銃の音、かと思うとポンと小銃にしては音は高くないが巾の広い、また砲弾にしては音の小さ過ぎる、何とも想像のつかない発射音も聞こえて来た。

太陽の角度からみてもうお昼の十二時頃だろう。すごく暑い日である。久しく陽光に触れたことのない体にとっては耐えがたい太陽熱だった。

周りの雑音がだんだん近づいてくる気がした。一体何をしているのだろうか。そして自分はこれからどうなるのだろうか。危険を冒しても周囲の状況を見極めなけりゃと、恐怖と好奇心にかられて、すすきの茂った間を掻き分けて覗いて見ると、何たることだ。彼等は繁茂したすすきというすすきを片端から焼き払って来るではないか。そして、あの巾の広い聞き馴れない発射音は、やはり見たこともないもので、片膝を地につけて打ち上げる曳火弾である。ひと所に位置して、目標を定めて発射すると、落下地点は忽ち火に包まれてしまうのである。敵兵らは、現在の自分の居場所の方向を目指して、西側の方からすすきを焼き払いながら進んで来るのが理解できた。

〈これで、自分の運命もおしまいか。〉敵兵らがやたらと打ち続ける小銃弾がヒュンヒュンと身を掠《かす》めて、近くの地中へプスップスッと突きささる。〈どうしたらいいのか〉考えがつかない。ただもう自決ということだけが心に浮ぶ。しだいに火炎は近くに迫って来た。すすきの焼き焦げる青い煙が流れ込んで来てむせそうになる。そのうちに敵兵らは西の方に火炎を浴びせておいて、東側の方へ移動しはじめた。草原を焼き払って、その中から飛び出す者がいればたちどころに射殺するか、捕えるつもりなのだろう。こうなると、もう自決するのみだ。私は腰の廻りに括りつけてある手榴弾の一つを取り外して安全栓を抜くと、岩と岩の割れ目に体を寄せて対処すべく身を潜めた。

火は遂に、三、四メートルの近くまで燃え移って来た。熱風が襲ってきた。東の方では、米兵らが何かしら声高に叫んでいる。立ち籠《こ》める煙は私の全身を包んでしまった。喉がからからに乾く。水が欲しい。煙に顔をそむけていたら南の方に煙の切れ目に青い色の海が遠く水平線まで一目に映《うつ》った。

死ぬ前に、せめて一滴でもよいから水が飲みたい。それが最後のそして何よりの望みだ。

火の粉《こ》がパチパチと飛んで来て私の皮膚を焼く。手榴弾を石に打ちつけて胸に抱こうと思う。その度に振り上げた手が何ものかによって上から押さえられてしまうようで、どうしても打ちつけることができない。打てば一瞬のうちに自分の五体は散るはずなのに、それが叶わずじれったい。でも最後のどたん場になって、〈自決以外に何らかの他の方法はないものか?〉と私は理性を呼び戻すのであった。ふと、小学校の修身の本に火事に際して沈着に対応した一少年の話があったことを思い浮べた。〈先ず落着くことだ〉とこのとき始めて自分の行動を客観視することができた。

敵兵らは東の方にいる。火は西の方から来る。東に出れば殺されるがこのままでは焼け死にするしかない。寸時の余裕さえない。このとき辛うじて西の方には敵兵らはいないんだということが頭に閃《ひらめ》いた。〈よし、火の中さえくぐり抜けることができたら……〉と、咄嗟に考えた。私は手早く脚絆を巻き直すと、上衣の襟《えり》を逆に立てて首を覆《おお》い、鉄帽で顔面を隠してまっしぐらに火の中へ飛び込んだ。そして突き抜けた。熱さも煙も燃える音も、足にからまる草も、意識しなかった。後で鉄帽をはずしてみた。案の定、そこには一人の敵兵も見受けられなかった。ところが、ハタと困ったことにはそこら一帯は前に焼き払われてただ広い原野に変わっていて身を隠す何ものもない。早くどうにかしなければと、気が気でない。矢も楯もたまらずに近くに焼け残ったくさむらが目に入ると、腹這いになってそこへ向かった。すると軍服を着た日本兵の死体が横たわっていた。その死体に寄り添って伏せると、周りの熱い灰を掻き集めて背中一面にかぶせ自らを死体に欺装《ぎそう》した。そしてじっとうつ伏せになって動かずにいた。太陽は真上に上がっている。喉の渇きと暑さで、身はあたかもなべで炒《い》られる豆か栗になったかのような苦しさだ。到底堪えられそうにない。そっと頭をあげてみると、正面の方に松の木が見えた。うすい葉っぱが微風を受けてサヤサヤとそよいでいる。〈ああ、あの木へ登れたら、幾らかなりとも渇きも止るだろう〉と思うと、もうじっとしておれなくなった。

〈どうせこれが最後なら、最大限に気を楽にして死ぬ方がよい〉、そう思って立ち上ろうと背を円くした途端、赤ら顔に汗を浮かべた米兵が一人近くに現われた。危ない！　だが、彼は気付かずにすたすたと過ぎ去った。私は大きく安堵の息をついた。

もう出るのはやめた。再び元の姿勢に戻る。苦しい長い時間だった。太陽も大分西へ傾きやがて沈みかけた。米兵は既に営舎へ引き揚げたらしく、あたりは静かになった。立ち上がって深呼吸をする。しかしまだ歩行は禁物だ。坐って暗くなるまで待つことにした。

夕闇の中にまだ熱が去り切れない灰の匂いがプーンと漂う。ひしひしと孤独を感じ、何かしゃべりたくなって来た。あの四人はどうなったろう？

もう大丈夫だと思ったので、彼等の潜んでいた場所まで用心しながら行ってみた。あッ！　そこに転がる三つの屍体、正に三名は、その場で思い思いの姿をとって死んでいた。顔面や胸部が無残に剔《えぐ》り取られて血しぶきが飛んでいる。彼らは手榴弾で自決したのだ。缶詰の空缶が今朝のままの姿で散らばっているのが一層悲しかった。大尉はどうなったであろうか。彼の潜んだ所まで行ってみたが、何一つ見当たらない。死体は勿論、大尉の携帯品に至るまで何もないのだ。暫く茫《ぼう》然《ぜん》として何をする気も起こらない。ああ水が欲しい。ヒョッとすると水があるかもと思って倒れている三名の腰にある水筒を振ってみたが、やはり一滴もない。彼たちも、恐らく私と同じだったのだろう。これでは一人で前進するのはどうも心細い。ひとまず、元いた海岸まで戻って、そこに残っている儀間君にも、今日の一部始終を話すことにしよう。そして機会を見て出直すことにするしかない。三名には気の毒だが、私はこれから再び海岸まで戻るからと心で告げ、乱れていた三名の屍体をていねいに揃えてあげた。

夜の海岸は相変わらず敗残兵のさまざまな姿が方々で見られた。何だか自分には、唯の一夜とはいえ、久しく苦しい旅でもして帰ったような気がした。

幸いにも儀間君とも再び会うことができた。

海岸は再び私の住家となった。しかし海岸地帯でも危険を冒して食糧をさがしてくるだけの体力と度胸を持っていない者は、次から次へと飢えて死んでいった。

海岸に沿って二〇〇メートルほど東方に、水溜り同様の不潔な井戸がある。ところがそこには死人の頭が転がり入っていた。一週間ほど前に、井戸の縁に背を掛けて水を飲んだままの姿勢で死んでいる日本軍兵士を見たが、被っていた鉄帽の重みで潰れかけた頭が井戸の中に落ちたままになっていたのである。何人かの人たちが蛆虫が浮んでいるのを乾パン袋で水を掬《すく》い取っては水を飲んでいた。腐っている死体で井戸の底さえ見えぬ汚水を負傷して歩けない人たちがガブガブと飲んでいる。身動きできない負傷兵たちからいろいろと頼まれても、自分の命さえ持てあましている身ではどうにもならず、そのまま放置しておくのがこの海岸生活の常であった。昼間は岩山から滴《したた》り落ちる一滴々のしずくを飲み込むために岩盤に顔を押し付けるのが多くの人びとの日課になっていた。

七月も半ばを過ぎた頃からは、何処へ行っても、三名ないし五名の人びとが互いに一組になって助け合って生きていた。私も矢内という陸軍一等兵と石橋曹長と儀間君の計四人で一組となり日々の行動を共にしていた。

アダンの木の下で、自殺した無数の軍民の人びとが、M4戦車の火炎放射器で灰になるまで焼き尽くされた。

その屍体の間を一粒一粒散らばった焼け米を拾って歩いた。そのうちに儀間君は地元の他の防衛隊員と一緒に、別の行動をとることになった。いつしか、七月も過ぎて八月に入った。この時まで生き延びてきた日本軍の敗残兵らが敵の掃討戦で機関銃に射たれて死ぬ者や餓死する者、自決する者などがしだいに増えていった。

友軍の特攻機によって沈められた敵艦船から流れよった材木を拾い集めて、それで筏《いかだ》を組んで海上を脱出しようとした本土出身兵士も少なくなかったが、警戒網の激しいこの島の周りでは成功できる筈がなかった。早くこの敵中を抜け出なければならないと焦燥感に捕われながらも、その頃は、ひどく痩せ衰えた肉体はまったく動く力を失っていた。私は幾度か死んだ父親に向かって、〈お父さん、研も今にお傍に参ります〉と心の中で語っていた。すでに思考力もなく、トロンとした頭を痩せ細った両手で支えながら仰向けになって、毎夜のように夜空を眺めていた。アダンの根っ子の草陰では夏虫がジーッと鳴いていた。人間が生きる力は虫にも劣るかのように思われてならなかった。と、突然、「山城!」と呼ぶものがいる。それは、グループの矢内一等兵であった。「君は師範生の大田という人を知っているか」と尋ねられた時は、体内の血が思わず湧き上がった。「何ですって、大田?」いつしか私のよろめく足は、岩の上に直立していた。「君と同じ師範学校にいたらしい」矢内一等兵の言葉に私は、どうしてその場を離れたか知らなかった。首里撤退以来今日までまったく会うことのできなかった従兄の秀兄が今、ここに、そして死にかかっている私の目の前にいる。「やあ、昌研か」と感極まった声で呼ぶ声がした。昌秀兄貴も痩せて苦労の跡は見えるが、まだ元気である。背中にはおいしそうな甘蔗の幹を何本か背負うている。同じ師範学校の先輩の仲地善達さんも一緒である。奇蹟、戦場で会えるなんてまったくの奇蹟と言うよりなかった。

従兄に会って私は母に抱かれた子供のようにこの上もない心強さを覚えて命が救われたと思ったものだ。一行は寸時も、ここの海岸で時間を費やす気はないらしくテキパキした態度、まるで前線へ向かう兵士のように頼もしかった。私はすぐに同行するため出発準備に心があせった。

「矢内さんも石橋さんも一緒に出掛けませんか。」と気を引き立てるように言う従兄の言葉に、二人は喜んで一緒に敵中突破することになった。

準備を整えると五名は喜び勇んで海岸寄りの断崖の上れそうな箇所を探して崖上にはい上り、東へ東へ道をとった。

野戦築城隊第三中隊の行動

玉城朝正（本科一年）

牛島軍司令官との出会い——忘れ得ぬ言葉

四月六日、夕食を終えた私は米軍の砲撃が止んでいる合間に近くの記念運動場で、那覇沖から嘉手納に至る西海岸を黒々と埋め尽くしている敵の艦船を眺めていた。

ふと人の気配がしたので振り返ると、牛島軍司令官が立っておられた。直立不動の姿勢で挙手の敬礼をした私に司令官は、

「学生さん、御苦労です。ほら敵艦隊をご覧なさい。これから物凄い戦闘が繰り広げられるよ。でも、身体は大事にしなさいよ。」

と言われた。この一言は忘れることのできない言葉として後々の行動指針となった。それは、決して命を粗末にするなという亡父の言葉にも聞こえてならなかった。

垂直坑道での被弾

四月三日、兵士と共に二班に分かれて垂直坑道の上と下から作業していると、いきなり城壁に砲弾が命中した。あっと言う間の出来事に私は茫然と立ちすくんでいた。ふと我に返り、硝煙の中で周囲を見渡すと、近くにいた予科二年の江田智英君が、爆風と落石と共に垂直坑道に転げ落ち姿が見えなくなっていた。壕の

底にいた兵士も含めると五、六名が戦死又は重傷を負った。

　私も胸の辺りまで落石で埋まり、頭に打撲傷と右肩に砲弾の破片を受けて血が流れていた。急いで留魂壕に戻り破片を抜き取り傷の治療を受けた。

首里での学徒隊の行動

　首里城周辺の赤木の大木も砲火ですっかり丸裸の状態になり、作業への往復も命がけであった。それでも朝夕の砲撃の合間には壕外に出て自然の空気に接し、米軍の進攻状況を見るのも日課の一つであった。

　戦況の悪化に伴って師範隊員にも死傷者が増えた。第三中隊長の濱元寛徳先生は全身火傷の重傷を負い、本科二年の久場良雄《くばよしお》先輩は壕前で、知名定昭君も五月七日に留魂壕入り口で立哨中に後頭部に被弾し戦死した。同君とは一年生のとき虎頭《とらず》寮の同室で苦楽を共にした仲間だけに、この上なく忍び難いものがあった。

識名の難所を越え、一路摩文仁を目指して

　五月二十八日の夜、南部へ転進した守備軍司令部の後を追って我々も摩文仁へ撤退することになった。重傷の濱元先生を戸板に乗せ、アキレス腱切断で歩行困難になった多良間朝常君をモッコに乗せて担いだ。右肩の傷は完全に治癒していなかったが降りしきる雨の中を肩の痛みをこらえて交互に担いで二人を搬送した。第五坑道から識名《しきな》の難所を越えるのに五、六時間はたっぷりかかったが、未明には無事山川の壕に辿り着いた。

屍と共に

　山川の壕は水浸しとなっており、兵士や避難民がひしめき合っていた。負傷者も死者も放置されていて悪臭を発していた。我々は、泥水に浸ったまま体を寄せ合い座ったまま仮眠をとった。

　日没を待って山川を出発し、東風平《こちんだ》の外間《ほかま》部落を経

て賀数《かかず》、真壁を通って夜明けに米須《こめす》部落に到着した。

大度集落での空襲

摩文仁へ南下するにつれて、戦場とも思えない程の静寂さであったが、ここにも兵士や避難民が群れていた。突然大度《おおど》部落上空に敵機が来襲した。我々は壕を探す間もなく、急いで近くの瓦屋根の農家に避難した。バリバリバリと機銃掃射を受け至近弾もくったが幸いにも全員無事であった。

五月三十日の夕方になって、ようやく摩文仁に到着した。途中で長参謀長一行に出会った。長閣下は我々師範隊に一言「御苦労さん」と言うと早々と立ち去って行った。

最後の丘　摩文仁岳

第三中隊は、摩文仁岳の南側の海岸近くの切り立った岩陰に分散して避難した。近くには師範隊の特編中隊や自活隊も避難して来た。

首里で支給された食料を食べ尽くした後は自給自足となり、毎日砲撃の合間をぬって砂糖キビを取り芋を掘った。そのうちキビも芋も取り尽くされて芋の葉っぱや蔓を探すしかなかった。壕のあちこちには負傷者や栄養失調の隊員も多く見られるようになった。

死の具志頭線戦

六月十日頃、我々第三中隊は球《たま》独立混成第一五連隊美田部隊の陣地構築を支援するよう命令を受けて、具《ぐ》志頭《しちゃん》村与座に派遣された。現地へ行ってみると、既に米軍と戦闘中で陣地構築どころではなく、第一線への配備と同じとなった。我々の装備は各小隊に軽機関銃一丁と二人に一丁の小銃だけであった。軽機関銃手である私は、戦闘となれば真っ先に狙われる身であり、ここが最後の御奉公の場所になると自分に言い聞かせた。

友軍は与座、仲座の部落とその背後にある丘陵地帯の斜面の墓や洞窟に布陣して敵と対峙していたが、我々は適当な壕がなく畑の畦道の窪地や林の中の岩石の陰に身を寄せて敵の迫撃砲の集中砲火を避け、敵の攻撃が止むのを待つ以外なす術がなかった。

敵はブルドーザーで窪地を均し、その後を戦車砲や火炎放射器で焼き尽くす戦法をとっていた。上半身裸の米兵が戦車の上に身を乗り出し、目標を指示しながら攻撃している様を見ると、友軍の非力が嘆かわしく後方の我々からすれば狙撃もしたくなるが、報復を恐れてただ沈黙を守るだけであった。

一方、与座の部落内では友軍が敵の攻撃を避けて退却して行くのを見ると戦意は消失するばかりであった。敵は午後の四時過ぎには五〇〇メートルほどに接近しており、二、三時間後には我々の番だと覚悟したが、五時ごろには攻撃を止めて引き上げたのでホッとした。

陣地の死守命令

米軍が引き上げた後、大城中隊長は、「師範隊は与座・仲座の線を死守する」と言い、伝令として平良恵長君を師範隊本部に送った。陣地の死守ともなれば、いよいよ明日は最期かと思うと無念の涙が込み上げた。日中の戦闘の残酷さを見た隊員の間には、摩文仁の本隊に合流しようという空気が強かった。

宮平絜徳君が腹部に被弾して戦死し、これからも犠牲者が出るものと考えると、命令の変更を願うのみであった。しかし、隊長の決意は固く、我々は明日の決戦を前にして銃の手入れやそれぞれの思い出を語り合い心を鎮めるだけであった。

決死の伝令

大城中隊長は師範本隊への伝令を出す前に、松宮中隊長に師範隊の行動についての命令受領に佐久川一郎君らを派遣した。未明に出発した二人は、僅か二五〇メートルほどの戦闘指揮所を一二時間もかけて帰って来た。そして、彼らの報告は師範本隊と行動を共にするようにとのことであった。

佐久川君たちの報告を受け、大城中隊長は夜中になって摩文仁への撤退を命じた。玉砕を覚悟していた隊員は内心ホッとしたが、それを口にする者はいなかった。迫撃砲の集中砲火を浴びつつの退却で、途中山城長秀先輩が被弾し戦死した。せっかくの撤退だったのに無念であった。そして我々は六月十八日の夜半に摩文仁の壕へ帰還した。

危機一髪！　戦車攻撃を免れる

摩文仁の戦況はいちだんと逼迫していた。六月二十日未明、郷里の仲田安吉先輩を摩文仁部落の南側にある大きな鍾乳洞に訪ねた。先輩は昨晩敵中突破を試みて部落近くで負傷しこの壕に戻っていた。二人で敵中突破について話しているうちに夜が明け、敵の攻撃が始まった。

敵戦車が部落近くまで接近していて馬乗りは時間の問題となり壕の中は騒然となった。あの火炎放射器の餌食になるのかと思うと気が気でなかった。

夕方、敵戦車が後方陣地へ去ったので、後で迎えに来ることを約束して別れたが、夜になると摩文仁への砲撃が激しくて先輩との約束も果たせず別々の行動を余儀なくされたが、それが先輩との永遠の別れとなった。

解散命令　そして国頭突破

解散命令が出ると、負傷のため敵中突破を諦めて手榴弾で自決する者や、自決もできずに居残る者もいた。その中に伊平屋《いへや》出身の新垣安昭先輩が下痢で苦しんでいるのを見かけたが、どうすることもできず、ただ頑張ってくださいと激励するだけであった。

我々は摩文仁部落を通って具志頭方面へ敵中を突破することにして壕を出た。外は照明弾で昼のように明るく迫撃砲の炸裂や海上の掃海艇からの銃撃も激しく、とても陸上の突破はできそうもないので、海上を突破することにして海岸を目指して駆け降りた。

海岸では海上突破を試みる者がたくさん波間に漂っていた。私も泳ぎには自信があったが、間断なく打ち込まれる砲弾の前に泳ぎは困難となり、海上突破を諦め海岸線の岩間を潜りながら進むことにした。昼は適当な岩陰に身を隠し夜になると前進した。食べ物もないので岩場のたまり水を飲んで飢えをしのいだ。

翌日、同期の山城栄吉君はじめ五、六人の学友と落ち合い行動を共にしたが、私は岩場で足を滑らせて右足の膝小僧を痛めて歩行が困難となったので、皆と離れて個人行動を取ることにした。

岩陰をさ迷っていると友軍兵士の一団と出会ったので隊長に事情を話してグループに加えて貰い食事にも有り付くことができた。

六月二十五日頃、多数の敗残兵が海岸の岩陰で昼寝をしているところを上陸用舟艇で寝込みを襲われ、四、五〇人がその場で捕虜となった。私は足を怪我しているので歩けないと手まねすると米兵はそのまま立ち去って行った。

海上からは、「出て来い。港川へ行け」と投降を呼びかけていた。ここに居ると危ないと思ったので、比較的人数の少ない一団と行動を共にして四、五日は無事に過ごした。

先輩との出会い

米軍も六月三十日頃には摩文仁岳周辺から遠ざかったようで、我々も食糧を求めて摩文仁部落まで足を延ばすようになった。そんなある日、図らずも同郷の仲田清栄先輩と宮古出身の新城久男先輩らに出会い合流した。鬼界島出身の阿嘉曹長、那覇出身の海軍さん、与那原出身の仲本上等兵の六人で、以後二カ月余の長期にわたる潜伏生活となった。

沖縄戦闘の終結宣言を見る

昼は米軍が敗残兵の掃討作戦を展開しているので摩文仁海岸に潜伏し、夜は食糧を求めて摩文仁部落辺りまで出て大っぴらに行動した。軍司令部壕のあった摩文仁岳の山頂には米国の国旗が掲げられていて、沖縄戦が終結し米軍が勝利した内容の碑文が掲示されていた。また、その前に小石をならべて簡単に作った二つの墓があり、牛島司令官と長参謀長名が記入された墓標が立っていた。

名嘉元君の死に場所を訪ねる

同郷の後輩の名嘉元正文君は六月十九日の晩、摩文仁海岸で被弾した。当日は足の踏み場もないくらい死体が放置され、岩場の窪みの雨水さえ血の海と化していて、その上には死体が浮いていたという。

私たちは彼の死場所の確認と遺体を収容せねばと思い現場へ行ったが、現場は当日とは様相が一変していて屍体は跡形もなく、その思いを果たせなかった。

食糧探し、敵前突破の失敗

食糧を探しに具志頭への道路を歩いていると、仲間の一人が信号地雷に触れた。敵は照明弾を打ち上げて機関銃を打ちまくってきた。不意を突かれて散り散りになって待避した。仲田先輩と二人は道路脇の溝にじっとして攻撃の止むのを待ったが、敵の攻撃は容赦なく続けられた。そのうち先輩が被弾した。

「朝正、やられたよ」と腹に当てた手には血が滲んでいたものの重傷ではなかった。しかし、先輩は死を覚悟して手榴弾を出して自決しようとしていた。私は必死になって自決を思い止まるよう泣いて懇願した。先輩もしばらくして冷静さを取り戻し自決を思い止まった。そのうち敵の銃撃も止んだので急いで元の壕に戻ってみると、全員無事だったのは幸いであった。

具志頭方面への移動

我々は米軍の残した携帯食糧を求めて具志頭方面へと進んだ。途中の壕で栄養失調となり身動きできないでいる一期上の新垣庸夫先輩と同期の松田源一君に出会い、僅かなイモとイモづるを分け与えて別れた。その後二人は米軍の捕虜となり屋嘉の捕虜収容所に収容されたが、新垣先輩は収容所で病死し、松田君は帰還後に羽地《はねじ》の自宅で病死した。

道路下の暗渠内での恐怖

ある日、壕を探しながら歩いているうちに夜明けとなり、仕方なく道路下の暗渠を見付けてその中で日中を過ごすことにした。そこは水がなかったので仮眠をとるには十分であった。太陽が西に傾く頃、米兵が我々の隠れ場所の上をガヤガヤ喋りながら近づく声に目を覚ました。危ないと思ったが間に合わずそのままじっとしていると、幸いにも米兵は気付かずに通り過ぎて行った。その後は一層慎重に行動するようになった。

平穏無事の壕生活

昼は敵を避け、夜になると食糧探しに駆け回った。特に敵が構築したタコ壺には、食べ残しの携帯食糧等が散乱していて集めるのが楽しみであった。お菓子や缶詰や煙草等が多かったが、マッチが湿って使えないのには閉口した。また、ところどころに土盛があり掘り起こすと缶詰があったり、仮設便所跡であったりした。うっかり掘ると危険を伴うので、壕で拾った英和辞典で英文標識の翻訳をするようになってからは大変助かった。

敗戦の玉音放送に涙

八月十五日の夜、東風平《こちんだ》部落から南風原《はえばる》方面へ向けて移動中、米軍基地からの放送が聞こえた。それが天皇陛下の玉音放送であることが分かった。日本は本当に負けたのかと思うと自然に涙がこぼれ出た。でも信じたくなく敵の謀略とも考え投降する気にもなれず、ひたすら安全な場所を求めて夜行を続けた。

目取真における壕生活

そのうち大里村目取真《めどるま》部落後方の小高い丘の中腹に適当な壕を見つけた。最近まで地元の方が避難していたとみえて米や味噌や砂糖などの食糧品の外に高級衣装等が残されていた。穀物類は南蛮ガメに詰められてあり地元の裕福者の所有であったらしい。申し訳なく思ったが戦時中を理由に利用させて貰うことにした。なお、一升ビンのハブ酒があったので美味しく戴くことにした。久しぶりに食糧に不自由しない生活がしばらく続いた。そんなある日、二頭の豚が壕に侵入して来たので、そのうちの一頭を捕獲し仲本上等兵が手際よい包丁さばきで料理し、久しぶりで正月気分を味わった。

そこで約一カ月ほど逃避生活を送り、九月十日の投降日を迎えることになった。その日、宣撫工作員がやって来た。彼の話を聞いて敗戦の実感が沸いた。捕虜になっても生命の保障があるし、日本の降伏まで頑張ったという自負心もあったので、ここで年貢の収め時との空気が周辺の壕にも漂っていた。

一抹の不安もあったので、周辺に潜伏しているグループの代表が相談した結果、仲田先輩を代表として派遣して、事実を確認して投降の是非を決めることにした。

九月十日、仲田代表が米軍のトラック五台と共に我々の待つ壕へ無事帰ってきた。すると、ゾロゾロと周辺の壕から大勢の人びとが広場に集まって来た。これほど多くの人びとがいるとは想像もしなかったし、民間人の中には女性も混じっていてこれまた驚きであった。

我々は迎えのトラックに分乗して百名《ひやくな》の収容所に着いた。そこにはテントが設営されていて簡単な金網で仕切られ、米軍の憲兵隊が交替で監視に当たっていた。

翌日、兵士と民間人を区別する審査があり、我々は兵士と共に屋嘉捕虜収容所に送られた。

勤皇隊として死線を潜る

高宮城順弘（本科一年）

　昭和二十年四月、地上戦が激しくなり私は留魂壕と司令部壕の間を砲弾を避けつつ往復し、鉄血勤皇師範隊第三中隊の任務で首里金城町の道路に対戦車用の障害物としての石垣積みや松川での橋梁爆破に参加した。

　四月三日、首里城の西側にある木曳門《こびきもん》の近くで立坑掘りの作業に同僚と一緒に従事していた。そのとき、敵の砲弾が木曳門の城壁を直撃し、立坑付近は硝煙と砂ぼこりで目の前が真っ白になり、崩れ落ちた土石の間からは手足が出ており、まるで生き地獄のようだった。

　立て坑からウインチで引き上げられた予科二年の江田智英君は、真っ白な石粉をかぶった姿で息絶えていた。私は彼を抱き抱えて木曳門まで運んで行き、すぐ現場に戻ったので、誰が彼を埋葬したかは分からない。

　五月下旬になって軍司令部は首里を放棄して南部へ撤退することになり、師範隊も軍司令部と行動を共にすることになりその準備をしていた。第五坑道の前に全身大火傷《おおやけど》で気を失って横になっている濱元第三中隊長の姿があった。軍医が、「この患者は助かる見込みがないがマーキロを塗っておこう」と言ったときには胸がつかえて悲しかった。しかし、隊員から「中隊長は私たちの先生だ。ここに置き去りにすることはできない。一緒にお連れしよう」その言葉に勇気づけられた隊員は、にわか造りの担架に先生を乗せ雨の夜道を一路摩文仁へと出発した。

　照明弾が上がり至近弾をくらっても、担架を担いだまま立ちすくむだけで伏せることができなかった。途中で隊員の一人が、サトウキビの絞り汁を先生の口に注ぐと、ゴクリ、ゴクリと喉を鳴らして飲まれていた。

東の空が少し明るくなったころ、「ここは大度《おおど》、米須《こめす》だ。摩文仁はもうすぐそこだ。みんな頑張れ」、と言う声に皆は元気が出た。

摩文仁海岸の洞窟に着き、自活隊の隊員と出会い、お互いの無事を喜びあった。

摩文仁の洞窟に潜んで五、六日が過ぎたころ、洞窟の中で同級生の比嘉正良君の自決の現場を目撃した。彼は首里からの撤退中に負傷したので摩文仁の洞窟に横になっていたところ、再び砲弾の破片で負傷し、その傷の重さを感じたのか、「僕はもうだめだ。自決するから周囲の人はみんな避難してくれ」と叫び、しばらくしてバーンと爆発音がして、周囲は硝煙に包まれた。壮烈な最後であった。思わず手を合わせた。死の瞬間まで同僚を道連れにしない彼の優しさや心配りに強く心を打たれた。

戦争はあまりにも悲しい。彼の死を無駄にしてはならないと思った。

いつの間にか米軍艦船が海岸近くまで接近してきて、拡声器の音量を一杯にあげて降伏を勧告しているのが聞こえてきた。そのころ鉄血勤皇師範隊は解散したという情報が流れてきた。一瞬耳を疑ったが確かめる術《すべ》はなかった。

夜になって首里の比嘉安正先輩といっしょに、喜屋武《きゃん》岬まで泳いで行くことにして海に入った。ところが、海面には多数の死体が浮いていた。海で死んだら骨を拾ってくれる人もいないし、同じく死ぬなら陸の方がましだと思ったので、比嘉先輩に声をかけて海岸へ引き返し、洞穴にもぐりこんだ。そこには同期の内間伸君と玉城盛吉先輩、上江洲信七先輩がいたのでいっしょになった。その洞穴で脱出の機会をうかがいながら四、五日ほど過ごした。

そのうち、米軍の水陸両用戦車が近くまでやって来て火炎放射器で攻撃してきた。早く脱出しなくてはと思っているとき、上江洲先輩が思い詰めた面持ちで、「このままでは焼き殺される。いさぎよく四名抱き合って自決しよう」と言った。すると、玉城先輩が、「待て、我々はまだ敵を一人もやっつけていない。ここで死ぬのは犬死だからとにかくここを脱出し、北部へ突破して再起を図ることにしよう」と言った。しばらく沈黙が続いたが、自決は思いとどまり四名で脱出することにした。

昼過ぎ、洞穴の中に避難民が残していったシーウムガー（すえたさつま芋の皮）を四等分して食べ、外の様子をうかがいながら先輩から順に外へ出た。周囲を注意深く見ながら歩いていると、前方に米兵が銃を向けて立っていた。もう最後だと観念した。すると、米兵は私の後ろを指さし、負傷して座り込んでいる老人に手を貸してやれとのしぐさをしているようだったので、老人を伴ってトラックに乗った。どこへ連れていくのか高鳴る胸を押さえ、じっとトラックに身を任した。着いた所は屋嘉捕虜収容所で、数多くの生存者がいるのにはびっくりした。ああ、私もついに捕虜になったのかと呆然としていた。

死の伝令は生きていた

佐久川一郎（本科一年）

昭和二十年五月二十七日、戦局はいたって不利で各所の友軍は敗退に敗退を重ね、軍司令部はついに島尻へ撤退することになった。数日前から降り続いた雨はなかなか止みそうもない。我が第三中隊は重傷の濱元前中隊長を担架に乗せて、後任の大城中隊長の指揮のもと砲弾で崩れた道を手探りで島尻へと向かった。

重い装具と食糧として配られた乾パン二袋を命の糧として携帯し、間断なく打ち上げられる照明弾や迫撃砲の集中砲撃を受けながら識名《しきな》を経て南風原《はえばる》村山川部落を通り抜けた。途中、親子一家六人が倒れて青バエがたかり青白く膨れあがった惨死体に黙礼をささげて、東風平《こちんだ》部落にある野砲陣地壕にたどり着いて休息した。

明けて五月二十八日は海軍記念日である。陣地では兵士が、今日の海軍記念日を期して我が連合艦隊が総攻撃に来るから、海上はもちろん陸上の米軍も一たまりもないなどと話し合っていた。首里の陣地でも五月二十日には日本軍得意の空挺部隊が総力をあげて沖縄全域で一斉反撃に出るとの情報が伝わったが、結局は事実無根のデマであった。その日の海軍記念日に友軍が大増援でやって来るということもデマだと思いつつも信じたかった。その信ずる心だけが決死行の殺伐とした戦場でのせめてもの心の糧だった。

東風平を後にして間もなく、平良君は足指二本を軍靴もろとももぎ取られた。彼は装備を脱ぎ捨て身軽になって隊列を離れまいと必死について来たが、折からの迫撃砲の洗礼に隊列が乱れたときに見失ってしまった。一〇〇メートルほど進んだところで、後方から平良君が倒れて必死に手を振っているが、戻ることができず、「平良君、許してくれ」と詫びるだけであった。

重傷の濱元前中隊長の担架を肩にして、睡魔と空腹の夜の行軍が続いた。身も心も疲れ果て担架を担いでいるのか担架に担がれているのか解らない不思議な存在感が幾度もあった。前につんのめるようにして担架にしがみつき、そのたびに目が覚めたのを覚えている。

大度《おおど》部落を過ぎたころ、「おーい。みんな元気を出すんだ。目的地はもうすぐだぞ」と大城中隊長の元気な声がした。誰歌うということなしに校歌が歌われた。なぜか涙が流れ、過ぎし日の平和な緑の学び舎が目に浮かんだ。

「休憩」の号令がかかったとき、傍らのサトウキビ畑に飛び込んでサトウキビを引き抜いてかじった。甘い。実に甘かった。

摩文仁陥落も時間の問題となった矢先、我が第三中隊は球独立混成第一五連隊の支援のため戦闘部隊として具志頭、仲座へ出撃した。摩文仁を出て具志頭へ近づくにつれて銃声が激しくなって来た。皆黙々と行軍するだけで声ひとつしない。空には絶えず照明弾が撃ち上げられていて、猫の子一匹も逃がさない威圧を示し、米軍の地上砲火は随所に吠え立てていた。

私たちは仲座部落の前の丘の中腹にある古い墓に陣取った。墓の中には避難民が残していった大豆や黒砂糖や味噌などがあった。黒砂糖を見て涙がこぼれてしかたがなかった。重い装備をはずすと素早く口にした。いやというほど食べたがまだ大分残っていた。

彼我の距離の接近する第一線では銃声と迫撃砲の音以外はまったく耳に入らない。墓の出入口から眠れない目をこらして敵陣を見るとパチパチと火花を散らして、友軍の斬込隊が出動したらしく急造爆雷の炸裂する音が聞こえ、まんじりともしない夜を明かした。

翌日、古墓の陣地から近くの壕に移った。午後三時ごろ立哨中の久米島出身の第一小隊第二分隊の宮平絜徳分隊長が腹部に被弾して倒れた。壕に担ぎ込まれた宮平分隊長はしきりに水を欲しがった。水をやると危ないとのことで我慢するよう皆で説得した。しかし、

「水、水、水を飲まして……。お母さん。」

これが宮平分隊長の最期の言葉であった。腹一杯飲

ませればよかったと伊平屋《いへや》出身の嘉手納専英先輩が少ない水筒の水を遺体の前に捧げつつ合掌して泣いた。皆も男泣きに泣いた。

午前六時すぎ、大城中隊長から私と大城君と二人で松宮戦闘部隊長に、師範隊全員斬込みの命令受領の伝令を命じられた。土砂降りのような砲弾の中を二五〇メートルほど離れた戦闘指揮所へ向かった。行く先は丘陵地帯で、米軍の陣地からは丸見えである。左側の低地もなおさら米軍の射程距離に近いので仕方なく丘の上を伏せながら進んだ。前方をにらんでは伏せ、伏せては十数センチ進んではまた伏せる。こうして最前線の戦闘指揮所へ近づいて行った。松林へ出たので起き上がって見ると目指す指揮所が眼下に見えた。

林の中では通信隊が頼みとする通信施設を破壊され、事実上斬込隊に変貌して身に迫る死を待っていた。私たちは、そこを無我夢中で通り過ぎ、向かいの丘から撃ちまくる銃砲弾の乱れ飛ぶただ中へとおどり出て行った。

足を打ち砕かれて草の根にしがみついて助けを求める兵、失明の兵、這う兵、横たわる屍、銃弾はいよいよ激しさを増した。

何回となく敵の小銃の狙い撃ちを受けながらもやっとのことで指揮所にたどり着いた。指揮所には隊長以外一人の兵士もいなかった。松宮隊長が斬込命令を出したのであろう。隊長は両大腿部に貫通銃創を受けていた。

「隊長殿。命令受領に参りました。」「御苦労。ウウーン、帰れ、早く出ろ。」隊長は手榴弾を手にして私たちに出て行けと手で示している。突然迫撃砲弾が落下し壕の入口を覆っていた枯れ柴が燃え出し、火と煙が狭い壕内に充満した。松宮隊長は手榴弾の芯を口にくわえた。

「出ろ。大城！」、私たち二人は足元にあった雑嚢で頭を覆い、燃えさかる炎の中を飛び出した。機関銃弾が岩にはねた。八〇メートルほど後方には土煙りを上げて米軍の戦車が黒人兵を従えて突き進んで来た。

しばらく進むと窪地の小さなサトウキビ畑に出たので石垣を飛び越えた。溝に雨水が少し溜まっていた。濁っていたが喉が乾いてたまらなかったので腹一杯飲んだ。言いようのない良い気持であった。顔をあげて見ると、仲座部落は戦車に包囲されていて火炎放射器の放射を浴びていた。

伝令にやって来るときに通った通信部隊の陣取っていた林を駆け抜けたときである。思わず棒立ちになった。松林は火炎放射器ですっかり焼き払われ、通信隊の兵士はひとり残らず黒焦げになって死んでいた。手足を曲げた黒い屍体はもがき苦しんで死んだせいか、殆どが歯をくいしばって折り重なっていた。私は、それらの光景を目の当たりにして「死にたくない、何のために死ぬのだ、どんなことをしても生きてやろう」と思った。

何時間たっただろうか、日が暮れそうになった頃やっと自分たちの陣地に戻った。陣地では、私たち二人がとっくに戦死してしまったものと思ったのであろうか、みな怪訝そうな顔をしていた。私はさっきの光景を見て、死に対して決然と抗していこうと決心していた。

「隊長殿、ただいま戻りました」。私はしばらく迷ったが、あの林の中の惨死体や折り重なっている臭い屍をこえて来たなまなましい惨事のような犠牲にはなりたくない、とあらためて「生」への執念から独断の報告をした。「師範隊は全員一応後方に撤退して、次の戦闘に参加するようにとの命令を下して、松宮隊長殿は自決しました」と。

大城隊長は、口にしていたサトウキビを私たち二人に渡しつつ、米軍の完全なる包囲下にあるので全員斬込の準備態勢に入っていること、お前ら二人の戦死の報は、すでに後方の本部に伝えている、との心外な話であった。わずか二五〇メートルほどの距離を往復十二時間もかかっているのだから中隊長のとった措置も無理はないと思った。

「陣地撤退準備」の号令がかかると皆は喜んだ。皆が撤退準備にかかると嘘の報告が皆に分かったらどうしようかと不安になって来た。しかし、それでよいのだ。ここで倒れるより何としても生き延びたい。もはや戦力を失ってしまった戦線においては誰しも「生」への執着を覚える心理に変わりはないであろう。事実、死にたくなかったし、学友たちをあの恐ろしい火炎放射器の餌食にしたくなかったのである。

午後九時ごろ私たち第三中隊は大城中隊長を先頭に

して、尊い学友の屍に別れを告げて砲撃の地響き立てる摩文仁へと撤退して行った。摩文仁へ帰ると三中隊の奇跡の生還に師範隊の学友たちは狂喜して喜んでくれた。同郷の平良恵長君、佐和田恵喜君はじめ上級生も私を取り囲み涙して喜んだ。

摩文仁では完全な洞穴はなく、岩の傾斜を利用して草で偽装して、大きい所には小隊が、小さく狭い所には分隊が入った。我々の前の方の洞穴には師範隊の特編中隊が、後ろの方には自活隊が入っていて、どの洞穴内でも腰をかがめて行動するさまであった。

ある日の夕方、摩文仁部落近くの畑に芋を掘りに行った。夕方の一時は砲撃も少ないので、この時間になると兵士も避難民も皆芋掘りに集まった。その日は、いつもより収穫が多く、上着を脱いでそれに芋を詰めゲートルで結んで持ち帰った。

洞穴には二期先輩の宮城篤全さんが腹痛で苦しんでいた。その日は珍しくみずみずしいキャベツがとれたので、それを細かく刻んで塩漬けにして腹一杯食べさせようと思い、岩を飛び越え雑草をかきわけて先輩のいる洞穴へたどり着いた。不安げに見ていた学友たちも喜んで寄って来た。生死を共にした学友の顔、顔、すべての自由を奪われて、寸秒後の生命さえわからない血と殺戮の生き地獄の中でもお互いに心を通わせる友情には思わず涙がこぼれた。

「ごくろうさま」と宮城先輩は苦しい体を無理に起こして声をかけてくれた。「すまんなあ、君たちだけを苦しめて、いつになったら僕の病気は治るんだろうなあ」と涙ぐんでいた。その声に続いて無慈悲な砲弾がこの狭い洞穴に集中するとは誰が予期したであろうか。ババーンと入口に砲弾が炸裂し、周囲の者は転がるように隣の自活隊の洞穴へ逃げた。しばらくして見ると宮城先輩は大腿部をもぎ取られていた。砲弾はいよいよ激しくなり、私の後ろから東村《ひがし》出身の比嘉正良君が走り出ようとして喉をやられて倒れた。

宮城先輩の、「皆、よいか、元気で行けよ」としぼり出すように張り上げる声が、学友を見送る最後の声であった。次の瞬間、バーンと手榴弾を爆発させて自決した。砲弾が止んで静かになってから行ってみると、比嘉君と宮城先輩は離そうとしても離れないほど固く肩を組んだまま北の方を向いていた。最後は、けなげにもはるか祖国を拝していたのであろう。

明ければ六月十九日、摩文仁部落近くまで米軍が進出して来た。師範隊の本部からは、斬込隊を除く他の中隊は戦闘態勢を解いて国頭方面へ脱出して、その後の指示を待てとの命令が下った。隊員は、二、三名ずつ一組になって、一団、また一団と海岸伝いに、あるいは正面の陸上を強行突破すべく出て行った。

私は具志頭戦線の実況から敵中突破は到底不可能だと思ったので強行突破を諦めた。そして高江洲、宇江城、仲宗根の学友たちとともに海岸へ出て、海岸沿いの洞穴に避難した。

その日、砲声の途絶えた曇りがちの月明かりの中、解散した鉄血勤皇師範隊の学友たちは、傷ついた者は元気な者の肩を借り、あるいは這い、あるいはびっこを引き、倒れたり起きたり、また、倒れたり伏せたり、痛ましい姿にやつれ果て、青春の夢も哀しく岸の彼方へ消えて行った。

第五章

特別編成中隊（特編隊）

特別編成中隊（特編隊）は、首里防衛線が米軍に次々と突破され、戦況がいちだんと逼迫した五月初旬に編成された。球部隊将校を隊長に、下士官を分隊長として、軍司令部の種々雑多の兵科からかき集められた兵士も含めて編成された部隊である。師範隊からは野戦築城隊から四八人が選ばれてこれに参加した。

主任務としては、首里では軍司令部壕口での立哨、対戦車攻撃用の急造爆雷の摩文仁への運搬、首里周辺陣地のタコ壺壕掘り、軍司令部から配下各部隊への伝令などであった。

軍司令部の南部摩文仁への撤退に際しては、先遣隊として摩文仁での壕の確保や、司令部の物資や食料の運搬や軍司令官はじめ幕僚の護衛など、守備軍首脳の安全な摩文仁撤退の原動力となって活躍した。

また、守備軍司令部の首里撤退後は、壕の後片付けや爆破を行ない、摩文仁では軍司令部壕の周辺警護、食糧調達、弾薬輸送などに当たった。米軍が摩文仁まで進出した時は斬込隊として米軍への斬込みを敢行し、生き残った者は、部隊解散後は弾雨の中を敵中突破をなし、北部への集結を試みた。

○隊員…四八人
○戦死者…三一人

最後の手榴弾

島袋良信（本科一年）

新垣政良君の死

雑草に覆われ、石のごろごろ転がっている大豆畑や芋畑を、私たちは蹴躓《けつまづ》きながら近くの松林を目指して走った。私は桶を持ち、石原君は棒、與儀君はモッコを担ぎ戦争にしては滑稽ないでたちである。

今朝、ある上等兵から「本部との連絡の帰りに瘠せ馬を一頭見つけたが、殺して肉を取るのが面倒だったから迫撃砲の集中する松林に繋いで敵に殺して貰うようにしておいた」との報告があった。そのため私たちは夕方の弾丸の絶え間を狙って、その上等兵の案内で馬の肉を取りに出かけた。ところが砲弾でバラバラになっているだろうとの予想に反して、馬はただ斃《たお》れているだけであった。これから肉を取るのはなかなか手数がかかる。齋家《さいけ》曹長は、腰の昭和刀を抜いてタオルを巻きつけ出刃の代りにして上等兵に渡した。上等兵は力任かせに後脚の付根の周囲に切りつけガムシャラに脚一本を切り落した。今度は肉を切り取るべく、腹部へ刀を突き刺したら、ブスッと生ぬるい臭気が鼻を突いた。

照明弾はパラパラと音を立てながら燃えて、ゆらゆらと近くに沈んでいくかと思うと、次々と後を追って空中に浮かんでくる。遠くからヒューヒューと不気味な音が聞こえ始めた。不吉な兆候に緊張した皆の顔が青白い光の中に浮彫になる。次第に弾着が近づいたなと思っているうちに、急に周囲が真赤になった。一瞬、何も分からないけど私たちは反射的にパッと身を伏せていた。前後左右にグヮングワンと反覆する炸裂音を聞いて、初めて自分が生きていることに気付いた。地面に頬をつけ、歯を食いしばって飛散する弾片を避けようと必死である。

いつしか炸裂音は次第に遠ざかって行った。

「皆無事か。壕まで駆けるんだぞ。」

暗闇の中から齋家曹長の声が聞こえた。手探りで桶を持って、硝煙の匂いが鼻を衝く中を一目散に小高い松林をかけ下り、畑の中の低い馬車道で皆と一緒になることができた。滑る泥道を這い出て壕の近くの黍《きび》畑へ来た時、またもや遠雷の音に似た砲声が聞こえて来た。次第に弾着が近づいて来る。弾痕へ飛び込んで身を伏せていたが、瞬時の間隙を利用して壕の中へ飛び込もうとした時、

「誰か壕の前で倒れているぞ！」と壕内から誰かが叫んだ。

「新垣《あらかき》がやられたぞ！　新垣だ！」

「担ぎ込め！　またやって来るぞ、早く担ぎ込め！」

新垣政良君は壕の東側の石の上に倒れていた。死んだように動かない。青白い照明弾がそれを照らす。

「政良、政良、大丈夫だ。　さあ行こう。」

と元気づけてみたが、彼はさも悲観したかのように

「俺はもう駄目だ。動けない。睾丸《こうがん》がない。」

と言って跨間《またま》を手でしっかと蔽っている。大腿部の傷口からほとばしり出る血は軍衣をジトジトにぬらし、照明弾の光でそれが黒く光って見えた。

「政良、しっかりしろ。さあ連れて行くぞ。」二人で抱きあげて、壕の中へ担ぎ込もうとすると、またもや迫撃砲の集中攻撃だ。その場にパッと身を伏せる。自分自身が危ない。飛散した石が雨のように体を打ちつける。地面を這って壕の中へ飛び込んだ。

隙を見てまた新垣君の傍へ這い寄った。

「政良、大丈夫だ、元気を出してくれ。」

何を思ったか彼は〝済まぬ〟、〝済まぬ〟と言い続けた。

「島袋、僕の見苦しい体を見せてはくれるな。」

と言う。腱《けん》が切れてねじれた足を毛布で胸の辺りまで包んで二人で抱きあげ、狭い三尺の壕の入口から引き

ずるようにして中へ運び込んだ。枯草を敷いた上に雑嚢を枕にして寝かせた。

「僕はもう駄目だ。この傷では到底助からない。」

「曹長殿済みません。」

新垣君は、譫言《うわごと》のように言う。分隊長は叱るように、

「馬鹿言え、心配することはない。すぐ治療してやるからな」と言って去った。

私は、新垣君の目尻の泪《なみだ》を拭いてやった。血糊で密着した下衣《したぎ》を鋏で傷口の周囲から切り取っていたら、鮮血が堰を切った水のように吹き出してきた。睾丸は潰れ腿の付け根の傷は止血ができず、まったく手の施しようがない。軍医の持って来たリバノール・ガーゼを一〇枚ほど一ぺんにつかんで患部に当て、その上から脱脂綿を蔽い三角巾と包帯でぐるぐる巻いた。しかし今や彼の顔は必死の様相を呈している。刻々と血の気が顔からひいてゆく。加藤中尉は水筒を持って来て水は要らんかとやさしく聞いた。しかし彼は断った。齋家曹長は、

「新垣君、軍医殿もここに居られるのだし、君は絶対に大丈夫なんだ。決して落胆するんじゃないぞ。」

と彼の顔を覗き込んで言った。新垣君は、自分の命が尽きかけているのを知っていたけど、微塵も狼敗の色は見せない。「僕の見苦しい体を皆に見せてくれるな」と言った彼の言葉が今も私の頭を離れない。同僚はみんな彼を取り囲んで言葉もなく彼の顔を見つめているだけである……。

純白の包帯を真紅に染めている血はだんだんに滲み出し、毛布まで汚れている。新垣君の死は近い。誰もがそう思った。さきほどまでは断った水を今は飲みたいと言い出し、舌で口唇を舐めまわしている。水筒を口に当ててやると、ゴクンゴクンと咽喉を鳴らして飲んだ。それから、お母さんに会いたいと彼はしきりに手足を動かして訴えた。しかしどうしようもない。私たちは見ていられない気持になった。それからまた暫くして――、彼の口が動くと、

「沖縄の野を紅《くれない》に染め……われは叫ばん……天皇陛下万歳。」

かすかな声ではあるが、はっきりとした言葉で彼は言った。傍の戦友たちは粛然として目には泪が溢れていた。新垣君は、なおも息苦しいようで肩で息をする

かのように、

「為すべきを為さずして……なきかずにいる……。」

とそこまで言ったが、後は絶えてただ口だけを動かしていた。

「誰か親しかった友だちがいるだろう。水を飲ましてやってくれ。」

加藤少尉に言われて、古兵の次に私が水筒の水を含んで彼の口へ注いでやった。

「軍医殿、注射を一本お願いします。これではあまりにも可哀そうですから……。」

加藤少尉に頼まれて、軍医は青酸カリのアンプルの口を切って彼の右腕に注射した。

「これで君も楽になれるよ」軍医官は赤児をだますかのように言った。間もなく新垣君は昏々と深い眠りに落ちた。そして死んでしまった。

新垣君の雑嚢の中には丁寧に白紙に包んだ爪と頭髪とがあった。翌朝毛布にくるまった新垣君の死体は、分隊員によって壕の前のアダンに囲まれた小さな畑へ運ばれ、炸裂する砲弾の下で大急ぎで埋葬された。カマボコ型に土を盛り、四囲には小石を並べ、頭の上の方に大きな石を二つ並べて、土の中から生え出た表面のつるつるした石を目印とした（敗戦後から七年後、彼の遺族に会い、その石が遺骨発見の唯一の手掛かりとなったことは幸いであった）。

対戦車特別攻撃隊の出動

特編中隊本部からの伝令が息せききって飛び込んで来た。

「各分隊長集合！」

加藤少尉の澄んだ声が、三段壕の隅々にまで伝っていった。鼾《いびき》をかいていた戦友たちまでが四、五名パッと飛び起きた。小隊長の顔はただならぬほど蒼白になっていた。

「只今特編隊本部よりの急報によると、軍司令部は敵のM４戦車の馬乗り攻撃をくらい相当の損害を蒙ったようである。」

神経のとがった皆の視線が一斉に小隊長の顔に向けられた。

「われわれ特別編成中隊は、言うまでもなく全日本を保護防衛地域と定めた。いよいよ危急に対処する責務があることを改めて痛感する。只今本部よりの命令があり、敵のM４戦車を擱挫《かくざ》せしめる目的をもって、肉迫攻撃隊を組織し、本夜半出動することとする。」

加藤少尉は、凛《りん》として言い放った。

サッと緊張した空気が漲った。各分隊長は加藤少尉を中心に鳩首協議、その人選を急いでいるらしい。壕内は戦友同士の囁き合う声も聞こえず、しんと静まりかえっていた。〈皆は考えているのだ。奏効は望めない。死は必至だ。〉首里以来の経験で誰もがそれを知り過ぎるほど知っていて心の奥にしまい込んでいたのだ。しかし軍命だけは最優先の策とし、それをどうすれば、良いのだろうか。

同僚の太田君は黙々と私物を整理している。それを脇見している私は、済まない気持で一ぱいである。辻伍長が指揮官となり、他の古兵二名と第一分隊から第六分隊まで選出されたわが学友は、天井の低い壕の雫を避けて加藤少尉の前に横隊に並んだ。

床の上に並べられた急造爆雷の箱の上には各人の鉄兜が置かれ、兵器としては指揮官に与えられた三挺の小銃しかない。種油を皿に入れ、チリ紙を太くよじって芯にしたランプは、ジュウジュウと音を立てて燃えている。加勝少尉はランプを片手に、私達に対面して立った。緊張した少尉の浅黒い顔が火影に照らし出されて、浮き彫りになった。同少尉の訓辞は、凄まじい爆発音にかき消され、ただ甲高い声だけが耳に入った。辻伍長が命令を復誦し、鉄兜をまぶかにかぶった五人の兵士が爆雷を背負って隊長の前に立っている。この人達の生還は到底望めない。その中に太田義弘君もいた。

「太田君、元気でまた国頭で逢おうではないか。」

私は彼に寄り添うようにして空しい言葉とは知りながらもそう言うと、

「うん僕は一足先に行って待っているよ。」

と宮古訛りの言葉で軽く返事をして微笑んだ。日頃から快活な太田君ではあったがその微笑が今の私の心には却って悲しく思われた。これが今生の見おさめかと思い目頭が熱くなる。壕の外は、ごうごうたる烈火の嵐だ。その中に吸い込まれるように、隊員は一人ずつ消えて行った。その後姿は、悲壮というような言葉では表現できない烈《はげ》しいものを私達の心に印象づけた。

私は、この夜は思いが乱れてまんじりともせず夜明けを待った。眠られぬまま起き出して早朝から敵のグラマン機が投下していった降伏勧告文を読んだ。漢字の多い丁重な文であった。「決定的な劣勢にも屈することなく勇敢にも抗戦して来た貴官の軍人としての名誉を賞賛する。しかし大勢は既に定った。これ以上無意味な死戦を続けても決して頽勢挽回の機は得られない。多くの尊い生命を徒費するばかりである。若し貴官が降伏して来るならば、こちらはいつでもそれに応ずる準備がある。また投降して来る兵隊は丁重に取扱われるであろう」という意味のことが書かれてあった。裏面には沖縄地図の南端を小さく黒くぬって日本軍の残存地域を示し、これでも敗戦を事実として認めることができないのか、と書かれている。

思えば、守備軍司令部が首里から摩文仁へ南下して以来、友軍の組織的攻撃は、ただの一回も行なわれたことはなかった。前線で敗れた友軍兵士がまるで風に追われる木の葉のように、この守備軍司令部の所在地に押し寄せてくるのであった。私は誰からも、戦況の実情については何も聞いていなかったが、この敵が散布した宣伝ビラの言葉が一々胸に落ちるように思えた。それが私には恐ろしかった。

回心の行方

昭和二十年七月二十一日の午後、「全員敵に突入せよ」との命令が下った。壕内の一角で二名の通信兵の手が気忙しく電鍵《でんけん》を叩いている。通信兵の顔は紅潮し、「我突入す」とのナマ文で福岡との連絡が取れたと報告された。敵の無電はそれをキャッチしたのか、早くも迫撃砲の猛襲が浴びせられた。敵飛行機の爆音もいちだんと激しくなってきた。あざやかに正確な直撃弾が我々の壕に集中落下され、壕は今にも潰れんばかりに揺れ動く。

それにもめげず三段目の壕では兵士たちが秘密書類を焼いていた。怒鳴り散らす声、呻く声、通信機やエンジンを叩き壊す音――絶望と殺気のみなぎる混乱の中で、三尺程度の狭い壕では友軍兵士たちが目を光らせて突入の準備に余念がない。敵の砲撃はますます激烈を極め爆風は左右から交叉してなだれ込んで来る。明らかに味方の総攻撃に対する敵の先制攻撃と思われた。

先刻から沈思黙考している加藤少尉の顔には、沈痛な表情が窺われた。加藤少尉は下士官を全員集め、一挙に突入するか、それとも国頭突破を目指すかと最後の決意を問うた。その結果、大方の意見は海上を突破して敵の背後に上陸して、国頭に集結することに意見が一致した。

七月二十二日の朝、すでに敵は壕から四〇〇メートルほど離れた北西方に赤・白・緑の鮮やかな色で縁取られた戦線標示幕を張り回らしていた。上半身裸の敵兵が四、五名うろうろしているのが見える。それは恰もビーチパラソルの下での海水浴場の楽しい風景を思わせる。擲弾筒《てきだんとう》でも届くと思われるほどの近い距離だ。余りにも陽気な敵兵に切歯扼腕《せっしやくわん》して友軍の古兵が「弾はないか！」と叫んだのだが、反撃を恐れた仲間に抑えられた。

やがて壕内に貯えられた残り少ない糧秣は全隊員に等分に配られ、重傷者たちにもそれぞれ手榴弾が手渡された。

「少尉殿、一生のお願いです、自分も是非一緒に連れていっていただきたいのです。早く元気になって御恩返しいたします。」

重傷者の中には、むせぶような声で加藤小隊長へ同行を訴える者もいた。彼は四日前に壕の入口で負傷し、小隊長の厚意で救われた石部隊の敗残兵であった。

加藤少尉の顔には明らかに当惑と苦痛の色が浮んだが、同少尉は諭すように言った。

「吾々はこれから敵中に突入するのだ。貴様のその体では無理だ。君たちは三段目の壕にじっとしておれ。その方が安全なんだ。若し敵兵が侵入して来たら、その手榴弾で最後まで奮闘するんだぞ、よいか、分かったか。」

「はい。」

痩せ細った負傷兵はそれ以上返す言葉なく、黙って下を俯《うつむ》いた。

同じ壕に長い間居候していた石部隊の一将校と所属隊不明の軍医大尉とが、壕の隅の方で出撃の興奮した雰囲気を白眼視するかのように表情を強張《こわば》らせて坐り込んだまま動こうともしない。敵中突破とはいうものの、それは万一にも生命を永らえる僥倖を期待する脱出に他ならないことを彼らはよく知っているのだ。しかし彼らには誰からも脱出命令はでない。むろん命令がなくても敗残兵たちは争って脱出してゆく。しかし将校は、一般兵士同様にはいかない。将校という身分の権威のために、生き延びる権利を放棄し、むざむざと非業の死を遂げねばならないのか。壕内の将校たちは、どっちつかずの気持を持て余しているかのようであった。いきおい、この期に及んでも徒に煩悶を重ねるだけであった。中には皇軍将校に似付かわしくない奇怪な行動をする者もいた。軍刀の鞘から刀身を抜き出し、それを仄暗いランプの光りに照らして見入りながら、

「この刀はね、俺の家の家宝として先祖伝来のものなんだ。」

と自慢気にひけらかすのだ。かと思うと、小さな錦の袋を取り出し、

「これはね、おふくろが作ってくれたお守り袋さ。」

と言って掌でもてあそびながらさびしく笑う者もいた。

私たちが壕を出るとき、二人の将校は壕の岩穴の奥の方に日本刀を袋に入れて仕舞い込んでいた。恐らくこの壕が最後の死場所と考えたのにちがいない。

民家から運び込まれて敷かれてある、柱や床板は、海上を突破する筏に利用すべく壕から引き出して、日の暮れるのを待って私たちは壕を出た。

私はアメーバー赤痢にかかり極度に衰弱した体だったので、柱を担いで険しい岩山を登って行くのは非常な苦痛であった。幾度か柱を捨てようと思ったが、思い直しては自らに鞭うち歯を食いしばって、隊伍を離れずついて行った。

行手でザブンザブンと岩に砕ける波の音が聞こえていた。進んで行くと急に視界が開けて、太平洋の潮香を孕んだ風が下から吹きあげてくる。久し振りに新鮮な空気を胸一ぱいに吸い込んだ。こうして一行は高い屏風岩の上によじ登ることができた。その屏風岩を下へ降りて海岸へ出た。波打際の岩蔭から人の話声が聞こえてきた。すでに海岸の岩穴という岩穴は敗残兵で埋め尽くされていた。

「加藤少尉、まず私が先に様子を見て来ます。」

小柄な老年兵の齊家曹長が、真先に柱を担いで海に入って行った。白い波の飛沫に包まれ、その姿は見え隠れしつついつしか波の中に消えた。

間もなく齊家曹長は、絶望した様子で戻って来た。海上からの突破こそが唯一の血路を開くと考えていたが、それも不可能となり断念せざるを得なかった。加藤少尉は、齊家曹長に促されて元の壕へと引返した。そのため私たちはもはや軍隊としての行動を維持できなくなった。

その夜半、学友たち、鉄血勤皇師範隊の生存者と共に学徒隊として行動すべく考えた。しかし、わずか二、三名の同僚にめぐり会えただけであった。詮方《せんかた》なく波打際伝いに湊川の方向へ脱出すべく歩いていたら、岩の上から突然、「明日明るい時に皆揃って湊川《みなとがわ》の方へ行きなさい。今、行くと危ないですよ」と、流暢な日本語で敵の宣伝メッセージが伝わり、一行は胆を潰してまたもや元の海岸へと引返してしまった。

かつて身を潜めた岩穴を辛うじて手探りで探し当て石原君と二人で岩の上にごろ寝をして一夜を明かした。

翌朝、二人は屍体と一緒にごろねしていたことに気付き、肝を冷やした。そこには居た堪れず屏風岩の下の方で壕を探し歩いた。だがどの壕も敗残兵で溢れていて、入りかけると「オーイ　どこの部隊のものだ。これ以上入れないぞ」と脅かされるしまつ。そこで屏風岩の中間辺り棚状に二人ぐらい入れる天然壕を見つけてその中で絶食と煩悶の日々を送るよりなかった。

間断なく続いていた砲爆撃が弱まりつつある気配にようやく戦闘が終わりかけているのを感じた。しかし敵は最後の掃討戦に移ったのか。毎日のように「出て来い」「出て来い」と誘い出す声に悩まされた。飲まず食わずの苦しい三日間が過ぎた。朝の八時頃から、高い岩の上に上半身裸の米兵が現れ、威嚇するのに脅やかされて自決の機会を失った自らがつくづく情けなく思われた。それでもまだいくらか心に余裕が残っていたのか、「紅き血に染みて散りにし吾が友を羨《うらや》ましと吾は思い居る今日」といった心境を歌に託すのであった。

屏風岩の台上の灌木は、一つ残らず火炎放射器で焼き払われていった。海上の敵艦から見える岩壁の洞穴は次々と銃砲撃の的になって潰されていった。敗残兵たちは、敵の掃討戦を警戒しながらまるで蟹かやどかりのように岩穴に潜み、餓死するか敵に殺りくされるかを待つだけであった。

隣の洞穴ではボロを着た中年の男が発狂して何事かを喚きちらしていた。その声が敵の耳に入れば壕内の者が一緒に殺されてしまいかねないので、二人で必死になって叱ったり、なだめたりしても無駄だった。しかし幸いなことにその夜、二人が寝ている間にその男は壕を出て行ってしまったので救われた気がした。

翌朝二人して青い海原をボンヤリして眺めていたら、遠く小渡《おど》浜の海岸から、白い旗を先頭に投降する地元住民の黒い群に続いて、敗残兵たちがぞろぞろ歩いて来るのが見えた。しかし、それを見てももはや何の感慨もわかなかったし、自ら敵に降る気もしなかった。

小渡浜の北西方は私の揺籃《ようらん》の地糸満である。やさしい父母が私の帰りを待っているかもしれない。今私は国頭突破に一縷の望みをかけて、ここまで生き永らえて来たのだが、もうそれもはかない望みとなってしまった。絶望のどん底にあって生きる力も思考する力も失って、ただ手を束ねて刻々と近づく死を待つばかりである。父の顔、母の顔、下士官候補で張切っていた兄貴の顔などが次々と心に浮ぶ。まったく気が狂いそうだ。おそろしいほどの寂莫を感じる。敵の呼びかけもと絶えた静かな昼間、海岸寄りの岩にもたれて坐ったままトロトロと睡っていたら夢を見た。私は緑の山野をかけめぐっていた。何だか風がとても柔らかく温く感じられる……。

「出て来なさい……」そんな声を夢の中で聞いていた。

「出て来なさい。」

気がつくと、それは敵の声だった。高い岩壁に谺《こだま》しているあの声は夢だったのか。それにしても絶望の果てにあって、どうしてあんな美しい夢が見られたのだろうかと、不思議でならなかった。

と突然、白い土砂が降って来た。近くの洞穴がダイナマイトを投げ込まれたのか、と思った。自分たちの洞穴もその運命が近いようだ。

「石原君、敵の隙を見て海岸へ降りようじゃないか。」

「いや、どこへ行っても同じことだ。この高い屏風岩で囲まれた穴の方がむしろましだよ、無意味に右往左往しても無駄だ。それよりもこの岩山を掃蕩する敵がこの洞穴を通過するのを待った方がいいよ。」

石原君の言うことは肯ける。しかしこの浅い壕に入っていて果して敵の火炎放射器に堪え得るか心配だ。

そんなことを考えながら、靴下の中から黴《かび》ついた玄米を少しつまみ出して両手で擦って口の中へ放り込んだ。石原君が、持ち込んで来た木の葉で擬装して敵を警戒しながら、壕を出て海岸へ降りて行こうとすると、急にトンボ機が現われて、岩間を縫うように頭上を旋回したので、あわてて灌木の茂みに飛び込んだ。

トンボ機は無抵抗な二人を、嘲笑《あざわら》うように塔乗員が手を振って弾も打たずに飛び去った。二人は水が飲みたくて岩蔭に隠れて下の方へ降りて行った。すると、下の方から口笛を吹きながら上ってくる二名の友軍兵に出会い、湧水のありかを聞いて飛びあがらんばかりに喜んだ。海岸へ出て驚いたことに、十数名の兵が白昼、焚火をしたり、シラミを取ったりしているではないか。小銃の木部を叩き割って薪にして鉄兜を鍋代りに飯を炊いている者さえいる。しかもその周囲の光景は岩にもたれて坐ったまま死んでいる兵や丸く俵のように膨れ上った死体や、蛆虫がたかっている死体に囲まれてのことだ。

岩の下を濁った水が流れていたが、蛆虫が浮いて表面が石油のようにギラギラする油で光っている。おそらくそれは人間の膏《あぶら》であろう。その水をゴクンゴクンと咽喉を鳴らして飲んだ。

少し離れた岩陰では、頭を負傷して鉢巻のように包帯を巻き、片手を首に吊し、他の片手で日本刀を杖にして立っている将校が二人いた。将校たちは、今夜残兵を率いて敵に突入、軍人らしく散ろうと、敗残兵たちを集めて説得していた。かと思うと、別のところでは日本軍の将校が、米軍の宣撫員に促されて、歩行困難な負傷者を集め互いに扶け合いつつ、白い旗を押し立てて投降して行く光景も見られた。

静かな薄暮の海を二、三名の白い服の水兵を乗せた舟艇が、次第に私たちのいる岩陰に接近してきた。上陸用舟艇のスピーカーからまたしても日本語が流れた。

「皆さん二日間考える余裕を与える。早く出て来なさい。」

「湊川の方へ行きなさい。」

と言って舟艇は薄暗い海上へ消えて行った。

投降をすすめるあの声にせき立てられるように、洞穴の中で手榴弾で自決するものが次々と出るようになった。私も死のうかと苦しんだ。しかし今死んでは駄目だと心に囁く母の声が聞こえる。投降すれば銃殺されるぞという恐怖も心を掠める。だがあの声……にはもはや敵意も悪意も感じられないのは何故だろうか？

結局二人は翌朝、敵に投降することに心を決めて砂の上にごろねした。しかしまんじりとすることもできなかった。払暁、敵は私の居る岩の周囲に接近して来たようでしゃべる声も聞こえる。威嚇射撃する自動小銃の弾が近くの岩肌を白く打ち砕くが、退避しようとする者もいない。私は啄木の歌集と家族の写真を焼き捨て、三つの手榴弾は深い岩穴へころころと転がして捨て手を挙げることにした。

運命の星に翻弄されて

安村昌享（本科二年）

毛糸の玉

昭和二十年も五月に入って、首里防衛の第一線である浦添、前田、幸地、牧港の陣では、昼夜の別なく激しい陣地争奪戦が繰り返されていた。このために、守備軍司令部に事務要員として各部隊から派遣されていた兵員も次々と原隊復帰を命ぜられて、直接戦闘員としてこの死闘の中へ投入された。

五月十六日、わが師範隊四〇名に対しても守備軍司令部首脳の直衛を任務とする特別編成中隊への転属が命じられた。無秩序に米俵の並べられた第三坑道の片隅に集合した私達鉄血勤皇師範隊を前にして、急仕立ての寝室の上段にどっかりとあぐらをかいた中隊長の顔は妙にゆがんで見えた。

「状況は決してよいとは言えない。」

ポツリとそれだけ言って暫く黙り込んだ中尉の顔に、生徒達の焼けつくような視線が集中した。

「しかし、沖縄戦最高の作戦本部首脳を護衛する君達の任務は重大である……学生として直接戦闘に参加できる君達は、陛下の御為に一命を投げ出すことのできる誇りを銘記して最善をつくして貫いたい。」

この若い隊長の言葉は、生徒達に不安ながらも何となく勇気が五体に充満するような感じを与えた。

軍司令部内にある銃が集められて、各人に配られた。午後十二時頃、指揮官の一曹長につれられて各小隊毎に壕を出て行った。親友同士が一緒に行動したいという私達のささやかな望みも大方は入れられず、中隊長直々の編成によって学友同士は別々に切り離された。

小さなうすぐらい壕の前に、立ち止まるごとに一個分隊ずつその中へ消えて行った。このようにして、夜の市中を西に走り、東に駆けて、指揮官は私達五人も小さな壕に入れて帰って行った。

その日から私達は護衛任務についた。県立第一中学校校舎の残骸が左上に見え、右の方には大中町の屋敷町があった高台が敵部隊からの砲撃をいくらか防いでくれている。一〇メートルほど左手の方を県道が通っており、私達の壕は凹地にある岩の下を掘ってつくられたものだった。

この壕は、東側から西側に抜け出られるようにできていて、西側の出口は小さなタコ壺になっていた。昼はこのタコ壺にしゃがんで前方を監視し、夜は第一中学校校門近くのタコ壺壕で立哨することになった。

夜間の立哨は、道路の側にある見透しのよくきく場所なので、私達はいささか怖気《おじけ》付《づ》き、命じられるまま仕方なく服役するようなものであった。立哨するのは立野上等兵、渡口上等兵、赤木一等兵と我々生徒五人の計八名であった。他に分隊長安田軍曹、大岩伍長ともう一人の伍長がいた。

鉄兜の紐を結び直し、銃を構えてじっと睨んでいる前方、山川町の傾斜面や安里の丘陵にはもう樹木は一本も見当たらない。すでに敵は那覇市に侵入したらしく、ブタノール工場の向こうの安謝《あじゃ》橋には米軍のトラックや戦車が土煙を上げて往来しているのが見えた。

海上では十数隻の米軍艦が南北に移動しながら、絶え間なく巨大な艦砲を撃ち込んでくる。パッパッと火閃が見えてから数秒後に遠雷のような轟音が伝わって来て我々の鼓膜をゆさぶる。地上砲火では、迫撃砲、野砲等の他に高射砲までが地上の人間を殺傷するために使われ出した。射撃の的になる日本軍の飛行機が一向に飛んで来ないので、遣り場のない鬱憤を地上に振り向けたのであろうか、ポンポンと弾幕を残して飛び散る榴散弾は無数の人びとをなぎ倒し、恐るべき威力を発揮した。

五月二十三日。今朝は、この不意打ちに立野上等兵(大阪出身)が倒れた。肩先から心臓部へ榴散弾が盲貫したのだ。

彼は、沖縄に着任する途中に米潜水艦の攻撃を受け全滅した球部隊工兵隊の生き残りであった。二千余名中僅か七名だけしか生き残れなかったというその中の一人だった。それだけに彼自身は自分の運の強さを心強く思って常に凱旋を夢みていた。その時の妻へのお土産にと毛糸の玉を大事に持っていたのだが、それも空しく遺品となってしまった。

すべては時が結末をつけてくれる。いくらもがいたって自分の力ではどうしようもない戦場の状勢に、私達は自らの運命を托すよりなかった。立哨の合い間には、地元住民が置き去りにした蓄音機を引き出して、なつかしい故郷の民謡や古典音楽に耳をかたむけたりした。所詮、生きることはできないとあきらめ切っていた心に、故郷の歌や音楽は、楽しみより却って無性に淋しい気分にするばかりで何の慰めにもならなかった。

仰向けに寝転んだ眼に、三尺にも足りない天井の低さがおっかぶさって来る。急に今まで思い出しもしなかった母の顔が浮ぶ。のどかな田舎の生活が思い出される。眼を閉じると、涙がボロボロと流れ出す。忘れよう、忘れなければならないとあせっても、一旦昂ぶり出した感情は容易に収まらないのだ。思いきって起きて坐った。他の連中も何かと考え込んでいる。蓄音機がカラ廻りしているけれども、誰も止めようともしない。

「おい新垣君、酒があるぞ。飲もうじゃないか。」

この壕の主が保管してあったのだろうか。泡盛の一斗甕が壕の片隅にあった。兵隊は時々飲んでいるようであった。酒でただの一時でも朗らかな気持になれたらと、私はそう思ったのだ。

「識名君、どうせ死ぬんだ。酒でも飲んで死のうじゃないか。比嘉、宮城、飲もう飲もう。なあ、少しでも戦争のことを忘れて歌でも歌おうじゃないか。」

私は皆をうながした。幸いにも今日は珍しく学友五人が揃っている。

「うん、飲んで何もかも忘れよう。」

真先に新垣君が賛成してくれた。早速、朱塗りの立派な吸いもの椀に泡盛がなみなみと注がれた。五人は車座に座ると意地になって飲み較べた。酔いに任せてその後は校歌を合唱したり、寮歌を歌ったりしても心は一向に晴れなかった。「馬鹿騒ぎをするな」と安田分隊長に怒鳴られ、皆はまたもや黙り込んでしまった。すると突然、新垣成良君が「長崎物語」を歌い出した。私もこの壕に来てからその歌を彼から習い覚えていた。いつの間にか他の同僚も加わって合唱になった。

赤い花なら　曼珠沙華
オランダ屋敷に　雨が降る
ぬれて泣いてる　ジャガタラお春
未練な出船の　ああ鐘が鳴る
らら鐘が鳴る

この歌の哀調を帯びたメロディーが私達の心に何か通ずるものがあってか、幾回となく繰り返し歌った。

五月二十五日。那覇市内は完全に敵軍が占領してしまったようだ。夜に入って、本部から伝令がやって来た。分隊長がその後を追って命令を受領して来た。命令の内容は、敵はすでに首里に向かって進撃を開始していて、今日明日中に敵戦車は首里市内に突入するかも知れない。その時は特編中隊は対戦車攻撃に出動すべく待機すべしとのことであった。

前から準備されていた急造爆雷（黄色火薬を木箱につめ手榴弾で発火させる仕掛けの爆雷）が一人びとりに配られた。攻撃方法は分隊長から教わった。

私たちは戦車がやって来そうな道路の両側に掘られているタコ壺壕の中に身を潜めてじっと待っていた。戦車が自分の前方に来たとき、爆雷に点火して前車輪の間へ四五度の角度で投げ込む。間に合わなければ、爆雷を抱えて身体ごと飛び込む。この方法が一番確実だと指示された。大事な爆薬を一個でも無駄のないようにしろ、と強く言われた。覚悟はすでにできているつもりでも事ここに到っては、僚友達の顔は蒼白になり、眼だけがギラギラと異様に光っている。一昨日は立野上等兵が戦死し、昨日は班長が第三小隊の分隊長として転属したので、我が分隊員は、兵隊四人に学生五人の九名だった。

分隊長は、攻撃順序を発表した。

第一番、分隊長安田軍曹

第二番、安村二等兵
第三番、識名二等兵
第四番、大岩伍長

第九番までの氏名が読み上げられた。私は分隊長の次にされた。

平生、捨てばちな行動をなし、砲弾の中でも当たるなら当たれと、平気で危険な行動もとっていたのが、分隊長に見込まれたのかもしれない。分隊長の言によると、最初に勇気のある者が落ちついて事を成功させないと後が続かないというわけだ。私は、どうせ死ぬなら戦車一輌位は必ず破壊してやるぞと、心ひそかに決意していた。

敵戦車がやってこれる道路は、首里と那覇を結ぶ県道だけであった。それは我々の壕と県立第一中学校との間を東の方に延びている。我々の死に場所は、第一中学校の正門附近と決まった。

明くれば五月二十六日、敵戦車はすでに首里市の北端平良《たいら》町に侵入し、時々、留魂壕から見下ろせた儀保《ぎぼ》町から平良町へ通ずる一本道の岩蔭にその巨大な砲口を向けているとの情報が入った。

今晩あたりは、きっとこの道路にも上って来るにちがいないと予想され、その方向の監視がとくに厳重になされた。じりじりと迫りつつある自分の死は、今日か、明日か、と思い惑うよりは、いっそのこと、早くひと思いに死にたいと思う。その反面、今日は戦車が来ないようにと心の中で祈る気持もごまかしきれなかった。日が暮れて、戦車の来る心配が薄らいだときは、一日生命を長らえた喜びで心に余裕をとり戻すことができた。

私たちが日々自分の生命と対決しているとき、特編中隊本部で作戦が変更され、部隊は本島南部の島尻方向に撤退することになった。だが、私たちにそのことは知らされていなかったのだ。

死線のタコ壺壕を出て南下する

翌五月二十七日、本部壕に命令受領に行った分隊長と識名君が帰って来た。彼等の顔は紅潮し、何かしら喜びに満ちている。

「特編中隊本部は、作戦上、島尻方面に転進する。

特編中隊は軍司令官護衛のため、直ちに本部壕に引き上げよ」との命令が安田分隊長から全員に伝えられた。俄然《がぜん》私達の小さな壕内は活気を取り戻した。

敵の戦車は、首里市の山川町をへだてて向かい側の台上に現れ、容赦なく火炎放射器ですべての物を焼きはらっていた。その後方に敵兵が移動しているのがかすかに見える。翌日にも山川辺りまで進出して来ることは必定である。午後八時、私は携帯食糧をつめた背嚢を背にして、毛布と爆雷を担い、銃を片手に提げて、安田分隊長を先頭に比嘉君と一緒に壕を出た。他の者は先に出発していて、三人が最後であった。まだ食べ残したお米が二俵も壕の中に残っていた。少し上の方の壕には、年老いたお婆さんがまだ一人で居残っていた。島尻に行くようにすすめても、どうせ死ぬなら自分の家の壕で死にたいと言って動こうとはしなかった。それを思い出し、せめてお米があるから自由に取って使いなさいと伝えたいと思ったが、激しい弾雨に妨げられてそれも叶わずに安田分隊長の後を追うしかなかった。

井戸端で傷ついた小猫の鳴き声がした。水を求めて来たにちがいない。三人はそれも気にせず凹地から凹地へと身をひそめながら歩き続けた。照明弾が月夜のように明るい中を崩れ落ちた石垣や木材の散乱する間を縫って進むのだから、足の踏み場も思うにまかせず、背後から襲いかかる艦砲弾に気は急《せ》くばかりである。凹地は行き止りになっていて、目ざす特編中隊本部壕までは敵から見透しのきく台上であり、敵の弾着もことの外激しかった。

「此処から壕の入口までは死角がないぞ。できるだけ急げ、ぐずぐずするとやられるぞ。」

安田分隊長は、そう言って真先に飛び出した。爆雷を担っている荷縄が肩にめり込み、重い荷物を背負っているのでは、体を自由に伏せることもできない。ただせかせかと足早に分隊長の後について行くしかなかった。

比嘉君が途中で遅れて、よろよろ歩きながら今にも倒れそうだったので引っ返してみた。彼の顔は蒼白で血の気がない。

「比嘉君どうした、元気を出せよ。」

安田分隊長も引き返して来てどなった。

「何をおたおたしているんだ。ぐずぐずしているとやられるぞ。」

だが、比嘉君には、その声も届きようがなかった。

「銃は僕がもってやる。もう少しだ。元気を出せ。」

私は彼の意気地なさに歯ぎしりしたが、元来彼は心臓が弱く、学校でも少々の労働や演習でも貧血を起こす状態だったのを知っていたので嫌でも学友として放っておくことはできない。

「よし俺が荷物をかついでやる。」

と言って彼の荷物を全部ひったくるようにして、身軽にしてやった。それでも彼は、眼を吊り上げてぶっ倒れんばかりだ。

「貴様のために、俺たちまで殺す気か、比嘉、意気地がないぞ、なら放っていくぞ。」

安田分隊長の怒鳴り声も彼の元気を掻き立てる効果はなかった。仕方がないので分隊長に銃をもってもらい、私が彼の荷物をかつぎ、両脇から抱きかかえるようにして、弾の中を突き進むよりなかった。幸いにして漸く本部壕に辿りつくことができたが、私は比嘉君と同班になったことを大いに悔んだ。

本部壕の入口は砲撃ですっかり破壊され、ようやく人一人が出入りできるぐらいの広さしか開いていなかった。順番を待って壕の中に入ったときには、心身共に疲れ切って、口を利くのも億劫であった。壕内に入るや、比嘉君がうそのように元気になったのも癪の種だった。


五月二十七日、どしゃ降りの雨の中を、特編中隊第一、第二小隊が前衛となって、第三小隊が後衛に控えるその中間に参謀部、軍司令官、副官部が入り、その後に他の部局の隊が入って、南部への撤退が始まった。第五坑道の出口から松林を通り抜け、真和志と与那原とを結ぶ比較的大きな道路を経て、永良橋を渡り識名の台上を通って、目指す摩文仁に向かう手順であった。

だが、敵の進出は予想以上に急で、早くも、那覇方面からの敵は古波蔵《こはぐら》を通り越して、真玉橋に前哨線を張り回らしていた。しかも与那原方面からの敵は、宮平部落まで進出しているとの情報に敵と一戦を交えるため一挺の軽機関銃と二個小隊の兵員が前衛に当てられた。

「発煙筒の投擲順序は、先日の対戦車攻撃と同様、分隊長の次は安村だ、分かったか。」

安田分隊長が大声で命じたので、「はい、分かりました」と威勢のよい返事をした。

膝を没するほどの泥濘に足をとられながら、照明弾の明滅する中を数千人の軍隊が移動して行くのに出会った。前を見ても横を見ても、黒い人影が続々と動いている。本部壕を出て間もなく、いつしか私は分隊からはぐれてしまった。「分隊長殿！安田班長殿！」と叫んで歩いたが何の返事もない。途方にくれたが目的地は摩文仁と分かっているので、前方の人影について行った。

永良橋を渡ろうとすると、前方に発煙筒が落下した。黒い影があっという間もなく四方に散って行く。発煙筒の後には必ず迫撃砲の集中射撃が襲い掛かってくるので前方や後方で兵隊同士が大声で叫び合っている。

「発煙筒が飛んで来たぞ、待避しろ！」

待避の場所をさがしている間に、案の定迫撃砲の集中射撃が襲って来た。私は丁度橋の上まで来ていて、ダッダダーと撃ち込まれる砲弾から身を防ごうと、橋の下にしゃがもうとしたが、足が滑って、一丈も下の川の中へどぶんと落っこちた。落ちた瞬間、ふと爆雷を背負ったままなことに気付き、これでもうおしまいだと観念した。ところが、雨で雨量を増した水が胸丈もあったので、奇しくも自爆せずにすんだ。

その時、先程の迫撃砲で負傷した一人の兵士が戦友に助けられて橋の下に入って来た。橋の上から落ちなければ自分も死んでいたかもしれないと思ったとき、何となく誰かが自分を救ってくれたように思えてとても有難かった。

こうして途中南下する第三小隊の一部と一緒になって摩文仁に辿り着くことができた。私が無事に摩文仁へ到着したことを聞いたのか、安田分隊長と識名君が迎えに来て喜んでくれた。

敗残の身をもて余して

六月のある日、安田分隊長と宮城慶勇君が立哨中、敵の掃海艇からの機関砲弾によって負傷した。野戦病院で手当を受け、人に背負われて帰って来たのは安田分隊長一人だけであった。

「安村、お前は宮城の看護に行け。」

と大岩班長に命じられ、私は守備軍司令部壕に行った。辛うじて人間一人が入れるぐらいの岩穴から入ると、中はだんだん広くなって、南側の出口は、天井も高く広々としていた。

壕の中程に自然の垂坑道があり、この近くに軍司令官の居所があった。壕の中で飯をたこうとして火を起こした兵隊が、長参謀長に叱られていた。

南の出口近くの小さな台の上に、宮城君は寝かされていた。傷は右腰の骨盤の上に親指大の傷があり、出口のないところを見ると盲貫らしい。手当が終わると、彼はますます苦しみ出した。

「宮城しっかりせい、元気を出せよ。」

私はそう言って励ましては見たものの、盲貫では救うべき道がなかった。彼は時々眼を開いて、私に水を求めたが、口は利けなかった。よほど苦しいのであろう。私は、もはや助かりそうもないと思ったが、彼に水を与えることはできなかった。握り飯を見せたが欲しいとも言わない。歯を食いしばって眼を閉じている。

だんだん苦しみようがひどくなる。顔面にはすでに血の気がなくなっているので、軍医に報告する。軍医は何の表情も見せずやって来て、

「苦しいか、楽にしてやろう。」

と言って、何やら小さな注射をしてくれた。間もなく宮城は痛みが止んだのか、すやすやと寝入った。私もこの間に休息しようと彼の傍にしゃがんだ。いつの間にか寝入ってしまったらしく、目が覚めたときには外は夜になっているようであった。様子を見るために宮城の手をとった。冷たい！　脈がない。

「軍医殿、宮城が死んでいます。」

駆けつけて報告したが軍医は何の反応も示さなかった。形式的に脈をとり、鼻腔や肛門に脱脂綿をつめると、

「原隊に帰って報告し、埋葬するよう連絡せよ。」

と言って帰ってしまった。

一番臆病であった宮城君は、最近とみに無口になり、元気がなかった。首里の壕で外に出ることができず、食器に大便をして分隊長にさんざん怒られたことを思い出し可哀想になった。自分の明日の生命も忘れて合

掌、彼の冥福を祈った。

六月十三日、運命の日来たる

井戸端は、時間を見計ってやって来る兵隊や住民で混み合っていたが、敵の掃海艇にこれを察知されてからは、常時ねらわれる場所であった。一隻の掃海艇が直ぐ向こうの海上に控えて、一人でも人間の姿を見れば砲撃を加えてくるので、容易に井戸に近づくことはできなかった。今日も夜の明けぬ間にと、乾パンの空缶を背負って岩間を降りて行く。井戸端はあまり混んではいなかった。大急ぎで水を汲んで帰りを急ぐ。海上にはいつもの掃海艇がもうぼんやり見え出していた。今にも砲撃が始まりそうな気がして、急ぐ度に、背中の水が大きくゆれる。せっかく汲んできた水をこぼしてはいけないと気をつけて歩き出しては見たが、水の波を静めるために時々立ち停らねばならなかった。あと四、五メートル行けば岩蔭になると思ったとき、砲撃が始まった。目標は井戸であった。砲弾がびゅうと耳をかすめた。その瞬間岩蔭に身をかくして砲弾の止むのを待った。私の傍をひいひい泣きながら大きな男がひた走りに駆け抜けていった。

急ぐにも急がれず、やっとのことで壕に帰り着いたとき、水は半分ほどもなかった。

「貴様飯盒はどうした。探して来い。」

と意地の悪い大岩班長にどなられているのは、識名君であった。やっとの思いで壕に帰ったばかりなのに、この砲撃の中をまた井戸まで行けという。何たる残酷さ。しぶしぶ出ていった彼は、やがて帰って来たが、飯盒は持っていなかった。

いつの間にか、食事は二食になっていた。朝食を済ませて、私と比嘉君は一緒に小さな壕の中に入って寝ることにした。すでに夜は明けて、飛行機が飛び廻っていた。昼頃になって爆撃は最高潮に達した。無抵抗な空から、敵は思う存分に爆弾を投下し機銃を浴びせてきた。ダダダー、ダダダー。無気味な轟音と共に地がゆれる。我々の壕の入口を発見したのであろうか、機銃弾の波が入口の岩をうち砕く。たしかに発見されたらしい。壕は、奥行三尺で横に一間ばかりのびているばかりであった。飛行機は通り過ぎては戻り、戻ってはまた機銃を撃ち込んでいる。

私はもう最後だと思い、体を小さくして歯を噛み合せて眼をつぶった。敵に立ち向かうときは我を忘れているが、無抵抗なまま一方的にやられるのは実に厭な気持だ。

がたがた震えながら、いつしか、あ、あ、う、う、と自分でもわけのわからないことをつぶやいていた。何物かに助けを求めたくなる。神よ助けてくれと叫ぶが、声にはならない。ドカーンと大きな音がしたと思った瞬間、手足が棍棒《こんぼう》で叩きのめされたようにしびれ、意識がうすれてきた。

何秒たっただろう。火薬の匂いで意識が戻ったときには、頭から足から血が流れ出ている。〈やられた!〉と心の中で叫ぶ声がする。今にも死にそうに思えたので、大声で助けを求めた。一〇メートルと離れていないところに赤木一等兵がいたので、比嘉君と二人で大声で助けを求めたが誰も来てはくれなかった。外は相変わらずの猛爆撃で、飛行機が入れ替り、立ち替り襲って来るので、壕を出ることができない。助けを求めても誰も来てくれないし、大声も出るので、今すぐには死にそうにも思えなくなったので二人で励まし合って、巻脚袢《まききゃはん》や、袴下のひもを引裂いて止血した。傷口が腐ったら困ると思い、時々ゆるめて血を出した。

五時頃になって敵機もようやく去り、班員がかけつけてくれた。四分隊からも応援が来て、私達を本部壕の医務室まで連れて行ってくれたので手当をして貰えた。

六月二十一日。敵はすでに摩文仁部落まで侵入していた。夜になって、これらの戦車を爆破せよとの命令が下った。私の分隊からは新垣幸助君と赤木一等兵が、第一分隊からは上原登君と平井房吉君が爆雷を背負って出て行った。そして彼等は一人も帰って来なかった。

六月二十二日。前夜から、こそこそと何か話し合っていた、大岩班長と地元沖縄出身の渡口上等兵が姿を消した。安田分隊長に尋ねたが語ってくれなかった。逃亡したのであった。逃亡したと知ったとき、私は彼等を侮蔑し憎んだ。意地わるく酷使されただけに憤りも激しかった。

日暮になって、特編中隊本部から牛島満軍司令官と、長勇参謀長が自刃したとの報告と共に解散命令が下された。

元気な者は、国頭へ突破するのだと張り切っている。うす暗い壕の中で、傷ついた我身の哀れさをひしひしと感じ、心は滅入るばかりである。つくづく元気な者が羨ましかった。久しく涸《か》れていた涙が眼一杯に溜り、眼ばたきすると頬を伝って流れた。

私達の分隊で唯一人、最後まで元気でいた識名君が、黙って壕を出て行った。

第一分隊の新城正剛君、新垣安律君、仲田清元君の三人が見舞いに来てくれた。彼等のひとみは喜びに満ちていた。

「安村君、僕達は国頭へ突破する。君も早く傷をなおして国頭にこいよ。」

と励ましてくれた。

この足さえ丈夫であれば、私も一緒に学友たちと行動できたのにと、とても口惜しかったけれど、傷ついた足はどうなる筈もなかった。

「これはもう僕達には必要ないから、君にやろう。これを食べて早く元気になってこいよ。待っているから。」

と三人はそれぞれ鰹節を私に残してくれた。

「有難う、君達も元気で……。」

後はこみ上げる涙で声が続かなかった。三人は元気良く出かけて行った。

こうして、元気なものはみんな国頭突破を目指して壕を出て行った。彼等が出発した後の壕には傷ついた分隊長と、比嘉君と私の三人だけであった。

〈人間の運命とは何と不可解なものであろうか〉。

六月二十二日、元気で出て行った識名、新城、新垣、仲田君らの消息はその後杳《よう》として知ることができない。どこの岩根に屍を晒しているのであろうか。生きようとして死を早め、死のうとして生命を全うし、見放された者が生き、予期しないものが死んで行った。これをすべて「運命」だと片付けてよいものだろうか。戦後、傷付いた身を宜野座《ぎのざ》にいた兄に引き取られた。ある日漢那《かんな》部落に遊びに行ったところ、計らずも新城正剛君が生きているのを見て、飛びついて喜んだが、それは正剛君の双子の弟であった。

翌日、早速正剛君のお母さんと津波古照雄君のお母さんが尋ねて来てくれたが、残念ながら私はお二人を満足させるような情報はもっていなかった。

孤独を生き抜いて

同僚たちが壕を出て行った後、一人取り残された私は壕内にぼんやり坐っていながら何とか生きる方法はないものかとあれこれ思案した。多くの人びとは海岸を湊川《みなとがわ》の方向へと出て行った。またある者は敵中を突破するのだといって出た。

〈よし自分は反対の方に行こう、誰も行かない所へ。海岸を西へ糸満まで行けば、くり舟の一艘ぐらいはあるだろうから夜蔭に乗じて海に出て故郷の久米島に帰ろう。たとえ途中で発見されて、殺されるようなことがあっても自分でやれるだけは努力して死ぬのなら仕方がない。このままこの壕で死ぬよりはましだ。〉

こう考えた時、私はじっとしていられなくなった。比嘉や分隊長が反対すれば自分一人でも出かける決心をしていたので、彼等も同意した。先ほど新城君から貰った鰹節を一本ずつ分け、小さな木の棒を探してそれを杖にして一晩がかりで海岸に出た。

傷ついた足を引きずりながら、四つんばいになって凸凹の多い岩の上を進んでいった。照明弾が輝く度に身を岩蔭にひそめ息を殺すという塩梅だ。海岸付近一帯はアダンや雑木で欝蒼としていた筈だが、今はそのあとかたもなく、打ち砕かれた白い岩肌だけが痛々しく眼に映る。

照明弾がゆらゆらと向かい側の綾線にかくれると再び深い闇の夜である。それを待って昼間に見当をつけていた方向に手探りで進む。早く安全な場所まで行き着きたいとあせる気持は、傷の痛さを忘れさせたが、ひきずる足は、岩角や木片に当たって傷口が破れ、包帯は新しい血で黒々に染まっていく。

「安田軍曹殿——。分隊長殿——。」

「安村——。」

「比嘉——。」

互いに声をかけ、お互いの名を呼び合いながらその所在を確認して、海岸へ海岸へと進むのであった。

やがて私達は、切り立った三、四丈もあるかと思われる断崖の岩に四方を囲まれた海岸寄りの砂地に行きついた。遠くに海鳴りが聞こえ海風が冷たく、久し振りに爽快な気分になれた。

闇の中に乾燥しきった白砂がどこまでも拡がってい る。三人はこの砂浜で暫し疲れを休めた。じめじめとして乾くことのない壕の中にくらべると、そこは天国のように思われ、潮の香を乗せた夜風は活力を与えてくれる感じだ。冷たい清らかな砂の上に仰向けに寝ると、黒々とした四囲の岩盤の向こうに星の光る夜空が見える。静かな晩であった。昼間の絶望的な思いは、いつしか遠い昔のことのように消え去っていた。

遠く近く、海鳴りを聞きながら、はじめて戦争の推移を考えることができた。私はそれまで、物事を順序立てて考えることができなくなっていた。ただ機械的に半ば無意識に動いているに過ぎなかったのである。暗い壕の片隅で、一人の時間を持ち得ていたにもかかわらず、ただ呆然として時間を過ごすだけであった。時々考えることは、これから先どうなるのかという自分の運命についてであった。それも所詮生き延びることはできない、といった諦めの気持が先立つばかりだ。結局は死ぬのだと思うと、もはやそれ以上は考えたくなくなり、自暴自棄に陥るだけだ。


このような断片的な記憶が蘇る意識の中で、少しずつつなぎ合わされて行く。苦しい中にも楽しいこともあった。留魂壕の中でのうっとうしい生活から解放されて特編中隊に編入され、野田貞雄校長や学友達から、

「しっかり頑張ってくれよ。」

と励ましの言葉に送られて、

「安村、行ってきます。」

と、征きて帰らぬ決意で別れた光景や、分哨、対戦車攻撃、撤退などのほか、飛行機の機銃掃射に追われて仲地善達君と一つのタコ壺壕に二人して頭だけを突っ込んだことなどが走馬灯のように頭をよぎる。

糸満の沖合には数隻の敵艦船が黒々と浮かんでおり、航空母艦らしいものも見えた。

〈日本の飛行機はどうしたのだろうか。目の前に浮かんでいるこの艦船も沈めることはできないのか〉

過去の意識は再び現実に引き戻されてしまう。沖縄戦始まってから三カ月余、首里を去ってから早くも一カ月余も過ぎた。考えてみれば、たったの三カ月だが、何と長い長い三カ月だったことか。神国日本の「無敵皇軍」がはかなく戦争に敗けた。「絶対不敗」といっ

た信念は叩き潰された。日本本土からの支援軍も来はしなかった。〈これまではどうにか生きて来られたが、果たしてこれから先私はどうすれば生きて行けるのか。戦争とは何だったのだろうか？〉

想いは尽きない。今夜はこんなに静かだ。しかし明日にもなれば、また数多くの人間の生命が無残にむしりとられてしまう修羅場なのだ。これからも鉄血勤皇師範隊員として、母校と同一化すべきなのか。それともすでに解散を命じられた以上、自由な身となり自由に行動すべきか、私は考えあぐねるのであった。その一方で私は一人取り残された想いを禁ずることもできない。親しい学友達を無事国頭突破に成功させるために私が取りえた最上の手段は、「連れて行ってくれ」との依頼を自制し、いかなる意味でも傷ついたわが身が同僚の負担にならないようにすることだと割り切った筈だった。

「必ず元気になって来いよ。」

と、私を励ましてくれた新城、新垣、仲田の三君が覆いかくせない喜びの表情を見せながら自分を一人残して行く心苦しさを感じ取って、私は強いて笑顔を作って、

「うん、先に行って待っていてくれ。きっと後から行くから……。」

と言って彼等を送り出したのだ。

しかしこの上なくさびしかった。その反動からか、〈このまま死んでなるものか〉と、安田分隊長や比嘉君を励まして、辛うじて此処までは生きて来れたものの、さてこれからどうすればよいのか。迷いに迷うばかりであった。こうして頭の中は再び混乱し、考える力を失ってしまうのだ。〈これではいかん〉と上体を起こすと、ジーンと膝関節の傷がやけに痛くなった。

「畜生！　この足の傷さえなかったら。」

と自分の足がとても憎たらしくなる。

夜空に照明弾が輝き、またゆらゆらと消えていった。

ダッダッダッダー。

重機関銃の無気味な音が岩に反響して耳をつんざく。またこれで幾人かの生命が地上から消えてしまう、と思うといても立ってもおれない気持になる。ほどなくしてあたりは再び静寂に帰っていく。すると今度は海鳴りが大きく聞こえ、夜の冷気がいやに体にしみつい

ていくのだった。

近くの岩陰から数人の敗残兵たちが、手に手に飯盒を下げ、材木を背負ってやって来た。材木の使途に不審を抱いて尋ねようと思ったが、彼等は足早に過ぎ去ってしまった。私は、死んだように横たわっている安田分隊長や比嘉君をうながして敗残兵一行の後を追った。

「分隊長殿、とにかく行ける所までは行きましょうよ。」

「うん。」

さすがに勇敢で気丈夫だった安田分隊長も今は一個の敗残兵でしかない。比嘉君はふだんからあまり丈夫ではなかったので、この三カ月間の苦しみに身心を消耗しつくしてまるで元気がない。

そのうち三人はようやく海岸に出ることができた。海風を胸一杯吸い込むと思う存分に吐き出した。とかく遅れ勝ちの比嘉君を待って、分隊長と私は浸蝕屹立した岩石の上を西方を目指して歩み続けた。四、五メートル進んでは休み、休んではまた四つんばいになって進む。その私たちの側を多くの敗残兵たちがとつとつと通り抜けて行く。付近の岩穴という岩穴は、敵戦車に追い詰められた敗残兵や、住民で鮨詰めに埋まっていた。

私たちの前後でも、無数の避難民たちが右往左往していた。武器を持たない兵隊、傷ついた兵隊、高齢者の住民、男、女、子供……。

波打際には、風船みたいにふくれ上った死体が、波にもてあそばれ岩にたたきつけられては、また沖合にさらわれている。とある岩蔭で何か作業を続けている敗残兵の群がいた。先ほど材木を肩に担いで運んでいた兵隊達であった。五、六本の材木を電線や山かづらで結びつけて筏をつくっていた。これで海上を沖に出て黒潮に乗って行けば日本本土に戻れると張り切っているのだ。間もなく彼等はあるだけの飯盒に水を満たすと、筏を海の中に担って行った。

そして数人がそれに乗って、沖合へこぎ出して行った。二時間ばかりして、私達はずぶ濡れになって海岸にはい上って来る彼らの姿を見たが、八名の中戻ってきたのは四名だけであった。

私達三人は最初の計画どおり西へ西へと進んで行っ

た。安田分隊長から貰った古い刀も、名も知らない人の棒片と取り換えた。杖にもならない刀よりは棒片の方が、この時の私にとっては有難かったからだ。こうして、武器は、帯革につり下げてある二個の手榴弾だけになったが、これだけは、どんなに重くても、捨てることも人にやることもできなかった。生へのはかない望みを抱きながらも、いよいよ最期のときは、立振に自決するのだという考えが棄てきれなかったからだ。

傷ついた兵隊、栄養失調の住民――夜の摩文仁海岸には魂を失った人びとの彷徨で鬼気迫る風景であった。その中をやはり傷ついた私達三人は、黙々と西へ歩いて行くだけだった。

だが、その結末は、米軍の捕虜にされ、九死に一生をえることができたのである。

恩師と学友の面影抄

安里　繁（本科二年）

寄宿舎の分散会

間近に迫る修了式を、一日千秋の思いで待ち侘びていた師範学校の生徒たちは、そわそわした気持で昭和二十年三月二十二日を迎えた。その日の夕方は、寄宿舎の各室で、分散会が催されることになっていた。それで予科一年生は、大童になってその準備に一生懸命であった。

軍隊化した師範学校の寄宿舎にも、その晩は無礼講のささやかな宴会、その晩限りの自由が許された。生徒は酒、サイダー、菓子、果物等を買い集めて、本科生、予科生の区別なく、楽しい宴会が午後五時半から催され、階上階下は上を下への大賑いであった。日頃、十時の消灯も、その晩に限り十一時迄の延灯が許された。酒に慣れない生徒たちもすっかり酔っぱらい、本科生は、「デカンショ」ですっかり満悦の態、予科生も、本科生の酔態をめずらしいものを見るように喜んでいた。

翌朝、五時に起床ラッパが鳴り響いたが、前晩の酔漢共は、布団を頭から被って起きて来ない。附属国民学校々庭に集合して、提灯の明りで人員点呼を受けたが、各室共欠員があった。何回繰返して番号を掛けさせてみても矢張り不足だ。それがどうやら終わると、次は元気のいい体操主任の声だ。「両手間隔に開け！」で、元気な声を揃えて日頃に変わりなく体操を済まし、もとの位置に集まると寮長の達しがあった。「本朝は、早速洗面、食事掃除の準備をする。急いで洗面を済まし、食堂に入るようにせよ！」大急ぎで洗面を済まし、食堂に入り暗い電灯の下に腰掛けて瞑目し、「箸とらば天地御代の御恵み……」の食事訓を唱えるが、まったく夢のようで、眠気がさして仕方がない。砂を噛むように玄米を喉に落す。どうにか朝食を済まして、自分の部屋へと長い渡り廊下を急いでいると、そこで空を眺めていた四、五人の生徒が、「オイオイ防空演習だ、飛行機が飛んで行くよ」というので空を見上げると、三、四機が舎上をかすめて那覇の方へ飛んで行くのが見えた。二、三分後に、ドーン、ドーンと物凄い音が響いてきた。

「空襲だ！」

「救急品を持って急いで壕に待避せよ！」

鋭い舎監の命令が響いてきた。

かくて朝日が昇る頃には、数知れない敵機が翼に朝陽をキラキラ受けて首里上空を、那覇、小禄《おろく》の方に飛んで行った。だが不思議なことに首里城下には一発の爆弾も落ちない。これを幸に、首里城の高台に上った一部の連中は那覇の油タンクや小禄飛行場の爆撃を眼下に見物していた。それを見た他の生徒たちも、続々と壕を飛び出して来て城壁に上り、那覇、小禄辺りの猛爆撃を眺めていたが、首里城地下の壕から出て来た守備軍司令部の将校に「城壁に上っていては作戦の邪魔になる」との厳しい叱言を受けて大急ぎで師範隊の壕に引っ籠った。

これが沖縄の悲劇の序曲になろうとは誰一人として予想だにしなかった。

母校炎上

四月二十五日、今日は艦砲や爆撃が少ないようだと思い乍ら、いつもと同じように軍司令部まで伝令に行った。

師範隊の壕から僅か二〇〇メートルの距離とはいえ、壕を出るには相当の決意が必要なほど、そこの通過は困難なものであった。それで私は壕を出てからはただ無我夢中に走った。生死の観念など毛頭なかった。しかし軍司令部の壕に飛び込んでからは、さすがに出る気になれず、壕内をあっちこっちうろついていた。爆弾が遠くで落ちる轟音を聞くと身の毛がよだつ思いがした。

　壕の出口で、出ようか出まいかと尻込みしていると其処の衛兵に、「こらっ！　何をぐずぐずして入口を塞いで立っているんだ」と毒気を帯びたドラ声をあびせられた。それで私は反発的に壕を飛び出し、城壁目指して走った。漸く城壁まで駆けつけて、その下に伏せて動悸の静まるのを待った。数分経ってさあ走ろうとした時、爆音と共に妙な音が聞こえてきた。本能的に音の方を見た。あっ！　ロケット弾だ。そして目標はわが師範学校だ。一、二、三……と数えた。次々と炸裂する。その音と共に六十余年の歴史を誇る師範学校の赤い甍が、見る間に飛散していった。言い尽くせぬ淋しさで胸が一杯になり茫然と眺めていた。

　日が暮れる頃は、真赤な焔が天を焦していた。その焔は、沖縄師範学校校舎と元琉球王家宅（尚家）の凡てを焼き尽くしてしまった。

恩賜の煙草

四月二十九日。今日は天長節。例年なら寄宿舎では赤飯にお菓子付きの御馳走のある休日だが、今日は恩賜の煙草にお菓子が配られた。

　早朝、「恩賜の煙草とお菓子を受領に来い」との軍司令部から伝達が入ったので、二名の生徒が受領に行った。ところが二人は正午頃手ぶらで帰って来て「本日の恩賜の煙草とお菓子の受領には隊長自ら来いとの命令であります」と隊長室で報告した。

　隊長は支那戦線で脚を負傷した井口一正中尉で、沖縄師範学校男子部の配属将校だった。壕生活が始ってからは、滅多に外に出たこともなければ、軍司令部迄行ったこともない。その日も右の二人が報告すると、「井口中尉はマラリヤで発熱していると言って受領して来い」と命令した。しかし誰しも一旦安全な壕内に入ってからは、再び生命を賭けて出て行く勇気はなかなか出難いものである。井口隊長に命令された二人も聞いたのか聞いていないのか、その出発を渋っていた。

二人の様子を見ていた井口隊長は、しぶしぶ自ら三名の生徒を引き連れて受領に向かった。そして夕方には、恩賜の煙草とお菓子が師範隊員の手に配られた。誰の顔もにこにこして、激戦下に居ることも忘れているかのように喜んでいた。「煙草は大事に保存しておいて戦勝の暁には家に持ち帰り、父母や家族の者に見せるんだ」と真面目に語り、大事そうにポケットの中に仕舞い込むのもいた。その頃はまだ勝って父母の許に帰る日を誰もが夢見ていたのだ。

天下一の料理

師範隊でも四月の中旬頃までは、大樹の下とか城壁の下で、思い思いに飯盒で飯を炊いたり、炊事斑が炊いてくれたりもしたものだが、下旬頃からはそれが困難になり、うかうかと昼間飯を炊いて煙を見つけられたら、たちまちあらゆる砲弾をそこに撃ち込まれ、徹底的に破壊されてしまう。そのため、炊事班が苦心して、夜間に壕内で炊いてくれる玄米の握り飯と、味つけの僅かな食塩が配られるのみとなっていた。

五月上旬の或る日、いつもと同様に軍司令部へ伝令に行って、用を済まし、軍司令部の壕の裏口から、遠廻りをして師範隊の留魂壕に帰って来る途中、弾痕だらけの路上を走り抜けると、路の傍に砲煙で黒くなった甘藷蔓をふと見つけ、一掴みひったくって駆け出した。壕に入ってホッと一息休んで、ひったくって来た甘藷蔓の料理方法を考えたが、砲煙で真黒くなっているうえ、土砂をかぶってとても食べられそうにもない。洗おうにも水もない。でも日没時の約一時間は、敵も休むのか殆ど砲撃はなかった。その静かな一時間こそは、私たちにとって一日中で最も貴重な時間であった。その水汲みに、用便にと最も忙しい一時間であった。その日もこの時を利用して水を運び、黒い甘藷蔓を洗って、それを湯がき、塩を振りかけて野田貞雄校長に差し上げた。平時の吾々の生活では、とても想像のできない野菜食である。これが何と天下一の料理だったとは、その時の野田校長のお言葉であった。

「こんな美味しい御馳走も戴けるか、有難う有難う。」

このお言葉を聞き私は、嬉しいような、淋しいような何ともいえない気がした。

佐藤教官と襟章

四月上旬頃から軍司令部情報室に特別任務を帯びて行かれた佐藤教官は、鹿児島文理科大学英文科の出身で英語に堪能な教官だった。その英語力を見こまれて、軍司令部から徴用されたものと推察した。軍司令部情報室での佐藤教官はレシーバーを耳にかけて、敵機と敵艦並びに敵陸上砲兵陣地との無線電信連絡情報の傍受に頑張っておられた。

その両脇に、曹長が一名ずつ座っていて、佐藤教官がキャッチしたものを速記していた。

軍司令部内に於ける教官は、知り合いの将校や兵の間では、矢張り佐藤先生と呼ばれていたが、階級は伍長の襟章を付けておられた。

将校下士官の多い軍司令部だけに、佐藤教官は、一日に何百回となく挙手の礼をせねばならなかった。しかも通路が限定された壕内の生活では、同じ人に対しても一日に何十回出遭うか知れたものではない。その度毎に敬礼をする。部屋を離れて出歩くのは、まったく敬礼するために出歩くようなものである。

このように、教官が敬礼ばかりしておられるのを見ると何だか気の毒になって、或日、私達二、三の学徒兵が、揃って教官に挙手の敬礼をした後、

「先生、その襟章はとって下さい。私達はどこまでも鉄血勤皇隊であって正規の軍人とは違います。強いて襟章をつけて敬礼ばかりなさるには及ばないじゃありませんか。」

と言うと、佐藤教官は、

「そうだね、一日中敬礼ばかりしていてはかなわん。そうしよう。」

と朗らかに笑われた。

翌日、軍司令部でお会いした時には、佐藤教官の襟章はなかった。そして先生は、片手を挙げる敬礼から解放され、両手を振って悠々と歩いておられた。

佐藤教官と煙草

守備軍司令部と一緒に首里を撤退された佐藤教官は、首里城南の繁多川《はんた》の急坂道で艦砲の至近弾を食い、そ

の破片で右足に盲貫統創を負われた。六月一日に摩文仁部落でお会いしたときは、右足が大分腫れて歩くのも困難な様子であった。

師範隊本部は、六月一日の未明に摩文仁部落に着いた。私は首里を撤退する二、三日前から、発熱していたが、無理を通してさみだれの中をずぶ濡れになりながら摩文仁に辿り着いた時は熱はますます高くなっていた。それで私は戦友達を摩文仁岳の壕に送って、独り馬小屋の石垣の下に残った。そこで横になりいろいろ想に耽っていると、

「安里！　安里は居ないか。」

と叫ぶのが耳に入って来た。何だか聞き馴れた声のようである。そこで私は声をはりあげた。

「はーい。」

暫くして、人の気配がしたので起き上って見ると、佐藤教官であった。教官も石垣の下に横になられて傷ついた足をさすりながら、

「安里、『朝日』を持っていないか。君は『金鵄』が好きだったね。私の『金鵄』と交換しよう。」

と言われた。

「先生、その傷はどうなさったんですか。」

「繁多川の坂で破片にやられたんだ。」

「破片は取り出したんですか。」

「何、大丈夫だ。」

と答えられ乍ら、ポケットから「金鵄」を二、三個掴み出された。自分も「朝日」を出して上げて、一本ずつ吸った。佐藤教官は、

「君が首里から発熱していながらここに一人で残っていると聞いてやって来た。ぐずぐずせんで早く皆のいる壕へ行きなさい。」

と注意されたが、行く気にもなれず、そのまま煙草を吸っていると、

「その位のことでぐずぐずせんで早く行け。そして良くなったら、私は軍司令部の南側の道を隔てた崖下の壕にいるから、訪ねて来なさい。校長先生の分、缶詰でも持たすから。こら、ぐずぐずせんで早く行け。」

と、言われた。それで私もようやく気を張って立ち上り、

「先生、御大事に。」

「うん、有難う。安里、死ぬなよ！」

「はい、安里は絶対に死にません。」

との言葉を交わして、無理に微笑んで敬礼したが、何か熱いものがこみ上げて来るのを抑えることができなかった。

これが佐藤教官との永久の別れとなった。

某曹長との出会い

守備軍司令部に毎日通っている中に、野戦築城隊（駒場部隊）本部の将兵とも顔馴染みになった。特に某曹長とは親しかった。彼は兵庫県出身で、召集前は神戸のある高等工業学校で教鞭をとっていたと話していた。当時三十二、三歳で痩型で、度の強い眼鏡をかけた背の高い人だった。軍司令部に行くと、その曹長の寝室によく休ませて貰った。そして、カンメンポや缶詰を貰ったり、時には、砂糖入りの酒を水筒から飲ませてくれたりもした。首里城の陥落も間近に迫った或日、その曹長は、

「安君、ちょっと来んか。」

と呼んで、水筒の酒をついでくれた。

「安君、もう駄目だね、死が近づいて来たよ。これを見てごらん。」

と言ってポケットから小さい紙包を出して私に手渡した。私は、すぐ、写真だなと感じたので、

「開けて見ても構わないんですか？」

と尋ねると、

「うん、構わん。」

と、答えた。早速開けて見ると、奥様が生れたばかりの赤ちゃんを抱いた写真が一葉入っていた。その写真を取り出すと、その下から小さな薄紙で包んだ物が現れた。

「これは何ですか？」

とまた尋ねると、

「開けてごらん。」

と言われるままに、好奇心にかられながら開けて見ると、何か知らない半円形のセルロイドの様な透明な物が幾つも入っていたので、

「これは何ですか？」

と聞いてみた。

「家内が、子供の爪を切って送ってくれたんだ。」

思いなしか、曹長の両眼は潤んで見えた。

「安君……。」

と、言ってそのまま黙ってしまい、水筒の酒をぐっと飲むのであった。

それから幾日か経った摩文仁での或日、軍司令部から曹長と伍長がやって来て、前線の駒場部隊本部まで行くから、師範隊からも伝令を一人出すようにとのことであった。このような時に、伝令で行けば、十中の八、九までは死を覚悟せねばならない。気は向かなかったが、私は思い切って飛び出した。

摩文仁岳は、蟻一匹這っても、海上から発見される程に焦土化され、物影絶無となっていた。午後四時頃、全身に緊張感を感じながら、這ったり、駆けたりで、やっと三キロほど離れた駒場部隊本部に辿りついた。同本部は、少数の将兵を残して部隊長以下ほとんどが戦闘に出ていた。その少数の残留組の中に、首里で馴染の曹長もいた。彼は、喜んで私を迎えて、肩を叩きながら、梨一個（海岸に漂流して来たものを拾ったらしい）をくれ、水筒の大事な水も分けてくれた。六月二日以来、同じ食事ばかりの私にはどれほど美味しく、有難いものであったか、表現の言葉もないぐらいであった。

私たち三名の伝令は、情報を得て午後七時頃帰途についたが、砲撃が激しく、途中から駒場部隊に引き返さざるをえなかった。その間、僅かに二十分ほどであった。一刻先も予断できない運命！ ついさきほどまで元気で雑談を交し、梨をくれたりした曹長が、大腿部と片腕をやられ血まみれになって横たわっているではないか。

「どうしたんですか！」

「安君、僕はもう駄目だ、水を飲ませてくれ、水筒々々……。」

と息も絶えだえである。なすすべも知らず水筒をとって渡すと、ゴクリゴクリ喉を鳴らして、存分に飲んでから満足そうに言った。

「君も飲んでくれ。」

「はい、有難うございます。」

と、胸もつまる思いで飲み下していると、曹長は、涙を流しながら、

「安君、君は沖縄出身だ、学徒兵だ、死んではつまらん。是非生きてくれ、そして……そして、僕の家内

に僕は立派に死んだと伝えてくれ。僕が言うから住所を書いてくれ。」

言われるままに彼のポケットから、軍隊手帳を取り出し一枚破り取って、「兵庫県……」と記すと、また苦しい息づかいで、「この僕の軍刀を形身に君に上げるから持って行ってくれ」と言われた。

が、私は大声で、

「その位の傷で気を弱くされるとは意気地無いです。もっとしっかりなさらんと駄目じゃありませんか！　大丈夫です！　元気を出して……。」

と言って、水筒を取り残りの水を口に当てて上げた。彼の頭に手を当てて、慰める言葉もなく、ぼんやりしていると、一緒に来た伝令の曹長が、

「師範隊出るぞ！」

とドラ声で叫んだ。我に返って、

「では御大事に……。」

と、私は立ち上った。彼は虫の息で、

「有難う、安君頼むよ。」

「ハッ！」

と、挙手の敬礼を最後に、薄暗い道を、師範隊本部の壕へと急いだ。

帰途は、一人の通行もやっとの阿旦葉《あだんは》に囲まれた狭い道を曹長を先頭に駆けて行くと、道の中程で、

「兵隊さん、兵隊さん。」

と幼い声で叫びながら立ち塞がっている五、六歳の女の子がいた。すると曹長は「エイッ作戦の邪魔だ！」と言いながら、その子を掴まえて阿旦葉の中へ投げ込んだ。まるで木切れでも投げ込むように……。

戦争！　これが戦場だ！

私は身の毛がよだつ思いがした。作戦命令のみが生きていて、他の凡てのものが無価値にされる恐ろしいこの戦場！

野田校長の壕生活

野田貞雄校長は、終始、男子部の生徒と共に、同じ壕で起居しておられた。

言語を絶する熾烈な砲爆撃に、神経を尖がらしている生徒を、時々円座を作り、明るい雑談で生徒の心を和らげて下さった。先生自らの学生時代の経験も語っ

て、生徒と共に冗談を交じえられる時もあった。四月下旬のある日、先生を囲んでの座談会で、一生徒が、

「校長先生、この戦争に勝ったら先生は真先に何をなさいますか？」

と尋ねた。すると校長先生は、即座に、

「第一番に、三カ月の休暇を全生徒に与えて、めいめい親許に帰す。そして、私は東京に出張して、文部大臣に戦争報告をする。その時は、女子部の西岡君（女子部長）を連れて行こうと思う。西岡君は、なかなかホラ吹きが上手だから、彼に、うんとホラを吹かせてわが師範隊の手柄を大いに吹聴して貰おうと思っている。」

と言われたので、皆はドッと笑った。先生の壕内での漫談は、生徒たちを明朗にし、戦争の恐怖を忘れさせる程ユーモアに満ちたものだった。

西岡女子部長の拳銃

師範学校女子部の長、西岡一義部長は、敵が四月一日に上陸すると間もなく、守備軍司令部の参謀部顧問として、首里城地下の壕内に、参謀部将校などと一緒に住んでいた。西岡部長の附添いとして、銘苅《めかる》という女子部の附属訓導がいた。当時、女子部の生徒たちはひめゆり学徒隊として、ほとんど全員南風原《はえばる》の陸軍野戦病院に従軍看護婦として勤めていた。五月上旬のある日、伝令で軍司令部の壕に行き、駒場部隊本部で四、五名の戦友と休んでいると、西岡部長が、大きなお腹を扇でばたばたあおぎながらそこへ歩いて来られた。しかし、誰一人立って敬礼をする者がいない。西岡部長は、カンカンに怒って、「男子部の生徒は、何故俺には敬礼せんのか！」と、怒鳴ったので、一人が立ち上って、「敬礼！」と叫んだ。皆は立ち上り、改めて敬礼をしたが、同部長が通り過ぎて後は、クスクス顔を見合せて笑った。

その頃、鉄血勤皇師範隊員の間では、西岡部長の評判が悪く、一人として心から敬礼する者はいなかった。師範隊員の間では、野田校長と西岡部長を対照的に比較して批判していた。

野田貞雄校長は、軍司令部から再三にわたり参謀部顧問として、安全で食糧もよい軍司令部壕に来て戴き

たいと、軍司令官付副官が交渉に来たけど、そのたびに「私は、どこまでも生徒たちと一緒だ。私一人安全な所へ行くことはできない」、と断っておられた。

西岡部長は、女子部の生徒を南風原の陸軍野戦病院に送りながら、自らは軍司令部の安全壕に住まい、鼻息も荒く、敬礼しても、「オッオッ」と言うだけだった。

ある日、軍司令部内の野戦築城隊本部に、私は数名の学友と入っていた。西岡部長がいつものように扇をバタバタさせながら歩いて来たので、申し合せて、一、二、三、で声を揃えて、「敬礼！」と、大きな声で挙手の敬礼をした。喜んだ部長は、ポケットから小さい拳銃を出して、

「これは軍司令官から護身用として戴いたものだ。」

と掌の上で、弄んで見せた。それを見ていた学友の一人が、

「先生、それはどうなさるんですか？」

と尋ねると、

「うん、これか、これは、もし戦争が敗けたら、南風原にいる生徒たちを一列に並べて、これで撃ち、最後に自分もこれで自殺する。」

と語られた。皆はクスクス笑ったものである。

特編隊の最期

昭和二十年五月十七、八日頃だったと思う。「師範隊より二五名の特別編隊を組織して明日午前十時迄に、軍司令部に到着するよう送られたし」との命令が、守備軍司令部から入った。そのため師範隊本部では、早速その準備に取りかかり、野田校長、井口中尉、平田教官の三名が、鳩首会談をして隊員の選出にかかった。夜中に選抜されたのは、ほとんどが予科一年と予科二年の生徒たちだった。

当時、本科生は、斬込隊、千早隊、野戦築城隊とそれぞれ編成されて出動していたので、本科生は加わることができなかったからである。

こうして急遽編成された予科一、二年の特編隊員は、まだ小銃の操作法も充分に知らなかった。彼らは、ただ体操に等しい基礎訓練を受けたばかりの年少の生徒でしかなかった。

翌朝、まだ幼い彼らは、健気にも挙手の敬礼をして

出発した。その日の正午頃、その中の一人（予科一年生）が師範隊の留魂壕に飛び込んで来た。

「どうした、何処に配置になったのか。」

と尋ねると、

「はい、弁ガ岳《べんがだけ》（首里北方の高地）であります。」

「そこで何をしているか。」

「はい、戦闘です。敵の大きな戦車は、どんなに撃ってもビクともしません。弾がありませんので弾丸を受領に参りました。」

と、無邪気に答えた。

「気をつけて頑張れよ。」

と励ますと、

「はい、有難うございます。」

と言い残して、軍司令部の壕へと弾雨を潜って走り去った。

この特編隊は、「弁ガ岳」で敵戦車に体当たり攻撃をかけたあげく全員が戦死した。

後で聞いた話に依ると、彼らは、軍司令部に到着するや早速御馳走（缶詰と握り飯）を与えられ、それから翌朝まで爆雷や迫撃砲の操作法を教えられただけで、全員、最前線の「弁ガ岳」に送られたとのことである。

師範隊ではたびたび小隊を編成して各方面の戦闘に出動したが、一人も帰らず全滅したのは、「弁ガ岳」に出動したこの特編隊だけである。

足つきの靴

帝国海軍虎の子の戦艦「大和」が沖縄援助のため沖縄に向かうとの情報を聞いたとき、軍司令部の壕内では、歓喜の声が満ち溢れていた。昨日までの憂うつな顔は、急ににこにこと明るい表情に変わった。ある兵は、さあ敵さんも今度こそは帝国海軍の偉力を拝むぞ、陸上もこれから総攻撃だ、あと一月もすれば敵さんも手を挙げて降参じゃ、われらは戦捷の祝杯をあげるのだ、などと戦勝の夢を抱いて、思い思いに語っていた。

ところが、喜びも束の間、二、三日も経たずに再び元の憂うつな壕内に戻り、悲壮な覚悟をした将兵は、日一日と地獄に近づいて行くしかなかった。

五月二十七、八日頃から、師範隊の負傷兵は南へ南へと運ばれて行くようになった。五月二十七日夕刻、師範隊本部は軍司令部に移り、一個分隊ぐらいの軍司令部将兵らと、豪雨を衝いて黙々と島尻へと出発した。

どしゃ降りの梅雨に加えて、昼を欺く照明弾と共に砲弾が、絶間なく撃ち込まれていた。首里南方約一里の地点にある識名園（元琉球王家の荘園）の辺りに来た時、久し振りに松の緑に接したある学友が、

「おお松の木がある、青い草木がまだある、いいなあ……。」

と言うと、

「もうここで死んでもいいなあ、こんなところで死ねたらいいが……。」

と、誰しもが感慨無量の面持だった。

大里城址の近くで、大城俊吉君が、軍靴の片足を拾い地下足袋と履き替えるべく、もう片足を探していた。五〇〇メートル程も行った所で休憩になったので、その附近の草叢の中を探し漸く似合いのものを見つけてきた。それを履こうとした瞬間、彼は「アッ！」と言ってそれを投げ捨てた。

「どうした？」

と尋ねると、

「中に、足が入っています。」

と彼は叫んだものだ。

文部大臣への土産

摩文仁に着いた六月一日の夕飯には、米が少し残っていたので、炊事班によってお粥が炊かれ、お茶碗に一杯宛配られた。それが摩文仁における米食の最後だった。翌日からは、弾雨の中を無我夢中に甘藷《いも》をひったくってきて、食塩もないまま、それを水炊きにして一日に一回だけ配られた。それが一日の生命をつなぐ基になった。師範隊本部は、校長以下全員同じものを、同じ分量だけ分配して生命の糧とした。甘藷もないときには、甘蔗《きび》の二節位が一日の食事だった。甘蔗のとき、校長先生が、歯が弱くて思うように皮が剥けないと言われるので、帯剣で皮を剥いでちいさく割いて上げると、三つ児が甘蔗を啜り噛むように、もどかしそうに啜りながら、

「これは有難い、ああ甘い甘い。」

とおっしゃっておられた。

この甘蔗、甘藷蔓《いもづる》の水煮の食事が長引くにつれて、皆の顔色は青白くなっていった。首里撤退後、髪や鬚を剃ったことがなく、伸び放題になり、校長先生もそのままの外はなかった。白髪混じりの髪と髭。

ある時、安全剃刀の刃を救急袋から取り出して、

「校長先生、髭を剃って上げましょうか。」

と申し上げると、

「有難う、だが、このヒゲを戦争が勝ったら、お土産にして文部大臣に持って行こうと思う。」

と言葉柔らかに話されながら右手で撫でておられた。

本部解散の時は、校長は井口中尉と一緒に、ヒゲを撫でながら別れを告げられた。その時、井口中尉は、

「校長先生は、俺がお供して出る。校長先生と俺とは同郷人だ。死ぬのも生きるのも一緒だ。」

と、強くきっぱりと言って、校長先生にお供して出られた。しかし終戦直後、捕虜収容所で、ある生徒が校長先生の安否を尋ねると、

「第一線を突破中に敵に会い、離れ離れになったのでその後のことは解らん。」

と井口中尉は、低く言われたとのことである。

敵陣突破

六月二十日午前一時頃、鉄血勤皇隊本部は、死への解散をした。三人を一組として、次々に「失礼します」と挙手の敬礼をして、隊員たちは出て行った。永遠の決別だが、いとも簡単に別れて行く。これも戦場心理というものだろうか。

私は、屋宜宣昌、大城秀功《おおしろしゅうこう》、古我地秀夫、金城一徹を連れて壕を出た。摩文仁岳の麓を、昼を欺く照明弾に照らされながら駆けていると、迫撃砲の集中砲火を浴びて身を伏せた。砲撃が止むと、一目散に海岸へと駆け下りた。

「武器を捨てて湊川に行きなさい。被服も食糧も沢山与えられます。心配要りません。」

と、敵の舟艇がマイクで叫びながら海上を往復していた。海岸には、一発の弾も来ない。月に照らされて、海岸の阿旦の下に円を描いて五名は座った。大城君が、

「こんな静かな所もあったんだね。」

と言っていた摩文仁岳に敵は、ドンドン迫撃砲を撃ち

込んでいる。

壕を出る時、ある兵隊のカンメンポ一袋と、煙草の「朝日」一個と交換して持っていたのを取り出して、四、五個ずつ分けてみんなで食べた。その後、死骸の漂う満潮時の海を、海岸沿いに北へ北へと泳いだ。

六月二十七日の夜、玉城城南西方にある前川部落の南丘陵に到着することができた。丘の上の松林の中で連れて来た四名に「僕が見張りしているから何か食物を探して来なさい」と頼んだ。

第一線を突破してからは、食糧を探す場所は大体決まっていた。昼間敵が陣取ったと思われる場所がお決まりの場所だ。敵兵は、夕方になると、持って来た缶詰類やお菓子、砂糖、煙草などを取りまとめて、ガソリンをかけて燃やして引き上げるのが普通だった。そして、その火のある場所へ行くと、残した缶詰や菓子、砂糖、煙草などが得られたので、多くの場合、そんな所へ行くことにしていたのである。

四名は、それぞれ食糧を求めに行ったきり、なかなか戻って来ないので、思い切って、

「大城君！　早く来んか。」

と大声で呼んだ。その途端にダダダダッ……と、二、三方から機関銃が撃ち込まれた。第一線にいる時から、夜の弾は伏せてさえおれば滅多に当たらないという経験があったので、その場に腹這いになって、学友らが戻って来るのを待った。二、三分すると、のこのこ四名とも戻って来て言う。

「安里さん、壕の中に沢山の食糧や色々の物を見付けて来ました。」

「何処の壕だい。」

「すぐ下の方の壕です、元日本軍の病院だったらしい。医薬品や包帯、砂糖、米俵等が沢山あります。」

「早速行って、持てるだけ持って来なさい。」

と再び送り出した。半時間位経っても帰って来ないので、不安に思い、彼らが行った方に歩いて行くと、金城君が壕の入口に立って、他の三名は、摩文仁から大事に持って来たローソクを灯して、壕の奥深く入って、何か叩き割っているようだった。今度は、私が壕入口で見張りをして、金城君を使い、すぐ出て来るように伝えた。米俵を担いで出て来る者、白生地やタオル、石鹸などを持って出て来る者、砂糖を担って出て来る

者など、思い思いに沢山の物を持ち出して来た。

「おい何を割っていたんだ。」

「樽詰の砂糖を見つけたもんだからそれを割って持って来ました。」

大城君はそう言いながら、三〇斤程も担いでいるのを見せた。

「そんなに沢山どうするんだ。分けて持ちなさい。」

と言って、壕から少し離れたところで、石で割って喰えるだけ喰った。二、三カ月振りの砂糖だったので、大慌てで食べた。満足するまで食べたが、水が無くて困った。米は附近から米兵の靴下を二、三足探し出してそれにつめこみ、水を求めつつ玉城城址を指して出発した。前川部落で水を探したが、全部落が焼き尽くされていたので、水は得られなかった。部落を通り抜けて畑道に出た。

「オイ、何処か水のある処がないかナ。」

と話しつつ歩いていると、一人が、

「アッ蛙が鳴いている、あそこには水があるに違いない。」

と言ったので、皆は「成程」と感心しながら蛙の声の方へ向かった。

蛙は、沼で鳴いていた。沼の中に入って水面に口をつけてグイグイ喉を鳴らしながら満足するまで飲んだ。

夜明前、玉城城址に辿り着き、城下の半壊民家を見つけ、その天井に上って昼間を過ごした。その辺りは、弾の音一つしない静かなところだった。昼間は安心してぐっすり眠り、日暮れ時に下り出して、人気ない草の茂った庭に座って月を眺めていた。大城君は、家の中を何か探していたが、暫くして、

「安里さん、大きな鍋がありますからそれで御飯を炊きましょう。」

と言って鍋を担ぎ出して来た。

「安里さん、井戸もつるべもあります。私達が飯を炊くまで水浴びをして、二、三カ月分の垢でも落していらっしゃい。」

とすすめられて、金城君と二人で水浴をし、新しいタオル、石鹸で、首里に居た頃からの垢を落した。他の三名と交代して、彼らも水浴をすませ、飯も出来上ったので、いよいよ満一カ月振りの銀飯にありついた。

五名とも夢中になって、物をも言わず大いに食べた。

そして食べ尽くしてしまった。満足しきって誰一人、物も言わない。いや言えなくなってしまった。一同は久し振りに裏腹の悲哀というものを知った。

その翌晩、佐敷《さしき》部落まで行き、そこから逆戻りして南風原《はえばる》を通り、国頭《くにがみ》へと向かう途中、船越《ふなこし》部落南側の田んぼの中で敵に囲まれ、屋宜、金城両君は敵の手榴弾に倒れ、大城君も左顔面に敵の手榴弾の破片を受け、自らの手榴弾で自殺を遂げた。

散りゆく学友たち

川崎正剛（本科一年）

五月十五日

アメリカ軍はじりじりと友軍を圧迫してついに友軍の最後の組織的抵抗陣地である首里の北方、石嶺に鉄壁の陣を張るにいたった。後続の部隊も、東は西原と幸地方面から、西は浦添、内間、勢理客《じっちゃく》の一帯にかけて、強固な戦車部隊を配置しているようだった。それに対して友軍は敵の圧迫に耐えかねて、抵抗力を失った将兵が、夜通し首里へ後退してくる有様であった。

後退してきた現地部隊のなかに、われわれ師範学校の本科二年生の平田徳一君（佐敷《さしき》村出身）がいた。彼は在学中に、山部隊に現地入隊していた。そして安謝川《あじゃがわ》のほとりで守備についていた。果敢な奮戦のうちに、九死に一生を得て、やっとわれわれのところへ辿りついてきたのであったが、彼の負傷はひどく、右足首に喰い込んでいた弾片は自分で摘出したと言っていたけど、骨は無残に砕けていた。他の足の負傷もひどく、軍服はぼろぼろになり顔面蒼白で、ろくに口もきけないいたましい姿に変わり果てていた。

六月一日

最後と頼んだ首里陣地もついに退陣やむなきにいたって、われわれも島の南端、摩文仁に守備軍とともに転進することになった。転進にさいしては、負傷者は、自分で歩けるもののほかは壕に残されることになった。平田君もその一人だった。

「このまま死ぬとも本望だ。帝国軍人としての天命であってみれば満足に思うより外ない。」

平田君はそんなことを言いながらも、さすがに涙を流しながら、われわれを見送っていた。そして、彼とはこれが永久の別れとなった。

われわれは、二、三人の重傷者や胃病に苦しむ知名教官をタンカに乗せて介抱しながら豪雨のなかを摩文仁城跡へと進んだ。そして六月四日にやっと辿り着いた。しかし途中で七、八名の犠牲者を出していた。摩文仁城跡では軍司令部は自然の洞窟内におかれ、その上に安里教官の率いる本隊は陣取った。

六月五日

その時分には敵艦も摩文仁の沖合いに集結してきた。ときには、わが軍特攻機の敵艦への肉迫攻撃も見られ、われわれも万歳を絶叫した。しかし、食糧はつきて、砂糖黍の汁でようやく胃袋をうるおすほどになり、兵隊も学徒も食料を求めてうろつき、多くの犠牲者が続出してきたが、まだ漠然とではあるが最後の勝利に一縷の望みをかけていた。

六月十日

東の空が白むころ、突知として、物凄い空、陸、海からの猛砲爆撃が開始された。わが陣地は混乱し、いたるところに死体がころがり、肉片が飛び散り、一瞬にして阿鼻叫喚の巷と化した。この日迫撃砲が静まったころ、平良教官が杖にすがってやって来て、本科一年の知念悟吉（本部出身）が戦死したことを知らせてくださった。

続いて、本科一年の兼島昭君（首里出身）が上半身を吹き飛ばされたいたましい姿で、榕樹《ガジュマル》の木の下で死んでいることも分かった。かくして、われわれ学徒隊のなかからも次々と戦死者が続出して、ようやく憂色が学友の顔にも現われるようになった。

六月十二日

その日の迫撃砲の攻撃は本隊の附近に集中したので、安里教官は危険を予知して、壕の上の隊員たちを呼びおろせと叫んでおられた。そのとき、またも迫撃砲のうなりとともに弾は壕の入口で炸裂した。物凄い爆風と猛烈な破片の飛散に、一時はなにがなにやら判らなくなってしまった。

やがて、じーんとからだのしびれたままの感覚でわれに返り、入口の方を見ると、本科二年の石垣永展君（八重出身）が、炸裂した破片で額や背中、両方の掌などを深くえぐり取られて、あさましい姿に変わり果てていた。ほかに、本科二年の山田盛光君（那覇市身）は、口許が直径三センチばかりえぐり取られ、砂糖黍を手にした右腕もわずかの皮でぶらさげたまま虫の息であった。予科二年の照屋寛明君（首里出身）は、爆風で壕の入口近くに叩き込まれていた。抱き起こしてみたら、頭部が真二つに割れ、大きく呼吸はしているようであったが、手の施しようもなく放っておくよりほかなかった。鮮血にまみれて昇教官から手当を受けていた石垣君は、歯を喰いしばって苦痛をこらえていたが、四十分後にはついに息を引きとってしまった。知名教官が石垣君の名を呼ぶ声が、静寂な壕内に響いて私達の胸をかきむしった。

六月十四日

私が午後六時過ぎに、砂糖黍を二、三本持って帰ってみると、予科二年の知念眞一郎君（玉城出身）が顔面蒼白になって私の帰りを待ちあぐねていた。彼は、右手首を破片で切断され、まだ新しい包帯の下から生温い血が流れ出していた。六月十五日には、同郷の本科一年の久保田博君（玉城出身）が腹部を射貫かれて即死した。

六月二十日

もはやわれわれの命も風前の灯になった。敵は壕から三〇〇メートルの地点に迫っていた。いまは壕に残っているものは重傷者一〇名ばかりとなった。野田貞雄校長一行が国頭方面へ突破を試みて、出発されたのもこの日であった。そしてそれが永久の別れとなった。壕に残った知念教官外二、三名の重傷者は、ただ目ばかり光らせて壕の入口を睨んでいる。私もこの日国頭目指して壕を脱出した。知名教官は別れに際して言った。

「死は怖れぬ。だが働きが足らないままに死ぬことが無念だ。皆このまま死に果てるかと思うと……。」

そして、それが最後の別れになった。重傷者の泣き叫ぶ声に耳を塞ぎ、血涙をしぼって私たちは、五人一組になって思い切って壕を飛び出た。

六月二十三日

わが友軍も脱出組も退路を敵に断たれた状態で、摩文仁の海岸では人びとはただうろうろとするばかりで大混乱に陥っていた。兵隊の中には、住民に変装して脱出を試みるものもいた。本科二年の山田英夫君も、その一人だった。予科二年の嘉数《かかず》朝進《ちょうしん》君（玉城出身）は腐れた缶詰を食って中毒にかかりうめいていた。

六月二十四日

本科一年の赤嶺清起君（豊見城《とみぐすく》出身）、同じく知念秀夫君（美里《みさと》出身）と私の三人は、今宵こそ国頭へ突破すべくいろいろの方策を講じて、突破口を見出そうと走り廻っていたとき、ある岩蔭に本科一年の名嘉元正文君（伊平屋《いへや》出身）、予科二年の輿那嶺太郎君（慶良間《けらま》出身）両名が大腿部を深く大きくえぐり取られてうめいているのに出会った。

「川崎、もう駄目だ。」

ふたりはそう言って、悲憤の涙をはらはら流しながら仰臥していた。

午前〇時。勇を鼓して三人は海からの脱出を試み、海中に飛び込んだ。半弦の月が頭上にわびしく輝いていた。三人は辺りに気を配りながら泳ぎ、ようやく湊川辺まで泳ぎ着き、儀座海岸に辿りついたところで上陸した。しかし、そのときに気がついてみると、いままで三人一緒に泳いでいたと思っていたが、赤嶺君がいない。どうしても赤嶺君の姿を見つけ出すことができず、仕方なく二人は濡れた服を死体からはぎ取った服に着替えて、約四十分ぐらい山中をさまよって歩いた。と、二人の足音をききつけたらしい敵兵に集中銃弾を浴びせられた。

「知念」「川崎」、二人は逃げながらもお互いの名を呼び合っていたが、ついに別れ別れになってしまった。

六月二十六日

私は一人となり、儀座の山中を這いながら進んだ。夜半過ぎに後方から来る軍靴の音を聴いて、ハッとした。足音はしだいに近づいてきた。敵か味方か、私は音の方向に気を配っていた。しかし、次の瞬間にはその人の前に立ち寄っていた。

「山」「川」「山」「川」、私は相手に連呼したが、しかし合言葉が通じないようだ。私は素早く手榴弾の安全ピンを口元に持っていった。

「ワーッ。」

そんな声を相手は発しながら逃げて行くようだったが、私は力まかせに手にした手榴弾を投げつけた。轟然たる破裂音がして、忽ち辺り一面にもうもうたる硝煙が立ちこめた。すると五分も経ったであろうか、今度は二、三〇名の靴音がまたこちらに近づいてくる気配がした。私は辺り構わず逃げ出した。三十分ばかり逃げ廻ったころ、突如として身辺に手榴弾の破裂音がしたかと思うと、その破片が身体一面を貫通し、私は、はたと倒れて意識を失ってしまった。

正午頃、知念の米軍の病院で意識を取り戻し、治療を受けて、そのまま七月十日に国頭の屋嘉捕虜収容所へ運ばれた。

南の巌の果まで

渡久山朝章（本科一年）

留魂壕

首里城外壁を背に、前に円鑑池、弁財天堂をかかえ、円覚寺の山門に続く巨木の群生地帯、この一帯をハンタン山と呼んでいた。そしてこの緑蔭は軍司令部洞窟第一坑道口を蓋い園比屋武御嶽がある安国山へと繋がっているのである。

「留魂壕」、それは私たち沖縄師範学校男子部の全校四百有余名の職員生徒を収容する待避壕兼陣地である。

昭和十九年十月十日、県都那覇市が初の大空襲を受けた後、大慌てに作った洞窟で、首里城二の丸の本丸寄りに切り立った厚さ十余メートルの大岩塊の下を刳り抜いて構築した横穴壕である。内部は沖縄の方言でいうクチャと呼ばれる黄色のザラザラした砂状の土質であるが、それでいて砂土の密度が高いせいか頑丈で、落盤事故の恐れはまったくない。その上この土質は水分をあまり含まず、ジャーガルと呼ばれる粘土質のジメジメした洞窟とは居心地の上でも格段の差があった。

出入口が三カ所もあり、中で結ばれ「E」の字型になっているこの洞窟は、掘削全長一二〇〜三〇メートルにも及ぶものである（この中の左側の一本は沖縄新報社の陣中新聞刊行所となっていた）。

思えばあの十月十日の空襲以来まったく授業は行なわれず、先生方も生徒と共に軍司令部の壕を掘り、或は崎山町の砲兵隊の壕掘りに駆り出されていた。

空襲以前も授業は半分も行なわれていなかった。それは第九師団（武部隊）――当時最も精鋭と言われていた――の壕掘りが軍人の協力として半ば義務的に課されていた。

けれどもその頃までは呑気な気分さえ横溢していた。それはこの島に駐屯している我が日本軍への信頼と期待から生じたものであったし、その軍隊をさし向けたお上のこの島と一般住民への配慮の深さに対する安堵からであったろう。皇土を守り皇民を保護するというこの当然のことが私たちにとっては安堵ともなり無上の喜びともなっていたのである。

それはもしもの時、大局の前には粟粒のようなこの島は捨てて顧みないという発想の生ずることを恐れる心が単なる杞憂に過ぎなかったことに安堵したのであり、廃藩置県以来絶えず差別政策を続けられて来た私たち沖縄人の心――世代を重ねて積み上げられたこの複雑な心は容易に他の理解できるものではない――に皇民として守られることが保証されたとする喜びでもあるのだ。そしてその過程では絶えず劣等感に苛まれ、お互い同志は逆に劣等感の裏返しとして大言壮語する悲しさ……。得るため（皇民化）には捨てねばならぬ（独自の文化）中央化志向の不幸さ――それは柳宗悦を始めとする幾多の心ある民俗学者をして嗟嘆せしめたのだが――それが身内の者の手で進めざるを得なかった哀れさである。

恐らく日本人の中で沖縄県民程日本人たるべく努力し、その当時の最高の日本人たり得たのは他に類例を見ないのではなかろうか。人は生れに依るものではなく育ちによると言う好例だ。そしてその終着駅は、これは後のことになるのだが、「南の巌の果」、健児隊やひめゆり隊の悲劇であろう。けれども今沖縄は、私たちは皇国の一角として、陛下の赤子として我々の頼もしい皇軍によって守護されるのだ。

さて、この島守護のもののふたちは本土から、満州から続々やって来た。

連隊区司令部しか置かれていなかったこの島へのこの新たな兵力は途方もない驚異的な数と思われたし、窮乏生活を甘受せざるを得なかった私たち一般国民からすると、彼等の装備や物資が如何にも戦う者に相応しい力強さとして映ったものであった。

これは世論操作され、国民精神総動員された成果たることは論をまつ迄もないことだが、特に若い者は彼等が世事に長けることなく純粋で一途――言葉を返せば無知、衝動的――表現が悪いと言うなら情熱的で可塑性に富むと言おう――この特性が故にその教育効果は覿面《てきめん》だったと言えよう。

さて、我が郷土を防衛してくれるこの頼母しい最精鋭部隊――武部隊――の陣地構築と思うと勇んで出掛けたものであったし、兵士たちとの共同作業を通して心の連帯は生まれるし、休憩時の交歓も実に楽しいものであった。その上、月二四、五円もの賃金も支払われるのであった。

その動員の一部をさいて、三カ月にも及ぶ突貫作業により三月中旬、私たちの「留魂壕」は完成したのである。

「身はたとい　武蔵の野辺に朽ちぬとも　留めおかまし　大和魂」との辞世を残し小塚原刑場の露と消えた幕末勤皇の志士、吉田寅次郎松陰の「留魂録」の名と精神から命名された壕である（命名者の中村男子部長は公務にかこつけて本土出張し、遂に戻らなかった）。

今や事態はかつての「太平の眠りを醒ます蒸気船」のあの黒船四杯の騒動どころではないのだ。読谷山《よみたんざん》、嘉手納《かでな》沿岸に蝟集する黒艦は海面をも見せぬ程に覆い尽くし、艦上から撃ち出された降るアメリカの砲弾は私たちに注がれているのだ。

防衛召集――鉄血勤皇隊

留魂壕横の広場に集合し終えた全校職員、生徒を前に野田校長先生のお話があった。「諸君はこの様な困難な時期に学業に専念し、今日に至った。しかし、私が校長として本校に赴任して間もなく、その学業さえも投げうって軍の陣地構築に明け暮れた。校長として誠に忍びないものがあった。」

思えば校長先生は南島に風雲急を告げる頃、茨城県女子師範学校長から新制師範学校の初代校長として、私たちの学校に着任されたのである。

すでにその頃は米軍の反攻が激烈を極め、ガダルカナル島の我が軍は転進（退却）を余儀なくされ、北海ではアッツ島で山崎大佐以下全守備軍が玉砕した。かくて緊迫の度を加えた戦況の中で国内では学徒戦時動員体制確立要綱が制定され、女子学徒の動員まで決定されたのである。このような困難な時期に、かくも遠隔な地に、野田校長先生は胸中深く期す所あって御赴任されたのであったに違いない。

「今晩はこの様な状況の中で諸君に集っていただいた。勉学にいそしませる約束で諸君をおあずかりした私にとって、未曾有の国難とはいえ、堪え難いものがある。」

温厚なお声は震えている。暗くて分らないが、涙を流しておられるのではないかと思われた。声涙共に下るこのお話に、生徒は全員、粛として声もない。

遠くの砲声が殷殷と響く。

最後に予科一年は二年に、予科二年及び三年は本科一年にそれぞれ進級することを認定された。こうして私たち予科二年組も、学徒戦時動員令に伴う学制改革によって、予科三年と共に本科に進んだのである。校長先生のお話が終わるや否や「気を付け！」と鋭い号令がかかった。

続いて配属将校の井口一正中尉が次のような訓示をした。

「物量をたのむ敵米軍は、今やその物量に物言わせて小癪にも、此処神州の一角に上陸せんとしている。かくて我が沖縄師範学校の職員・生徒全員に防衛召集令が下ったのである。恐懼感激の極みである。皇《すめら》御国を守り、皇運を扶翼し奉るは、これひとえに皇恩に報ずるの道である。男子の本懐これに過ぎるものはない。諸子は皇国の学徒兵として、一意その赤心を尽くすよう努められたい。」

井口中尉の上ずった声がキンキンと響いた。

郷土蹂躙される

砲撃は遠雷のように間断なく轟き渡っている。朝靄と硝煙で煙って嘉手納や我が村の陸の方ははっきりしない。その煙と靄のとばりの中でピカピカと閃光が相次いで起り、その上空では蜜蜂のように飛行機が乱舞している。

米国陸軍省の記録によると、米海軍は上陸直前、戦艦一〇隻、駆逐艦三三隻並び一七七隻の砲艦の砲門を一斉に開いて上陸軍援護射撃を開始したという。この時撃ち込まれた砲弾は五インチ砲以上四四八二五発、ロケット弾三三〇〇〇発、臼砲弾二二五〇〇発もの数に上ったという。

その上、航空母艦を離れた艦載機は、海岸一帯の施設にナパーム弾と爆弾で攻撃したと記されている。

けれども那覇大空襲に使用された爆弾の数量については述べられていない。これらをすべて数字にすると、恐らく数十万にも達するのではないかと思われる。蓋し公式発表された五インチ砲弾以上云々の合計でも一〇万三二五発の莫大な数量にも上る。この夥しい鉄の量が撃ち込まれ、爆発し、火となり、爆風となってこの狭隘な地域を襲えば、如何なる事態を現出すだろうか。

この上陸地点となった読谷山村が三四・四七平方キロメートル、北谷村二七・七九平方キロメートル（現北谷村一三・一二平方キロメートル、戦後分離した嘉手納町一四・六七平方キロメートルの合計）の面積で、これを総合計すると六二・二六平方キロメートルとなる。その地域に前述の数量が発表された分の一〇万三二五発という集中砲爆撃が加えられたとすると、それは一平方キロメートル当たり一六一一発、一平方メートル当たり一・六発という計算になる訳である。もっと解り易く言うなら畳一畳当たり三発の砲弾を撃ち込まれたということになろう。これは文字どおり弾雨であり、絨毯爆撃とも言われ、耕し戦法とも呼ばれるものの実態なのである。

野戦築城隊

防衛召集令が入ったことから全職員、生徒は球一〇一五八第二野戦築城隊付鉄血勤皇師範隊となり（独立部隊）、全員軍服姿に変わった。軍服とはいっても当初は防暑服一着であり、半袖、開襟、脇に暑熱を放出させるためだろうか七、八センチ開いている上衣に半ズボン、つまり軍隊用語で言う半袴、の姿をした全員二等兵である（星一つの階級章は着けてはなかったのだが）。先生方の中には予備役の方がおられて曹長の階級章を付けていたが、短現伍長（短期現役出）を始めとする大方は付けてなかった。こうして顧問に野田校長先生をいただき、配属将校井口中尉を大隊長にして先生方が中隊長、小隊長をつとめられた。そして分隊長以下全員二等兵という珍妙な軍隊が生まれたのである。

さて、こうして編成された鉄血勤皇師範隊は、その役割によって三つに分けられた。

先ず上級生、本科二、三年の中から身体強健、成績優秀で志操堅固な者五七名を選び球一六一六部隊（軍司令部直轄）配属、鉄血勤皇師範隊菊水隊が編成された。菊水隊は大楠公、忠臣楠木正成の旗印から名付けられたもので斬込隊である。日頃は留魂壕の哨兵の役目を果しつつも、夜間は特別に斬込隊としての訓練を受けていた。

黄色火薬を詰めた急造爆雷を背負い、蛸壺壕から戦車に飛び込む訓練である。勿論、この飛び込みは単独でやれる訳がなく、従ってそれを支援する必要がある。その為の狙撃訓練も同時に激しく行なわれていたのである。

別の一隊も同じく球一六一六部隊に配属されたが、これは二二名で編成され、千早隊と称された。先述したとおり、吉野朝時代の悲運の忠臣大楠公楠木正成、その名は知らずともその子正行との決別を歌った「青葉繁れる桜井の、里のわたりの夕まぐれ」の歌で山間僻地の幼児にまで歌われた武将である。この正成がかって立て籠った千早城の名から取って命名されたこの隊は、その役割から情報宣伝隊とも呼ばれた。

沖縄守備軍の地下司令部作りは昨十九年十月十日の空襲以来、急ピッチに進められ、莫大な人数が動員され、私たちもこの作業にかり出され、多大の日数が費消されていた。しかし、敵上陸の日に至るまでまだその完成を見ていない。私たち野戦築城隊第二中隊はこの未完成の部分を仕上げるべく、野戦築城隊の兵士たちと共に昼夜交代の突貫作業に入ったのである。

私たちが地に潜り、それこそモグラとなって土を掻き出している間にも敵上陸軍は怒濤の勢で上陸地点から東へ南へと猛進撃を続けていた。あらゆる流言蜚語（不利な戦況の話はそう呼ばれた）は封ぜられていたとはいえ、二〇キロメートルそこそこの先のことは否が応でも伝わるし、大凡の情勢は掴めるのである。

北谷村水釜《みずがま》に上陸した敵師団は嘉手納を抜け屋良《やら》と野国《のぐに》、野里《のざと》、国直《くんのうい》にまたがる中飛行場を制圧し、千《しん》貫田《ぐわんだ》、大工廻《だくじゃく》、池武当《いちんとう》、知花《ちばな》まで進出したのである。

一方、読谷山村渡具地《とぐち》、楚辺《そべ》、都屋《とや》に上陸した各師団は座喜味《ざきみ》の北飛行場を押さえ、喜名《きな》を超え親志《おやし》にまで達している。読谷山南部を進撃した一隊は東進して比謝矼《ひじゃばし》に達し二手に分かれて一部は牧原《まきはら》の台地に突入し、他は天川坂《あまかーびら》を駆け上り嘉手納側と合流している。

この電撃作戦の前にはかって慶長の役に天川坂を上ろうとした薩摩軍に対し沸騰したウケーメー（お粥）を流してその進撃を阻んだ奇策も通じなかったのかも知れない。比謝川畔の壕に居た私の親戚筋に当たる渡久山セイ親子はその日の内に米軍に保護収容された。

こうして米軍は上陸第一日目にして早くも読谷山と北谷の平野部の総べてと一部丘陵地帯をその勢力圏内におさめたのである。二日目になるとその快進撃はいよいよその度を速くし、東海岸の泡瀬《あわせ》までも制圧し、早くも沖縄本島中部の中頭郡を南北に両断したのである。

この米軍の上陸作戦に対して「第二波の上陸軍までは黙って上陸させるが、やがて機を見て地下に秘匿された約四〇〇門の砲門を一斉に開いて一挙に敵軍を撃滅する」（八原博通『沖縄決戦――高級参謀の手記』）筈であったが和田司令官の率いる砲兵は何故か火を吐かず「上陸海岸に直接配備してあった楚辺、平安山《へんざん》の海軍二砲台と独立歩兵第一二大隊の一中隊は、怒濤の如きアメリカ軍に対しては、浜の真砂の一粒に過ぎぬ存在であった。烏合の臨編部隊である特設第一連隊もまた然りである。敵は四月五日、早くもわが南上原《みなみうえばる》――我如古《がにく》――牧港《まちなと》の線の主要陣地前面に出現した。こうして前の話とはまったく辻棲の合わないことになったのである。そしてこの様な無抵抗の状態の中を米軍は快進撃を続け、四、五日にして沖縄本島中部の中頭郡の半ば以上を制圧したのである。

戦場の逃亡兵たち

Kは、三年の中途で陸軍の特幹（特別乙種幹部候補生）に志願して合格していたのである。ところが入隊を前に故郷の島へ家族との面会に行ったところ十月十日の空襲で戻れなくなってしまった。その後船便が回復してもズルズルとそのままでいた。家族を前にしてはその出発の心が鈍ったのである。

これを那覇の沖縄連隊区司令部では入隊拒否と見て、同島（久米島）の駐在に手配した。島出身の駐在は秘密裡に彼を島から脱出させ、沖縄本島に帰したのである。こうして行き場を失った彼は、私の同宿人の一中生――私の小学校の同期生、池原君――を頼って忍んで来た。

それから二カ月近くも彼を隠匿する生活が始まったのである。迂闊にすると発覚する恐れがあった。発覚すると一大事なことになる。

配属将校井口中尉の怒声が留魂壕内に響きわたった。

「敵前で行方不明になった奴は、仮令《たとい》帰隊しても逃亡兵だぞ。特に今の状況では敵に通じた奴と見做される。敵前逃亡の罪はどうなるか解るか。陸軍刑法第七章五二条に該当するのだ。いいかッ、それは死刑、無期、もしくは五年以上の懲役又は禁錮に当たるのだぞ。こんな奴は許せん。他の隊員への見せしめだ。たたっ斬ってやる。」

井口中尉は、軍刀をガチャつかせながら、片膝立てていきり立っている。

恩賜の煙草

「昔神武天皇自ら大伴物部の兵を率い中つ国に従わぬ者どもを撃ち給い高御座に即かせられてより」二六〇〇年を経たといわれるが、その奉祝歌の勇しい詞と旋律にも拘わらず、物資は不足し始め、物価は上昇し、買いだめ、売り惜しみが起ったのである。苦しい一般の人びとは公然と紀元二六〇〇年の歌を捩って内の生活の苦しさをザレ歌にして歌った。

「金鵄輝く日本の　栄ある光身にうけて
今こそ祝えて大八州　紀元は二千六百年
ああ一億の胸は鳴る。」

「金鵄上って二十銭　栄ある三十五銭
翼を連ねて鵬翼は　上った上った四十銭
ああ一億は驚いた。」

前が本歌で後は替え歌である。金鵄、光、鵬翼は煙草の名である。それらの確かな値段は憶えてはいないが、まあ大体そのようなものだった。

慰安婦たち

軍の直轄下に入って後は、私たちがかねて危惧したようなことは起らなかった。

階級で押し付けたり、軍隊の飯を何年食ったかということでドヤしつけることもなかった。兵隊と私たちとの間ではむしろ以前にも増して親密感さえ生じたのである。それは同じ境遇の中で同類相憐れむとか、敵前での相身互という気持がそうさせたのであろうか。そして野戦築城隊であることから召集兵が多く、女房、子どもを持つ者も少なくないことも人間らしい関係を深めている一因ではなかったかとも思う。

壕掘り最中の姿といったら戦闘帽に編上靴、首に巻いた汚れた手拭、後は褌一本という凄い恰好をした召集兵も、つまりは人の子であり、一介の親爺であった。「学生さん、学生さん」と呼び、むしろ以前よりは親身になっているのである。

しかし下士官は別であった。兵隊と学徒兵を区別しなくなっただけでなく、むしろ学徒兵には辛く当たることが多くなっていた。作業能率がどうの、精神がどうのと八ツ当たり気味である。けれども私たちにして見れば、決して作業能率が落ちたとも思われないし、タルんでいるとも考えられない。否、むしろ危険な作業現場と留魂壕の往復ということから免れ、一意壕掘りに専念できて能率も向上したとの自負さえあったのだが……。

これは日本陸軍の伝統的幹部候補生受験者イビリから来るものだろうか。中学校卒業以上の学歴を有する者は幹部候補生受験の資格がある。彼等下士官たちにとって、自分たちが営々と軍隊の飯を何年も食って叩き上げた地位階級を、学歴で追い越して行く者には我慢がならないのである。今の内に、予備士官学校に行かない間に虐めておけというのがその心情かも知れない。そして私たち学徒兵たちの会話や挙動に将来的見習士官の姿を見ているのかも知れない。そしてそこには彼等の学歴への妬みがあり怨嗟がこもっているとも思われる。彼等が良く口にする「軍隊の飯を何年食ったか」ということで、幹部候補生上りの若い士官を暗に軽視する態度に出るのもその為かも知れない。彼等の前では知識や学問のことはタブーであり、学生らしささえも慎まなければならないことなのだ。

こうして私たちが軍の直轄下に入る前と後とでは、兵士たちの私たちに接する態度と、下士官たちのそれとは逆転したのである。前は兵士たちよりも下士官の方が私たちには良くしてくれたのである。

人は三人揃えば一人が一方を甘やかすと、他は甘やかされた方に意地悪く向かうし、片方が辛く当たれば残った方は同情にまわるものだろうか。召集兵たちは下士官や将校に対し表面は恭順を装いながらも陰では「この若造共が」と言いながら、私たちとの間に暗黙裡の協力関係を作ろうとするかに見えた。

夜勤の穴掘りに駆り出されて、淡くともる裸電球の光を頼りに壕の奥の方へと進むと、何時ものように十字鍬を打ち込む音が聞こえて来る。チョロチョロ流れる湧水をジャブジャブ音を立てながら行き当たる所が壕掘りの現場である。そこに予期する光景とは、何時もながら泥で汚れた一本の褌だけを身に纏い、十字鍬を振るう兵隊の姿である。すこし坑道の折れた所を通り、いきなり目に飛び込んで来た光景には思わず我が目を疑った。見馴れない光景に逢着したのである。十字鍬を振るう裸の兵隊たちの他に、新しい防暑服を着けた数名の人が円匙を使って掘っている。

女ではないか！　私たちは思わず顔を見合わせた。淡い光を浴び、馴れない手付で円匙《えんぴ》を使うその人たちは正しく女性たちである。

陣地構築の遅れで、とうとう女性まで駆り出されたのか。それも沖縄の軍属の女性たちではない。裸電球の淡い光でもそれと分る、防暑服の半袴から抜け出した真白い透きとおるような大和女《やまといなぐ》の太腿が目にまぶしい。一瞬、心臓がドキドキと早鐘を打つ。一月以上も若い異性を見ない十六、七歳の少年たちにはこれは余りにも刺激が強過ぎたのだ。私はその時まで若い女性の膝から上の部分を見たことはなかった。

昭和十五、六年頃沖縄にモンペが入って来る時までは女性が股の割れた衣服を着用しているのさえ見たことがなかった。私だけでなく当時の人びとすべてがそう考えてそれが常識にさえなっていたのではないか。「女体は被わるべきである」と。ところがこの光景はどうだ。防暑服であるが故にその裾は特に広い、従って大腿部は否が応でも目に付くのだ。そして腰に付いた紐は括れた腰をぐっと引き締め、襠と身体の間に弛みを持たせていない着け方は男にはないものだ。

これは目の遣り場に困るとかそんなものではない。まったく呆然と見とれているのである。「そんな阿女《あま》に見とれていると下士官のビンタが飛ぶでぇ」と兵隊たちに言われてハッと我にかえった。

沖縄本島に皇軍が大挙して駐屯以来、駐屯地近くには必ず慰安婦なるものを配置し、軍人慰安所と墨痕淋《ぼっこんりん》漓《り》大書されていた。

兵隊間では俗にピー屋と呼ばれ、その門前常に市をなし、兵隊たちが数十名も列を作っている姿は、実に滑稽をも通り越し、盛りの付いた雄の性のうら悲しさを見る思いであった。同じ雄のそれでも幾多の雌を抱えハーレムで君臨しているオットセイの方がどんなに雄々しく、晴れ晴れと見えることか。賢い筈の人間のそれが、それは自発的な売春婦も含めて総べてのこの類のものがジメジメとしており、疲れ果てて見えるのは何としたことだろう。

さて、門の表側で下半身の欲求に引き摺られて長い列を我慢しているのに比べて、その門の内側に囚われていた人たちは、更に如何様な日々を過していたのであろうか。

そして今、彼女たちは追いつめられて地に潜り、兵や私たちと同様、その身の置き所にも苦しみ、揚句は男同様の肉体労働が課されているのである。兵士たちは口々に、円匙を使う時「腰の入れ方、使い方が悪い」の「股の開き方、閉め方が足りない」のと卑猥な言葉を投げかける。口をつぐみ、悲痛な面持ちをした彼女たちは慣れない手付きで円匙を使っている。

いろいろな不幸な境遇で暗い過去を背負い込んでこの道に落ち、そして「お国のため」で駆り出され、兵たちの性の排泄の対象としてその身を投げ出したことであろう。

しかし、今やその兵たちとまったく同じ運命に身を委ね、同じ境遇に置かれたのである。無言で肉体労働に従事する彼女たちの胸の中は、むしろ同じ「お国のため」なら、今の方が良いと思ってジッと労苦に堪えているのであろうか。

或は兵の一人が自棄、自嘲気味に「負けが続いて来ると女もアナを掘るのか」と言った悲哀感、絶望感にとりつかれていたのかも知れない。

こうして兵が掘り、学徒兵と彼女たちが円匙で土を拾い、学徒兵がトロッコで捨てに行くという作業が繰り返されていった。

初めの内は小ざっぱりしていた彼女たちも、激しい労働でクタクタになり、汗と土と泥水でいつしか私たちと同様な姿に成り果てていった。否、このような時の女性の姿は、ほつれた髪をかき上げもせずに、むしろ男たちよりも窶《やつ》れて見えるものだ。

休憩になると泥土がベトつきジトジトに濡れた松の枠板さえも構わず、その上にベタリと尻を付け、両足を投げ出した。肌が白いだけに泥土の汚れは一層目につき、痛々しい姿に変わってしまったのである。

壕の天井から流れ落ちる水を受けて全身びしょ濡れである。

卑猥な言葉を投げかけ、時には彼女たちの尻を撫でる兵たちとは離れ、彼女たちは私たちと一緒に休むことが多くなった。すると兵隊たちは私たちに対して嫌味、皮肉を言うようになって来る。こうしてまた新たな三角関係が生じ、それが織りなす複雑な感情が浮き彫りにされるのである。そして感受性鋭敏なポパイたち(学徒兵)はブルート(兵隊)とオリーブ(彼女たち)の間で否応なしに男性を意識させられて行く。

とはいえ、私たちと接する彼女たちは、それはまるで弟にでも対するようなものであった。こうして奈良県から来たという上田さん(この人はその中でも上の年輩と思われたが、殆ど無口で悲しそうな目をしていた)は、時々こっそり乾麺麭と金米糖をしのばせて来ることがあった。それは一蓮託生というか、同じ運命と境遇に、共に相憐れむ心が生じたのだろうか。はたまた彼女たちの生得の母性本能が無意識裡にこの年少者たちへ働いたのだろうか。

彼女たちの宿泊所は知らないが(軍司令部洞窟内であることは彼女たちの話しぶりから察せられるのだが)、此処に来るまでには絶えず兵隊たちの淫らな視線とことばを浴びるとのことであった。

事実、用足しに出かける彼女たちを追いかけるように厠へ出かける兵隊さえいた。

便所とはいっても壕口の近くの小川の土手斜面に木を組み、板を若干敷き、隔ては空の叺《かます》を吊り下げただけのものに過ぎない。叺を押せばもうそこには隣との隔てはないし、第一、小川の反対側の低い土堤からは、黄金物の垂れ流しの上、少しばかりの板に足をかけ、しゃがんだ下半身は丸見えであった筈だ。

彼女たちが作業に来るようになってから、下士官の見回りの度数が頻繁になって来た。陣地構築進捗状況視察ということが名目であるが、勿論、お目当ては別にあることは誰の目にも明らかだ。折も折、休憩中にこの見回りの連中がやって来た、しかも将校を先頭に疲労と寒さで岩蔭の小鳥よろしく寄り合い、空虚な頭で瞑目している者たちには、咄嗟にその場を取り繕う元気と余裕がない。

このような状況を目撃した中尉殿は、怒髪天をつかんばかりに憤激した。

「コラア、貴様らあ、学生の分際で女とイチャツキおって……」長靴で泥水を撥ね上げ乍ら近づき「立てッ。この様な弛んだ気持で戦ができるか。風紀紊乱しとる。貴様等の腐った精神を叩き直してやる。足を開いてふん張れ。」

ガーンと一発頬に喰らうとグラッとよろめき、一瞬身体の中で失った重心を取り戻そうとして乱れた足がドタドタと勝手に飛び出し、それに運ばれて壕壁に激突する。引き戻されると今度は反対側の耳のあたりにグヮーンと鉄拳を受ける。雷鳴と雷光が同時に襲い瞬間真暗になる。激しい痛みは耳かこめかみか判然としない。続けて左に右にピシッピシッと乱れ飛ぶ。頭にガンガン響き、クラクラと目が眩む。

やがて鉄拳は一列横隊に並んだ次の学友に移って行く。進むにつれ鉄拳の間に怒声が多く混って来る。「糞っ」「貴様等」と激しい息使いに乗って憎々し気に喚きながら打擲を続けて行く。それは打ち疲れと自分の手の痛さに堪えているようにも思われたし、疲れと手の痛さで意に委せない鬱憤晴らしを口で罵詈することによって補っているようにも見えた。異常なまでの怒気の激しさは軍紀粛正にしては常軌を逸しているような気がした。そこに燃える激情を嫉妬の情炎と見たのは私の僻目であっただろうか。

その事があって以来、彼女たちとは絶えず或程度の距離を保つように言われ、言葉を交わすことも禁じられた。その為、仕事の上でも彼女たちとは別々にされ、私たちは兵隊たちと共に掘ることと、トロッコを押す方に就くことになったのである。

結果はすぐに現れた。女の人たちだけの積み込みではどうにもならないのである。私たちは時々掘る手を休め、彼女たちに一時手を引いてもらい、代りに積み込みをしなければならないのだ。こうしてそれぞれが三様に気不味い思いで非能率的に作業は続けられた。

練兵休す

「今に見ておれ、ヤンキー奴！　肉を斬らして骨を断つ我が作戦の神髄を！」と捷報を心待ちにしている。けれども待てど暮らせど伝わって来る情報は「激戦中」ということだけである。

時たま詳しく知らされる戦況にしても「彼我の攻防は熾烈を極め、制海権、制空権を奪われた我が軍も、砲兵を中心とする猛烈な反攻に転じ敵の攻撃を頓挫させ、夜陰に乗じて斬込みを敢行し、その戦線は一進一退を続けている」という位なものである。

……この作戦を聞いて私たちが最も期待していたのは、我が地上軍と相呼応して行なわれる筈の本土からの飛行機と海軍による作戦であった。けれどもそれは極く稀に特攻機による攻撃となって一、二機が姿を見せるだけである。

反攻の声を聞いて脹《ふく》らんだ希望も、日が経つにつれて焦慮に変わり、疑念さえ湧いてくる。人的被害はまだ余り出てないとはいえ、私たちの洞窟や作業場近くでは頓に被弾が増し、近くの立木は日々その緑を失い、徐々に裸になっていく。

こうして四月も終わり、相も変わらず陣地構築は続行された。

スパイ斬殺

夜に入って厠へ出かけた帰り、奇妙な叫びに近いものを聞いたような気がした。耳を澄ますと確かに聞こえて来る。叫び声をたよりに歩を進めると、それが悲鳴であることが判然として来た。しかもそれは女性のものである。俗に言う「絹を裂くような」とかそんなものではなく、それは動物的な絶叫といったような声なのだ。

こんな夜、一体何が起ったのだろうか。しかもそれは野外で起っているらしい。悲鳴に混じって同じ女声の掛け声らしいのも聞こえて来る。ここらあたりは普段、外の方で女の姿を見かけることも少ないというのに……。なおも近づくと、そこは干上った田園の中である。かつて私たちが掘った軍司令部第六坑道口の下、大きな溝（小川と言った方がよい位の大きさであるが）をへだてた下に広がる私たち師範学校の農業実習田の中なのだ。中の畦に立つ電柱を一四、五名の人がとり囲んでいる。溝のこちら側では多数の兵隊たちが見下している。そこは何時か私が発電機のベルトで左手を怪我した所だ。

「向こうに行くんじゃないぞ」とこちら側の兵士に言われて、その群に加わり、田圃の中の様子を窺う。月が出ていたのだろうか、薄暗いけれども大凡のことは分かる。或はそれは時折上る照明弾の明かりで認めたものだったのかも知れない。

田圃の中では兵隊たちに囲まれた中で、白鉢巻姿も凛々しく甲斐甲斐しい五、六名の女たちが「エイッ、エイッ」と交互に短刀を突き出している。「エイッ」と突き刺す度に「ギヤァ」という女の悲鳴が起る。それに混って「しっかり突かんか」という男の叱咤と怒声がする。

パーンと弾ける音がして照明弾が上る。中で突かれて悲鳴を上げている主は明らかに女だ、それは田圃の中の電柱に後手に括り付けられている。頭は坊主刈りにされているのか丸く見える。その丸い頭が悲鳴と共に激しく動く。

事の様相が判ると思わず慄然とし、鳥肌立って来た。激しい震えが全身を襲う。寄ってたかって一人の人間に短刀を突き刺しているのだ。衆人環視の中で、しかも命令、監督の下に女たちが女を……。然も同じ日本人ではないか。

こうして何十回突かれたであろうか。どんなに非力な女性とはいえ、鋭利な短刀を振るえばそこには凄惨な状況が展開されたであろう。迸《ほとばし》る鮮血は返り血となって刺す方の女たちもそれを撥ね浴びているかも知れない。夜目遠目でそれが分明でない。

残忍極りない集団蛮行はなおも続けられて行く。泣き声と悲鳴は、今や「ギャオー」と嗄れた動物的な断末魔の声に変わった。一方短刀を突き刺す女たちの掛け声もその凛々しい鉢巻姿に似合わず泣き声のようなものに変わって行く。

沖縄への敵上陸の前年、昭和十九年八月三十日に沖縄守備軍の牛島満司令官は七項目の訓令を出しているが、そのうち次の三項は特に注目すべき必要があろう。

第五「現地自活ニ徹スヘシ」

極力資材ノ節用、増産、貯蔵等ニ努ムルト共ニ創意工夫ヲ加ヘテ現地物資ヲ活用シ、一木一草ト雖モ之ヲ戦力化スヘシ。

第六「地方官民ヲシテ喜ンテ軍ノ作戦ニ寄与セシメ進ンデ郷土ヲ防衛スル如ク指導スヘシ。

之ガタメ懇ニ地方官民ヲ指導シテ軍ノ作戦準備ニ協力セシムルト共ニ敵ノ来攻ニ方リテハ軍ノ作戦ヲ阻碍セザルノミナラズ進テ戦力増強ニ寄与シテ防衛セシムルコトク指導スヘシ」

第七「防諜ニ厳ニ注意スヘシ」

これらは正に沖縄県民に対する桎梏の条項であろう。第五によりこの貧しい島での徴発行為が正当化され、第六により県民が戦に駆り出され、都合によっては追い出される（壕の明け渡し命令）の因となったのである。そして第七のこの短文の持つ意味は大きい。戦況悪化によって、これは幾多の県民に向けられ、それによって如何に多くの善良な人びとが嫌疑をかけられ、或は残虐行為を受けたか計り知れない。

今私の手元には防衛庁戦史室蔵沖縄戦史料の写しがある。この昭和十九年度石兵団会報綴によると、昭和十九年九月七日付仲間《なかま》（浦添村）の（二）防犯関係の2には「殊ニ沖縄県人中ニハ他府県人ニ比シ思想的ニ忘恩功利的傾向大ナルモノ多ク」とあり、3には「管下ハ所謂「デマ」多キ土地柄ニシテ又管下全域ニ亘リ軍機保護法ニヨル特殊地域ト指定セラレアル等防諜上極メテ警戒ヲ要スル地域ナルニ……云々」とある。こうした公文書にも見るとおり、軍が住民を見るのはスパイとして、或はその類としてであったのである。この史料を更に追って見ると6には「管下ハ道路網発達シアラザルト住民又一般ニ遅鈍ナルトニ因シ自動車事故ニヨル致死傷発生シアリ」とし（九）軍会報中必要事項の1には「集団時ニ於ケル警告敬礼ハ中等学生以外ハ全然実施サレアラズ各隊ハ一兵ニ至ル迄教育実施セシムルヲ要ス」と記している。如何にも偏見と蔑視に満ちた、それこそ実状を故意に曲げ、捏造したとさえ思われる会報である。蓋しこの中に秘められている意図は見抜かなければならない。それは即ち、軍は住民に不信を示し、それによって起る住民的不安をつのらせることにより、軍への協力を推し進めようとしたと考えることができるからだ。

それは全体主義的な体制でよく行なわれる手法だ。恐怖政治で搾り上げ、被抑圧者をして自らの保身の為には総べてに優先して国家や集団に忠誠を誓わなければならない様な破目に追い込むことなのだ。そういう所では時として残忍な見せしめさえ平然と行なわれる。現今の尖鋭的な組織に見られる私刑、虐殺を意味する総括というものもそうした祭典なのだ。

私が実際に目撃した狂女斬殺事件と同一のものと思われるものについては、八原博通元三二軍高級参謀もその著「沖縄決戦」の一八六頁にこう書いている。

「戦闘開始後間もないある日、司令部勤務のある女の子が、私の許に駆けて来て報告した。『今女スパイが捕えられ、皆に殺されています。首里郊外で懐中電燈を持って敵に合図していたからだそうです。軍の命令（?）で司令部将兵から女に至るまで、竹槍で一突きずつ突いています。敵愾心を旺盛にするためだそうです。高級参謀殿はどうなさいますか?』私は『うん』と言ったきりで相手にしなかった。いやな感じがしたからである」。

「スパイ事件は時々あった。二世が潜水艦や落下傘で、沖縄島に上陸して活動しているとか、軍の電話線を切断する奴とか、そしてこの女スパイのように、火光信号をもって敵と相通じるとか。しかしこれまでに真犯人はついぞ捕えられたことはなかった。

私は、ふっと、三月二十五日の午後、首里山頂天王閣跡の広場で見た狂女らしい女を思い出した。私はそこにあった監視哨に状況を聞くため、一人で広場に立っていた。

空は曇り、かなり風が吹いていた。沖縄の三月下旬といえば、春はすでに濃いはずだのに、まったく秋の暮れの感じであった。かなり広い広場に、たった一人の琉装の狂女が呪文を唱えながら、両手を大きく振り、天を仰ぎ、舞いの仕草を続けている。あるいは狂人ではなく、沖縄破滅の一大事出来と、天に祈っていたのかも知れぬ。

私は、竹槍一突き一突きに痛い！と、か細い声をあげながら、死んでいったという女スパイが、この狂女ではなかったかと、憐れに思えてならなかった。」

ここで私が実際に目撃したものと、彼の手記が異る点は、短刀が竹槍となり、動物的断末魔の声がか細い声をあげて、になっていることである。それはある女の子からの報告となっていることから、八原元高級参謀のものは伝聞であり、そのことから誤った部分も出たと考えられるが、司令部将兵から女に至るまでこの狂女を突いていることから考えて、この二つの事は同一事件であったと思われる。

電話線を切断する奴は確かにいた。通信隊の人から聞いたこともあるので私もそれは認めるが、その犯人とは、他ならぬ敵の砲弾なのだ。

「捕えられて竹槍で突かれて死んだのは狂女ではなかったかと憐れに思えてならなかった」と言う反面、その前に「いやな感じがしたから」竹槍で女を突くことに対しては「相手にしなかった」のである。

結局この事件は高級参謀も知っていて、軍命で行なわれたということだ。

こうして戦場とはいうものの、割合後方において、軍という組織的考えの下、その命令で、死に至らしめるにはそれ程効果的でない——つまりなぶり殺しに近い方法（この場合短刀でも竹槍でもその使い手を見れば五十歩百歩だ）で多数の人に突かせて殺すという惨忍非道この上もないものであったのである。

そしてそれを衆人環視の中で行なっているのである。敵愾心を旺盛にする為だというのであるが、この場合はスパイだって狂女にしろ、軍にとってはどちらだって良かったのではなかったかと思われる。要は戦況不利の中でスケープゴート（身代りの山羊）や魔女焙りの見せしめにしたいとの魂胆はあらわだ。

いくら狂女だって鋭利な物で突かれて「痛い」とか細い声を上げて死ぬであろうか。生身の人間なら男女を問わず、正常人、狂人の差なく断末魔の声を張り上げる筈だ。

（これと類似の事件が野村正起一等兵の沖縄戦敗兵日記六〇頁にも出ている。ものもろくに言えない知能の低い人間がスパイとして捕えられ、壕内の天井に背が付く程に吊り上げられ、顔面は無惨に赤黒く腫れ上っていたという。昼下りにこのことを知った年老いたかれの母親が、泣いて本人の無実を訴えて来たというのである。高知出身の野村氏が殊更に嘘を書く筈がない。実は彼も捕えられて来た男を痴人ではないかと思いながらも、油断は禁物といって縛った縄を確かめ、後は痴呆を装っていると思い、本部に連行している。直接捕えた本人ではないが連行役を負わされたのだ。こうして自分で無実を主張できない痴人や狂人の類は恰好のスパイ容疑者として虐げられ、殺害され、見せしめにされたのかも知れない。）

第六章 現地入隊

鉄血勤皇師範隊では、卒業するまで兵役が延期される制度があった。しかし、戦争末期になるとその制度が廃止され、しかも徴兵検査も一年早められて十九歳からとなった。この制度を適用された在学生が、昭和二十年三月一日、学窓から現地の各部隊へ入隊していった。

○入隊員…七五人

○戦死者…六四人

現役兵となって

嶺井　巌（本科一年）

守備配置の概要

昭和二十年三月一日、私は大里第二国民学校に駐屯した部隊に現地入隊した。当日は、早朝からグラマン戦闘機の空襲を受けながら集合し、名簿点検を済ませて玉城村糸数の中隊本部に移動した。

翌三月二日から苛酷な初年兵教育が始まり、一カ月余の初年兵教育が終わり、初年兵は二名ずつ各分隊に配置されていった。

私の分隊は、伍長の分隊長に兵長一名、上等兵三名、一等兵四名、初年兵二名であった。このときから我が日本軍の階級制度の厳しさをいやというほど味わい、思い知らされることになった。上官の命令には絶対服従であり、たとえ建設的意見があっても初年兵からの意見は絶対受け付けられないのが軍人社会で、このような軍隊の制度は苛酷そのものであることは十分承知の上であったが普通の人間の生活するような場所ではない異様な感じさえあった。

分隊長は、分隊員に対して、「俺は小学校も出ていないまったくの無学だ。その無学であることさえもよくわからない。自分の名しか書けないつまらない男だ。しかし、俺は軍隊の飯は貴様らよりは何十年も多く食っている。この分隊では俺様が貴様らのカシラだ。だから俺の言うことには絶対服従だぞ。そこで上官の命令だ。嶺井二等兵、貴様は師範学校で学問をしたそうだから、今日から俺の秘書に命じる。小隊本部からの命令文書、伝令文書などすべて嶺井秘書に命じる。皆も以後そのように心得ておけ」と。

四月のある晩、我々は中隊長命令によって糸数城址から首里の繁多川へ移動した。陣地構築に向かったものの夜間の砲撃が激しく、後退して避難する壕を探すことになった。夜間のことで壕はなかなか見付からなかった。

やっと壕らしいものを見付けてもすでに先客で満員で入れなかった。しかたなく大きな墓を見付けて、「この墓を我が陣地とする。墓は立派なトーチカだ」という分隊長の命令で、その墓を開けて入ることにした。

入り口近くにあった半ば朽ちた柩の中には、長い髪の毛の若い女性の遺体が横たわっていた。我々は躊躇することなく墓の庭へその柩を安置し、次々と厨子甕を運び出して掃除をした。墓の中は四段ほどになっていて、一番奥の高い段に分隊長が、その次の段から、兵長、上等兵、一等兵と座り、入口近くに嶺井二等兵と西江二等兵が座った。

落ち着いたところで分隊長はおもむろに、「俺たちは生きたまま墓に入ったのだから決して死なないぞ。俺は閻魔大王だ。貴様らは今度の戦争では決して死んではいけない。死ぬのは犬死だ。俺はどんなことがあっても生きるぞ」と言い、嶺井は分隊長秘書だから俺の側に来いと言われ分隊長の横の最上段に座った。

墓に入った翌日になって、移動命令が出て那覇駅近くに移った。敵の戦車への急造爆雷による肉薄攻撃のためである。翌朝、敵戦車隊に撃ちまくられ、私は分隊と離れ離れとなってしまった。三日間あちこちとさ迷い歩き三日目になってやっと具志頭村安里の中隊本部にたどり着いた。着いてみると、那覇で離れた分隊員の皆は元気で具志頭入りしていたのである。

早速我が分隊に、安里部落北方の敵戦車隊の監視に就けとの命令が下った。六月十四日の朝、敵戦車が一〇台ほどやって来て陣地構築を始めた。昼中監視を続けていたが攻撃の気配はなかった。しかし、夕方六時ごろになったとたんに敵戦車から戦車砲、機関銃が鳴り出した。

監視の任に就いていた私は、「分隊長殿、敵は砲撃を開始しました」と報告すると、分隊長は、「よし。

我が分隊は後方へ転進だ。急げ」と後退命令を下し自らも駆け降りて行ったが、途中で足に銃弾を受けた。私は分隊長に駆け寄り、「分隊長殿、負傷したんでありますか」と声をかけると「嶺井か、何のことはない、俺に構わずさっさと退却せよ」と怒鳴られた。

その晩の九時ごろ、分隊長以下の全隊員が集まり、喜屋武岬に撤退するよう相談がまとまった。途中で散り散りになっても、生きていたら喜屋武岬で会おうということになったが、分隊長は足に負傷していて何処に行ったかその行方は誰も知らないままになってしまった。

このようにまとまりのない軍隊の行動で、いったい何ができるのかと我ながら呆れてしまい、どう行動したらよいか迷ってしまった。でも行く先は指示されていたので、喜屋武に向けて移動することにした。

九時半ごろ行動を開始した。その四、五分後、具志頭村安里部落に迫撃砲の集中攻撃があり、我々もその至近弾を浴びた。幸いにして岩陰を利用して避難はしたものの逃げ遅れた私は、迫撃砲の最後の一発が左後方でドカーンと炸裂した瞬間、左大腿部をバットで殴り飛ばされたようにブッ倒されてしまった。私は分隊での負傷者二号となったのである。

私の頭の中をいろんなことが駆けめぐった。思えば師範学校の学窓から軍人として戦場に引っ張り出され、敵とまともに戦闘するのでもなく、急造爆雷を背負い、銃を肩に地獄のような戦場をさまよい、あげくの果てに砲弾を浴びて死地にのめり込んで行くのかと……。

分隊長の言った「貴様らは決して死ぬではないぞ。犬死だぞ」の言葉が私の頭の中をよぎった。暗闇の中に打ちのめされ横たわっている私を囲むように分隊員は顔を寄せて集まった。どうしようかとしばらく沈黙が続いた。しばらくして上等兵が、「嶺井は負傷しているので皆といっしょに歩行するのは困難だから、今夜一晩休ませて明朝連れていけ」と、A一等兵に命令し二人だけ取り残された。

翌朝、A一等兵に抱えられながら喜屋武を目指したが、私は地面を這うようにしか進めない。途中またしても迫撃砲の攻撃を受けた。昨晩の数倍の規模である。突然の攻撃で自由のきかない私はその場に伏せていたが、気付いた時はA一等兵の姿は見えなかった。それっきりA一等兵とは離れ離れとなり、彼の生死は不明のままとなった。

私は一人で、しかも腹ばいになって足を引きずりながら進んだ。畠の中や岩かげに身を隠しながら、当てもない惨めな死の彷徨が続いた。一週間くらい経ってやっと部落らしいところにたどり着いたが、知る人もなく、ある破壊し尽くされた民家に入り込んだら、そこも兵士や一般住民など先客が一杯していて「痛いよう、苦しいよう、助けてくれー、水をくれー、俺を殺してくれー」と喚きもがき苦しんでいた。地獄絵巻そのものであった。

「貴様ら、ここは日本軍の作戦会議の場だ。ここから直ちに出て行け。さもないと軍刀でタタッ切るぞ。出て行け」と、鬼のような形相の士官が日本刀を振り上げて怒鳴っていた。しかたなく住民は歩ける者は杖をつき、互いに肩を抱きかかえながら出て行った。私もついウチナーンチューの一人となって出て行ったもののの、私には身体を支える杖も棒もなく、この四、五日は飲まず食わずで、しかも負傷して体力の限界にきていた。

どれくらい行ったであろうか、私はついに意識をなくして倒れてしまった。どれくらいの時間が過ぎたのかはわからないが、私は揺すり起こされて気が付いた。夕暮れどきであった。「ここに居ては危ないから、すぐその先にサーターヤー（砂糖工場）があるよ、そこに行こう」と声をかけられたが、おいそれと歩ける我が身ではない。何十分かかかってやっとその人の言ったサーターヤーにたどり着き潜り込んだときは日もとっくに暮れていた。相変わらずサーターヤーも傷つきもがき苦しんでいる避難民で一杯であった。

私は目を閉じた。疲れと空腹で深い眠りに陥った。しばらくして目を覚ました私は、今日までのことをたどってみようとするが、どこでどうなって、どうしてここにこうしているのか思い出せない。ただ浮かぶのは、傷つき倒れた人びとの死体の山、そして悶え苦しむ人びとの呻き声、中でもすごい形相をして「ここは軍隊の壕だ、貴様ら住民は戦闘の足手まといになる。直ちに出て行け」とのあの怒号と、命を確保すべき自分たちの壕を追い出されて、路上や畠や野山に痛ましい哀れな姿となって死んでいった沖縄の住民の様子であった。なぜ、戦闘能力を持つ軍人は壕の中にモグラのように身を潜め、住民は自分たちの壕を追い出されて死に追いやられなければならないのかと。私も軍人の一人でありながら、銃弾一発も撃たず、そして自分で自分の身体の始末もできないこの苛立たしさ。もう自分も生きてはおれない、早く死にたいという気をかき立てられた。

その晩、たぶん六月二十五日ごろではなかったかと思われる。私と同じ初年兵だという人が来て、「ここに居たら明日は敵がやって来るから、今日中にここを出て別の壕を探して移ろう」と言った。

「私は足を負傷して動けない。どうせ死ぬ身だから君一人で行ってくれ」と言うと、「それはいかん。僕が担ぎ出すから肩に掴まりなさい」と彼は容赦なく私を担ぎ上げてサーターヤーを出て東の方へと歩いた。約一〇〇メートル程行ったところで、民家の屋敷壕を探しそこに入り込んだ。

翌朝、敵は掃討作戦に入り、ありとあらゆる穴や家の中、壕の中に潜んでいる者は誘い出し、出て来ない所には手榴弾を投げ込んで爆破していった。私も、もうこれまでと腰の手榴弾をはずして自爆しようとしたが、先に壕を出ていた人たちに担ぎ出されて、とうとう捕虜の身となった。

沖縄戦関連年表（一九四一・一二―一九四五・九）

西暦	和暦	
一九四一	昭和一六	**12・8** 日本軍、マレー半島に上陸、タイに進駐。ハワイ真珠湾を攻撃。米、英に宣戦布告する。太平洋戦争が始まる。**10** 日本軍、グアム島を占領する。**16**「国民徴用令」が強化される。**20** 日本軍、ミンダナオ島に上陸。**23** 日本軍、ウェーキ島を占領。**25** 日本軍、香港を占領。
一九四二	一七	**1・2** 日本軍、マニラを占領。**19** 日本軍、ビルマに侵入。**24** 沖縄県翼賛壮年団が結成される。 **6・5** ミッドウェー海戦で日本艦隊、大敗を喫す。**23** 大政翼賛会が全面改組し国民組織、国民運動の全てが翼賛会傘下に統合され、国民統制の中核機関となる。 **8・7** 米軍、ガダルカナル島に上陸する。**8** 第一次ソロモン海戦。**24** 第二次ソロモン海戦。 **9** 八重山の平得海軍飛行場の建設が着工され、作業に住民が徴用される。
一九四三	一八	**2・1** 日本軍、ガダルカナル島からの撤退を開始。 **3・18**「戦時行政特別法」が公布。同時に定められた「戦時行政職権特例」により、首相の行政権が増大。地方行政の中央集権化が始まる。**28**「改正戦時刑事特別法」が施行。政府の基本政策に対する疑問や批判などが処罰の対象となる。 **5・29** アッツ島の日本軍が玉砕する。 **6・25** 政府、「学徒戦時動員体制確立要綱」を決定。 **7・30**「全国女子学徒動員」が決定される。 **9・30** 大本営、絶対国防圏を設定。以後南西諸島及び台湾の防備が強化される。

一九四三	一八	11・1「兵役法」が改定。国民の兵役義務が四五歳に延長される。2 ブーゲンビル島沖海戦。米軍、同島に上陸。25 マキン・タラワ両島の日本軍玉砕。 12・1 第一回学徒兵が入隊（学徒出陣）。
一九四四	一九	2・6 クェゼリン、ルオット両島の日本軍が玉砕。25 政府、「決戦非常措置要綱」を決定する。 3・8 インパール作戦が開始される。22 大本営直轄の第三二軍（沖縄守備軍）が新設される。29 政府、「中学生の勤労動員大綱」を決定。 5・3 独立混成第四四、第四五旅団が第三二軍に編入される。沖縄で南・東・中飛行場のほか伊江島飛行場、宮古西飛行場の建設が始まる（各飛行場の労務者は連日二〇〇〇〜三〇〇〇名に及び、老若男女の別なく小学生に至るまで徴用される）。 6・11 八重山白保陸軍飛行場、宮古中飛行場の建設が着工される。15 米軍、サイパン島に上陸する。19 マリアナ沖海戦で日本軍は空母と航空機の大半を失う。29 独立混成第四四旅団の乗船富山丸が沖縄へ向かう途中米潜水艦に撃沈され、約四〇〇〇人の将兵が死ぬ。生存者はわずか数百人。 7・7 サイパン島の日本軍、住民合わせて四万人が玉砕する。緊急閣議により南西諸島の老幼婦女子・学童の集団疎開が決定する。8 長勇少将、第三二軍参謀長に就任。11 第三二軍、第一〇方面軍（台湾軍）に編入される。17 東條内閣が総辞職する。第二四師団が第三二軍に編入される。22 小磯内閣が成立する。24 独立混成第五九、第六〇旅団も第三二軍に編入される。 8・5 第二四師団が沖縄本島に到着する。10 牛島満中将、第三二軍司令官として着任する。19 第六二師団、沖縄に到着する。22 学童疎開船・対馬丸が悪石島付近で米潜水艦により撃沈される。31「学徒勤労令」「女子挺身勤労令」が実施される。

一九四四	一九	**9・15** 第三二軍、一カ月間、地上兵力投入による飛行場建設に専念する。 **10・3** 米統合参謀本部、太平洋艦隊司令長官ニミッツに対し、琉球に一個またはそれ以上の拠点を占領せよと命じる。**10** 米機動部隊による沖縄大空襲。県都・那覇市は灰燼に帰す。**18** 日本全国一七歳以上の男子を兵役に編入する。**24** レイテ沖海戦。 **11・25** 大本営の指示により、第九師団が台湾に転出する。 **12・1** 沖縄、非常食糧整備週間が始まる。
一九四五	二〇	**1・3** 米機動部隊、台湾・南西諸島を攻撃する。**12** 米艦載機約九〇〇機が奄美、宮古、八重山、沖縄本島を攻撃する。**22** 大本営、第三二軍に対し第八四師団の沖縄派遣を内報(翌23日、派遣中止を決定)。**26** 第三二軍司令官、沖縄本島の配備変更を配下部隊に通達する。**31** 沖縄県知事・島田叡が着任する。 **2・3** 沖縄県下の学徒動員が強化され、通信・観測・看護婦等の特別訓練が実施される。**7** 第三二軍長参謀長、沖縄県庁を訪れ六カ月間分の住民の食糧を確保すること、中・南部地区の住民を北部地区に疎開させることを知事に要請する。**11** 沖縄県庁内に食糧配給課と人口課が設置される。**15** 第三二軍、「戦闘指針」を県下の軍民に示達、標語「一機一艦船、一艇一艦、一人十殺一戦車」を公示する。**19** 米軍、硫黄島に上陸する。沖縄県下男女中等学校単位の防衛隊の結成が始まる。

一九四五	二〇	**3・1** 米艦載機、沖縄を爆撃。県立第二中学校生の一部が宇土部隊へ入隊する。**6**「国民勤労動員令」が公布され、沖縄県でも満一五歳から四五歳までの男女が現地召集される。**8** 国頭支隊、特務機関「国士隊」を秘密裏に設置する（～10日）。**10** 第三二軍司令官、伊江島飛行場の破壊を命じる。**17** 硫黄島の日本軍が玉砕する。**18** 文部省、「決戦教育措置要綱」を発表。4月1日から一年間全国の学校授業を停止することを決定。**23** 米機動部隊、沖縄本島の爆撃を開始。県立第一高女生と沖縄師範学校女子部生、南風原の陸軍野戦病院に入隊する。私立昭和高女生、従軍看護婦として第六二師団野戦病院に入隊。**24** 県立第二高女生、第二四師団第一野戦病院へ入隊する。**26** 米軍、慶良間諸島へ上陸。座間味島の住民一七二人が「集団自決」をとげる。県立第三中学、私立関南中学、県立農林学校、県立工業学校の生徒たちが鉄血勤皇隊を編成し、各部隊に入隊。県立第三高女生、従軍看護婦として北部各部隊に入隊する。**27** 渡嘉敷島の住民三五〇人が「集団自決」をとげる。県立水産学校生、通信隊員として第三二軍司令部情報部通信隊に入隊する。県立首里高女生、従軍看護婦として第六二師団野戦病院に入隊する。**29** 米軍、沖縄本島への艦砲射撃を強める。県立第一中学校及び県立工業学校生、鉄血勤皇隊を編成し、軍部隊に入隊。**31** 第三二軍司令部、老幼婦女子の北部疎開停止を命じる。私立積徳高女生、従軍看護婦として第二四師団に入隊。那覇市立商工生、鉄血勤皇隊を編成し独立歩兵第二二大隊に入隊。沖縄師範学校男子部生、鉄血勤皇隊を組織し、軍司令部の直属隊として入隊する。

4・1 米軍、沖縄本島中西部海岸に上陸。その日のうちに、北・中飛行場を占拠する。米軍、あらためて布告第一号を公布。読谷村に米国海軍軍政府を設置し、住民の保護管理を始める。**2** 政府と大本営の作戦連絡会議で、宮崎第一作戦部長が「沖縄は占領され本土への来冠は必至」と答える。**4** 米軍が、北谷、島袋、大山、宜野湾の線まで進出する。また仲泊から石川の線で沖縄本島を南北に二分し、国頭地区に進撃を開始する。**5** 小磯内閣が総辞職する。**7** 鈴木貫太郎内閣が成立する。戦艦「大和」以下日本海上救援部隊壊滅する。**8** 米軍、西海岸の宇地泊・牧港と東海岸の津覇を結ぶ線まで進出。嘉数地区で熾烈な攻防戦始まる。**10** 米軍、津堅島に上陸する。**12** ルーズベルト米大統領が死去、新大統領にトルーマンが就任する。**16** 米軍、伊江島に上陸。同島は21日に占領される。**19** 米軍、首里外郭陣地に対し第一次総攻撃を開始。彼我入り乱れての攻防戦が展開される。**20** 牧港・伊祖の日本軍陣地が突破され、首里外郭防衛陣地は崩壊し始める。**21** 沖縄守備軍、嘉数地区を撤退、首里防衛戦の危機高まる。**24** 第三二軍、第一線を仲間、前田、幸地の線まで後退させる。**25** 米軍、第二次総攻撃を開始する。

5・4 第三二軍の総攻撃が開始される。**5** 第三二軍の総攻撃は失敗し攻撃は中止される。**8** ドイツ、無条件降伏する。**9** 第三二軍の首里を中心とする防御戦が始まる（23日まで）。**22** 米軍、那覇市街に侵入する。第三二軍、南部摩文仁地区への後退を決定する。**24** 義烈空挺隊の兵員約一二〇人が北・中飛行場へ強行着陸し奇襲攻撃、全員玉砕する。那覇市、米軍の支配下に入る。**27** 第三二軍司令部は首里から津嘉山を経て摩文仁へ後退を開始。**30** 第三二軍司令部、摩文仁へ到着。洞窟陣地を軍司令部にする。**31** 首里、完全に米軍の手に落ちる。

一九四五	二〇	6・4 第三二軍主力、喜屋武・摩文仁地区への撤退を完了する。米軍、小禄半島に上陸する。10 米軍司令官バックナー中将が牛島司令官に対し降伏勧告状を空からまく。13 大田実少将ら海軍沖縄方面根拠地隊の首脳が、小禄の司令部壕で自刃する。17 牛島司令官、バックナー中将からの降伏勧告を拒否する。18 牛島司令官、参謀次長及び第一〇方面軍に決別電報を打つ。米軍司令官バックナー中将、真栄平で戦死。19 牛島司令官、配下将兵に対し「爾今各部隊は各局地における生存者中の上級者之を指揮し最後まで敢闘し、悠久の大義に生くべし」と、最後の命令を出す。第三二軍司令部、鉄血勤皇隊解散を命ずる。22 牛島満司令官、長勇参謀長、摩文仁で自決する（23日説もある）、現地日本軍の組織的抵抗は終了する。23 一五歳以上六〇歳以下の男子、一七歳以上四〇歳以下の女子を国民義勇戦闘隊に編成する「義勇兵役法」が公布される。26 米軍、久米島に上陸する。久米島で、日本軍によって住民が虐殺される（27日から8月20日までに二〇人を殺害）。 7・30 米軍、沖縄南部の掃討戦を完了する。 8・4 米軍、沖縄本島北部の掃討戦を終える。6 米軍、広島に原爆を投下する。8 ソ連が対日宣戦布告、満州に侵入。9 米軍、長崎に原爆を投下する。14 御前会議、無条件降伏を決定する。日本政府「国体護持」を条件に連合国へポツダム宣言の受諾を申し入れる。15 天皇、終戦詔書をラジオから放送する。27 沖縄守備軍の第二四師団第三二連隊の将兵約四〇〇人が降伏勧告に応じる。 9・2 日本政府、米艦ミズーリ号上で降伏文書に調印する。7 南西諸島の守備軍、嘉手納の米第一〇軍司令部で正式に降伏文書に調印する。

あとがき

一九五三年、私が大学三年の時、私は沖縄戦を体験して生き残った学友たちの何人かの体験談を、『沖縄健児隊』という本にまとめて公刊しました。すると、松竹がこれを映画化して、広く一般国民に知らせてくれました。あれから六〇年余の歳月が過ぎましたが、私たち十代で戦場に駆り出された者にとって、今だかつて一日たりともあのおぞましい戦争体験を忘れることはできません。

奇しくも戦争から生き延びた私たちは、これまで絶対に二度とあんなおぞましい戦争をやらせてはいけない、と平和運動に全力を傾けてきました。それにもかかわらず、現在、安保体制が強化拡大され、憲法違反ともいわれる自衛隊という名の軍隊が世界中、どこにでも出撃して戦える事態となっていて、私たちは今更のように自らの非力を情けなく思わざるをえません。

そのような状況下で、私たちは、日本の若い世代が私たちと同じ間違いを繰り返してはいけないと心底から切実に願って止まないのです。

そのため私は、私たち大人の世代がいかにして戦争に巻き込まれたかを、若い世代の人たちに是非とも知っていただきたく、この度、絶版となっている『沖縄健児隊』を中心に、あらためて沖縄師範学校の学友たちの体験談をとりまとめることにしました。

本書の執筆者のほとんどはすでに鬼籍に入られ、ご遺族の方々が現在どこにおられるかもわからない状況なので、刊行に際して許可を得ることも叶いません。しかし、本書はあくまでも小生が個人として企画し、執筆者はすべて小生の同僚か学友なので喜んで協力を惜しまないと思いますので、ご遺族の方々もその点をご了承くださるよう心からお願い申し上げます。

おわりに、本書の刊行に当って、出版の労をとって下さった藤原書店の藤原良雄社長をはじめ、編集部の小枝冬実さんほか社員の皆様に心から感謝申し上げます。

二〇一六年五月

大田　昌秀

初出一覧

序章
沖縄戦と沖縄師範鉄血勤皇隊（大田昌秀）――――書き下ろし

第一章
沖縄師範学校野田貞雄校長先生のこと（大田昌秀）――①『沖縄健児隊』
野田貞雄校長を想う（秦四津生）――①『沖縄健児隊』
野戦築城隊第三中隊の首里撤退（宮城幸吉）――②『留魂の碑』
私は生きていた（濱元寛得）――①『沖縄健児隊』

第二章
自分はどうして戦争から生き延びることができたのか（大田昌秀）
――①『沖縄健児隊』（大幅加筆）
第三二軍情報部千早隊の一員として（山田英夫）――③『沖縄戦体験記』
情報宣伝活動と敵地への潜入（仲眞良盛）――③『沖縄戦体験記』

第三章
鉄血勤皇師範隊菊水隊として（知念清）――②『留魂の碑』
留魂壕内での新聞発行（屋比久益貞）――②『留魂の碑』
最初の出陣（仲地朝明）――①『沖縄健児隊』

第四章
私の戦塵体験記（長嶺正徳）――②『留魂の碑』

野戦築城隊という名の生徒隊（山城昌研）――――①『沖縄健児隊』
野戦築城隊第三中隊の行動（玉城朝正）――――②『留魂の碑』
勤皇隊として死線を潜る（高宮城順弘）――――②『留魂の碑』
死の伝令は生きていた（佐久川一郎）――――②『留魂の碑』

第五章
最後の手榴弾（島袋良信）――――①『沖縄健児隊』
運命の星に翻弄されて（安村昌享）――――①『沖縄健児隊』
恩師と学友の面影抄（安里繁）――――①『沖縄健児隊』
散りゆく学友たち（川崎正剛）――――①『沖縄健児隊』
南の巖の果まで（渡久山朝章）――――④『南の巖の果まで』（一部抄録）

第六章
現役兵となって（嶺井巖）――――②『留魂の碑』

①『沖縄健児隊』大田昌秀・外間守善編、一九五三年、日本出版協同（株）
②『留魂の碑――鉄血勤皇師範隊はいかに戦陣をくぐったか』一九九八年、龍潭同窓会
③『沖縄戦体験記「情報宣伝隊（千早隊）」――沖縄師範学校学徒の実録』一九九八年、千早隊手記出版編集委員会編集発行
④『南の巖の果まで』渡久山朝章著、一九七八年、文教図書

編者紹介

大田昌秀（おおた・まさひで）

1925年沖縄県久米島具志川村生れ。1941年沖縄師範学校に入学。1945年沖縄師範学校2年在学中に、鉄血勤皇隊の一員として沖縄守備軍・第32軍に動員される。1946年沖縄文教学校卒業。1948年沖縄外国語学校卒業。1951年早稲田大学に入学、教育学部で英語を学ぶ。1954年早稲田大学卒業、米国シラキュース大学大学院に留学。ジャーナリズムを学ぶ。1956年同大学大学院修士課程を修了。1958年琉球大学講師。1968年琉球大学社会学科教授。1968～1970年東京大学新聞研究所で研究。1973～1974年ハワイ大学東西文化センターで教授・研究。1978～1979年フルブライト訪問教授として米国アリゾナ州立大学にて教授・研究。1983年琉球大学法文学部長（～1985年）。1990年琉球大学を辞職し、沖縄県知事となる。1998年まで2期8年、「平和」「沖縄の自立」「共生」を目標に全力を傾注する。1991年大田平和総合研究所（現・沖縄国際平和研究所）立ち上げる。2001年参議院議員（社民党　～2007年）。2013年特定非営利活動法人・沖縄国際平和研究所設立。

沖縄健児隊《おきなわけんじたい》の最後《さいご》

2016年7月15日　初版第1刷発行©

編　者　大　田　昌　秀

発行者　藤　原　良　雄

発行所　株式会社　藤　原　書　店

〒162-0041　東京都新宿区早稲田鶴巻町523

電　話　03（5272）0301

FAX　03（5272）0450

振　替　00160‐4‐17013

info@fujiwara-shoten.co.jp

印刷・製本　中央精版印刷

落丁本・乱丁本はお取替えいたします

定価はカバーに表示してあります

Printed in Japan

ISBN978-4-86578-078-9

琉球文化の歴史を問い直す

別冊『環』❻

琉球文化圏とは何か

〈対談〉**清《ちゅ》らの思想**　海勢頭豊＋岡部伊都子

〈寄稿〉高嶺朝一／来間泰男／宇井純／浦島悦子／安里英子／石垣金星／渡久地明／高江洲義英／松島泰勝／名護博／嘉手納安男／安里進／真久田正／豊見山和行／後田多敦／比嘉道子／又吉盛清／島袋まりあ／前利潔／下地和宏／石垣博孝／上勢頭芳徳／米城惠／比嘉政夫／西岡敏／波照間永吉／具志堅邦子／金城須美子／ルバース吟子／高嶺久枝／前嵩西一馬／多和田真助／川満信一／島袋純／高良勉／屋嘉比収／目取真俊／田仲康博／与那嶺功／米倉外昭／幸喜良秀／仲本瑩／宮城公子／西里喜行／比屋根照夫／伊佐眞一／石川友紀／中根学／真栄平房昭／三木健／宮城信勇／稲福日出夫／宮城晴美／由井晶子／新崎盛暉

〈シンポジウム〉岡部伊都子／川勝平太／松島泰勝／櫻井よしこ／上原美智子／我部政明／仲地博／大城常夫／高良勉

菊大並製　三九二頁　**三六〇〇円**
（二〇〇三年六月刊）
◇978-4-89434-343-6

歴史から自立への道を探る

沖縄島嶼経済史
〔一二世紀から現在まで〕

松島泰勝

古琉球時代から現在までの沖縄経済思想史を初めて描きる。沖縄が伝統的に持っていた「内発的発展論」と「海洋ネットワーク思想」の史的検証から、基地依存／援助依存をのりこえて沖縄が展望すべき未来を大胆に提言。

A5上製　四六四頁　**五八〇〇円**
（二〇〇二年四月刊）
◇978-4-89434-281-1

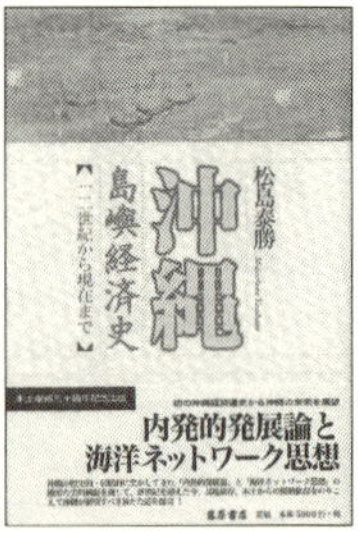

いま、琉球人に訴える！

琉球の「自治」

松島泰勝

軍事基地だけではなく、開発・観光のあり方から問い直さなければ、琉球の平和と繁栄は訪れない。琉球と太平洋の島々を渡り歩いた経験をもつ琉球人の著者が、豊富なデータをもとにそれぞれの島が「自立」しうる道を模索し、世界の島嶼間ネットワークや独立運動をも検証する。琉球の「自治」は可能なのか!?

附録　関連年表・関連地図

四六上製　三五二頁　**二八〇〇円**
（二〇〇六年一〇月刊）
◇978-4-89434-540-9

二一世紀沖縄の将来像！

島嶼沖縄の内発的発展
〔経済・社会・文化〕

西川潤・松島泰勝・本浜秀彦編

アジア海域世界の要所に位置し、真の豊かさをもつ沖縄。本土依存型の開発を見直し、歴史的、文化的分析や現場の声を通して、一四人の著者がポスト振興開発期の沖縄を展望。内発的発展論をふまえた沖縄論の試み。

A5上製　三九二頁　**五五〇〇円**
（二〇一〇年三月刊）
◇978-4-89434-734-2

琉球の八賢人が語り尽くす！

これからの琉球はどうあるべきか

藤原書店編集部編

（インタヴュー）**大田昌秀**

（座談会）**安里英子＋安里進＋伊佐眞一＋海勢頭豊＋我部政男＋川満信一＋三木健**

沖縄の賢人たちが、今後の日本と沖縄の関係について徹底討論。従属でもなく独立でもない道を探る。

「日米開戦半年後、アメリカは沖縄の日本からの分離を決めていた！」（大田昌秀）

四六並製　三四四頁　**二八〇〇円**
（二〇一六年一月刊）
◇978-4-86578-060-4

沖縄から日本をひらくために

真振 *MABUI*

海勢頭豊

写真＝市毛實

沖縄に踏みとどまり魂（ＭＡＢＵＩ）を生きる姿が、本島や本土の多くの人々に深い感銘を与えてきた伝説のミュージシャン、初の半生の物語。喪われた日本人の心の源流である沖縄の、最も深い精神世界を語り下ろす。

＊ＣＤ付「月桃」「喜瀬武原」

Ｂ５変並製　一七六頁　**二八〇〇円**
（二〇〇三年六月刊）
◇978-4-89434-344-3

卑弥呼はヤマトの救世主だった！

卑弥呼コード 龍宮神黙示録

海勢頭豊

沖縄の聖域ウタキと日本の聖地との係りから、卑弥呼は沖縄の平和思想を広め、倭国の世直しをした救世主だったことを明かす。平安座島の龍宮神を祀る家に生まれた著者が、島の言葉やしきたりの謎を解いていくドキュメンタリーに、小説「神の子姫子の物語」を織り交ぜ、ヤマトが知らなかった卑弥呼の真実に迫る。

Ａ５並製　三七六頁　**二九〇〇円**
（二〇一三年五月刊）
◇978-4-89434-916-2

琉球の死生観とは何か？

珊瑚礁の思考
（琉球弧から太平洋へ）

喜山荘一

奄美・沖縄地方の民俗（風葬、マブイ、ユタなど）が南太平洋の島々や日本本土の民俗と共鳴しながら示す島人の思考とは、珊瑚礁の形成とともに生まれた「あの世」と「この世」が分離しつつ自由に往き来できる死生観だった。文字を持たなかった時代の琉球弧の精神史を辿る！

四六並製　三二〇頁　**三〇〇〇円**
（二〇一五年一一月刊）
◇978-4-86578-056-7

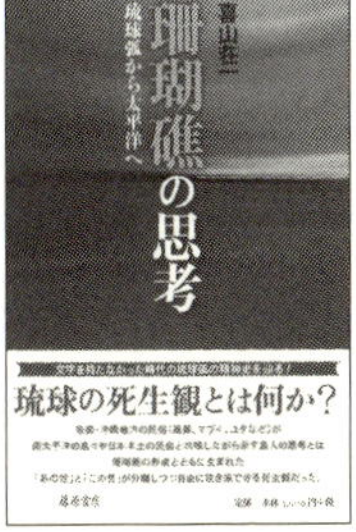

沖縄研究の「空白」を埋める

沖縄・一九三〇年代前後の研究

川平成雄

「ソテツ地獄」の大不況から戦時経済統制を経て、やがて戦争へと至る沖縄。その間に位置する一九三〇年前後。沖縄近代史のあらゆる矛盾が凝縮したこの激動期の実態に初めて迫り、従来の沖縄研究の「空白」を埋める必読の基礎文献。

Ａ５上製クロス装函入　二八〇頁　**三八〇〇円**
（二〇〇四年一二月刊）◇978-4-89434-428-0

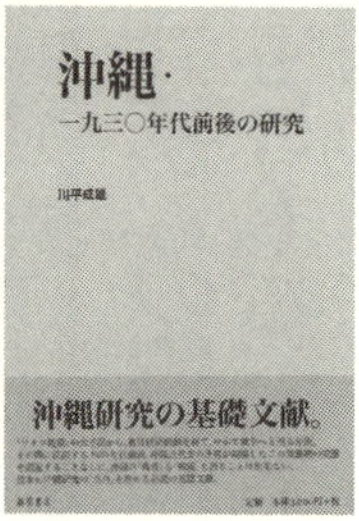

沖縄はいつまで本土の防波堤／捨石か

ドキュメント 沖縄 1945

毎日新聞編集局　**玉木研二**

三カ月に及ぶ沖縄戦と本土のさまざまな日々の断面を、この六十年間に集積された証言記録・調査資料・史実などを駆使して、日ごとに再現した「同時進行ドキュメント」。平和・協同ジャーナリスト基金大賞（基金賞）受賞の毎日新聞好評連載「戦後60年の原点」、待望の単行本化。

四六並製　二〇〇頁　**一八〇〇円**　**写真多数**
（二〇〇五年八月刊）◇978-4-89434-470-9

「沖縄問題」とは「日本の問題」だ

「沖縄問題」とは何か

（「琉球処分」から基地問題まで）

藤原書店編集部編

大城立裕／西里喜行／平恒次／松島泰勝／金城実／島袋マカト陽子／高良勉／石垣金星／増田寛也／下地和宏／海勢頭豊／岩下明裕／早尾貴紀／後田多敦／久岡学／前利潔／新元博文／西川潤／勝俣誠／川満信一／屋良朝博／真喜志好一／佐藤学／櫻田淳／中本義彦／三木健／上原成信／照屋みどり／武者小路公秀

四六上製　二八〇頁　**二八〇〇円**
（二〇一一年二月刊）◇978-4-89434-786-1

新史料発掘による画期的成果！

近代日本最初の「植民地」沖縄と旧慣調査 1872-1908

平良勝保

「琉球藩設置」（一八七二）と「琉球処分」（一八七九）で「琉球国」は「沖縄県」となるが、「島嶼町村制」施行（一九〇八）までには〝植民地併合〟の如き長い過程があった。「琉球／沖縄」という歴史の主体から捉え直した「近代沖縄」の歴史。

Ａ５上製　三八四頁　**六八〇〇円**
（二〇一一年一一月刊）◇978-4-89434-829-5

中国という「脅威」をめぐる屈折

近代日本の社会科学と東アジア

武藤秀太郎

欧米社会科学の定着は、近代日本の世界認識から何を失わせたのか？　田口卯吉、福澤諭吉から、福田徳三、河上肇、山田盛太郎、宇野弘蔵らに至るまで、その認識枠組みの変遷を「アジア」の位置付けという視点から追跡。東アジア地域のダイナミズムが見失われていった過程を検証する。

Ａ５上製　二六四頁　**四八〇〇円**　（二〇〇九年四月刊）　◇978-4-89434-683-3

「植民地」は、いかに消費されてきたか？

「戦後」というイデオロギー

〔歴史／記憶／文化〕

高　榮蘭

幸徳秋水、島崎藤村、中野重治や、「植民地」作家・張赫宙、「在日」作家・金達寿らは、「非戦」「抵抗」「連帯」の文脈の中で、いかにして神話化されてきたのか。「戦後」の「弱い日本」幻想において不可視化されてきた多様な「記憶」のノイズの可能性を問う。

四六上製　三八四頁　**四二〇〇円**　（二〇一〇年六月刊）　◇978-4-89434-748-9

日・中・韓ジャーナリズムを問う

日中韓の戦後メディア史

李相哲編

市場化・自由化の波に揉まれる中国、〝自由〟と〝統制〟に翻弄されてきた韓国、メディアの多様化の中で迷う日本。戦後の東アジア・ジャーナリズムを歴史的に検証し、未来を展望する。**李相哲／鄭晋錫／小黒純／卓南生／渡辺陽介／李東官／斎藤治／劉揚／金泳徳／若宮啓文／西村敏雄／西倉一喜／李双龍**

Ａ５上製　三二八頁　**三八〇〇円**　（二〇一二年一一月刊）　◇978-4-89434-890-5

誰のための、何のための〝国境〟なのか？

別冊『環』⑲

日本の「国境問題」

〔現場から考える〕　岩下明裕編

Ⅰ　**総論**　岩下明裕／古川浩司／本間浩昭／佐藤由紀／長嶋俊介／鈴木勇次／田村慶子／竹内陽一／木山克彦

Ⅱ　**千島と根室**　黒岩幸子／井潤裕／松崎誉／本田良一／長谷川俊輔／鈴木寛和／伊藤一哉／遠藤輝宣／久保浩昭

Ⅲ　**樺太と稚内**　天野尚樹／中川善博／相原秀起／工藤信彦／佐藤秀志／藤田幸洋

Ⅳ　**朝鮮半島と北部九州・対馬**　松原孝俊／新井直樹／加峯隆義／財部能成／金京一／比田勝亨／武末聖子／久保実

Ⅴ　**台湾と八重山**　松田良孝／上妻毅／佐道明広／外間守吉／吉川博也／小濱啓由

Ⅵ　**大東島**　山上博信／木村崇／吉澤直美

Ⅶ　**小笠原**　石原俊／ダニエル・ロング／小西潤子／渋谷正昭／可知直毅／南谷奉良／今村圭介／延島冬生／越村勲

菊大並製　三六八頁　**三三〇〇円**　（二〇一二年三月刊）　◇978-4-89434-848-6

「戦後の世界史を修正」する名著

ルーズベルトの責任 (上)(下)

〈日米戦争はなぜ始まったか〉

Ch・A・ビーアド
開米潤監訳
阿部直哉・丸茂恭子＝訳

ルーズベルトが、非戦を唱えながらも日本を対米開戦に追い込む過程を暴く。

(上)序＝D・F・ヴァクツ　(下)跋＝粕谷一希

A5上製　各四二〇〇円
(上)四三二頁（二〇一一年一二月刊）(上)◇978-4-89434-835-6
(下)四四八頁（二〇一二年 一 月刊）(下)◇978-4-89434-837-0

PRESIDENT ROOSEVELT AND THE COMING OF THE WAR, 1941: APPEARANCES AND REALITIES
Charles A. Beard

日米関係・戦後世界を考えるための必読書を読む

ビーアド『ルーズベルトの責任』を読む

開米潤編

公文書を徹底解読し、日米開戦に至る真相に迫ったビーアド最晩年の遺作にして最大の問題作『ルーズベルトの責任』を、いま、われわれはいかに読むべきか？〈執筆者〉粕谷一希／青山佾／渡辺京二／岡田英弘／小倉和夫／川満信一／松島泰勝／小倉紀蔵／新保祐司／西部邁ほか

A5判　三〇四頁　二八〇〇円
（二〇一二年一一月刊）
◇978-4-89434-883-7

屈辱か解放か

ドキュメント 占領の秋 1945

毎日新聞編集局　玉木研二

一九四五年八月三十日、連合国軍最高司令官マッカーサーは日本に降り立った――無条件降伏した日本に対する「占領」の始まり、「戦後」の幕開けである。新聞や日記などの多彩な記録から、混乱と改革、失敗と創造、屈辱と希望の一日一日の「時代の空気」たちのぼる迫真の再現ドキュメント。

写真多数

四六並製　二四八頁　二〇〇〇円
（二〇〇五年一二月刊）
◇978-4-89434-491-4

「人種差別撤廃」案はなぜ却下されたか？

「排日移民法」と闘った外交官

〈一九二〇年代日本外交と駐米全権大使・埴原正直〉

チャオ埴原三鈴・中馬清福

第一次世界大戦後のパリ講和会議での「人種差別撤廃」の論陣、そして埴原が心血を注いだ一九二四年米・排日移民法制定との闘いをつぶさに描き、世界的激変の渦中にあった戦間期日本外交の真価を問う。

〈附〉埴原書簡

四六上製　四二四頁　三六〇〇円
（二〇一一年一二月刊）
◇978-4-89434-834-9

日本人の食生活崩壊の原点

「アメリカ小麦戦略」と日本人の食生活

鈴木猛夫

なぜ日本人は小麦を輸入してパンを食べるのか。戦後日本の劇的な洋食化の原点にあるタブー"アメリカ小麦戦略"の真相に迫り、本来の日本の気候風土にあった食生活の見直しを訴える問題作。 【推薦】幕内秀夫

四六並製　二六四頁　二二〇〇円
（二〇〇三年二月刊）
◇978-4-89434-323-8

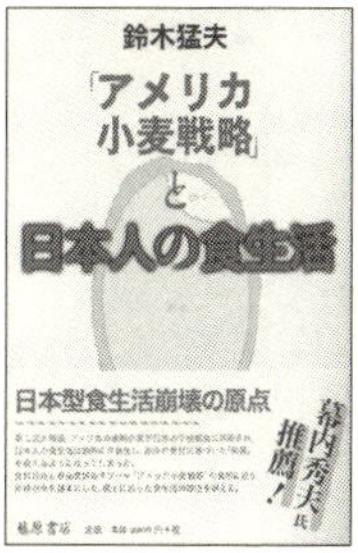

忍び寄るドル暴落という破局

「アメリカ覇権」という信仰

〈ドル暴落と日本の選択〉

トッド／加藤出／倉都康行／佐伯啓思／榊原英資／須藤功／辻井喬／バディウ／浜矩子／ボワイエ＋井上泰夫／松原隆一郎／的場昭弘／水野和夫

"ドル暴落"の恐れという危機の核心と中長期的展望を示す、気鋭の論者による「世界経済危機」論。さしあたりドル暴落を食い止めている、世界の中心を求める我々の「信仰」そのものを問う！

四六上製　二四八頁　二二〇〇円
（二〇〇九年七月刊）
◇978-4-89434-694-9

総勢四〇名が従来とは異なる地平から問い直す

「日米安保」とは何か

塩川正十郎／中馬清福／松尾文夫／渡辺靖＋松島泰勝＋伊勢﨑賢治＋押村高／新保祐司／豊田祐基子／黒崎輝／岩下明裕／原貴美恵／丸川哲史／丹治三夢／屋良朝博／中西寛／櫻田淳／大中一彌／平川克美／李鍾元／モロジャコフ／陳破空／武者小路公秀／鄭敬謨／姜在彦／篠田正浩／吉川勇一／川満信一／岩見隆夫／藤原作弥／水木楊／小倉和夫／西部邁／三木健／榊原英資／中谷巌ほか

四六上製　四五六頁　三六〇〇円
（二〇一〇年八月刊）
◇978-4-89434-754-0

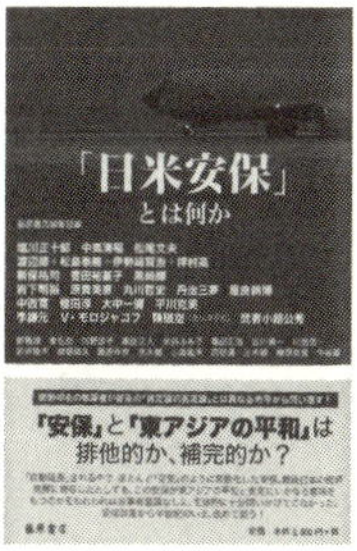

百枚の写真と手紙で知る、古都の光と闇

米軍医が見た占領下京都の六〇〇日

二至村　菁　**日野原重明＝推薦**

占領軍政を耐える日本人群像を、ＧＨＱ未発表資料や証言とともに、二十五歳の米軍医の眼をとおして鮮やかに描くノンフィクション物語。

「戦争はどんな人間をもクレージーにしてしまうほど異常な事態です。太平洋戦争中の７３１部隊の行動はその後どのような影響をもたらしたのか、それが本書によって明白にされています。」（日野原重明）

四六上製　四四〇頁　カラー口絵一六頁　三六〇〇円
（二〇一五年九月刊）
◇978-4-86578-033-8

2 **1947年** **解説・富岡幸一郎**

「占領下の日本文学のアンソロジーは、狭義の『戦後派』の文学をこえて、文学のエネルギイの再発見をもたらすだろう。」（富岡幸一郎氏）

中野重治「五勺の酒」／**丹羽文雄**「厭がらせの年齢」／**壺井榮**「浜辺の四季」／**野間宏**「第三十六号」／**島尾敏雄**「石像歩き出す」／**浅見淵**「夏日抄」／**梅崎春生**「日の果て」／**田中英光**「少女」

296頁　**2500円**　◇978-4-89434-573-7（2007年6月刊）

3 **1948年** **解説・川崎賢子**

「本書にとりあげた1948年の作品群は、戦争とＧＨＱ占領の意味を問いつつも、いずれもどこかに時代に押し流されずに自立したところがある。」（川崎賢子氏）

尾崎一雄「美しい墓地からの眺め」／**網野菊**「ひとり」／**武田泰淳**「非革命者」／**佐多稲子**「虚 偽」／**太宰治**「家庭の幸福」／**中山義秀**「テニヤンの末日」／**内田百閒**「サラサーテの盤」／**林芙美子**「晩菊」／**石坂洋次郎**「石中先生行状記——人民裁判の巻」

312頁　**2500円**　◇978-4-89434-587-4（2007年8月刊）

4 **1949年** **解説・黒井千次**

「1949年とは、人々の意識のうちに『戦争』と『平和』の共存した年であった。」（黒井千次氏）

原民喜「壊滅の序曲」／**藤枝静男**「イペリット眼」／**太田良博**「黒ダイヤ」／**中村真一郎**「雪」／**上林暁**「禁酒宣言」／**中里恒子**「蝶蝶」／**竹之内静雄**「ロッダム号の船長」／**三島由紀夫**「親切な機械」

296頁　**2500円**　◇978-4-89434-574-4（2007年6月刊）

5 **1950年** **解説・辻井喬**

「わが国の文学状況はすぐには活力を示せないほど長い間抑圧されていた。この集の短篇は復活の最初の徴候を揃えたという点で貴重な作品集になっている。」（辻井喬氏）

吉行淳之介「薔薇販売人」／**大岡昇平**「八月十日」／**金達寿**「矢の津峠」／**今日出海**「天皇の帽子」／**埴谷雄高**「虚空」／**椎名麟三**「小市民」／**庄野潤三**「メリイ・ゴオ・ラウンド」／**久坂葉子**「落ちてゆく世界」

296頁　**2500円**　◇978-4-89434-579-9（2007年7月刊）

6 **1951年** **解説・井口時男**

「1951年は、重く苦しい戦後、そして、重さ苦しさと取り組んできた戦後文学の歩みにおいて、軽さというものがにわかにきらめきはじめた最初の年ではなかったか。」（井口時男氏）

吉屋信子「鬼火」／**由起しげ子**「告別」／**長谷川四郎**「馬の微笑」／**高見順**「インテリゲンチア」／**安岡章太郎**「ガラスの靴」／**円地文子**「光明皇后の絵」／**安部公房**「闖入者」／**柴田錬三郎**「イエスの裔」

320頁　**2500円**　◇978-4-89434-596-6（2007年10月刊）

7 **1952年** **解説・髙村薫**

「戦争や飢餓や国家の崩壊といった劇的な経験に満ちた時代は、それだけで強力な磁場をもつ。そうした磁場は作家を駆り立て、意思を越えた力が作家に何事かを書かせるということが起こる。そのとき、奇跡のように表現や行間から滲みだして登場人物や物語の空間を浸すものがあり、それをわたくしたちは小説の空間と呼び、力と呼ぶ。」（髙村薫氏）

富士正晴「童貞」／**田宮虎彦**「銀心中」／**堀田善衛**「断層」／**井上光晴**「一九四五年三月」／**西野辰吉**「米系日人」／**小島信夫**「燕京大学部隊」

304頁　**2500円**　◇978-4-89434-602-4（2007年11月刊）

“犠牲者は、いつも子どもたちだ”

大石芳野写真集

子ども
戦世《いくさよ》のなかで

大石芳野

戦争や災害で心身に深い傷を負った人々の内面にレンズを向けてきた大石芳野の、一九八〇年代から現在に至るまでの作品の中から、世界各地の子どもたちの瞳を正面からとらえた作品一七六点を初めて一冊にまとめた、待望の写真集。

2色刷

Ａ４変上製　二三二頁　**六八〇〇円**
（二〇〇五年一〇月刊）
◇978-4-89434-473-0

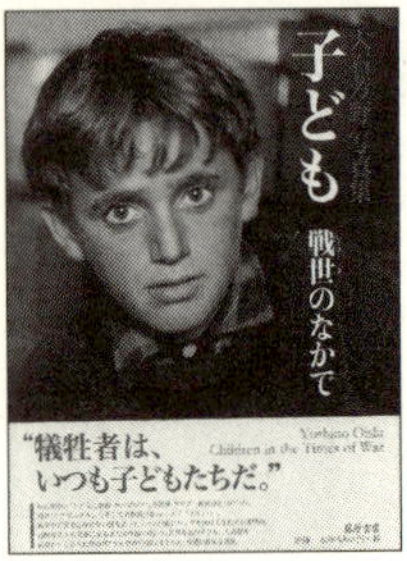

撤去完了に二百年

大石芳野写真集

〈不発弾〉と生きる
〔祈りを織る　ラオス〕

大石芳野

ベトナム戦争当時、国民一人に一トンも投下された爆弾の一部が〈不発弾〉と化して、三〇年以上を経た現在もラオスの人びとの日常を破壊している。クラスター爆弾の非人道性が厳しく問われる今、美しい染織文化をもつ小国で〈不発弾〉に苦しむ人びとの祈りを受け止める。

オールカラー

四六倍判変上製　二三二頁　**七五〇〇円**
（二〇〇八年一一月刊）
◇978-4-89434-661-1

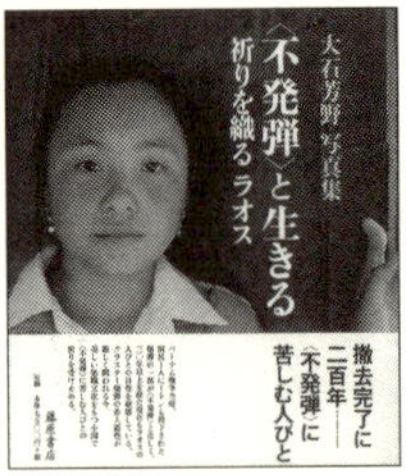

人びとの怒り、苦悩、未来へのまなざし

大石芳野写真集

福島 FUKUSHIMA
土と生きる

大石芳野　小沼通二＝解説

戦争や災害で心身に深い傷を負った人びとの内面にレンズを向けてきたフォトジャーナリストの最新刊！　東日本大震災と福島第一原発事故により、土といのちを奪われた人びとの怒り、苦悩、そして未来へのまなざし。

2色刷　全二二八点
第56回ＪＣＪ賞受賞

四六倍変判　二六四頁　**三八〇〇円**
（二〇一三年一月刊）
◇978-4-89434-893-6

“日本の戦争”の傷痕を超えて

大石芳野写真集

戦争は終わっても
終わらない

ベトナム、カンボジア、コソボ、アフガニスタン、ラオス、広島、沖縄、福島など、国内外で戦争・災害に直面した人びとの姿を正面から撮影してきたフォトジャーナリストが、四〇年に渡るその活動の中で、日本の戦争が残した傷痕と、それに苦しみながらも不屈に生きる人びとに焦点を当てた作品一九二点を集成した決定版。

四六倍変判　二二八頁　**三六〇〇円**
（二〇一五年七月刊）
◇978-4-86578-035-2

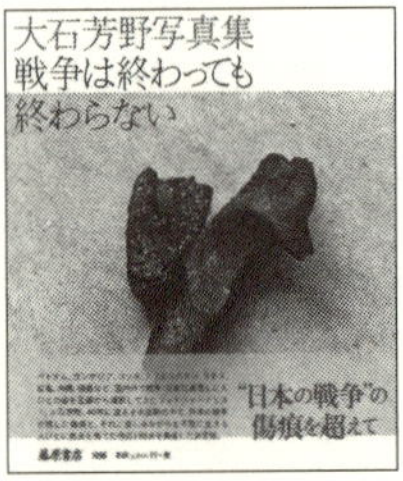